Die Schönheiten des Populären

Kaspar Maase ist außerplanmäßiger Professor am Ludwig-Uhland-Institut für Empirische Kulturwissenschaft der Universität Tübingen.

Kaspar Maase (Hg.)

Die Schönheiten des Populären

Ästhetische Erfahrung der Gegenwart

Campus Verlag
Frankfurt/New York

Bibliografische Information der Deutschen Nationalbibliothek
Die Deutsche Nationalbibliothek verzeichnet diese Publikation in der Deutschen Nationalbibliografie;
detaillierte bibliografische Daten sind im Internet unter http://dnb.d-nb.de abrufbar.

ISBN 978-3-593-38602-7

Das Werk einschließlich aller seiner Teile ist urheberrechtlich geschützt. Jede Verwertung ist ohne Zustimmung des Verlags unzulässig. Das gilt insbesondere für Vervielfältigungen, Übersetzungen, Mikroverfilmungen und die Einspeicherung und Verarbeitung in elektronischen Systemen.
Copyright © 2008 Campus Verlag GmbH, Frankfurt/Main
Umschlaggestaltung: Campus Verlag, Frankfurt/Main
Umschlagmotiv: Allianz Arena München © pixathlon Agentur für Sportfotografie
Druck und Bindung: CPI buchbücher.de, Birkach
Gedruckt auf säurefreiem und chlorfrei gebleichtem Papier. Printed in Germany

Besuchen Sie uns im Internet: www.campus.de

Inhalt

Einleitung: Zur ästhetischen Erfahrung der Gegenwart 9
Kaspar Maase

Grundlegungen

Zur Kritik der ästhetischen Ökonomie 28
Gernot Böhme

Die Erforschung des Schönen im Alltag. Sechs Thesen 42
Kaspar Maase

Ästhetische Konzepte in der Geschichte
der US-amerikanischen Populärkultur 58
Winfried Fluck

Nachrichten aus dem gelingenden Leben.
Die Schönheit des Populären 77
Hans-Otto Hügel

Bilder und Dinge

Die Schönheit des Populären und das Fernsehen 98
Knut Hickethier

Me, Myself, I:
Schönheit des Gewöhnlichen.
Eine Studie zu den fluiden ikonischen
Kommunikationswelten bei *flickr.com* 114
Birgit Richard, Jan Grünwald und Alexander Ruhl

Fumetti – Der Comic schwebt zwischen den Extremen 133
Andreas Platthaus

Schönheit im Industriedesign. Es gibt vier Richtungen.
Und dazu: Design und Liebe (Philippe Starck) 157
Gudrun Scholz

Populäre Musik

Moment und Erzählung 184
Diedrich Diederichsen

Rau, süßlich, transparent oder dumpf – Sound als eine
ästhetische Kategorie populärer Musikformen.
Annäherung an einen populären Begriff 192
Susanne Binas-Preisendörfer

Ästhetische Erfahrungen mit populärer Kultur 210
Mohini Krischke-Ramaswamy

Körper

Das Populäre und das Nicht-Populäre. Über den Geist
des Sports und die Körperlichkeit der Hochkultur 232
Thomas Alkemeyer

Ars erotica – eine populäre Kunst? 251
Richard Shusterman

Anhang

Literaturverzeichnis.. 270
Glossar.. 287
Autorinnen und Autoren... 301
Abbildungsnachweise... 306
Personenregister..307

Einleitung: Zur ästhetischen Erfahrung der Gegenwart

Kaspar Maase

»Die Schönheiten des Populären« – worauf zielt der Titel? Handelt es sich um ein Plädoyer für die »Wonnen der Gewöhnlichkeit«, von denen der Künstler und Bürgersohn Tonio Kröger in Thomas Manns gleichnamiger Novelle sich so schmerzhaft ausgeschlossen fühlt? Soll einmal mehr die Freude am Kitsch (Dettmar/Küpper 2007) rehabilitiert werden? Macht der Band sich stark für Mehrheitsentscheidungen *in aestheticis*? Solche Vermutungen lägen nicht völlig daneben. Doch ist die tragende Intention der hier versammelten Autorinnen und Autoren nicht, sich ins Handgemenge der Wertungsdebatten zu begeben; vielmehr geht es ihnen um analytische Ordnung und Durchdringung eines Phänomens, das man schlicht so charakterisieren könnte: Die große Mehrheit der Zeitgenossen strebt nach Eindrücken, Erfahrungen, Erlebnissen, die sie als schön empfindet – und zwar, *weil* sie sie als schön empfindet. Die meisten derartigen Dinge, Aufführungen, Aktivitäten und Kunstgenres werden von der herkömmlichen Ästhetik übersehen oder/und als trivial und defizient abgetan (Light/Smith 2005); deshalb ist zu diskutieren, welche Kategorien und Methoden für das angemessene Studium dieser Schönheiten des Populären taugen.

Kaskaden der Ästhetisierung

1987 setzte sich der Philosoph Rüdiger Bubner mit einer von ihm in der Gegenwart beobachteten Tendenz zur Stilisierung, Inszenierung, Verschönerung unmittelbarer Alltagsvollzüge auseinander; als deren problematischen Zweck kritisierte er die Inflation ästhetischen Genusses und eine Art kontinuierlicher Selbstfeier. Als Beispiele nannte er eine »generelle Freizeitgesinnung«, spektakuläre Stadtgestaltung und die »Herrschaft des Design«, das

Drängen von Museum und Theater auf die Straße, die Gestaltung menschlicher Beziehungen und Biographien nach dem Muster von Romanen.

»Von den Niederungen der allgegenwärtigen Reklame […] über die wöchentlich stattfindenden Masseninszenierungen der Subkultur in Sport und Musik, [sic!] bis hin zur offensichtlichen Vermischung von Politik und Religion mit Schaustellung haben sich Fronten verwischt, die einmal bestanden zwischen dem Normalen und dem Erbaulichen« (Bubner 1989: 656, 657).

Der von Bubner geprägte Begriff der »Ästhetisierung der Lebenswelt« hat seither Karriere gemacht; bei aller Unschärfe umreißt er recht gut das Feld, zu dessen Vermessung dieser Band beitragen will.

Seine Autorinnen und Autoren teilen Bubners emotional grundierte Pauschalurteile nicht; doch auch sie gehen von der Realität ausgeprägter Ästhetisierungsprozesse in den entwickelten Gesellschaften des Westens aus. Die manifestieren sich vor allem auf drei Feldern: im großen Anteil populärer Künste und Vergnügungen am Zeitbudget (in der heutigen Bundesrepublik schätzungsweise sechs Stunden pro Tag; Maase 2005: 283 f.); im unübersehbaren Streben nach sinnlich eindrucksvoller Formung der materiellen Umwelt wie des Selbst – von der Gestaltung der Innenstädte über die Wohnungseinrichtung bis zum Styling des eigenen Körpers; und in der außerordentlichen Zunahme jener öffentlichen Inszenierungen, die mit allen Mitteln die Intensität sinnlich grundierter gemeinsamer Erfahrung zu steigern suchen – Sonnenfinsternis, Papstbesuch, Stadtfest; man hat das Eventisierung genannt.[1]

Was seit den 1980ern als Ästhetisierung des Alltags thematisiert wird, ist eine neue Stufe einer Entwicklung, die historisch weit zurück zu verfolgen ist. Denn hinter den sichtbaren Veränderungen, die die Ästhetisierungsthese aufgreift, stehen Wandlungen im System der Bedürfnisse und Erwartungen jener Bevölkerungsmehrheit, deren Handeln und deren Geschmack die Erscheinung der nachbürgerlichen Massengesellschaft prägen. Die von Gumbrecht (1998a) konstatierten »Kaskaden der Modernisierung« in der Neuzeit waren zugleich Kaskaden der Ästhetisierung, die die Motive einer sinnlich-gestalterisch betonten Stilisierung von Leben und Umwelt aus dem Adel ins Bürgertum und schließlich in die unterbürgerlichen Schichten trugen (und damit auch Profil und Charakter änderten).

---

[1] Diese Dimension wird im vorliegenden Band nicht behandelt; vgl. Schulze (1999); Gebhardt/Hitzler/Pfadenhauer (2000); Gyr (2005).

Der Kulturhistoriker kann allerdings nicht direkt Motive und Bedürfnisse der sozialen Gruppen erfassen, die oberschichtliche Stilisierung in massendemokratischen Alltag verwandelten; sie hatten selten Anlass, über ihre psychische Befindlichkeit zu reflektieren, und noch seltener Gelegenheit, solche Selbsterforschung in schriftlichen Zeugnissen festzuhalten. Wir können unsere Deutung nur darauf stützen, was die Quellen vom Handeln der Menschen überliefern. Vieles spricht dafür, dass spezifisch »sinnliche Ordnungsstrukturen« und deren »lustvolle« Perzeption (Neumann 1996: 53) – also die Basisoperation intensiver, erkennender sinnlicher Wahrnehmung (*aisthesis*) – zu den Konstituenzien jeder menschlichen Gesellschaft zählen. Auch in Mittelalter und Früher Neuzeit und auch im kärglichen Dasein von Bauern und Handwerkern finden wir vielfältige Belege der Sensibilität für sinnlich Schönes und für das Bemühen, etwas davon ins eigene Leben zu holen. Besonders markant zeichnet sich im deutschen Sprachraum jedoch eine historische Schwelle um 1900 ab; seither verdichten sich die Hinweise auf ästhetisch ausgerichtetes Handeln im Alltag der Durchschnittsbürgerinnen und -bürger massiv (Maase 2000; Maase/Kaschuba 2001).

Es war in mehrfacher Hinsicht der Eintritt in die Waren- und Konsumgesellschaft, der einfachen Leuten den Horizont eröffnete, ihren Alltag auch am Wunsch nach Schönheit, nach ästhetischer Erfahrung auszurichten. Massenkünste (populäre Literatur und Musik, Wandschmuck, Zirkus, Film) wurden regelmäßig zugänglich, ebenso Gebrauchsgüter, die mit der illusionsschaffenden Kraft der Kunst aufgeladen waren (Featherstone 1991: 276) und durch Gestaltung und Präsentation um die Kunden warben. Schließlich nährte die »Fähigkeit der ständig wechselnden Stadtlandschaft, Assoziationen, Ähnlichkeiten und Erinnerungen aufzurufen« (ebd.: 277), nährten Welt- und Gewerbeausstellungen Neugier auf und Sensibilität für die sinnlichen Reize des modernen Lebens. Aufmerksame Beobachter der Unterschichtkultur konstatierten schon lange vor dem Ersten Weltkrieg den Hunger nach Schönheit im Alltag jener Menschen, deren Geschmack den kultivierten Eliten als barbarisch erschien:

»Gehen Sie in die Tanzlokale und Musikhallen, in die Theater und Museen, sehen Sie sich die Wohnung und die Kleidung selbst der Armen an, und Sie werden finden, dass sich überall ein unwiderstehlicher Drang nach Freude kundgibt. Gehen wir dieser Freude auf den Grund, so finden wir, oft zu unserem Entsetzen, die Freude an der Kunst. Aber in welcher Zerrgestalt! Der geschmacklose Flitter der Kleidung, der traurige Öldruck an der Zimmerwand, die Musik des Bierkonzerts und Tingeltangels, das Schauerdrama und der Schauerroman – das alles empfindet die übergroße

Mehrheit des deutschen Volkes als Kunst! Was uns Ekel bereitet, wird als Lust empfunden« (Wolgast 1903: 4).

Hier stehen wir am Anfang der Entwicklungslinie, die direkt zur Ästhetisierung der Lebenswelt führte und mit ihrem Massencharakter die ästhetische Erfahrung der Gegenwart geprägt hat. Eine neue Qualität gewann sie im »goldenen Zeitalter« (Hobsbawm 1995: 285) von den 1950ern bis zur Mitte der 1970er Jahre; auf Grundlage der dauerhaften Stabilisierung der Einkommen über dem Armutsniveau wurde es zur Norm, Konsum- und Unterhaltungsangebote nach Maßstäben der Schönheit auszuwählen: sinnlicher Reiz, emotionale Intensität, Stärke des Erlebens.

Konsum lehrt unterscheiden

Um die Bewertung dieses historischen Wandels wird bis heute gestritten. Bubners Kritik an der Verschönerung der gewöhnlichen Alltage, die im Kern nur »Verhübschung« und damit entdifferenzierende und desensibilisierende »Hyperästhetisierung« bedeute (Welsch 1990a, 1993), wurde und wird vor allem von denen geteilt, die sich professionell mit anerkannten Künsten und dem Schönen befassen.[2] Eine Gegenposition dazu stellen Überlegungen des Soziologen Gerhard Schulze (1992) dar. Unter der Formel »von der Überlebensorientierung zur Erlebnisorientierung« (ebd.: 55) hat er genauer den Charakter alltäglicher Entscheidungen in der Massenkonsumgesellschaft beschrieben. Nach seiner Interpretation wird für den Umgang mit den Optionen die innere Befindlichkeit des Wählenden ausschlaggebend, die Abschätzung des zu erwartenden Erlebnisses. Welchen Film man anschaut, hängt nun nicht mehr davon ab, was man sich in diesem Monat noch leisten kann und was im billigen Kino an der Ecke gezeigt wird; die Lektüre wird nicht mehr davon bestimmt, was man von Familienmitgliedern leihen oder mit Freunden tauschen kann. Man *muss* aus einer Vielzahl von Möglichkeiten *wählen* und – das ist der zentrale Punkt – die Kriterien der Auswahl *reflektieren*. Die Entscheidungen ergeben sich letztlich daraus, was man von diesem Sujet, von dieser Schauspielerin, von dieser Heftserie an ganz persön-

---

2 Kunst-, Literatur-, Musikwissenschaftler, Ästhetiker; vgl. etwa Bohrer (1993); Schlaffer (1996); eine abgewogene Erörterung bei Kleimann (2002: 122–125).

lichem Vergnügen (der Gefühle, der Horizonterweiterung, der Selbstbestätigung und so weiter) bisher erfahren hat und künftig erwartet. Vergleichbares gilt für die Wahl zwischen Gebrauchsgütern, deren funktionaler Nutzen kaum noch differiert. Die Entscheidung erfolgt unvermeidlich nach Gesichtspunkten, die auf das Innere, auf körperlich empfundene Gefühle Bezug nehmen. In Schulzes Worten: Die Menschen sind gezwungen, »ständig Unterscheidungen nach ästhetischen Kriterien vorzunehmen« (ebd.). Die Reflexion über persönliches Erleben und das Streben nach seiner Optimierung werden aus dieser Sicht bestimmend für die Lebensführung; oberstes Ziel sei dabei die Erfahrung des Schönen. Unter der Globaldiagnose einer »Ästhetisierung des Alltagslebens« (ebd.: 33) konstatiert Schulze das durchgängige Streben der Mitglieder unserer Gesellschaft nach ästhetischen Erfahrungen. Das ist möglich, weil er eine konsequent subjektorientierte Definition des Schönen als »Sammelbegriff für positiv bewertete Erlebnisse« (ebd.: 39) hat; er versteht darunter eine *vom Subjekt produzierte* angenehme Erfahrung – die auch ins Bügeln oder Biertrinken hineingelegt werden könne. »Buchstäblich alles kann Menschen als schön gelten« (ebd.).

Sachlich differiert die Bestandsaufnahme des Sozialwissenschaftlers nicht stark von Bubners Ästhetisierungskritik; Interpretation und Bewertung jedoch sind absolut konträr. Was Menschen selbst als schön bezeichnen, das gehöre legitimer-, ja notwendigerweise zum Reich des Ästhetischen; für ein irgend normativ-exkludierendes Verständnis und für den Versuch, Schönes als Ausdruck von Wahrem und Gutem zu adeln (oder darauf zu verpflichten, was diskursbestimmende Gruppen als Moral und Wahrheit definieren), bleibt kein Raum.[3]

Ob eine derart weit gehende Subjektivierung und Ausdehnung des Schönen analytisch sinnvoll ist, wird auch in diesem Band diskutiert. Davon bleiben aber zwei Einsichten der sozialwissenschaftlichen Betrachtung unberührt. Sie stellt die Phänomene in den Zusammenhang gesellschaftlichen Wandels und entzieht sie damit zum einen den Niedergangs- und Verlustdiskursen der Kulturkritik und einer historisierungsresistenten Philosophie der Ästhetik. Zum zweiten macht sie klar, dass zur Analyse einer Entwicklung,

---

3 Hier zeigt sich eine Parallele zu Schulzes Antipoden Bourdieu (1982: 26), dessen Analyse der »feinen Unterschiede« die »›barbarische‹ Wiedereingliederung des ästhetischen in den Bereich des ordinären Konsums« betreibt. Allerdings hält Schulze (1992: 115–117) den Verzicht auf wertende Differenzierung nicht durch und konstatiert eine zu Enttäuschungen führende Inflation der Erlebnisse, ähnlich der von Welsch (1993: 45) kritisierten »Anästhetisierung« durch »Totalästhetisierung«.

die mit der Dynamik ›gesellschaftlicher Naturgesetze‹ (Marx 1962: 12–16) abläuft, die Kategorien einer am Hochkulturkanon entfalteten Werkästhetik nicht genügen können. Bei den Geschmacksmustern und Aneignungsformen, die im Prozess der Ästhetisierung der Lebenswelt und der Habitualisierung des Hungers nach Schönheit massenhaft – ›populär‹ – werden, handelt es sich um soziale Realitäten; sie sind mit empirischer wie theoretischer Neugier, Offenheit und nicht zuletzt (so sieht es zumindest der volkskundliche Kulturwissenschaftler) mit der Bereitschaft zur analytischen Distanzierung vom Habitus der akademisch Gebildeten (Gell 1999; Maase 2005) zu erforschen.

Pluralität des Schönen

In einem wesentlichen Punkt allerdings widerspricht dieser Band dem herrschenden sozialwissenschaftlichen Paradigma. Er teilt nicht das rein funktionale Verständnis der Ästhetisierungsprozesse, wonach sie nur Mittel für nicht ästhetische Zwecke seien. Danach dient Schönes der Werbung, Absatzsteigerung, Ablenkung, Stimmungsmanipulation seitens Wirtschaft und Politik – und zu Ablenkung, Kompensation, Distinktion, Statusstreben, Konsolation auf Seiten der Massen. Die hier versammelten Aufsätze hingegen gehen aus von der Eigenständigkeit, Eigenlogik und Selbstzweckhaftigkeit ästhetischer Praktiken in der Alltags- und Populärkultur. Das Anschauen eines Films auf DVD, Musikgenuss in MP3, die Auswahl einer Couchgarnitur und der Besuch eines Basketballspiels werden als Schönheitserfahrungen genau so ernst genommen wie ein Theater- und Konzertabonnement, der Kauf eines Bildes oder die Teilnahme an einer Vernissage. Populär- wie Hochkultur dienen fraglos auch anderen Zwecken als ästhetischen; aber das kann kein Argument dafür sein, ihre Eigenart zu leugnen. Die Feststellung, dass wir es mit spezifisch ästhetischen Aneignungen zu tun haben, deren Zweck in den unersetzlichen, inkommensurablen Erfahrungen besteht, die sie ermöglichen, dispensiert ja nicht von der kritischen Untersuchung ihrer Qualität. Eigenart und Selbstzweckhaftigkeit des Ästhetischen zu betonen meint nicht, dass es sich hier um *a priori* Gelungenes und Wertvolles handle – in der Hochkultur so wenig wie im Feld des Populären.

Auf dieser Grundlage sind Gemeinsamkeiten und Differenzen im plural verfassten Feld des Schönen zu erörtern – nicht im Sinne einer ausschließenden Gegenüberstellung von *exklusiv* und *populär*, sondern durch ernsthaftes Herausarbeiten des je besonderen Charakters ästhetischer Beziehungen in unterschiedlichen Konstellationen. Die Qualität einer Schubert-Einspielung im Vergleich mit Partitur und Referenzaufnahmen beurteilen; mit Schuberts großer C-Dur-Sinfonie durch den Wald joggen; eine Schubert-Passage in der Filmmusik eines Melodrams oder in einem Werbespot hören; Teil eines Rockkonzerts sein; eine Fotoserie mit Selbstporträts erstellen; diese Bilder bei *flickr* anschauen; die zu Anzug und Gelegenheit passende Krawatte finden – angesichts der Vielfalt der Praktiken, die mit der Ästhetisierung eingezogen sind in die verschiedensten Alltage, kann man nur von Schönheiten im Plural sprechen und darf sich über die Vielfalt der Theorien, die zu deren Analyse und Verständnis herangezogen werden, nicht wundern.

Konstellation, Kontext, Ko-Text

Das entbindet selbstverständlich nicht vom Bemühen, das bunte Feld zu strukturieren; dazu im Folgenden einige Überlegungen. Die Frage nach übergreifenden Perspektiven und nach Unterscheidungen innerhalb von Perspektiven wird hier nicht gestellt, um sie möglichst bald und möglichst eindeutig zu beantworten. Dahinter steht vielmehr die Hoffnung, so ein Netz von Kategorien und Problemverständnissen zu spinnen, das die Kommunikation zwischen denen voranbringt, die sich mit Schönheit und ästhetischer Erfahrung in den differenten Sphären des Populären befassen: in der alltäglichen Lebensgestaltung, in weit verbreiteten Vergnügungsformen und in den massenhaft perzipierten Künsten.

Eine erste Frage lautet: werk- oder rezeptionsorientierte Sicht? Sind Schönheiten Qualitäten bestimmter Gegenstände (was immer wir darunter fassen; auch Gemeinschaftserfahrung oder Trance können Objekte in einem ästhetischen Verhältnis sein)? Oder geht man von David Humes Axiom aus, dass die Schönheit im Auge des Betrachters liege? Und wenn man dem folgt: Ist jede Rezeptionsstrategie gleich angemessen? Umberto Eco (1992) unterscheidet beispielsweise das »Benutzen« eines Textes (Unterordnung unter die »intentio lectoris«) vom »Interpretieren« (Suche nach der »intentio operis«). Wie willkürlich darf das Subjekt sich einen Gegenstand aneignen, damit man noch von einer ästhetischen Beziehung sprechen kann? Sollen Tagträume, der Genuss von Spannung und das Herstellen einer angenehm empfundenen Gestimmtheit als ästhetisch relevant gelten? Die Beantwortung solcher Fragen ist eng verbunden mit der Wahl des Untersuchungsfokus. Werkorientierte Sicht begünstigt Kanonbildung. Es liegt dann nahe, die elaborierten Methoden und Kategorien der Kunstwissenschaften auf populäre Genres anzuwenden.[4] Nicht selten kann man so Komplexität und Originalität der analysierten Pop-Titel oder Comics herausarbeiten. Derartige Befunde halten akademische Fürsprecher des Populären gerne der pauschalen Kritik entgegen, die von Standardisierung und Trivialität spricht; die Versuchung ist groß, das bislang Verachtete nun trotzig zur Kunst zu adeln. Selbstverständlich profitiert auch der ästhetische Genuss der Laien davon, dass professionelle Interpretationen erstellt, diskutiert und (über verschiedene Stufen der Vermittlung) in die breitere Kommunikation eingespeist werden; Nutzer populärer Kultur greifen inzwischen durchaus zu ›Sekundärliteratur‹. Der Gewinn hat allerdings seinen Preis: die Einordnung der Werke in das Feld der Kunst – und damit in den Diskurs über Autonomie, geistiges Schöpfertum, Genie (Fuhr 2007: 65–70; konträr dazu von Appen 2007: 259–288). Ungeachtet der Frage nach dem Ideologiecharakter des herkömmlichen Kunstverständnisses – dass traditionelle Werkbetrachtung der Existenzweise der meisten populären Genres nicht angemessen ist, werden die wenigsten bestreiten. Genau aus diesem Grund lehnt etwa Peter Wicke (1992; 1993: 9 f.) ein Verständnis populärer Musik als Kunst ab und verlangt ihre Analyse als soziale Praxis und kulturelles Medium.

Das Konzept der Massenkünste (Juretzka 1990; Carroll 1998) könnte vielleicht beides vereinen – Bestehen auf der Möglichkeit höchster ästhetischer Qualität und Berücksichtigung der besonderen sozialen Existenzweise des Phänomens, das eben deswegen andere Maßstäbe verlangt als das ›Werk‹ des Kunst-Diskurses. Doch hat es bislang gerade im deutschen Sprachraum kaum Resonanz gefunden, und eventuell ist sein Herausforderungswert doch größer als seine analytische Orientierungskraft.

Vielleicht wäre für die Untersuchung der spezifischen Schönheiten von Populärem die Frage nach Konstellation, Kontext und Ko-Text hilfreich. Möglicherweise sind Unterschiede in Situationen und Modi von Perzeption und Teilhabe für die Qualität ästhetischer Erfahrungen und für deren angemessenes Verständnis relevanter als Unterschiede in den Gegenständen. Faktisch sind den Maßstäben der Kanonästhetik eine Praxis der hohen Konzen-

---

4 Vgl. als gelungenes Beispiel etwa Schmiedt (1996).

tration und anhaltenden Aufmerksamkeit sowie Bedingungen der Verfügung über entwickelte analytische Kompetenzen und einschlägige Wissensbestände eingeschrieben. Einen Werbespot oder einen Popmusiktitel kann nur als Kunstwerk perzipieren, wer die Bedingungen dafür schafft, ein entsprechendes intellektuelles Instrumentarium anzuwenden; im alltäglichen Gebrauch durch nicht professionell Vorgebildete, vor dem Fernseher oder im Bus auf dem Weg zur Arbeit, sind andere Aneignungsweisen verlangt.

Konstellation, Kontext und Ko-Text sind zugleich Konzepte, die die individualistische Engführung in Humes Bild vom Auge des Betrachters aufheben. Unsere Wahrnehmung verfügt über eine Vielzahl sozial erlernter Strategien, die wir situationsspezifisch einsetzen. Die Schönheiten von Populärem wären dann weder an bestimmte Gegenstände noch an bestimmte Geschmacksmuster (etwa von Unterschichten) zu binden. Zu untersuchen wäre das flexible Zusammenspiel von spezifisch disponierten Subjekten (nach einem Tag intensiver Bernini-Analyse sucht der Kunstwissenschaftler am Abend Ausgleich unter Freunden), konkreter Rezeptionssituation (die angeheiterte Gesellschaft ist in die Spätvorstellung gezogen, um zum x-ten Mal *Terminator II* zu sehen) und kulturellen Ko-Texten (*Terminator II* ist ein anderer Film für den, der auch die Folgen I und III gesehen hat, und die Wahl Arnold Schwarzeneggers zum Gouverneur hat vermutlich die intertextuellen Bezüge weiter verändert).

So vielfältig die Situationen auch erscheinen, die Elemente passen nicht beliebig zusammen; eine empirisch gegründete Typenbildung verschiedener Konstellationen ästhetischer Erfahrung ist denkbar. In ihr haben auch die klassischen Gedanken Platz, dass es einen Anspruch des Textes an den Rezipienten gibt und dass populäre, nicht professionelle Rezeption eine gewisse Zugänglichkeit und Lesbarkeit verlangt. Was darunter zu verstehen ist, ist aber nur empirisch, konkret historisch und nicht normativ zu bestimmen. Es herrscht inzwischen doch weitgehend Einigkeit, dass Werke welcher Genres auch immer, die keine Eintagsfliegen sind, befriedigende Rezeption in mehr als einer Dimension, von der Kraft der sinnlichen Gestalt über die lebensweltliche Anschlussfähigkeit des Themas bis zur Originalität des strukturellen Baus, ermöglichen.

Kontemplation

Die radikalste Auslegung rezeptionsorientierter Sicht ist gewiss Schulzes (1992: 39) Diktum, wonach den Menschen der Erlebnisgesellschaft »buchstäblich alles [...] als schön gelten« könne. Dass damit doch nicht unausweichlich Schönheit und ästhetische Erfahrung in den Bereich der Alltagsverständigung transferiert und als Kategorien der Wissenschaft aufgegeben werden, macht die (wie Schulzes Soziologie phänomenologisch grundierte) Ästhetik Martin Seels deutlich. Seel (2000: 46, 44) trifft nämlich eine ähnliche Aussage:

»Prinzipiell kann alles, was sensitiv wahrgenommen werden kann, auch ästhetisch wahrgenommen werden.«»Die Domäne des Ästhetischen ist kein abgegrenzter Bereich neben anderen Lebensbereichen, sondern eine unter anderen Lebensmöglichkeiten, die von Zeit zu Zeit ergriffen werden kann, wie man von Zeit zu Zeit von ihr ergriffen wird.«

Das Beispiel, auf das er in seiner Explikation einer »Ästhetik des Erscheinens« immer wieder zurückgreift, ist ein roter Ball auf grünem Rasen – alltäglicher geht es scheinbar nicht. Bernd Kleimann (2002) exemplifiziert die Weisen ästhetischer Erfahrung an einer Linde vor dem Fenster und an der sechseckigen Espressokanne, die in Millionen Haushalten steht. Man denkt an Kunstrichtungen der Zwischenkriegszeit, *pittura metafisica* und Neue Sachlichkeit, die Dinge des Alltags sinnlich herausheben, isolieren, malerisch ihre Materialität feiern oder gar zur Transzendenz zu öffnen suchen. Nicht alltäglich – im Sinne der fraglosen Gegebenheit der Lebenswelt – sind jedoch die Wahrnehmungsformen, die Seel, Kleimann und auch Schulze für die ästhetische Erfahrung von »buchstäblich Allem« voraussetzen. Auch in der Erlebnisgesellschaft fällt einem das Schöne nicht als Nebenprodukt der Alltagsvollzüge zu, beim gewöhnlichen Fernsehabend, beim routinierten Bügeln oder beim schnellen Schluck Bier während der Gartenarbeit. Nötig sind Fokussierung und Intensität der Wahrnehmung, sinnliche und reflexive Offenheit für die Einmaligkeit des Gegenwärtigen. Seel und Kleimann arbeiten das Kontemplative ästhetischer Wahrnehmung heraus; Schulze (1992: 39–46) betont, dass zum Gelingen eines schönen Erlebnisses Verarbeitung von Eindrücken und Beobachtung dieser Verarbeitung verlangt sind: »Erlebnistiefe verlangt Erlebnistraining« (ebd.: 104).

Die systematische, keine Bildungs- und Wissensschwellen errichtende Ausweitung ästhetischer Erfahrung über den Kanon von Kunst und erhabener Natur hinaus macht phänomenologische Ansätze so tauglich für die ästhetisierten Lebenswelten der Gegenwart. Der vielfältige Umgang mit schönen Dingen (Kleidung, Kosmetik oder Museumstourismus) und mit intensiven körperlich-sinnlichen Erfahrungen (Tanz, Massage oder Fitnesstraining) scheint gut zu fassen mit einem Verständnis der Erfahrung des Schönen, das der ruhigen, intensiven, wachen Wahrnehmung mit allen Sinnen und der Reflexion auf Lebensmöglichkeiten (Seel 2000: 152–156) eine grundlegende Bedeutung beimisst, um Gegenwärtigkeit zu erfahren, »ein Verspüren der eigenen Gegenwart im Vernehmen der Gegenwart von etwas anderem« (ebd.: 62).

Man ist versucht, hier eine Art Elementarbestimmung des Ästhetischen als sinnliche Wahrnehmung[5] zu konstatieren, die, jeweils modifiziert, auf sehr unterschiedliche Felder alltagseingebundener Erfahrung angewendet werden könnte.[6] Doch deuten Stichworte wie Kontemplation und Intensität auf eine Qualität des Wahrnehmens hin, die etwas im besten Sinne Beschauliches hat; die angeführten Beispiele stehen ebenfalls für die etwas überzeitliche, genauer: vom raschen Fluss der Alltagszeit in der Gegenwart deutlich abgesetzte Qualität der Perzeption. Das leicht Meditative des Ansatzes kontrastiert deutlich mit dem Tempo wie mit der eher gemischten und geteilten Aufmerksamkeitsstruktur des Alltags; auch will die Anwendung auf Genres populärer Kunst und Vergnügung, die von sinnlicher (Über-)Fülle, Überwältigung und Beschleunigung geprägt sind, schwierig scheinen. Die phänomenologische Sicht tendiert zu einem eher selektiven Verständnis der Konstellationen, in denen ästhetische Erfahrung auch von Alltagsgegenständen und -handeln überhaupt möglich ist. Dass Seel (2000: 98 f., 153, 170–172) und Kleimann (2002: 81, 158 f.) jedoch Fragen der geteilten »Mitwahrnehmung« gerade gegenüber modernen Medien ansprechen (wenngleich skeptisch), verweist darauf, dass hier ein Diskussionsfeld liegt.

---

5 Zur Unterscheidung von ästhetischer Wahrnehmung und ästhetischer Erkenntnis (die gleichermaßen im Konzept der *aisthesis* enthalten sind) vgl. anregend Welsch (1993: 26–29).

6 Nach Abschluss der Manuskripte des Bandes erschien von Appens (2007) Studie, die Seels Kategorien überzeugend und anregend auf Popmusik anwendet.

Mittlere Erregung

Ganz kurz sei noch eine Traditionslinie von Studien zu ästhetischer Wahrnehmung und Bewertung angesprochen, die in eine komplexe alltagsorientierte Untersuchung der Schönheiten des Populären einzubeziehen ist: die wahrnehmungspsychologische Forschung zu Objektqualitäten, die von Probanden als angenehm, interessant, schön bewertet werden. Dazu zählen, um nur einige Eckdaten zu nennen, Fechners (1876) empirische Ästhetik, die Gestalttheorie (Köhler 1971; Arnheim 1978), die Erregungstheorie Berlynes (1971; 1974: Kap. 9) und das Konzept hedonischer Wahrnehmung von Martindale (1984). Hier werden meist Präferenzen für ›harmonische‹ Reizkombinationen gemessen, die Erregungen mittlerer Stärke auslösen.

Die Kunst des Modernismus und der Avantgarde, aber auch das funktionalistische Design (Dorschel 2002; Pallowski 2005) und viele populäre Genres haben sich massiv gegen ein derartiges Schönheitsverständnis gewendet. Andere Richtungen, vor allem aus dem Mainstream, setzten und setzen auf die Reize des Harmonischen, und man könnte die Hypothese aufstellen, dass ästhetische Erfahrung gerade in alltagseingebundenen, gewöhnlichen Konstellationen stärker den Präferenzen für ›mittlere Erregung‹ folgt als in herausgehobenen Situationen der Kunstrezeption, der Subkultur oder der Vergnügung durch Extremerlebnisse. Immerhin hat eine weltweite Kunstaktion von Komar & Melamid (1997) ergeben, dass auf die Frage nach dem idealen Lieblingsbild zumeist gefällig realistische Landschaften in blauen und grünen Tönen gewählt wurden. Kognitionspsychologische Laborbefunde bilden gewiss nicht den Königsweg zur Bestimmung verbreiteten Schönheitsempfindens; doch im Gesamtprogramm empirischer Forschung zur Frage, aufgrund welcher Qualitäten Menschen Gegenstände der Wahrnehmung als schön bezeichnen, sind solche Ergebnisse wohl unverzichtbar.

Familienähnlichkeiten

Die Vielfalt der Ansätze zu einer Ästhetik des Populären kann hier nur angerissen werden. In gewissem Sinne bemühen sich alle Populärkulturstudien darum; ebenso tut das die nicht akademische Kritik von Popmusik, Computerspielen, Filmen, Wohnungseinrichtung, Autos und ähnlichen Gebrauchsgütern mit Gestaltungsanspruch. Die Autoren solcher an ein breites Publikum gerichteten Texte haben in vielen Sparten eine Sprache für die Qualitäten – auch die ästhetischen – dieser Güter entwickelt, die nicht auf Kategorien der Kanonästhetik zurückgreift und von den Nutzern als treffender Ausdruck ihrer Erfahrungen und Urteile empfunden wird;[7] nicht selten liefern Garten-, Einrichtungs- und Autozeitschriften sogar Modelle für das Erleben und Bewerten von Gebrauchserfahrungen. Hier liegt ein relevanter, viel zu selten genutzter Fundus versprachlichter Schönheitserfahrungen.

Wenn das so ist, dann wäre das Feld der Bemühungen um eine Ästhetik des Populären noch vielgestaltiger, als es bei einem Überblick nur über wissenschaftliche Veröffentlichungen scheint. Wie kann man hier zu Verallgemeinerungen kommen? Das gängige akademische Verfahren ist (wie oben anhand phänomenologischer Ansätze kurz erörtert), nach dem Muster *genus proximum et differentia specifica* so etwas wie einen Kernbereich oder grundlegende Gemeinsamkeiten ästhetischer Erfahrung zu bestimmen, die dann für unterschiedliche Gegenstände und Perzeptionsweisen auszudifferenzieren wären. Doch hat bereits Wolfgang Welsch (1993: 26) Zweifel an solch einer konventionellen Definitionsstrategie formuliert, die durch weit getriebene Abstraktion eine Bestimmung des Ästhetischen oder des Schönen zu finden sucht. Welsch (ebd.: 26, 30 f.) schlägt vor, statt dessen mit Wittgensteins Konzept der »Familienähnlichkeiten« zu arbeiten und die Potenzen einer »unexakten«, polyvalenten Semantik zu nutzen.

Wittgenstein (2001: 786 [65]) entwickelt am Beispiel von Sprachen und Spielen folgende Strategie: »Statt etwas anzugeben, was allem, was wir Sprache nennen, gemeinsam ist, sage ich, es ist diesen Erscheinungen gar nicht Eines gemeinsam, weswegen wir für alle das gleiche Wort verwenden, – sondern sie sind mit einander in vielen verschiedenen Weisen *verwandt*.« An Stelle begrifflicher Reduktion empfiehlt er (ebd.: 787 [66]) Beobachtung: »Denn, wenn du sie [die empirische Vielfalt der Spiele; K.M.] anschaust, wirst du zwar nicht etwas sehen, was *allen* gemeinsam wäre, aber du wirst Ähnlichkeiten, Verwandtschaften sehen, und zwar eine ganze Reihe. Wie gesagt: denk nicht, sondern schau!« Wenn man in den Zitaten an die Stelle von »Sprache« »schön« setzt, ergibt sich eine höchst bedenkenswerte Vorgehensweise des Durchgangs durch die Vielfalt der Phänomene, bei der »Ähn-

---

7 Mit der systematischen Auswertung nichtprofessioneller Popmusikbesprechungen hat von Appen (2007) gezeigt, wie die empirische Erforschung populärer Schönheitsverständnisse voran zu bringen ist; anhand von Interviews untersucht Krischke-Ramaswamy (2007) ästhetische Rezeptionserfahrungen.

lichkeiten auftauchen und verschwinden«. »Wir sehen ein kompliziertes Netz von Ähnlichkeiten, die einander übergreifen und kreuzen« (ebd.). Wittgenstein (ebd.: 787 [67]) wählt hierfür die Metapher der »Familienähnlichkeiten«; »denn so übergreifen und überkreuzen sich die verschiedenen Ähnlichkeiten, die zwischen den Mitgliedern einer Familie bestehen: Wuchs, Gesichtszüge, Augenfarbe, Gang, Temperament, etc. etc.« In seinem Sinne bilden die Schönheiten eine Familie, zu der populäre und weniger populäre Mitglieder gehören. Wenn es darum geht, sich ohne willkürliche Vorwegselektion »der Weite des Ästhetischen« zu stellen (Welsch 1993: 31), die – nimmt man den Sprachgebrauch der Gegenwart als Indiz – so Unterschiedliches wie meditative Kontemplation und körperliche Grenzerfahrung, Konzertsaal, Sportstadion und Fernsehen mit Bier und Chips, einen Ball auf der Wiese, eine Opernaufführung und gedruckte Texte einschließt, dann scheint es wirklich produktiv, die verschiedenen Bedeutungsfacetten von ›ästhetisch‹ und ›schön‹ zu entfalten und herauszuarbeiten, wie sie ineinander übergehen und sich entfernen, welche Ähnlichkeiten und Unähnlichkeiten sie aufweisen, wie sie also, mit Wittgenstein, »in vielen verschiedenen Weisen verwandt« sind.

Die Beiträge

Am Netz der Ähnlichkeiten soll dieser Band knüpfen. Er versammelt Beiträge von den 6. Tübinger Kulturwissenschaftlichen Gesprächen, die im Juni 2006 am Ludwig-Uhland-Institut für Empirische Kulturwissenschaft der Universität Tübingen stattgefunden haben, und wurde gezielt um Aufsätze erweitert, die wichtige Felder des populär Schönen beleuchten. Gegliedert ist er in vier Blöcke. Im ersten werden historische und systematische Überlegungen zur grundlegenden Bestimmung populärer Ästhetik und ihres Studiums entwickelt. Die folgenden zwei Blöcke gehen, induktiv, den analytisch umgekehrten Weg: Von unterschiedlichen Genres her entfalten sie Facetten des populär Schönen, die die ›Familie‹ und ihre Ähnlichkeiten anschaulich und diskutierbar machen. Das erste Kapitel fasst visuelle Genres und Design zusammen, im zweiten werden Aspekte der populären Musik beleuchtet. Die abschließenden Beiträge fokussieren, was die Genreanalysen immer wieder berühren: Körper und Körperlichkeit als tragendes Element in unterschiedlichen ästhetischen Erfahrungen der Gegenwart.

Den gesellschaftstheoretischen Rahmen zeichnet *Gernot Böhme*, der die Herausbildung einer »ästhetischen Ökonomie« darstellt. Er erörtert die wirtschaftlichen Grundlagen der Ästhetisierung des Alltags und konstatiert, dass es sich dabei um eine logische und noch an Dynamik gewinnende Konsequenz der kapitalistischen Produktionsweise handelt. In Auseinandersetzung mit den klassischen Kritiken dieser Entwicklung seit der *Dialektik der Aufklärung* (Horkheimer/Adorno 1969) betont Böhme, dass die Produkte der expandierenden »ästhetischen Arbeit« ihren Nutzern durchaus Gebrauchswert bieten: für die »Inszenierung, Ausstaffierung und Steigerung des Lebens«.

Kaspar Maase diskutiert theoretische und methodische Probleme von Analysen, die sich auf die besonderen Bedingungen und Formen ästhetischer Erfahrung im Alltag einlassen – auf Schönheitserfahrung an Dingen und Handlungen wie an populären Künsten. Er fragt nach von der philosophischen Ästhetik missachteten Eigenschaften derartigen Erlebens und arbeitet unter anderem wechselnde Aufmerksamkeit, synästhetische Wahrnehmung, evolutionär entwickelte »elementarästhetische« Empfindungen und den ausgeprägten Körperbezug als Kennzeichen heraus.

Die US-amerikanische Kulturgeschichte des 19. Jahrhunderts erweist sich im historischen Rückblick als ein Versuchslabor, in dem wesentliche Strategien und Repertoires der populären Kultur und ihrer Ästhetik entwickelt und ›zur Serienreife gebracht‹ wurden. *Winfried Fluck* geht am Beispiel des Sensationalismus der Dynamik nach, die *High* und *Low* voneinander trennte, und verfolgt die Linien einer »›schamlosen‹, primär auf Wirkungsoptimierung angelegten Form populärer Kultur« bis zu den ästhetischen Debatten und Prinzipien der Postmoderne.

Am Beispiel populärer Literatur setzt sich *Hans-Otto Hügel* mit relativistischen Auffassungen auseinander, wonach prinzipiell alles Gegenstand eines schönen Erlebnisses werden könne. Dagegen verlangt er einen »genauen Blick auf die Phänomene«, die qualifizierte Auseinandersetzung mit den ästhetischen Qualitäten der Texte. Seine Analyse der Heftromanserie *Texas Jack* erschließt als wesentliche Qualität des populär Schönen, dass es stets eine Dimension des »Positiven« enthält, die als Darstellung »gelingenden Lebens« gelesen werden kann.

Die Zentralität des »Positiven« thematisiert auch *Knut Hickethier*. Das wichtigste Medium, in dem sich Populärkultur heute präsentiert, ist das Fernsehen. Wer nach dessen Schönheiten und deren Wirkung in der Gesellschaft fragt, muss sich, so *Hickethier*, mit dem dort erzeugten »Bild vom schönen Menschen« beschäftigen. Harmonie, Ebenmaß, Jugendlichkeit der Körper werden mit allen Mitteln des Mediums inszeniert und fungieren als »Disziplinierungsprogramm«, indem sie einen »medial gesteuerten Prozess der Selbststilisierung der Zuschauer« in Gang setzen. Diese normativen Codes imprägnieren auch die Praktiken der bildlichen Selbstrepräsentation im Web 2.0, die *Birgit Richard, Jan Grünwald* und *Alexander Ruhl* auf der Fotosharing-Plattform *flickr* untersucht haben. Hier zeigen, betrachten, kommentieren ›Laien‹ und ›Liebhaber‹ Fotos; sie produzieren so das neue Genre des »Popbildes«. Bei der »Selbstwerbung« mittels Autoporträts dominieren allerdings in den virtuellen Gemeinschaften des *World Wide Web* ästhetische Normen, die auch die ›wirkliche Welt‹ beherrschen.

Ästhetische Leistungen im Genre der Comics erörtert *Andreas Platthaus*. Bildgeschichten mobilisieren Kompetenzen der Betrachter, die an Literatur, Film, Malerei geschult wurden; die neue Qualität der Kombination zeigt sich in den Erfindungen, die den Künstlern bei der Gestaltung *ganzer Seiten* gelingen. Mit der Integration von Text und Zeichnung in Einzelbildern, Seiten und Geschichten entsteht eine Komplexität, deren Vielschichtigkeit jedoch nicht komplett entschlüsselt werden muss, um Vergnügen an der Lektüre zu haben.

Gudrun Scholz charakterisiert die unterschiedlichen ästhetischen Perspektiven von Nutzern, Herstellern, Medien und Designern auf die Gestaltung von Gebrauchsdingen. Im Zentrum steht für sie die »professionelle Gestalterschönheit«, die sich keineswegs auf formale Eigenschaften bezieht, sondern vor allem eine Haltung gegenüber den Nutzern meint. Am Beispiel Philippe Starcks wird die These exemplifiziert, dass Liebe ein wesentlicher Parameter der Gestaltung von Industriegütern sein sollte.

An den Genres Techno und Popsong entwickelt *Diedrich Diederichsen* zwei ästhetische Kategorien der Popularmusik: »Musik des Moments und Musik der Erzählung«. Befreiung, Körperlichkeit, Hier und Jetzt auf der einen Seite, auf der anderen ein Ich mit Geschichte, das auf außergewöhnliche Erfahrungen zurückblickt. Beide Konzepte sind historisch, haben sich entwickelt und verändert, nicht zuletzt durch Transfers von künstlerischen Strategien anderer Medien und der sogenannten E-Musik – Verwandtschaftsbeziehungen eben. Eine Archäologie dieser Zusammenhänge führt (ähnlich wie bei Winfried Fluck) weit ins 19. Jahrhundert zurück.

Analysen populärer Musik thematisieren immer wieder die zentrale Bedeutung des Sounds. Das weist, wie *Susanne Binas-Preisendörfer* herausarbeitet, in zwei Richtungen. Zum einen scheint der Begriff gerade mit seinen Unschärfen geeignet, Vielfalt und Vielschichtigkeit jenes Klanggeschehens in den Fokus der Betrachtung zu rücken, dessen komplexe körperliche Erfahrung populäre Musik wesentlich konstituiert. Zum anderen werden hier die Grenzen herkömmlicher Musikwissenschaft deutlich, die mit der Fixierung auf die in Noten schriftlich gefasste Existenzweise von Musik weite Bereiche musikalischer (körperlicher) Praxis und Erfahrung ausblendet oder verfehlt.

Die ästhetischen Erfahrungen der Nutzer von Popsongs stellt *Mohini Krischke-Ramaswamy* am Beispiel von Neil Diamond-Fans dar. Sie machen diese »Musik der Erzählung« (Diederichsen) für sich bedeutsam, indem sie Liedtexte, das Image des Sängers und die eigene Biographie in einen Zusammenhang bringen. Fans fassen die musikalische Gestalt und die Qualität der Performance nicht in analytischer Sprache; doch artikulieren sie das Erleben der Musik, die sie lieben, eindrucksvoll in Bildern »körperlicher Erregungszustände«.

Körperlichkeit als Grundgegebenheit aller kulturellen Praxis ist der Ausgangspunkt von *Thomas Alkemeyers* Argument. Was in der Hochkultur verdrängt und dethematisiert wird, stellt der Sport der Gesellschaft vor Augen und feiert es geradezu. Körperliche Aufführungen präsentieren »Intelligenz, Raffinesse und Kreativität« in einer Sprache, die durch Allgemeinverständlichkeit und Affektivität Menschen über nationale, soziale und kulturelle Grenzen hinweg berührt. Nichtverbal kommunizieren hier Körper mit Körpern und ermöglichen die Erfahrung »sinnlicher Vergemeinschaftung«.

Richard Shusterman radikalisiert den Zusammenhang von körperlicher und ästhetischer Erfahrung noch. Er fragt, ob nicht die physischen Praktiken, Inszenierungen und Erlebnisse sexueller Aktivität eine Kunst konstituieren können, die ebenso komplex wie populäre ästhetische Erfahrungen generiert. Während die westliche Philosophie unter christlichem Einfluss Überlegungen zur Liebeskunst marginalisiert hat, regen insbesondere die klassischen Darstellungen der indischen Erotik dazu an, die Grenzen zwischen ›Kunst‹ und Genuss körperlich kultivierter Lebensführung durchlässig zu machen.

Um die Beschäftigung mit der »Familienähnlichkeit« – der »Verwandtschaft« populär ästhetischer Erfahrungen in den verschiedensten Feldern und der »Verwandtschaft« von Begriffen und analytischen Ansätzen der Forschung – voranzubringen, folgt auf die Beiträge ein Glossar. Autorinnen und Autoren haben wesentliche Kategorien und Konzepte ihrer Beiträge in Stichworten kondensiert; sie werden hier, versehen mit den Namenskürzeln der Verfasser, alphabetisch präsentiert. Das ergibt gewiss noch kein Lexikon der populären Ästhetik. Es handelt sich um individuelle Lesarten und persönliche Akzente, die aber doch Vernetzungen, Verdichtungen, Überschneidungen erkennen lassen, an denen weitere Forschung ansetzen kann.

Zum Schluss hat der Herausgeber einer angenehmen Pflicht nachzukommen. Ohne die KollegInnen, die Mitarbeiterinnen und die studentischen Hilfskräfte des Ludwig Uhland-Instituts, die die Tagung im Juni 2006 getragen haben, wäre an diesen Band nicht zu denken gewesen. Autorinnen und Autoren haben sich das Projekt und die Idee des Glossars so zu eigen gemacht, dass sie weit mehr als für Sammelbände üblich investierten. Judith Wilke-Primavesi war die optimale Partnerin im Verlag; ihrer Mischung von Fördern und Fordern verdankt das Buch sehr viel. Doris Scherret und Patrick Tilke haben mit großem Engagement Textredaktion und Erstellung der Druckvorlage übernommen, und Mirjam Nast half bei der Übersetzung von Richard Shustermans Beitrag; die Vereinigung der Freunde der Universität Tübingen hat es möglich gemacht, diese Arbeit auch zu honorieren. Ihnen allen gilt mein herzlicher Dank.

Grundlegungen

Zur Kritik der ästhetischen Ökonomie[1]

Gernot Böhme

Einleitung

Mit der Abhandlung zur *Kulturindustrie* in der *Dialektik der Aufklärung* (Horkheimer/Adorno 1969) haben Horkheimer und Adorno in den vierziger Jahren ein Paradigma aufgestellt, an dem sich bis heute jede Kritik ästhetischer Produktion in ihrer Beziehung zur Ökonomie zu orientieren hat. Dies heißt aber nicht, dass es heute in der Auseinandersetzung mit der Theorie der Kulturindustrie die vordringliche Aufgabe ist, nachzuweisen, dass sie immer noch leistungsfähig sei, oder umgekehrt, ihre *shortcomings* herauszustellen: dass sie keinen Unterschied mache zwischen populärer Kunst und Massenkunst und folglich die Möglichkeiten subversiver Pop Art nicht erkannt habe, dass ihre Unterscheidung von hoher und niederer Kultur vom Selbstbewusstsein bildungsbürgerlicher Elite lebe, dass sie den Kulturkonsum abfällig als Scheinbefriedigung charakterisiert habe.[2] Mir scheint es heute, nach dem fast vollständigen Schwinden klassenspezifischen Bewusstseins, nach einer radikalen Veränderung der ökonomischen Bedeutung ästhetischer Produktion und dem seit den fünfziger Jahren vollzogenen Übergang in eine neue Phase des Kapitalismus vielmehr nötig, die Theorie der Kulturindustrie unter diesen veränderten Rahmenbedingungen zu rekonstruieren und ihr so die Reverenz zu erweisen. Eine solche Rekonstruktion habe ich vor ein paar Jahren mit der Skizze einer *Ästhetischen Ökonomie* (Böhme 1992)[3] vorgeschlagen, und diese Skizze soll hier zunächst mit wenigen Worten wiederholt werden.

---

[1] Dieser Text ist die punktuell aktualisierte Fassung von Böhme (2001a).
[2] Zu diesem Typ des kritischen Rückblicks auf den Text *Kulturindustrie* siehe Heft 10 (2000) der *Zeitschrift für kritische Theorie*.
[3] Vgl. jetzt Böhme (2001b).

Die ästhetische Ökonomie geht von dem ubiquitären Phänomen einer Ästhetisierung des Realen aus und nimmt die Tatsache ernst, dass diese Ästhetisierung einen bedeutenden Faktor in der Ökonomie fortgeschrittener kapitalistischer Volkswirtschaften darstellt. Um diese Situation zu erfassen, wird zunächst der Begriff der *ästhetischen Arbeit* gebildet. Mit *ästhetischer Arbeit* wird die Gesamtheit jener Tätigkeiten bezeichnet, die darauf abzielen, Dingen und Menschen, Städten und Landschaften ein *Aussehen* zu geben, ihnen eine *Ausstrahlung* zu verleihen, sie mit einer Atmosphäre zu versehen oder in Ensembles eine Atmosphäre zu erzeugen. Mit dieser Begriffsbildung wird zunächst bewusst auf eine qualitative Wertung der Produkte ästhetischer Arbeit verzichtet, also auf eine Differenz wie die von Kunst und Kitsch, von der die Theorie der Kulturindustrie so wesentlich lebt. Es wird auch nicht von einer Sonderstellung der Kunst- oder Kulturschaffenden ausgegangen, die durch eine Kluft von Kunsthandwerkern, Kosmetikerinnen und Werbeleuten getrennt seien. Der Begriff des ästhetischen Arbeiters umfasst vielmehr das ganze Spektrum vom Anstreicher bis zum Künstler, vom Designer über den Bühnenbildner zum Muzakproduzenten, es umfasst alle menschlichen Tätigkeiten, die den Dingen, Menschen und Ensembles jenes *Mehr* verleihen, welches über ihre Vorhandenheit und Zuhandenheit, über ihre Dinglichkeit und ihre Zweckdienlichkeit hinausgeht. Weil dieses *Mehr* eine eigenständige ökonomische Bedeutung erlangt hat, wurde dafür der Begriff des *Inszenierungswertes* geprägt. Mit dieser Begriffsbildung wurde die Marxsche Dichotomie von Gebrauchswert und Tauschwert um eine dritte Wertkategorie erweitert. Der Gebrauchswert einer Ware besteht in seiner Zweckdienlichkeit innerhalb eines bestimmten Gebrauchszusammenhanges. Der Tauschwert einer Ware besteht in dem Wert, der ihr im Zusammenhang des Tauschvorganges beigemessen wird, er wird abstrakt in Geld gemessen. Um den Tauschwert zu erhöhen, werden nun aber die Waren in besonderer Weise hergerichtet, man gibt ihnen ein Aussehen, sie werden ästhetisiert und sie werden in der Tauschsphäre inszeniert. Diese ästhetischen Eigenschaften der Ware entwickeln sich nun zu einem eigenständigen Wert, weil sie für den Käufer nicht nur im Tauschzusammenhang, sondern auch im Gebrauchszusammenhang eine Rolle spielen. Zwar sind sie keine klassischen Gebrauchswerte, das heißt, sie haben nichts mit Dienlichkeit und Zweckmäßigkeit zu tun; aber sie bilden gewissermaßen einen neuen Typ von Gebrauchswert, der sich vom Tauschwert ableitet, insofern nämlich nun von ihrer Attraktivität, ihrer Ausstrahlung, ihrer Atmosphäre Gebrauch gemacht wird: Sie dienen selbst der Inszenierung, der Ausstaffierung und Steigerung des Lebens.

Entscheidend für die ästhetische Ökonomie ist nun, dass ein quantitativ bedeutsamer Sektor der Gesamtwirtschaft sich auf die Produktion von Inszenierungswerten ausrichtet, beziehungsweise dass es in der Warenproduktion einen wesentlichen Anteil ausmacht, die Ware mit Inszenierungswert zu versehen. Die ästhetische Ökonomie ist damit eine solche, die zum großen Teil Werte produziert, welche man eigentlich nicht braucht, und erweist sich damit als eine besondere Entwicklungsstufe des Kapitalismus. Der Kapitalismus wird in der Regel, wie jede Wirtschaftsform, als eine Organisation zur Bewältigung der menschlichen Not und zur Befriedigung von Bedürfnissen angesehen. Zwar gab es schon immer sehr hellsichtige Theoretiker wie Veblen (1971) oder Sombart (1983), die Kapitalismus explizit mit Luxusproduktion in Verbindung brachten. Man wird heute ihre Bücher als Anfänge einer Kritik der ästhetischen Ökonomie werten müssen. Aufs Ganze gesehen aber wurde und wird der Kapitalismus als eine höchst ernste Sache angesehen und, in Marxscher Terminologie gesprochen, dem Reich der Notwendigkeit, nicht dem Reich der Freiheit zugeordnet. In einem gewissen Entwicklungsstadium, in dem nämlich die Bedürfnisse einer Gesellschaft im wesentlichen befriedigt sind, muss der Kapitalismus auf einen anderen Typ von Bedürfnissen setzen, den man dann zweckmäßigerweise mit einem eigenen Terminus, nämlich der *Begehrnisse*, bezeichnet. Damit ist der dritte Grundbegriff der ästhetischen Ökonomie genannt. Begehrnisse sind solche Bedürfnisse, die durch ihre Befriedigung nicht gestillt werden, sondern vielmehr gesteigert. Bedürfnisse im engeren Sinne, also etwa das Bedürfnis zu trinken, zu schlafen und sich vor Kälte zu schützen, verschwinden in dem Moment, in dem sie gestillt werden. Dies ist bei Begehrnissen anders: Wer Macht hat, will mehr Macht, wer berühmt ist, will noch berühmter werden und so weiter. Wichtig ist, dass es Begehrnisse gibt, die direkt ökonomisch ausgebeutet werden können. Und diese sind es gerade, die sich auf die Inszenierung und damit Steigerung des Lebens richten. Für Ausstattung, Glanz und Sichtbarkeit gibt es keine natürlichen Grenzen. Vielmehr verlangt hier jede Stufe, die man erreicht, nach einer weiteren Steigerung. Da nun zu Kapitalismus essentiell Wachstum gehört, muss die kapitalistische Produktion in einem bestimmten Entwicklungsstadium, das durch die grundsätzliche Befriedigung der Bedürfnisse einer Bevölkerung bezeichnet ist, für das Weitere explizit auf die Begehrnisse setzen. Die Wirtschaft wird damit zur ästhetischen Ökonomie.

Rekonstruktion kritischer Theorie

Die Kritik der ästhetischen Ökonomie soll einen Beitrag zur Rekonstruktion kritischer Theorie leisten. Unter Rekonstruktion ist dabei nicht die philologische Aneignung kritischer Theorie zu verstehen, sondern ihre historische Fortsetzung. Dabei geht es nicht nur um die veränderten gesellschaftlichen, ökonomischen und technischen Rahmenbedingungen, sondern auch um die Folge der Theorien zum Verhältnis von Ästhetik und Ökonomie, in denen sich diese Veränderungen spiegelten. Was die Abhandlung zur Kulturindustrie angeht, muss man sogar noch ein Stück historisch zurückgehen, nämlich zu Walter Benjamin (1979), der in seinem Aufsatz über *Das Kunstwerk im Zeitalter seiner technischen Reproduzierbarkeit* ja bereits Kunstgattungen thematisiert hatte, für welche die technische Reproduzierbarkeit essentiell ist – also damals Photographie und Film. Außerdem hatte er mit dem Erscheinen dieser Kunstgattungen die Entstehung spezifischer Massenkultur ins Auge gefasst. Demgegenüber und in dieser Hinsicht muss man Horkheimers und Adornos Essay geradezu als einen Rückschritt bezeichnen. Sie sehen in der Technisierung nichts als Standardisierung und in der industriellen Produktion von Kunst nichts als deren Depravierung.[4]

Benjamins Aufsatz war beiden bekannt, von seinem nicht vollendeten *Passagenwerk* sicherlich nur einige der Grundideen. Zu diesen gehört die *Ästhetisierung der Warenwelt* als ein Grundzug des Hochkapitalismus, dessen Anfänge Benjamin bekanntlich bereits im neunzehnten Jahrhundert sieht. Mit diesem Konzept Benjamins wird in der Folge die Perspektive einer Theorie der Kulturindustrie bedeutend erweitert. Wenn nämlich Horkheimer und Adorno von Kultur reden, dann denken sie primär und vielleicht sogar ausschließlich an Kunstproduktion und Rezeption, und ihre Kritik gilt vor allem der Vermarktung, der Nivellierung und Trivialisierung von Kunst. Freilich gibt es Gedanken im Essay *Kulturindustrie*, in denen sich die durch Benjamins Beobachtungen zur Ästhetisierung der Warenwelt anbahnende Erweiterung der Ästhetik bereits Bahn bricht. Einerseits sehen sie in der Kul-

---

4 »Lichtspiele und Rundfunk brauchen sich nicht mehr als Kunst auszugeben. Die Wahrheit, dass sie nichts sind als Geschäft, verwenden sie als Ideologie, die den Schund legitimieren soll, den sie vorsätzlich herstellen. […] Technische Rationalität heute ist die Rationalität der Herrschaft selbst. Sie ist der Zwangscharakter der sich selbst entfremdeten Gesellschaft. […] Einstweilen hat es die Technik der Kulturindustrie bloß zur Standardisierung und Serienproduktion gebracht und das geopfert, wodurch die Logik des Werks von der des gesellschaftlichen Systems sich unterschied« (Horkheimer/Adorno 1969: 129).

turindustrie keineswegs bloß eine Vereinnahmung der Kultur von außen, sondern auch eine Entwicklung, die in deren eigener Konsequenz liegt.[5] Andererseits sehen sie im Versinken von Kultur in industriell produzierter Unterhaltung auch die Chance von deren ästhetischer Aufwertung. Ich zitiere die entsprechende Stelle explizit: »Die Fusion von Kultur und Unterhaltung heute vollzieht sich nicht nur als Depravation der Kultur, sondern ebenso sehr als zwangsläufige Vergeistigung des Amusements« (Horkheimer/Adorno 1969: 152). Von hier aus wäre es nur ein Schritt gewesen, die Möglichkeit ins Auge zu fassen, dass die von der Avantgarde immer wieder erhobene Forderung des Übergangs von Kunst ins Leben auch gelingen könnte: dass die Kunst, industriell produziert, im Design wieder zum Vorschein kommen könnte und, von der Werbung vereinnahmt, hier in verwandelter Form wieder hervortreten würde. Die qualitativen Differenzen, an denen Horkheimer und Adorno so viel liegt und deren Einebnung sie mit einem Schwall von Pejorativen geißeln – Schund, Verdummung, Schwindel –, bezeichnen dann nicht mehr Bereichsgrenzen, wie etwa zwischen Kunst und Kunstgewerbe, sondern finden auf allen Sektoren ästhetischer Arbeit ihre Anwendung. Die damit sich abzeichnende Erweiterung des Themas *Kultur* auf ästhetische Arbeit überhaupt musste notwendig die Kritikfronten verschieben. Es ging in der Folge nicht mehr an, sie in der Entgegensetzung von Kunst und deren industrieller Depravation zu investieren.

Das Thema von Horkheimer und Adorno wurde, in dieser Weise verwandelt, parallel in der Zeit des europäischen Wirtschaftswunders von Wolfgang Fritz Haug (1971) und Jean Baudrillard aufgenommen. In Haugs *Kritik der Warenästhetik* ging es nicht mehr um das Verhältnis der industriell produzierten ästhetischen Werte zur Kunst, wohl aber – wie in der *Kulturindustrie* – um den repressiven Charakter der ästhetischen Ökonomie. Schon in dem Text *Kulturindustrie* ist von der standardisierenden Kraft des Films für Gefühl und Lebensform die Rede gewesen,[6] und davon, dass die Kulturindustrie durch affektive Scheinbefriedigung in die Versagung einübe. »Immerwährend betrügt die Kulturindustrie ihre Konsumenten um das, was sie

---

5 »Nur noch Stil, gibt sie dessen Geheimnis preis, den Gehorsam gegen die gesellschaftliche Hierarchie. Die ästhetische Barbarei heute vollendet, was den geistigen Gebilden droht, seitdem man sie als Kultur zusammengebracht und neutralisiert hat. Von Kultur zu reden war immer schon wider die Kultur« (ebd.: 139).
6 »Das Leben soll der Tendenz nach vom Tonfilm nicht mehr sich unterscheiden lassen« (ebd.: 134).

immerwährend verspricht« (Horkheimer/Adorno 1969: 148).[7] Haug verdichtet diesen Gedanken sehr plastisch, indem er die Ästhetisierung der Waren als ihre Sexualisierung beschreibt. Er sieht darin eine Erziehung zum Voyeurismus:

»Im Zustand allgemeiner sexueller Unterdrückung oder doch Isolierung liegt der Gebrauchswert des bloßen sexuellen Scheins etwa in der Befriedigung der Schaulust. Diese Befriedigung mit einem Gebrauchswert, dessen spezifische Natur es ist, Schein zu sein, kann Schein-Befriedigung genannt werden. Für die Befriedigung mit sexuellem Schein ist charakteristisch, dass sie die Nachfrage nach ihr zugleich mit der Befriedigung reproduziert und zwanghaft fixiert« (Haug 1971: 67 f.).

An dieser Stelle zeigt sich zugleich mit dem Weitblick des Autors dessen Beschränkung durch seinen asketischen Marxismus. Die Lust an der Ästhetisierung des Realen, die bei Horkheimer und Adorno als *Amusement* disqualifiziert wird, gilt auch Haug nur als Scheinbefriedigung – und dass der Eros der Ferne, der sich an der *Wirklichkeit der Bilder* entzündet, wie Klages schreibt, vielleicht der wahre sein könnte, liegt außerhalb von Haugs Horizont. Ebenso wenig kann er den Gedanken entwickeln, der sich in der letzten Wendung des Zitates abzeichnet, nämlich dass eine Befriedigung zugleich die Nachfrage reproduziert. Das ist erst möglich, wenn man nach Bataille Bedürfnisse und Begehrnisse unterscheidet und den Kapitalismus als Verschwendungsökonomie charakterisiert. Für Haug bleibt es dabei: Die Ökonomie dient der Befriedigung von Bedürfnissen. Er verteidigt das Echte gegen den Schein und den Gebrauchswert der Ware gegen ihre Ästhetisierung.

Die *Kritik der Warenästhetik* ist also, genauer besehen, eine Kritik der Ästhetisierung der Warenwelt. Haug kann oder will deshalb dem ästhetischen Wert der Waren keinen eigenständigen Status zugestehen. Die Warenästhetik ist für ihn nichts als die mehr oder weniger gelingende Vermittlung eines Widerspruchs, der in der Warenförmigkeit von Dingen aufbricht, nämlich des *Widerspruchs zwischen Tauschwert und Gebrauchswert*. Um den Tauschwert der Ware im Tauschakt realisieren zu können, muss der Verkäufer der Ware für den Tauschakt Qualitäten verleihen, die sie für den Käufer – der eigentlich nur am Gebrauchswert der Ware interessiert ist – auch *im* Tauschakt attraktiv machen: »Hinfort wird bei aller Warenproduktion ein

---

7 Dieser Gedanke wurde von Kaspar Maase (2005, 2006) aufgenommen und kritisch gegen eine Volkskunde bzw. Europäische Ethnologie gewendet, die die Wirklichkeit ästhetischer Alltagsgestaltung und -befriedigung nicht wahrhaben will.

Doppeltes produziert: erstens der Gebrauchswert, zweitens noch extra die Erscheinung des Gebrauchswertes« (ebd.: 16 f.). Dieses Zweite, der eigentliche ästhetische Charakter der Ware, ist für Haug also ein Appell an das Bedürfnis des Käufers, einen Gebrauchswert zu erstehen. Haug sieht damit in der Ästhetisierung der Ware ein *Gebrauchswertversprechen* (ebd.: 17). Es ist schwer abzuschätzen, ob in der Phase der ökonomischen Entwicklung, in der Haug diese Sätze schrieb (das heißt um 1970), die Ästhetik der Ware noch nicht eigentlich zu einem selbständigen Wert geworden war oder ob Haug, hier gerade durch seine dialektische Ableitung, die Selbständigkeit des ästhetischen Wertes der Ware entging. Sie tritt für ihn nicht als begriffliche, sondern nur als materielle Selbständigkeit in den Blick, nämlich als Verpackung. Die Ästhetisierung der Ware führt zu einem ästhetischen Warenkleid, das sie aber nur im Tauschzusammenhang trägt und im Gebrauchszusammenhang ablegt.[8]

Haugs Kritik an der Ästhetisierung der Ware besteht also darin, dass durch den Produzenten oder Verkäufer ein Gebrauchswertversprechen gegeben wird, welches von der Ware letzten Endes nicht eingehalten werden kann. Haug sieht nicht, dass durch die Warenästhetik ein Bedürfnis des Käufers befriedigt wird, das *nicht* auf den Gebrauchswert zielt.

Dies ist nun deutlich anders bei den Arbeiten von Jean Baudrillard, die etwa gleichzeitig mit denen von Wolfgang Fritz Haug entstehen. Dabei ist *La société de consommation, ses mythes, ses structures* (1970) eher deskriptiv, während Baudrillard (1972) in *Pour une critique de l'économie politique du signe* eine Theorie der *Konsumgesellschaft* geben will. Mit dem Stichwort *Konsumgesellschaft* ist die entscheidende Wende schon angezeigt. Es geht den Käufern nicht einfach um die Befriedigung ihrer Bedürfnisse durch Erwerb von Gebrauchswerten, sondern es geht ihnen um den Konsum als solchen; denn durch den Konsum können sie ihren sozialen Rang manifest machen. Baudrillard versucht diese Differenz, die er von Thorstein Veblen übernimmt,[9] durch einen Bezug auf den von Malinowski beschriebenen symbolischen Tausch, die *kula* oder den *potlatch*, deutlich zu machen. Im *kula* verausgabt man sich in einer Ökonomie der Gabe, um dadurch einen sozialen Status zu erringen oder zu manifestieren, während es im gewöhnlichen Warentausch um die Befriedigung primärer Bedürfnisse geht (Baudrillard 1972: 8 f.). Seine Behauptung ist nun, dass die Konsumgesellschaft darin besteht, dass diese

---
8 Siehe dazu Haug (1971: III. Teil, Abschnitt 4).
9 Veblens *Theory of the Leisure Class* wurde offenbar erst 1969 ins Französische übersetzt.

Differenz zwischen den beiden Tauscharten nicht mehr existiert. Mehr noch, der symbolische Tausch dominiert den gewöhnlichen Warentausch: »Non la relation aux besoins, la valeur d'usage, mais la valeur d'échange symbolique, de prestation sociale, de concurrence et, à la limite, de discrimination de classe – telle est l'hypothèse conceptuelle fondamentale d'une analyse sociologique de la ›consommation‹«(Baudrillard 1972: 9).

Das Interesse, welches der Käufer der Ware entgegenbringt, ist nach Baudrillards Analyse also das Interesse, sie überhaupt zu kaufen, sie sich leisten zu können. Baudrillard hat damit erkannt, dass das Ware-Sein, oder besser gesagt, die Erscheinung von Dingen als Waren, auch außerhalb des Warentausches Bestand hat. Die Ästhetisierung der Waren, die bei Haug lediglich eine Vermittlung zwischen Gebrauchswert und Tauschwert ist, gewinnt damit eine Eigenständigkeit. Sie ist keine bloße Vermittlung mehr, sondern, könnte man sagen, ein Gebrauchswert des Tauschwertes. Baudrillard kann deshalb einen dritten Wertetyp neben Gebrauchswert und Tauschwert benennen, den Zeichenwert (*value signe*). Dies geschieht explizit im Kapitel *Vers une critique de l'économie politique du signe*. Wenn man allerdings genauer hinsieht, handelt es sich bei Baudrillard doch nicht darum, dass die *Erscheinungsform* der Ware im Tausch, das heißt ihre Ästhetik, auch im Gebrauchszusammenhang einen Wert erhält. Vielmehr versucht er im Bemühen, die Ökonomie der Konsumgesellschaft als ein Amalgam aus Warentausch und symbolischem Tausch zu erweisen, auf Seiten der Zeichen eine Parallele zwischen Tauschwert und Gebrauchswert zu konstruieren. Dabei entspricht dem Tauschwert das Bezeichnende am Zeichen (*signifiant*) und dem Gebrauchswert die Bedeutung (*signifié*) (ebd.: 151). Damit kann Baudrillard allerdings den Zeichencharakter von Waren und ihre Bedeutung in der Diskriminierung (ebd.: 9) der Käufer bestimmen – durch Tragen eines bestimmten Modeaccessoires erweist man sich als modebewusst, durch Kauf bestimmten Porzellans als Mensch von Geschmack –, aber er verliert durch diese Abstraktion doch die Beziehung zur Ästhetisierung der Warenwelt, der unser Interesse gilt. Denn der Zeichenwert der Ware im Tauschzusammenhang, der dem Käufer soziale Bedeutung gibt, kann ja allein im *Preis* der Ware liegen. Damit wäre Baudrillards Ökonomie der Zeichen im Kern eine Theorie des Statussymbols und die Kritik der Konsumgesellschaft die Kritik einer Gesellschaft, die sich nach dem Konsumniveau schichtet. Gleichwohl darf man die Bedeutung von Baudrillards Ansatz nicht unterschätzen. Bücher wie Pierre Bourdieus *Die feinen Unterschiede* (1982) und Gerhard Schulzes *Die Erlebnisgesellschaft* (1992) dürften von seinem Vorstoß profitiert haben.

Noch ein anderes ist wichtig: Indem Baudrillard von einer Ökonomie der Bedürfnisse und der Gebrauchswerte zu einer Ökonomie der Zeichen übergeht, so implizit auch von einer Ökonomie der Knappheit und der Askese zu einer Ökonomie des Überflusses und der Verschwendung. Dies wird besonders im Vergleich mit den gleichzeitigen Arbeiten von Wolfgang Fritz Haug deutlich. Ich habe schon darauf hingewiesen, dass er sich auf Veblen bezieht und damit auf eine sozialökonomische Theorie, nach der Konsum nicht der Befriedigung elementarer Bedürfnisse, sondern der Realisierung eines sozialen Status dient. Er hätte sich ebenso gut auf die Arbeiten Werner Sombarts beziehen können, der Luxus und Verschwendung geradezu als Ursprung der kapitalistischen Wirtschaftsform erweisen will. Sein Buch *Liebe, Luxus und Kapitalismus. Über die Entstehung der modernen Welt aus dem Geist der Verschwendung* zeigt nun, dass der Luxus und der Verschwendungskonsum sich besonders auf ästhetische Werte beziehen. Es geht um die Ausstattung des Lebens, um Bekleidung, Farben, Geruchsstoffe, Spiegel und es geht im gewöhnlichen Konsum, nämlich beim Essen, um dessen Verfeinerung durch Gewürze und Ergänzung durch Genussmittel: Kaffee, Tee, Zucker. Diese Analysen sind außerordentlich wichtig, weil sie nämlich die Einsicht vorbereiten, dass es bei der Verschwendungsökonomie keineswegs bloß um ein quantitatives Mehr von Konsum und eine Vernichtung von Überschüssen geht, sondern vielmehr um einen anderen Typ von Konsum und einen anderen Typ von Bedürfnissen, den wir vorgreifend Begehrnisse genannt haben. Begehrnisse werden durch ihre Befriedigung gesteigert und dienen überhaupt der Lebenssteigerung, nicht seiner Erhaltung. Terminologisch läßt sich diese Differenz im Französischen durch den Unterschied von *besoin* und *désir* wohl besser ausdrücken, und so ist es auch das Verdienst von Georges Bataille, dass er der Einsicht in das Wesen dieser anderen Ökonomie, der Ökonomie der Verschwendung, die Bahn gebrochen hat. Bataille (1985) hat das Andere geradezu als *Die Aufhebung der Ökonomie* bezeichnet, obgleich er sie auch nur als eine Seite der allgemeinen Ökonomie, die sich dynamisch zwischen Phasen der Akkumulation und Phasen der Verschwendung bewegt, verstand. Für die Tradition der Ökonomik hat Bataille nach Veblen, Sombart und auch Schumpeter eigentlich nichts Überraschendes gesagt (Wex 1999). Nur muss man festhalten, dass etwa bei Sombart und Veblen die Verschwendung stets nur Sache der herrschenden Klassen war, in einer Gesellschaft, die man sogar in produzierende und konsumierende Klassen aufteilen konnte. So muss man sagen, dass Batailles Arbeiten in ihrem anthropologischen Tiefgang eigentlich erst wirksam wurden in einer Situation, in der der von Sombart und Veblen bereits skizzierte *trickle-down*-Effekt, nämlich die Ausbreitung der Verschwendungswirtschaft auf die *ganze* Gesellschaft, sich ausgewirkt hatte. Erst in einer solchen Situation, die man dann auch als Überflussgesellschaft bezeichnet hat, wurde deutlich, dass Luxus und Verschwendung keineswegs bloß der Distinktion und der Realisierung von gesellschaftlichem Status dient, sondern etwas allgemein Menschliches ist, und deshalb sich auf ein allgemein menschliches Grundbedürfnis bezieht. Es ist zwar kein Elementarbedürfnis, nämlich der Lebenserhaltung dienend, sondern es ist der Wunsch nach Lebenssteigerung. Dieser gesellschaftliche und wirtschaftliche Zustand wurde wohl in Europa und Nordamerika in den fünfziger beziehungsweise sechziger Jahren erreicht. Es ist der Zustand, in dem der Kapitalismus nach der prinzipiellen Befriedigung der elementaren Bedürfnisse nun auf die Begehrnisse setzen muss. Das ist die Phase, in der ein Großteil der gesellschaftlichen Produktion zur ästhetischen Produktion wird, also nicht mehr Gebrauchswerten, sondern vielmehr Inszenierungswerten dient.

Um diesen Übergang zu vollziehen, war aber eine Kulturrevolution notwendig, eine Abkehr von der protestantischen Ethik, eine Überwindung der asketischen Werte und eine Rehabilitierung der Begehrnisse. Diese Kulturrevolution vollzog sich mit der Studentenbewegung, genauer gesagt, einer Fraktion der Studentenbewegung (Böhme 1998). Diese Fraktion ist literarisch nicht im asketischen Marxismus eines Haug zu finden, sondern viel eher bei Bataille, und vor allem dann repräsentativ in Marcuses *Eros and Civilisation* von 1955.

Marcuses (1978) Thema ist nicht die Ökonomie, sondern die Kultur, und so ist der Autor, an dem er sich abarbeitet, nicht Max Weber, sondern ein anderer Theoretiker asketischer Moral, nämlich Freud. Gegen Freud versucht er zu zeigen, dass Kultur nicht notwendig repressiv sein muss. Freud hatte die Versagung, die sich der Einzelne auferlegen muss, gerechtfertigt unter dem *Realitätsprinzip*, welches den Einzelnen zum Zweck kollektiven Überlebens daran hindert, sich auszuleben. Marcuse unterscheidet dagegen Realitätsprinzip und Leistungsprinzip, beziehungsweise zeigt, dass das Realitätsprinzip eigentlich ein Leistungsprinzip ist und mehr Versagung erzwingt, als zur Bewältigung von Realität und zur Subsistenzerhaltung notwendig wäre. Dieses Mehr an Versagung dient der Aufrechterhaltung von Herrschaft. Damit ist ausgesprochen, dass jedem Einzelnen mehr Versagung abverlangt wird, als nötig ist. Diese Veränderung der Perspektive bei Marcuse lässt eine ökonomische Situation sichtbar werden, in der die Elementarbedürfnisse befriedigt sind und damit dem Lustprinzip Raum gewährt werden könnte. Marcuse scheint sich zu der Zeit, als er dieses Buch schrieb, noch unsicher gewesen zu sein, ob diese Situation bereits erreicht ist. Auf der einen Seite ist er sich darüber im Klaren, dass der damalige amerikanische Lebensstandard auf internationalen Abhängigkeiten aufruhte (ebd.: 150), auf der anderen Seite glaubt er noch, dass »die Verkürzung der Arbeitszeit […] fast sicher ein beträchtliches Absinken des Lebensstandards […] bedeuten« würde (ebd.: 152). So schreibt er vorsichtshalber: »Die Versöhnung zwischen Lust und Realitätsprinzip hängt nicht vom *Überfluss für alle ab*« (ebd.: 151). Faktisch aber war das Eintreten in die Überflussgesellschaft in den sechziger Jahren eben doch die Basis dafür, dass Marcuses Ideen tatsächlich die Ideen einer Kulturrevolution wurden. In welchem Maße diese die Grundeinstellungen und das Leben in den fortgeschrittenen Industrienationen verändert hat, ist heute kaum zu ermessen. Zu diesen Veränderungen gehört die Liberalisierung des Sexuallebens, die Rehabilitierung von Lust, die Entwicklung einer Freizeitkultur, die Ausdehnung des ludischen Elements im Leben, die allmähliche Obsoleszenz der Idee der Arbeit als Lebenserfüllung. Zu ihr gehört auch die Verlagerung des Interesses von der Realität auf ihre Erscheinung, zu ihr gehören das Leben in Bilderwelten und die Inszenierung der Städte, Ästhetik der Existenz und die Ethik des guten Lebens.

Marcuse hatte seine Utopie einer Versöhnung von Realitätsprinzip und Lustprinzip noch an Schillers *Briefen zur ästhetischen Erziehung des Menschen* orientiert: das Reich der Freiheit als Reich des Spiels. Es beginnt jenseits des gesellschaftlich notwendigen Minimums repressiver Arbeit. Freilich übersieht er nicht – und damit kehren wir zu Horkheimer und Adorno und der *Kulturindustrie* zurück –, dass auch die Freizeit wieder unter das Leistungsprinzip gestellt werden könnte: »Erst im letzten Stadium der industriellen Zivilisation […] hat die Technik der Massenlenkung eine Unterhaltungsindustrie entwickelt, die die Freizeit direkt unter Kontrolle hält« (ebd.: 52).

Die Verschiebung der Kritikfronten

Die Entwicklungslinie der Kritik der ästhetischen Ökonomie von der *Kulturindustrie* über die *Warenästhetik* zur *Triebstruktur und Gesellschaft* hat bereits eine Verschiebung der Kritikfronten sichtbar werden lassen. Zugleich ist ihr Feld, wie das Feld der Ästhetik überhaupt, von der Kunst über die

Ästhetik der Warenwelt bis zur Ästhetisierung des Lebens im Ganzen erweitert worden. Die Wiederholung des von Horkheimer und Adorno paradigmatisch mit dem Text *Kulturindustrie* vorgeführten Unternehmens wird sich heute vor allem durch eine Neubestimmung der Kritikfront artikulieren müssen.

Dafür sind vor allem drei Rahmenbedingungen zu beachten. Alle drei hängen eng miteinander zusammen und lassen heute ästhetische Produktion wie auch ästhetischen Konsum in anderem Lichte erscheinen. Die erste Rahmenbedingung ist der Stand der kapitalistischen Entwicklung selbst. Man mag diesen Stand durch die Stichworte *Konsumgesellschaft, Überflussgesellschaft* oder *Verschwendungsökonomie* bezeichnen, und man mag sie, global gesehen, als lokale Phänomene ansehen – in den Gesellschaften, die durch diese Phase des Kapitalismus bestimmt sind, ist ein großer Teil der Produktion und Konsumtion durch ästhetische Werte bestimmt. Die zweite Rahmenbedingung ist die veränderte Einstellung zum Lustprinzip: Nicht durch Arbeit, Sparen, Askese wird das gute Leben bestimmt, sondern durch Freizeit, Konsum und Spiel. Die dritte Rahmenbedingung ist das Ende der Klassengesellschaft. Diese Bedingung, die im Vorhergehenden noch nicht eingeführt wurde, bedarf einer kurzen Erläuterung.

Die durch Baudrillard und Bourdieu bestimmte Linie des ästhetischen Konsums, nämlich von der Ökonomie der Zeichen zu den feinen Unterschieden, scheint gerade doch zu bedeuten, dass durch den ästhetischen Konsum Klassenunterschiede reproduziert werden. Das ist aber eine Täuschung, insofern nämlich die Klassen, von denen etwa Bourdieu redet, nicht die traditionellen sind, nämlich solche, die sich durch ihre Stellung zu den Produktivkräften reproduzieren und deshalb ein Herrschaftsgefüge darstellen, sondern – wie er selbst schreibt – *konstruierte Klassen* (Bourdieu 1982: 182 f.), das heißt, es sind soziologische *Kategorien*, die durch Clusterung und inneren Zusammenhang von Merkmalsmengen gebildet werden. Zwar spricht Bourdieu noch zwanglos von herrschenden Klassen, von oberen und unteren Klassen; worauf es aber bei den feinen Unterschieden eigentlich ankommt, ist Distinktion als solche, Unterscheidung von anderen gesellschaftlichen Gruppierungen. Die Ökonomie der Zeichen, die sich in den sechziger Jahren noch in einer Hierarchie von Statussymbolen ausgeprägt haben mag, ist heute einer Signalisierung und Inszenierung von Gruppenzugehörigkeiten gewichen, die eine Mannigfaltigkeit von Gruppierungsstilen und Lebensformen artikulieren, die mit gesellschaftlicher Schichtung und Herrschaft wenig zu tun haben.

Unter diesen Bedingungen kann eine Wiederholung des kritischen Unternehmens, für das Horkheimers und Adornos Text *Kulturindustrie* paradigmatisch ist, nicht mehr seinen Zielpunkt in einer Depravierung der Kunst suchen. Die wahre, die authentische, die hohe Kunst ist die Quelle, aus der Horkheimers und Adornos Kritik sich wesentlich speiste, und man mag das ihrer bildungsbürgerlichen Herkunft zugute halten. Heute aber müssen wir feststellen, dass weder die Warenförmigkeit der Kunst noch ihre technisch-industrielle Reproduzierbarkeit ihr geschadet haben und dass die sogenannte Massenkultur als solche weder nivellierend noch repressiv ist. Stets noch hat sich eine spröde Avantgarde artikulieren können, und die Qualitätsmaßstäbe ästhetischer Produktion sind so wenig nivelliert worden, dass sie auch in der Massenkultur sich haben ausbilden können. Und schließlich haben sich aus letzterer sehr wohl subversive und zumindest zu den herrschenden Üblichkeiten der Arbeits- und Verkehrswelt quer liegende Bewegungen entwickeln können.

Ferner muss man gegen Horkheimer, gegen Adorno und eben auch gegen Haug sagen, dass der ästhetische Konsum von Film und Fernsehen über die Werbung bis zur Warenästhetik nicht als Scheinbefriedigung, als *quid pro quo* oder gar als vorsätzlicher Betrug und Verdummung des Publikums abqualifiziert werden kann. Dieser Kritiktyp lebt von der traditionellen Differenz von Sein und Erscheinung, von Realität und bloßem Schein. Demgegenüber müssen wir feststellen, dass mit der Wirklichkeit der Bilder sich ein Lebensbereich jenseits des Realitätsprinzips, also jenseits von Arbeit und Ernst des Lebens etabliert hat, in dem Menschen heute ihre Emotionen investieren und einen spielerisch-lustvollen Lebensvollzug ausüben können. Nach Marcuse wäre es pure Prüderie, dies zu verdammen. Aber gegen Marcuse muss man feststellen, dass damit keineswegs das Reich der Freiheit eingeläutet wird. Und damit meldet sich die alte Kritik in neuer Version.

Die Ästhetisierung der Realität, die durch die ästhetische Ökonomie vorangetrieben wird, ist ja durchaus ambivalent. Zuallererst muss man feststellen, dass die Ökonomie der Verschwendung, die Bataille mit gutem Grund gegenüber Puritanismus und Viktorianismus rehabilitiert hat, faktisch noch immer auf weltweiter Ausbeutung beruht. Ferner: Die Etablierung einer Bilderwelt auf der Oberfläche der Realität oder gar unabhängig von ihr dient zweifellos der Lebenssteigerung, doch darf sie nicht vergessen machen, dass weder die Gesellschaft nur imaginär ist (Castoriadis) noch als Spiel von Simulakren (Baudrillard) geschieht, sondern immer noch im Letzten auf Gewaltverhältnissen beruht. Und schließlich muss mit Horkheimer und Adorno, mit und gegen Marcuse gefragt werden, warum die ästhetische Ökonomie nicht das Tor zum Reich der Freiheit öffnet. Warum gilt auch unter den veränderten Bedingungen heute Horkheimers und Adornos (1969: 145) Satz: »Amusement ist die Verlängerung der Arbeit unterm Spätkapitalismus«? Und worauf beruht eigentlich jene *Technik der Massenlenkung*, von der Marcuse (1978: 52) sagt, dass »eine Unterhaltungsindustrie [sie] entwickelt, die die freie Zeit unter Kontrolle hält«? Sie beruht, können wir antworten, darauf, dass die ästhetische Ökonomie notwendig auf Begehrnisse setzt, das heißt auf Bedürfnisse, die durch ihre Befriedigung nicht gestillt, sondern gesteigert werden. Die Entwicklung dieser Begehrnisse nach Gesehen-werden, nach Ausstattung, nach Selbstinszenierung ist die Basis einer neuen, praktisch unbegrenzten Ausbeutung. Auf ihrer Basis kann Konsum zur Leistung gemacht werden, wird das Leben im Überfluss zum Stress und die Verausgabung zur Pflicht. Unter diesen Bedingungen wird man wohl den souveränen Menschen (Böhme 1994) anders als Bataille bestimmen müssen, und Ausdrücke wie *Solidarität*, *Ernst* und *Askese* könnten einen neuen Sinn erhalten.

Die Erforschung des Schönen im Alltag. Sechs Thesen

Kaspar Maase

Wer sich in den Alltag begibt, der kommt darin um – zumindest als Wissenschaftler. Denn Wissenschaft betreibt Unterscheidung; Alltag hingegen gilt (nicht ganz zu Unrecht) als fragloses, kaum reflexiv durchdrungenes Tun und Erleben – und das schließt *grosso modo* auch die alltägliche Erfahrung des Schönen ein. Ordentliche Wissenschaft präpariert einzelne Beziehungen heraus, sucht mögliche Faktoren und Variablen zu isolieren und die Regeln ihres Wirkens zu bestimmen. Dazu muss sie alle anderen als die gerade untersuchten Einflüsse systematisch eliminieren, als Störvariablen behandeln. Für unser Thema heißt das: Wer ästhetische Erfahrung nach den Regeln ordentlicher Wissenschaft untersucht, muss die Beziehung zwischen den Menschen und den Gegenständen ihrer Erfahrung theoretisch-methodisch reduzieren. Will er nicht in den Sümpfen der Trivialität versinken, in denen alles mit allem zusammenhängt, so muss er zwei Dinge voraussetzen: dass die Untersuchten sich auf den Gegenstand ihrer ästhetischen Erfahrung konzentrieren und eine rein ästhetische Beziehung zu ihm haben. Das ist methodologisch zwingend, und genau so hat die akademische Theorie der Ästhetik über Jahrhunderte gearbeitet. Der Kulturwissenschaftler volkskundlicher Prägung kann sich aber des Eindrucks nicht erwehren, auf diese Weise werde die Spezifik des Gegenstands verfehlt – denn die liegt gerade darin, dass im Alltag solche Konzentration die Ausnahme bildet. Ja, der störrische Ethnograph mag sich nicht einmal festlegen, was genau den Gegenstand ästhetischer Erfahrung im Alltag darstellt und wie der sinnvoll einzugrenzen ist.

Millionen Deutsche machen es sich sonntagabends um 20.15 vor dem Fernseher gemütlich: Sie suchen eine bequeme Sitzgelegenheit, die angenehmes Körpergefühl garantiert, sie kuscheln sich vielleicht behaglich aufs Sofa; wählen mit Bedacht ein Getränk und andere Genussmittel aus; vielleicht wollen sie das Vergnügen mit Freunden teilen, und die werden sich gewiss nicht 90 Minuten lang schweigend auf den *Tatort* am Bildschirm konzentrieren. Es ist nämlich mit hoher Wahrscheinlichkeit nicht der erste Film der Serie, den sie sehen, und da gibt es eine Menge zu kommentieren; schließlich hat man sich auch einiges mitzuteilen, das – für den Außenstehenden – gar nichts mit dem Werk zu tun hat. Gehören solche bewusst geschaffenen Rahmenbedingungen, die ja durchaus der sinnlichen Erkenntnis (*aisthesis*) zuzurechnen sind, zur ästhetischen Erfahrung oder nicht? Bildet nur der Film, wie ihn der Filmwissenschaftler an seinem High-Tech-Arbeitsplatz analysiert, den Gegenstand ästhetischen Wohlgefallens? Hieß es nicht einmal, der Film entstehe im Kopf des Zuschauers, in unserem Beispiel also aus der Interaktion aller Anwesenden? Und was folgt daraus, dass die Aufmerksamkeit der Beteiligten sich wechselnden Gegenständen zuwendet, sich teilt, aber auch immer wieder den *Tatort* fokussiert?

Bisher hat man sich dafür entschieden, solche komplexen und fluiden, gemischten und unordentlichen Alltagspraktiken einfach als nicht ästhetisch relevant zu behandeln. Aber wenn wir bedenken, dass die Beteiligten ihr Tun als höchst angenehm und befriedigend empfinden, dass sie sich nicht von einer reineren, tieferen Erfahrung abgehalten fühlen, dass sie vielmehr bewusst solche Erlebnissituationen schaffen – können wir da noch sagen, intensive geistige Konzentration sei die Voraussetzung jeder wirklich ästhetischen Erfahrung, zumindest jeder untersuchenswerten? Ist das eine sachlich begründete Prämisse? Oder wird hier die Not methodisch sauberer Erfassung zur Tugend einer Eindeutigkeit erklärt, die subjektiv höchst bedeutsame Wirklichkeit ausschließt?

Eigentlich müsste der Untertitel dieses Aufsatzes also lauten: 1001 Fragen. Er heißt aber, bescheidener: sechs Thesen. Die beiden ersten behandeln methodisch-begriffliche Fragen; die anderen vier sprechen Spezifika alltäglicher Erfahrung des Schönen an.

These 1: Mozart und Alessi

Ästhetische Erfahrung im Alltag bezieht sich auf zwei große Gegenstandsbereiche: auf die Künste von Abba bis Zurbaran, und auf schöne Dinge und Situationen. Dabei wird ›Das Schöne‹ im Alltag ausdrücklich nicht beschränkt auf das Harmonische, Erfreuliche, unmittelbar Angenehme. Einbegriffen sind vielmehr das Melodram, Tragisches und Erhabenes, Satire, Horrorgenuss und tränenreich Mitleiderregendes. Die Erfahrung sagt uns zwar, dass das Erfreuliche, das *Happy Ending*, das sinnlich Schmeichelnde und emotional Aufbauende deutlich überwiegt; doch das ist ein pauschaler und noch dazu wesentlich historischer Befund.

Wenn im Folgenden vom Schönen die Rede ist, dann meint das die ganze Palette dessen, was im Alltag ästhetische Erfahrung auslöst, speist, ermöglicht. Die zirkulär klingende Formulierung ist bewusst gewählt – weil die Frage in meinen Augen primär empirisch anzugehen ist. Im Folgenden werden Vorschläge unterbreitet für das Programm einer induktiv und abduktiv vorgehenden »Ästhetik von unten« (Fechner 1876: 1, passim). Die Formulierung und erste Schritte auf diesem Pfad sind keineswegs neu; sie stammen aus Gustav Theodor Fechners *Vorschule der Ästhetik* von 1876. Fechner hat selbst solche Studien vorgenommen;[1] ihm verdanken wir den Nachweis, dass die Proportion des sogenannten Goldenen Schnitts in unserer Kultur anderen Proportionen ästhetisch vorgezogen wird: Wir finden sie schöner.

Und die umgangssprachliche Bezeichnung als schön – oder geil, super, cool, Wahnsinn – nimmt der Empiriker schon ziemlich ernst als Hinweis auf das Vorliegen ästhetischer Erfahrung. Man kann freilich noch andere valide Indikatoren heranziehen. Sprachlos überwältigtes Staunen kann ebenso ein Signal sein wie begeisterter Redeschwall; und wo Künste im Spiel sind, darf man ohnehin ästhetische Erfahrung vermuten.

Doch selbstverständlich reicht das nicht hin. Wir brauchen ein abstrakteres, intersubjektiv erörterbares Instrument, um ästhetische von anderen Erfahrungen zu unterscheiden. Dazu eine Arbeitshypothese; sie soll den Kreis der Kandidaten einengen und sich zugleich weiter entwickeln mit den Befunden und ihrer Interpretation. Notwendig für ästhetische Erfahrung ist eine ›außergewöhnliche‹, aus dem Strom der Eindrücke herausragende sinnliche Wahrnehmung, die vom Wahrnehmenden mit Bedeutungen verbunden und in der emotionalen Gesamtbilanz als angenehm, erfreulich, lustvoll empfunden wird. Wegen der positiven Gefühle gesucht und genossen wird eine *Vorstellung*, eine mentale Repräsentation oder – denken wir an Literatur – eine Imagination. Das ästhetische Begehren – da dürfen wir Kant folgen – richtet sich also nicht auf die physische Verfügung über ein Objekt. Besitzerstolz, die Freude daran, bewundert oder beneidet zu werden, das angenehme Gefühl, etwas Gutes getan oder ein Schnäppchen gemacht zu haben, als wir das seidige Batiktuch oder den schönen Kessel von Alessi kauften – all diese Empfindungen kommen nicht als ästhetische in Frage, weil sie sich

---

1 Zu Leistungen und Grenzen von Fechners Ansatz vgl. Schneider (1996: 126–133).

nicht auf die sinnlich gegründete und mit Bedeutungen verknüpfte *Vorstellung* eines Schönen beziehen.² Die Arbeitsdefinition schließt also schon einiges analytisch aus; die verbleibende Unschärfe scheint beim jetzigen Stand der Dinge mehr Vor- als Nachteile zu haben.

Im Blick auf Mozart und Alessi bleibt noch, die hier verwendete Bedeutung von ›Alltag‹ zu erläutern. Mir scheint es sinnvoll, von alltäglicher ästhetischer Erfahrung immer dann zu sprechen, wenn die Beziehung auf das Schöne nicht professioneller Natur ist – nicht die des aktiven Künstlers, Kritikers, Forschers.³ Alltag in diesem Sinn herrscht also nicht nur, wo man sich beim Bügeln durch Musik oder ein Hörbuch unterhalten lässt, sondern gleichermaßen für die meisten Besucher in Oper und Kunstmuseum, und auch für den Literaturkritiker beim Bundesligafußball oder den Kunsthistoriker beim Rock-Konzert. Nicht um Alltag, sondern um professionelle Aufmerksamkeit handelt es sich hingegen, wenn ein anerkannter Geschichtenerzähler zuhört, wie jemand anders in geselliger Runde eine Anekdote präsentiert.

Zur Begründung für diese Definition hier nur so viel. Wenn ästhetische Analyse und Bewertung immer wieder große Felder ästhetischer Erfahrung ausschließen oder abwerten, dann deshalb, weil sie einzig den professionellen Maßstab konzentrierter, ernsthafter und arbeitsförmiger, analytisch orientierter und intellektuell durchreflektierter Befassung mit zumeist kanonisierten Gegenständen anlegen. So wird sicher eine Spielart ästhetischer Erfahrung repräsentiert, aber eben nur eine. Die meisten Konstellationen des Umgangs mit dem Schönen haben anderen Charakter.

These 2: Banausen

Nun kann man fragen: Wenn seit über zwei Jahrtausenden im Abendland diese eine Lesart dominiert, warum lässt man es nicht dabei? Wenn denn unbedingt dem Erleben der genialen Kombination auf dem Rasen oder der Techno-Beats beim Autofahren eine Qualität zugeschrieben werden soll, die bisher nicht gewürdigt wurde, warum muss das dann unter dem Rubrum des

---

2 Für eine eingehendere Erörterung vgl. Maase (2007).
3 Beispielsweise konstatiert Schön (1997: 302 f.), dass die Gruppe der »professionellen Leser« einerseits die öffentliche Debatte bestimmt, andererseits jedoch sich »explizit einer Orientierung am tatsächlichen Leseverhalten verweigert« habe.

Ästhetischen stehen? Warum nicht einfach ›Alltagsfreude‹ oder ›sinnliche Beglückung‹? Dazu zwei Überlegungen.

Erstens: Die an der professionellen Analytik orientierte Lesart schließt auch den Großteil der Erfahrungen aus, die im Kernbereich der Hochkultur gemacht werden, vom Publikum der E-Musik etwa. Auch der bildungssozialisierte und entsprechend willige Laie bringt weder die ungebrochene Konzentration noch die Partiturkenntnis auf, um die kompositorische Struktur einer Brahmsschen Sinfonie – und damit ihre Qualität als Kunstwerk – auch nur halbwegs hörend und reflektierend zu erfassen. Die meisten lassen sich vom Wechsel der Klanggestalten bewegen und geben sich dem unkontrollierten Fluss der Assoziationen, Erinnerungen und Gefühle hin. Welchen Sinn macht es, derartige Rezeption am professionellen, anti-sinnlichen, struktur- und notationsorientierten Ideal (Fuhr 2007) ästhetischer Erfahrung zu messen und entsprechend negativ, in ihren vermeintlichen Defiziten zu bestimmen? Handelt es sich doch auch in diesem Fall für die meisten Konzertbesucher um eine hoch befriedigende, ja beglückende Erfahrung.

Ästhetische Erfahrung im Alltag ist nicht von gänzlich anderer Qualität als die hier professionell genannte; sie ist aber ebenso wenig deren verdünnter und verpanschter Aufguss. Es kommen Elemente hinzu – und zwar beim Vergnügen an der *Kleinen Nachtmusik* andere als beim Vergnügen an Gebrauchsgegenständen, weshalb man stets genrespezifisch diskutieren sollte –, die Erfahrungen eigenen Rechts und eigenen Werts konstituieren. Diese als ästhetisch zu charakterisieren, verschafft empirischer Forschung ein Fundament an Kategorien und Kontexten, von dem sie ausgehen kann; ob man in zwanzig Jahren noch an der Bezeichnung festhält oder eine andere vorzieht, wird die Diskussion der Befunde ergeben.

Die zweite Überlegung stammt von dem britischen Ethnologen Alfred Gell (1999). Der verlangt vom empirischen Forscher *in aestheticis* »methodologisches Banausentum« (»methodological philistinism«). Er meint: Forscher und Forscherin müssen alle Vorstellungen über Wert und Leistungen von Schönheit und Kunst abstreifen, die den Inhalt der Ästhetik als Lehre vom Schönen bilden. Gells Vorbild ist die Soziologie der Religion. Sie kann, wie Peter Berger (1967) zwingend dargelegt hat, weder von Gläubigen noch von Theologen betrieben werden; wissenschaftlich analysieren kann nur, wer an den Glauben als »methodologischer Atheist« herantritt. Nur von dieser Position aus kann man fragen, was religiöse Systeme für Menschen leisten und was Menschen eigentlich tun, wenn sie an Transzendentes glauben. Entsprechend sagt Gell: Wenn wir herausfinden wollen, was Kunst tut, das andere

Dinge nicht tun, und was Menschen tun, wenn sie die Fähigkeit des Schönen zur Verzauberung empfinden, dann müssen wir als Forscher alles ästhetische Wissen in uns zum Schweigen bringen – denn Ästhetik ist die »Theologie der Kunst«.
Was dem Theologen der Atheist, ist dem Ästhetiker der Banause. Die Angehörigen der klassischen griechischen Elite, deren Ideal die eigene Verewigung durch die Kunst der öffentlichen Rede war, verweigerten den Handarbeitenden das Bürgerrecht und erklärten sie zum Inbegriff der Kulturlosigkeit. Mein Fremdwörterbuch erläutert:

»[J]emand, der ohne Kunstverständnis ist und sich entsprechend verhält; Mensch ohne feineren Lebensstil, der Dinge, denen von Kennern eine entsprechende Wertschätzung entgegengebracht wird, unangemessen behandelt oder verwendet« (Duden 2001: 117).

Und wie im Perikleischen Athen erkennt man den Banausen noch heute daran, dass er sein Gefallen am Schönen nicht sprachlich elaboriert begründen kann. Eine vorrangige Aufgabe von Arbeiten zur Alltagsästhetik sehe ich daher darin, voranzukommen auf dem Weg zu einer *Sprache für die Erfahrungen* des Populär-Schönen, also des Schönen im Alltagszusammenhang – besser wohl: für die Vielfalt dieser Erfahrungen vielfältige Ausdrucksformen zu finden. Das ändert aber nichts daran, dass den meisten Menschen kein inneres Wörterbuch zur Verfügung steht, um ihre beglückenden, bewegenden oder schlicht angenehmen Erfahrungen mit Popsongs und schicker Kleidung, mit Liebesgeschichten und Fantasywelten zu artikulieren. Doch mit methodischer Phantasie wird es gelingen, die Grenzen dieser scheinbaren Sprachlosigkeit – die eben auch als peinliches Indiz für Einfallslosigkeit und Unsensibilität der Forschung zu verstehen ist – ein großes Stück hinaus zu schieben; es ist ja noch kaum versucht worden, in intensiver feldforscherischer Arbeit die Erfahrungen von Probanden, die nicht über den legitimen ästhetischen Diskurs verfügen, zur Sprache zu bringen.

Genau hier jedoch kann das Banausen-Konzept zum Fallstrick werden. Gar zu leicht, und mit den besten Absichten selbstverständlich, schwingt der Kulturwissenschaftler sich auf – wenn nicht zum Rächer, dann doch zum Sprecher der Enterbten. Leicht grenzt er sich ab vom »anti-sinnlichen Absolutismus« (Wolfgang Welsch) ästhetischer Normen, die Entwirklichung aller stofflichen Reize durch die künstlerische Form und ihren Nachvollzug verlangen. Und ganz schnell landet er mit seiner Begeisterung für Spontaneität, Sinnlichkeit, emotionale Vergemeinschaftung und ekstatisch-überwältigende Effekte der Kunst und ihrer Erfahrung im Sumpf romantisierender Zuschreibungen an ›die Volkskultur‹. Bis heute sind die Massenkünste, ihr Publikum und dessen Verhalten immer wieder Ziel intellektueller Projektion, die das abgespaltene »Andere der Vernunft« (Böhme/Böhme 1985) den ›Wilden‹ der eigenen Kultur zuschreibt: Frauen, Kindern und Jugendlichen – aber auch dem ›breiten Publikum‹. Es erweist sich als fast unmöglich, dem polarisierenden Deutungsmuster zu entkommen. Jeder Versuch, eine von der Orthodoxie abweichende Praxis ästhetischer Erfahrung zu formulieren, greift unvermeidlich auf Interpretamente zurück, die im romantisch-antirationalistischen Diskurs über das Andere der Vernunft ihre Bedeutung erhielten und somit das logozentrische Modell nur abstrakt negieren. Sie bilden seine Rückseite, keine Alternative.

Doch für ethnographisch arbeitende Disziplinen gibt es keinen anderen Weg als den zwischen den Fallstricken hindurch; sie müssen sich bemühen, die ästhetischen Praktiken und Erfahrungen des Alltags und seiner mehrheitlich nicht ›gebildeten‹ Akteure zu beschreiben und die Binnensicht der Handelnden sowie die Bedingungen, unter denen diese Binnensicht Sinn macht, zu rekonstruieren.

These 3: MP3

Die Erfahrung des Schönen im Alltag ist charakterisiert durch geteilte und wechselnde Aufmerksamkeit. Die von Millionen genutzte Möglichkeit, in allen erdenklichen Situationen Musik ihrer Wahl zu hören, demonstriert den mächtigen Reiz solcher Erfahrung. Mit tragbaren Plattenspielern hat es in den 1920ern begonnen; dem Transistorradio folgte der Walkman, und MP3-Technik erlaubt, unser ganz persönliches Programm zusammenzustellen.

Unter dem Rubrum ›Unterhaltung‹ hat Hans-Otto Hügel (1993; 2003a: 73–82) wesentliche Züge ästhetischer Erfahrung im Alltag herausgearbeitet. Sie seien hier aufgenommen und – anschließend an die klassische Bestimmung des Ästhetischen als sinnliche Erkenntnis – mit einem Konzept der phänomenologischen Wissenssoziologie verknüpft: zum Verständnis der *Erfahrung des Schönen im Alltag als besonderer kognitiver Stil*. Die Mitglieder einer Gesellschaft verfügen über eine ganze Reihe kognitiver Stile, die sie gegenstands- und situationsabhängig anwenden (Grathoff 1989: 108–110; Schütz/Luckmann 1979: 48–63). In Traum und Spiel sind Erleben und Erkennen auf andere Weise verknüpft als beim schulischen Lernen oder in

Alltagsroutinen; wissenschaftliche Forschung, professioneller Kunstgenuss oder Meditation bezeichnen weitere kognitive Stile.

Nun fällt unter die ästhetische Erfahrung im Alltag höchst Verschiedenartiges: Ein Fußballspiel im Stadion oder einen Science-fiction-Klassiker per DVD anschauen, dem Vogelgezwitscher lauschen oder das schicke Outfit einer Kollegin bewundern. Es geht um eine ganze Palette von Motiven, mit denen Nutzer ganz unterschiedliche Angebote rezipieren; doch einige Züge sind solchem Wahrnehmen gemeinsam. Gemeinsam ist die Erwartung, dass ohne spürbare Anstrengung, ohne lästige Konzentration, ohne aufwändige Mobilisierung von Wissensbeständen Fühlen und Denken auf angenehm empfundene Weise angeregt werden. Gemeinsam ist die ausgeprägte Freiheit, die sich die Alltagsakteure gegenüber den Gegenständen der Wahrnehmung nehmen. Hügel charakterisiert das als Schweben zwischen Ernst und Unernst. Im Alltag entscheidet jeder und jede für sich, wie intensiv man wie lange welche Aspekte des Gebotenen aufnimmt, wann man sich ausklinkt und wie nah man eine eventuelle Botschaft an sich heran kommen lässt, welche Bedeutung man mithin dem Angeeigneten für das Selbst- und Weltbild gibt. Es geht nicht a priori um Gewichtiges (wie das die professionelle Kunstrezeption voraussetzt), aber auch nicht um völlig Belangloses, das unter der Bewusstseinsschwelle bleibt. Die in ihrer Eindringlichkeit oszillierende, den Sinnangeboten mit Abstand gegenüber tretende Rezeption schließt die Möglichkeit ein, dass uns je nach Situation ein Stück aus dem MP3-Mix oder eine Sequenz des eher beiläufig verfolgten Fernsehfilms in ihren Bann ziehen und zu einem Erleben führen, das allen herkömmlichen Vorstellungen von intensiver Kunsterfahrung entspricht.

Zu Recht betont Hügel, dass die von ihm Unterhaltung genannte ästhetische Praxis nicht unabhängig ist vom Charakter des Gebotenen. Sie funktioniert nur mit Gegenständen, deren Textur auch bei wechselnder Aufmerksamkeit Genuss vermittelt. Dass sie aber prinzipiell unangemessen sei gegenüber Kunst, weil die »unbedingte Teilnahme, Konzentration verlangt« (Hügel 1993: 128), überzeugt mich nicht. Es gibt zweifellos Werke, die sich der Alltagsrezeption verweigern; das ist sogar ein ästhetisches Grundprinzip des Modernismus. Aber als Empiriker stellen wir fest (ehrlicherweise auch bei uns selbst!), dass viele Werke des europäischen Kanons bei nicht professioneller Aufnahme mit schwankender und geteilter Konzentration durchaus befriedigen. Deshalb ist Mozart nicht weniger Künstler als Ligeti und umgekehrt Joyce nicht geringer zu schätzen als Fontane.

Hier scheint ein gradualistisches Herangehen angemessen. Typisierend können wir ästhetische Erfahrung *im Alltag* von der hier als *professionell* bezeichneten abgrenzen. Im Leben jedoch werden wir alle Formen des Übergangs und der Gemengelage finden und die Frage zu beantworten haben, worin das spezifische Genusspotenzial der jeweiligen Mischung besteht. Gemeinsam ist allen Varianten ästhetischer Erfahrung im Alltag schließlich ein weiteres von Hügel benanntes Merkmal: Kennerschaft. Wovon ich gar nichts verstehe, das kann Staunen erwecken, aber keine ästhetische Freude. Daher ist das Prinzip Genre oder Genrefizierung für populäre Künste zentral. Standardisierung und Serienförmigkeit erleichtern es, Kennerschaft zu erwerben und das unendlich steigerbare ästhetische Vergnügen des Vergleichens zu erfahren.

These 4: Popcorn

Jeder Kino- wie jeder Opernbesuch lehren uns: Ästhetisches Erleben speist sich aus komplexer, multisensorischer Wahrnehmung. Zugespitzt: Je mehr Sinne auf eine wechselseitig ergänzende und steigernde Weise angenehm erregt werden, desto reicher die Erfahrung.[4] Dazu suchen und schaffen wir synästhetische[5] Arrangements, kombinieren gezielt sinnliche und emotionale Genüsse zum Zweck umfassenden somatischen und psychischen Wohlbehagens. Solches Ambiente (analytisch formuliert: der Kontext) ist untrennbarer Teil der Erfahrung, nicht nur Mittel, sondern Gegenstand komplexen ästhetischen Vergnügens.

Einschlägig sind hier Ergebnisse der Leseforschung (Bellebaum/Muth 1996; Kramer 1996: 128–132; Gross 2001). Unter der produktiven Frage nach dem »Leseglück« hat sie festgestellt: Wirklich lustvolle Lektüre findet mit Vorliebe in einem Ambiente statt, das Störungen abhält und den Sinnen

---

4 In der heutigen Umwelt appellieren Unzählige an unsere Sinne und suchen – ungebeten – Aufmerksamkeit zu gewinnen. Da liegt es nahe, dass reduzierte sinnliche Signale einen eigenen Reiz entfalten, Schwarz/weiß in Fotografie und Film etwa. Die grundlegende Tendenz wird damit nicht umgekehrt, sondern genutzt und variiert.

5 Das ist ein vorläufiger Begriff, um den assoziativ-integrativen Charakter ästhetischer Alltagserfahrung einzukreisen. Die Betonung komplexer Wahrnehmungsarrangements unterscheidet ihn von den eher objektzentrierten Überlegungen zur Synästhesie bei Seel (2000: 57–60, 150–156).

schmeichelt: zurückgezogen in der Badewanne, auf der Couch oder in einen bequemen Sessel gekuschelt. Viele brauchen zum rundum befriedigenden Lesegenuss Süßigkeiten; optimal ist anscheinend Schokolade.

Roter Plüsch, Gold und Weiß im Konzertsaal, edle Hölzer und sanft leuchtende Materialien, aufwändige Kleidung und selbstverständlich Häppchen und Sekt im Foyer sind der Erfahrung von E-Musik nicht äußerlich. Erinnern wir uns: Erst die Priester der bürgerlichen Kunstreligion haben im 19. Jahrhundert – mit einigem Erfolg – all diese Dimensionen herauszupurgieren versucht zugunsten der totalen Konzentration auf das Kunstwerk. Richard Wagners Traum war das gänzlich verdunkelte Auditorium mit dem unsichtbaren Orchester, in dem nichts ablenkt von der Absicht des Künstlers, das Publikum restlos zu ergreifen.

Selbst für die relativ passive Variante synästhetischen Arrangierens, die vielgeschmähte *couch potato*, gilt: Damit Fernsehen wirklich befriedigt, müssen viele Zutaten für Körper und Geist aufeinander abgestimmt werden. Sofa, Fernsehsessel oder Bett sorgen für das basale Wohlgefühl des Leibes; Getränk und süße, saure, scharfe, knusprige Kleinigkeiten kitzeln den Gaumen; Alkohol und Nikotin nehmen Druck von der Psyche; zum ästhetischen Vergnügen gehört die Kommunikation mit anderen, gehören Zwischenrufe und Kommentare, auch die kleine Kontroverse über den Wert des Gebotenen.

These 5: Alfa Romeo

Alltägliche Erfahrung des Schönen beruht zu erheblichen Teilen auf evolutionär erworbenen Wahrnehmungsmechanismen. Der positive Eindruck, den Symmetrien auf uns machen, ist ein Beispiel dafür. Paál (2003: 7, 26–30, 34–37) etwa charakterisiert elementarästhetische Wahrnehmungen als Lustempfindungen, die auf der vegetativen, also unwillkürlichen Wirkung von Reizen beruhen. Auf Helligkeit und Sonne reagieren wir positiv, auf Grau und Dunkel eher negativ. Ausgeprägte Symmetrie eines Gegenstandes und ein Lächeln heben unsere Wohlgefallen – ohne dass wir einen Grund angeben könnten. Homo sapiens sapiens mag offene Parklandschaften; zu positiven Gefühlen angesichts schroffer Bergwelt muss (und kann) er erzogen werden. Es gibt eine Bandbreite von Tonfrequenzen und Akkorden, die Mitteleuropäer angenehm empfinden, und alle Menschen teilen die Lust am

Süßen. Einige dieser affektiven Reiz-Reaktions-Muster sind evolutionär erworben und genetisch fixiert (Sütterlin 1994, 2003; Richter 1999), andere kulturell produziert und in festen, quasinatürlichen Gewohnheiten verankert.[6] Vor diesem Hintergrund müssen Konzepte Interesse wecken, die eine evolutionär entwickelte menschliche Disposition zu ästhetischer Erfahrung wie zu ästhetischer Produktion zu belegen suchen. Der Nutzen von scheinbar biologisch überflüssigen Tätigkeiten wie Schmücken, Darstellung von nicht Wirklichem, Singen usw. wird in höchst unterschiedlichen Funktionszusammenhängen des (Über-)Lebens in einer frühen Entwicklungsphase der Gattung homo gesucht, seit sich vor rund zwei Millionen Jahren das moderne menschliche Gehirn zu bilden begann. Der Kulturwissenschaftler kann die Argumente nicht im einzelnen bewerten. Doch im Blick auf die Frage, ob ästhetische Erfahrung ein Ergebnis spezieller Praktiken in nicht alltäglichen Situationen darstellt oder besser im Sinne eines Kontinuums zu denken ist, das sich von der professionellen Kunstkontemplation bis in die beiläufige Wahrnehmung eines jeden erstreckt, stärken evolutionistische Argumente letztere Sichtweise. Deswegen wird hier knapp auf sie eingegangen.

Der evolutionistische Grundgedanke lautet: Viele unserer ästhetischen Neigungen sind fest verknüpft mit Strukturen der Informationsverarbeitung, die in der Frühzeit des Menschen Überlebensvorteile boten. ›Ästhetisches‹ Verhalten, das systematisch die Chance zur Weitergabe des eigenen Erbguts verbesserte, wurde intrinsisch belohnt durch angenehme Gefühle – die Freude an Kindern etwa oder die Wendung zur hell erleuchteten Umgebung, in der man Feinde eher sieht. Der Zoologe Randy Thornhill (2003: 9) formuliert:»Die Erfahrung von Schönheit ist die physiologische Belohnung dafür, dass jemand Reize verarbeitet hat, die einmal evolutionären Vorteil versprachen«.

Der Ansatz überschneidet sich auf frappierende Weise mit der (impliziten oder expliziten) Annahme der philosophischen Ästhetik-Debatte zumindest der letzten zweieinhalb Jahrhunderte, wonach die Wahrnehmung des Schönen oder die Erfahrung des Ästhetischen beim Subjekt mit angenehmen Empfindungen verbunden sei. Kant (1974: 124) etwa spricht von Wohlgefal-

---

6 Vor allem in der Anthropologie, die an der evolutionären Leistung kollektiver Praktiken und Kommunikationstechniken (Körperbemalung, Sprache, rituelle Performanz) interessiert ist, wird die Entstehung symbolischer und ›fiktionaler‹ Handlungs- und Vergegenständlichungssysteme diskutiert; vgl. etwa Dunbar/Knight/Power (1999); Neumann (1996).

len und Lust im ästhetischen Urteil. Geschmack sei das Vermögen zur Beurteilung von Gegenständen durch Wohlgefallen oder Missfallen, und Gegenstände des Wohlgefallens nennt er schön (er muss anschließend einen hohen Argumentationsaufwand treiben, um das Schöne wieder vom Guten und sinnlich Angenehmen zu trennen). Und heute wertet die evolutionäre Psychologie die Empfindung des Angenehmen geradezu dramatisch auf; sie sieht darin die Wirkung eines sehr erfolgreichen psychischen Apparats, dessen Auswahl- und Belohnungsmechanismen dazu motivieren, reproduktiv vorteilhaft zu handeln.

Angenehmes und Nützliches bilden in dieser Sicht zwei Seiten einer Medaille: Das Lebewesen, das als angenehm empfindet – und deswegen tut! –, was objektiv seine Fortpflanzungschancen im Vergleich zu anderen Individuen der selben Art vergrößert, wird so die Disposition, das Nützliche schön zu finden, weiter innerhalb der Art verbreiten. Derart ausgestattet, suchen und schaffen Menschen mittlerweile Zustände, Situationen, Reize, die angenehm sind, ohne dass die Handlungsketten ablaufen, deren evolutionärer Vorteil historisch mit der emotionalen Belohnung verknüpft war oder ist. Das bewusste Wohlgefallen führte entwicklungsgeschichtlich mit einer gewissen Notwendigkeit zu der in vielen Kulturen beobachtbaren Tendenz, dass ästhetische Erfahrung um ihrer selbst willen, als Selbstzweck angestrebt wird. Man versucht etwa, die Freude an der Farbenpracht ritueller Inszenierungen verfügbar zu machen, indem man die persönliche Umwelt farbig gestaltet (Neumann 1996).

Die erfreulichen Gefühle, die ausgeprägt Symmetrisches bei uns wecken, sind die psychische Belohnung dafür, dass unsere Vorfahren in ihrer Umwelt nach visuell erkennbaren Gestalten, nach Mustern der Ordnung gesucht haben (Sütterlin 2003); die Fähigkeit, solche Muster zu erkennen, wurde belohnt und wird es noch heute. Und so, wie Menschen die sexuelle Lust aus der festen Bindung an die Reproduktion gelöst haben und sie bewusst erzeugen, um sich und ihren Partnern Wohlgefühl zu bereiten, so haben wir auch die körpereigenen Belohnungen für bestimmte Leistungen unseres Wahrnehmungsapparats in andere, historisch geschaffene Lebenszusammenhänge eingebaut. Man geht ins Kino wegen der gut aussehenden Stars (obwohl sie nicht als Sexualpartner in Frage kommen) und wählt eine möglichst helle Wohnung (obwohl auch in einer dunklen kein Raubtierangriff zu gewärtigen wäre).

Man hat diese Dimension des Wohlgefallens an basalen Qualitäten und Gestaltformen unserer Umwelt elementarästhetisch genannt (Welsch 1994;

Paál 2003: 7, 26–30, 34–37). Doch gerade Kunstwerke, die als klassisch gelten, nutzen oft elementarästhetische Mechanismen (Paál 2003: 39); denken wir an griechische Skulpturen, die *Sixtinische Madonna* oder die *Kleine Nachtmusik*. Die unwillkürlichen Reaktionen auf Elementarästhetisches sind also ein starkes Argument zur Relativierung des professionell-analytischen Modells ästhetischer Erfahrung; sie einzubeziehen heißt keinesfalls, das Schöne im Alltag auf vegetative Mechanismen zu reduzieren. Man kann hier analytisch von einer Ebene des nur sinnlich Angenehmen sprechen; faktisch wird jedoch heute Elementarästhetisches im Normalfall nicht rein vegetativ wahrgenommen, ohne kulturelle Bedeutungsaufladung. Die wenigsten mögen den evolutionären Mechanismus benennen können, der sie Symmetrie und prägnante Gestalt spontan als angenehm (sprich: schön) empfinden lässt; aber vermutlich wird die Mehrheit eine barocke Schlossfassade oder das neue Alfa-Romeo-Gesicht[7] nicht sprachlos bewundern, sondern mit Bezeichnungen wie prachtvoll, imposant, schnittig oder hinreißend in kulturelle Kontexte der Dingbedeutsamkeit (Kramer 1955; Korff 1992) einbetten, die auf Wissen um Funktion, Herstellung und Geschichte verweisen.

Denn wenn heute der Alltagsmensch angesichts der reichen Symmetrie einer Palladio-Villa (oder einer der vielen palladiesken Fassadengestaltungen bis hin zum Fertighauskatalog) ästhetisches Vergnügen empfindet, dann müssen wir gewiss fragen, wie die Symbolgeschichte der verwendeten Architekturelemente eingegangen ist in die Wahrnehmungsmuster, die bei solcher Betrachtung ins Spiel kommen. Plastisch gegliederte Baukörper mit herausgehobener Mittelachse waren Zeichen für Macht und Reichtum, und auch von diesen Konnotationen profitiert das Alfa Romeo-Design. Die evolutionär erworbene Präferenz für Symmetrie hat zwar grundlegenden Erklärungswert – doch nur als Teil einer komplexen und historisch wie aktual empirisch zu verfolgenden Analyse des sozial konkreten Wohlgefallens.

These 6: Hiphop

Die letzte, aber nicht geringste These: Ästhetische Erfahrung im Alltag ist gekennzeichnet durch intensive Beteiligung des Körpers. Zweifellos spielt

---

7 Die Wahl der anthropomorphen Metapher für die Frontgestaltung eines Fahrzeugs verweist auf eine dem Alltagswissen angehörende ›Physiognomik der Auto-Typen‹.

Leiblichkeit auch im herkömmlichen Umgang mit E-Kunst eine größere Rolle als gemeinhin zugestanden; die Blechbläsertutti Tschaikowskischer Sinfonien etwa erschüttern den Körper unmittelbar. Im Alltag und in den populären Künsten tritt der Körperbezug jedoch besonders in den Vordergrund. Wer einmal von einem Sensurround-Gewitter durchgeschüttelt wurde, wer die Bässe aus der Nachbarwohnung im Bauch gespürt hat, wer trotz Verbot die einladenden Kurven einer Plastik mit der Hand nachgezogen hat, wem bei einer schnell geschnittenen Filmsequenz auf der Großleinwand schwindelig wurde – der weiß, worum es hier geht. Und es war noch gar nicht die Rede von den Erfahrungen in Tanz, Disko und Rave, von Bühnenshow und Stadion-Feeling: die »Physiologie der Ästhetik« (Nietzsche 1968: 374) hat viele Facetten.

Systematisch lassen sich drei Aspekte des intensiven Körperbezugs moderner Populärkünste unterscheiden: der Körper als Wahrnehmungs*organ*, als Wahrnehmungs*produzent* und als *Quelle von Bedeutungen*. Der Leib als Wahrnehmungsorgan ist kulturwissenschaftlich noch weitgehend unerforschtes Gebiet; hier geht es um weit mehr als das physische Spüren von Klängen oder das Abtasten von Oberflächen. Gernot Böhme (1995) hat Hermann Schmitz' Begriff der »Atmosphären« ins Zentrum gerückt. Der Grundgedanke lautet: »[...] der Mensch muss wesentlich als Leib gedacht werden, das heißt so, dass er in seiner Selbstgegebenheit, seinem Sich-spüren ursprünglich räumlich ist: Sich leiblich spüren heißt zugleich spüren, wie ich mich in einer Umgebung befinde, wie mir hier zumute ist« (ebd.: 31). Als Körper erfahren sich Menschen notwendig in Räumen, deren Gestaltqualitäten »durch leibliche Kommunikation in das affektive Betroffensein fühlender Wesen ein[]greifen« (Schmitz 1998: 95).

Atmosphären nun sind spezifisch gestimmt durch die Anwesenheit von Dingen mit besonderen Qualitäten. Böhme (1995: 32, 33) betrachtet dingliche Eigenschaften, die blaue Farbe einer Tasse zum Beispiel, als etwas, das auf die Umgebung ausstrahlt und sie in gewisser Weise tönt. Gleiches gilt für Ausdehnung und Volumen; auch diese Qualitäten eines Dings sind nach außen hin spürbar und geben dem Raum, in dem sie präsent sind, Gewicht und Orientierung.

»Wahrnehmen ist [...] die Weise, in der man leiblich bei etwas ist [...]. Der primäre *Gegenstand* der Wahrnehmung sind [...] die Atmosphären, auf deren Hintergrund dann durch den analytischen Blick so etwas wie Gegenstände, Formen, Farben und so weiter unterschieden werden« (ebd.: 47 f.; Hervorh. im Orig.).

Der Gedanke führt wieder zur vierten These, wonach Erfahrungen des Schönen grundlegend synästhetisch zusammengesetzt sind. Körperliches, multisensuelles Spüren räumlich präsenter Stimmungen, die Gefühle berühren, wecken, beeinflussen, ist hier fast immer im Spiel. Und das praktische Wissen, wie multisensorische Ding- und Raumqualitäten (das Zusammenwirken von Material, Farbe, Haptik, plastischer Gestalt, Oberflächenbehandlung) unendlich differenzierte Atmosphären schaffen, wurde über Jahrtausende als Know-how ästhetischer Arbeit akkumuliert.[8]

Als Wahrnehmungs*produzent* wird der Körper genutzt beim Tanz oder Sport, aber auch in der Kunstrezeption. Pulsschlag, Schwitzen, Tränen und Lachen sowie unwillkürliche Muskelreaktionen lassen einen Film oder ein literarisches Werk leiblich erleben; Körperliches erweitert und intensiviert die komplexe ästhetische Erfahrung.

Zum *Körper als* Speicher und *Quelle von Bedeutungen* hat Winfried Fluck (2003; 2004) Grundlegendes formuliert. Damit nämlich ästhetische Erfahrung gemacht wird – zum Beispiel aus den schwarzen Zeichen auf einer Buchseite –, müssen wir die Vorgaben des Werks mittels eigener Vorstellungs- und Gefühlspotenziale ›übersetzen‹. *Wir* machen aus den 12 Buchstaben »Sie küsste ihn« eine ästhetische Erfahrung, indem wir Erinnerungen, Wünsche, Phantasien aus unserem Inneren aktivieren und veräußerlichen. Dabei greifen wir wesentlich auf *nicht sprachlich* gefasste Empfindungs- und Stimmungspotenziale zurück, die *körperlich* gespeichert und *körperlich* artikuliert werden.

Historisch konstatiert Fluck (2003: 119) seit der Entfaltung moderner Populärkultur in den USA im neunzehnten Jahrhundert eine zunehmende »›Verkörperlichung‹ ästhetischer Erfahrung«. Je weniger nämlich künstlerische Texte an narrativen Strukturen und semantisch komplexen Elementen vorgeben, desto freier ist der Rezipient, in sie seine Vorstellungs- und Gefühlswelt hineinzulegen. Und genau das geschah in der Geschichte der Populärkünste. Die erzählende Literatur gab die dominierende Rolle ab an Film und Musik, die Melodie trat in den Hintergrund zugunsten von Rhythmus und Sound, neben und sogar vor das Hören trat das Tanzen – und stets wuchs der Anteil des Leibbezogenen. Körperorientierte Popmusik und die Sounds für die gegenwärtigen Tanzszenen stellen überhaupt keine intellektu-

---

8 Ein Auto beispielsweise wird heute für alle Sinne gestaltet: Der Klang des Auspuffs, die haptische Anmutung des Lenkrads, der Geruch der Kunststoffe werden neben den Formen für das Auge von Ingenieuren geplant (Reckziegel 2003; Stadler 2002).

ell-kognitiven Anforderungen.⁹ Man muss nichts mehr ›verstehen‹, damit sie ihre Wirkung entfalten – sie sind weithin Auslöser für die Veräußerlichung von körpergebundenen Stimmungen und Gefühlen leiblicher Entgrenzung, für eine sprachlich nicht einzufangende Produktion von Bedeutung.

Während sich diese Entwicklung der Werkästhetik als Verlust von Komplexität darstellt, eröffnete sie aus der Rezeptionsperspektive »ganz neue Möglichkeiten des künstlerischen Ausdrucks und der ästhetischen Erfahrung« (ebd.: 111). In die ›Übersetzung‹ der Künste durch den Nutzer ging immer mehr Körperbezogenes ein, und die Gratifikationen der Aneignung wurden zunehmend verkörperlicht. Das ist bei Popmusik und Tanz am offensichtlichsten, bestimmt aber auch die Ästhetik wie Action, Science Fiction und Horror.

Körperliche Empfindungen bilden die Basis jeder ästhetischen Erfahrung; sie erst machen Emotionen fühlbar, damit der Reflexion zugänglich und mental verarbeitbar. Auch vegetativ-elementares Wohlgefallen ist aus dieser Sicht nur schwer als rein somatisches Phänomen zu denken; was der Leib als angenehm empfindet, wird unvermeidlich eingebunden in einen persönlichen semantischen Kontext.

Hier eröffnet sich die zeitliche Dimension der Erfahrungsbildung. Auch ästhetische Erfahrung ist nicht beschränkt auf den Moment des leiblich-sinnlichen Erlebens. Sie kann sich anreichern durch die Verknüpfung mit Eindrucks- und Gedankenspuren, die im Gedächtnis gespeichert sind, und ebenso durch anschließende Kommunikation und Reflexion. Lieblingsfilme oder -musikstücke immer wieder zu genießen, ist eine verbreitete ästhetische Alltagspraktik, die gewiss nicht zur Verarmung des Erlebens führt.¹⁰ Hier zeichnet sich eine siebte These ab – doch zu den Geboten der Aufsatz-Ästhetik gehört zweifellos die Kürze, und dagegen soll hier nicht länger gesündigt werden.

---

9 Das heißt nicht, dass Texte in der Popmusik keine Rolle mehr spielten. In den körperorientierten Genres sind sie jedoch zum Genuss nicht notwendig; sie eröffnen, wie in jedem reicheren Kunstwerk, eine zusätzliche Ebene für komplexere, stärker intellektuell reflektierende ästhetische Erfahrung. Eine plurale empirische Ästhetik wird Genres, die auf der körperlichen Ebene (oder im Aufbau von Spannungen, Stimmungen et cetera) intensive Erfahrungen ermöglichen, ebenso ernsthaft analysieren wie solche, die vor allem intellektuelle Vergnügen bieten. – Sehr anregende Überlegungen zum Leib als Medium kultureller Aneignung und Produktion entwickelt Klein (1999) anhand von Techno.

10 Vgl. den Beitrag von Mohini Krischke-Ramaswamy in diesem Band.

Ästhetische Konzepte in der Geschichte der US-amerikanischen Populärkultur

Winfried Fluck

I.

Ich möchte die Ausgangsfrage dieses Bandes – die Frage nach den Schönheiten des Populären – im Folgenden so verstehen, dass mit ihr zugleich die grundsätzlichere Frage nach der ästhetischen Funktion populärer Kultur gestellt wird. In der Tat hatte ja die in den Geisteswissenschaften lange Zeit dominierende Ansicht von der kulturellen Minderwertigkeit populärer Kultur ihren Ausgangspunkt in der Überzeugung, dass diese durch einen grundlegenden ästhetischen Mangel gekennzeichnet sei. Mit Begriffen wie Kitsch, Sentimentalität, Kolportageliteratur, Sensationsroman oder Trivialliteratur ist versucht worden, diesen Mangel auf den Begriff zu bringen: Mit jeder dieser Charakterisierungen soll auf eine Dimension des ästhetischen Kontrollverlusts oder eine Korrumpierung ästhetischer Standards hingewiesen werden und damit auf einen Verrat am Ästhetischen für kunstfremde kommerzielle Zwecke. Mehr noch: Das dabei unterstellte Fehlen einer ästhetischen Dimension kann als wesentlicher Grund dafür angesehen werden, warum die Trennung zwischen Hoch- und Populärkultur so lange als plausibles und weithin akzeptiertes Modell kultureller Wertigkeit erscheinen konnte.

In seiner Studie *Highbrow/Lowbrow: The Emergence of Cultural Hierarchy in America* hat Lawrence Levine (1998) dagegen für die amerikanische Kulturgeschichte herausgearbeitet, dass die Trennung zwischen *high and low* und die mit ihr verbundene ästhetische Hierarchisierung nicht einem allgemein verbindlichen, zeitlosen Wertkonsens über das entspricht, was in westlichen Gesellschaften ästhetischen Wert konstituiert, sondern ihre eigene Historizität besitzt und in den USA erst in der zweiten Hälfte des 19. Jahrhunderts Gestalt annimmt. Als Kristallisationspunkt werden die so genannten *Astor Place Riots* im Jahr 1850 angesehen, die mit 22 Toten zu den schlimmsten Ausschreitungen der Zeit vor dem amerikanischen Bürgerkrieg gehören. Anhänger des populären amerikanischen Schauspielers Edwin Forrest wollten in diesem New Yorker Theaterkrieg eine *Macbeth*-Aufführung mit dem englischen Schauspieler W.C. Macready verhindern, der zur Symbolfigur der eleganten Gesellschaft geworden war. Hier deutet sich nicht nur das Auseinanderbrechen einer gemeinsamen Theateröffentlichkeit an, sondern auch jene offene Feindseligkeit zwischen den Repräsentanten von Hoch- und Populärkultur, die sich im *Gilded Age*, der Zeit nach dem amerikanischen Bürgerkrieg, endgültig verfestigte.

Dabei bleibt Shakespeare ein entscheidender Bezugspunkt. Levine hat den Prozess der allmählichen Sakralisierung Shakespeares in der zweiten Hälfte des neunzehnten Jahrhunderts nachgezeichnet. Seine Geschichte verdeutlicht den wachsenden Stellenwert des Kunstgedankens auch in den USA, für den Werktreue und die Umerziehung eines bis dahin lauten bis rowdyhaften Publikums zu konzentrierten und andächtigen Kunstrezipienten zentrale Bedeutung gewinnen. Wenn man dem zivilisationsbildenden Anspruch der Kunst gerecht werden will, dann muss sie auch mit äußerster Konzentration rezipiert werden. Damit beginnt eine Gleichsetzung von Kultur und Kunst, die unter anderem zur Folge hat, dass jene literarischen Texte oder Theaterstücke, Gemälde oder Musikstücke, die geltenden Kunstkriterien nicht entsprechen, als ›bloße Unterhaltung‹ abgetan werden – womit wiederum impliziert wird, dass mit ihnen keinerlei ästhetische Erwartungen oder Ansprüche verbunden werden können.

Bis zu diesem Zeitpunkt vereinte das Theater in den USA noch alle Schichten, von den hohen Herrschaften in den Logen über die Mittelklasse im Parkett bis hin zu den sich oft lautstark bemerkbar machenden einfachen Leuten auf den Rängen. Das führte zu Formen der Publikumspartizipation, die heute kaum noch vorstellbar sind, denn man nahm durch lautstarke Zustimmung oder schrille Missfallensbekundungen aktiv an der Aufführung teil. Bekannte und beliebte Textpassagen wurden laut mitgesprochen, schlechte Schauspieler wurden mit Wurfgeschossen von der Bühne vertrieben, und bei besonders eindrucksvollen Szenen wurden Wiederholungen eingefordert, so dass beispielsweise eine bewegende Sterbeszene mehrfach wiederholt werden musste und es durchaus vorkam, dass ein guter Schauspieler auf der Bühne vier- bis fünfmal hintereinander sterben musste. Robert Toll hat das Geschehen im folgenden Zitat zu einem sympathischen Chaos verdichtet, mit dem die im zwanzigsten Jahrhundert eher weihevolle Institution Theater retrospektiv mit prallem Leben gefüllt wird:

»Audiences buzzed with activity, even during the show. In the boxes, the upper crust gossiped and flirted. In the gallery and pit, people stamped their feet in time with the music, sang along with familiar tunes, recited famous speeches along with the actors, and hollered out punch lines to old jokes […] Whenever those audiences liked a speech, song, or piece of acting, they cheered wildly and demanded encores, regardless of the nature of the performance or the script. This practice included interrupting *Hamlet* to have a speech repeated as often as demanding encores at variety shows. When displeased, audiences hissed, shouted insults, and threw things at the performers.« (Toll 1976: 6)[1]

Angesichts der hier beschriebenen glücklichen Anarchie, in der den Zwängen der modernen Disziplinargesellschaft noch erfolgreich Widerstand geleistet wird, fragt man sich allerdings am Ende von Levines Versuch, die Trennung von *high* und *low* als eine arbiträre zu entlarven, warum dieser quasi karnevaleske Zustand je aufgegeben wurde. Levines Erklärung liegt im wesentlichen in einem Disziplinierungsakt von oben: Auf der Suche nach kulturellem Kapital begannen die oberen Schichten Distinktionsmerkmale einzuführen und etablierten auf diese Weise eine künstliche Trennung zwischen *highbrow* und *lowbrow*, durch die ein Autor wie Shakespeare schließlich den einfachen Leuten weggenommen wurde. Die Schönheit populärer Kultur, so Levine, erwuchs einst aus einer Gemeinschaftserfahrung, die durch die Partizipation und Selbstermächtigung eines sich noch als demokratische Öffentlichkeit verstehenden Publikums entstand – eine Kommunalität, die die Oberschicht aufkündigte, weil sie ihre Vorherrschaft in Frage zu stellen drohte. Die soziale Abgrenzung aber erfolgte qua Ästhetik: Indem Shakespeares populäre Dramen zur Kunst angehoben wurden, wurde die populäre Kultur andererseits der Ästhetik beraubt. Diese Version einer willkürlichen Trennung von *high* und *low* als Folge einer Suche nach kulturellem Kapital – und damit sozialer (Selbst)Autorisierung – ist uns inzwischen aus vielen Arbeiten zur Populärkultur vertraut.

---

1 Toll (1976: 3) gibt folgende anschauliche Beschreibung des Theaterpublikums der Zeit: »Rowdies picked fights; mothers nursed babies; drunks staggered; immigrants partied; men spit tobacco juice; sailors leered; lovers held hands; old men took naps; blacks picnicked; prostitutes strutted; and socialites paraded their latest hair styles, fashions, and lovers. The odors of onions, cigar smoke, and whiskey and the sounds of masses of chattering, laughing people filled the air. It was a cross-section of America out to have a good time. Such outings took place almost every night in almost every nineteenth-century American city – but not in parks, as we might now expect. There were virtually no parks. All this activity and much, much more took place in theaters, which served as social clubs, picnic grounds, watering holes, and meeting places, as well as entertainment centers.«

Ich möchte im Folgenden eine alternative Version über den Beginn der Trennung zwischen *high* und *low* in der amerikanischen Kultur präsentieren – eine Geschichte, die ebenfalls in der Zeit vor dem amerikanischen Bürgerkrieg beginnt. Denn bereits während jener Zeit, für die Levine noch so etwas wie eine gemeinsame Volkskultur ansetzt, beginnt mit dem Siegeszug neuer Druckverfahren um 1830 eine für die Trennung von *high* und *low* entscheidende Phase – und zwar nicht primär als Folge von Klassenunterschieden oder der Suche der Oberschicht nach kulturellem Kapital, sondern aus der Logik eines Verselbständigungsprozesses der ästhetischen Dimension selbst. Gemeint ist die Entstehung der so genannten *Penny Press* und, mit ihr verbunden, einer populären Kultur des Sensationalismus, der auf der anderen Seite eine der ersten Manifestationen einer modernen Autonomieästhetik im Werk von Edgar Allan Poe gegenüber steht. Beide Bereiche sind nicht nur – wie David Reynolds (1989) und andere inzwischen gezeigt haben – thematisch viel enger miteinander verbunden als in der traditionellen Trennung von *high* und *low* impliziert, sondern – das soll diesem Argument hier hinzugefügt werden – auch in ästhetischer Hinsicht. Damit soll jedoch gerade nicht gemeint sein, dass sich auch ein Autor wie Poe immer wieder sensationalistischen Materials bediente, also nicht so rein und unkorrumpiert war, wie im *highbrow*-Kunstverständnis lange Zeit angenommen, sondern dass der journalistische und literarische Sensationalismus einerseits und der Ästhetizismus Poes andererseits dasselbe Problem, nämlich eine Optimierung ästhetischer Erfahrung, zu lösen versuchten. Sie gingen dabei sehr verschiedene Wege, fanden aber paradoxerweise durchaus verwandte Lösungen – eine Verwandtschaft, die angesichts aktueller Entwicklungstendenzen hin zu einer Verkörperlichung ästhetischer Erfahrung und einer Ästhetik der Immersion in einem interessanten neuen Licht erscheint.

II.

In den USA bildeten sich der journalistische und der literarische Sensationalismus im Zuge der Entstehung einer neuen Massenpresse heraus. In einem Verfahren von *trial and error* wird von dieser *Penny Press* eine neue Form der Berichterstattung entwickelt, die nicht mehr, wie amerikanische Zeitungen zuvor, allein auf die Politik oder das Geschäftsleben ausgerichtet ist, sondern auf das soziale Leben in den neu entstehenden Großstädten, über das mit bereits andeutungsweise fiktionalisierten Darstellungsformen berichtet wird. Einer der Anstöße dafür war ein Ereignis, das auch in Poes literarische Welt gepasst hätte, der Tod der schönen New Yorker Prostituierten Helen Jewett, die 1835 von ihrem Liebhaber mit einer Axt erschlagen wurde.[2] Damit werden ein neues Sujet – das Verbrechen – und eine neue Form der Nachricht in der Presse etabliert, die *human interest story*, und es wird den neuen Realitäten Rechnung getragen, die durch die wachsenden Großstädte entstanden sind: Einerseits begegnet man immer neuen Menschen und ist ihnen räumlich nah; andererseits weiß man immer weniger über sie und wird somit permanent mit ›Geheimnissen‹ konfrontiert, die die Neugier und einen Hunger nach ›Enthüllung‹ anstacheln. Das muss zur *human interest story* mit symbolischen Charakteren führen, das heißt einer Form der Nachricht, die oft keinen wirklichen Informationswert besitzt, aber einen hohen expressiven Nachrichtenwert, der durch Dramatisierung und Emotionalisierung verstärkt wird.[3] Diese sind unverzichtbar. Denn die Personen, über die be-

---

2 Die Berichterstattung über den Mordfall soll die Leserschaft des *New York Herald* von 5.000 auf 15.000 verdreifacht haben. Zur kulturgeschichtlichen Bedeutung dieses Falles siehe Cohen (1990; 1992; 1998) und Anthony (1997: 489), der den Fall als »one of the most publicized in history« bezeichnet. Poe unternahm später den Versuch, sich einen ähnlich spektakulären, in der Sensationspresse ausgewalzten Mordfall zunutze zu machen, den der »wunderschönen Tabakverkäuferin« Mary Rogers im Jahr 1841. Mit *The Mystery of Marie Roget* schrieb er nach *The Murders in the Rue Morgue* eine weitere Detektivgeschichte mit Auguste Dupin als dem Detektiv, der den Fall »vom Lehnstuhl aus« allein durch seine deduktiven Fähigkeiten löst. Allerdings gibt es dabei noch eine Steigerungsform, denn während *The Murders in the Rue Morgue* einen zwar reißerisch-sensationalistischen, aber fiktiven Mordfall behandelte, machte sich Poe in *The Mystery of Marie Roget* daran, einen tatsächlichen, bisher ungeklärten Mordfall zu lösen und sich dabei die große Publizität, die der Fall gefunden hatte, zunutze zu machen. Zu den turbulenten Umständen, unter denen die Geschichte entstand (zu denen auch gehörte, dass es kurz vor dem Druck ein Geständnis gab, das Poes Auflösung des Falles widersprach), siehe Stashower (2006). Auch andere Bestsellerautoren der Zeit wie Ned Buntline, Joseph Holt Ingraham und E.E. Barclay ließen sich den Sensationsappeal des ungelösten Falles nicht entgehen (Halttunen 1998: 112).

3 Neben der Berichterstattung über Verbrechen waren dabei vor allem die Gesellschaftsnachrichten über die oberen Zehntausend und die Sportnachrichten bedeutsam. Beides hatte es zuvor in dieser Form nicht gegeben. Die *Penny Press*, die sich vor allem an untere Schichten richtete, war ein unmittelbarer Erfolg und führte zu einer wahren Zeitungsexplosion in den USA; von ca. 1.200 Zeitungen im Jahr 1833 entwickelte sich der Markt bis zu 3.000 Zeitungen 1860. Das eigentliche Erfolgsgeheimnis der *Penny Press* liegt in neuen Formen der Narrativisierung, durch die dem Leser ein imaginärer Transfer in eine andere Welt eröffnet wird – und damit eine fiktionsgemäße Einstellung. Der Herausgeber des *New York Herald* stellte in einem Editorial selbst diesen Bezug her: »If a Shakespeare could

richtet wird, sind dem Leser ja fremd; also müssen Formen der Berichterstattung gefunden werden, die es erlauben, sich in sie hineinzuversetzen. So schaffen der Verbrechensbericht und die *human interest story* den Ausgangspunkt für eine neue Form der Populärkultur. Die Literatur findet in diesem journalistischen Umfeld neue Anregungen und Veröffentlichungsmöglichkeiten. Es entsteht eine seriell publizierte Form des literarischen Sensationalismus, in den USA ironischerweise häufig in Form von evangelikal inspirierten Reformromanen, die ungeniert auf ein sensationalistisches Motivrepertoire rekurrieren, um die zerstörerischen Folgen eines Mangels an moralischer Selbstkontrolle möglichst eindrücklich zu dramatisieren.[4] (Sogar Walt Whitman versuchte sich in diesem Genre!)[5] Dabei wird diese Literatur unter dem Zwang der seriellen Veröffentlichung zur ständigen Wirkungsoptimierung getrieben und, damit verbunden, zu einer Steigerung sensationalistischer Effekte. In einer einflussreichen Studie dieses Phänomens hat David Reynolds die weit reichende kulturgeschichtliche Präsenz sensationalistischer Einflüsse selbst im proto-modernistischen Werk der Autoren der *American Renaissance* nachgewiesen.[6] Doch während sensatio-

---

have taken a stroll in the morning or afternoon through the Police, does any one imagine he could not have picked up half a dozen dramas and some original character? The bee extracts from the lowliest flower – so shall we in the Police Office« (zit. n. Lehuu 2000: 50).

4 Zu den Ursprüngen des Begriffs des Sensationalismus und seiner Definition siehe Halttunen (1998: 67): »Gothic fiction exemplified a broader literary trend in the late eighteenth and early nineteenth century that was captured in the neologism ›sensationalism‹. According to the *Oxford English Dictionary*, the earliest usage of the term ›sensation‹, meaning ›an excited or violent feeling‹ or ›the production of violent emotion as an aim in works of literature or art‹, was in 1779. Over time, the term increasingly lent itself to what was perceived to be a degraded commercial tendency to pander to public excitement in the face of particularly terrible or shocking events, to what William Wordsworth in 1801 characterized as a ›craving for extraordinary incident‹ and ›degrading outrageous stimulation‹«.

5 Siehe Walt Whitman, *Franklin Evans, or, the Inebriate* (1842). David Reynolds (1997: 31) beschreibt das Motivrepertoire eines der populärsten Abstinenzlerromane der Zeit, T.S. Arthurs *Ten Nights in a Bar-room* (1854): »Arthur utilized all the gimmicks of dark temperance to make his point: the novel contains three murders, an episode of delirium tremens, an eye-gouging, and a case of a wife's insanity – all resulting from alcohol consumption.« Moore (1994: 29) fügt dem hinzu: »Temperance stories, another genre that generally won clerical endorsement, were equally graphic. Timothy Shay Arthur's runaway best-seller *Ten Nights in a Bar-room* […] was one among many such tales of domestic violence. Husbands beat their wives and were then killed by sons. Daughters generally died of remorse. Drink did terrible things to people which could be described because they were true.«

6 Dieses erstaunliche Phänomen ist der Ausgangspunkt für Reynolds, sich in einer kulturgeschichtlich wegweisenden Studie mit dem Phänomen des literarischen Sensationalismus

nalistische Motive im Werk von Autoren wie Nathaniel Hawthorne, Herman Melville, Edgar Allan Poe oder Walt Whitman, so sein Argument, in ästhetisch transformierter Form erscheinen, geben ihnen populäre Autoren wie George Lippard, George Thompson, T. S. Arthur oder Ned Buntline einen direkten, auf unmittelbare Wirkung zielenden Ausdruck, bei dem ästhetische Erwägungen der Suche nach dem Publikumserfolg zum Opfer fallen.

Von allen sensationalistischen Kolportageromanen erwies sich George Lippards *The Quaker City; or, The Monks of Monk Hall: A Romance of Philadelphia Life, Mystery, and Crime* (1845) als der erfolgreichste.[7] Lippards Roman ist ein ›schamloser‹ Text der Exzesse, der an starken Effekten nichts auslässt und darin als ein Kompendium nahezu aller sensationalistischer Themen, Motive und Techniken der populären Kultur der nächsten hundert Jahre angesehen werden kann.[8] Der Roman bewegt sich in einer urbanen Unterwelt geheimer Verließe und tückischer Falltüren, falscher Identitäten und immer neuer Täuschungen, des zynischen Verrats und ständigen Wortbruchs.[9] In dieser Unterwelt der Quäker-Stadt Pennsylvania dominieren Verbrechen aller Art und Abscheulichkeit, vom hinterhältigen Mord und Totschlag über Entführung, Verführung, Vergewaltigung und Folter bis hin zu körperlichen Verstümmelungen und nekrophilen Impulsen. Es herrscht eine Dramaturgie der Rettung in letzter Sekunde, des herzzerreißenden

---

zu befassen, das bis dahin in der amerikanischen Literaturgeschichtsschreibung fast ganz ignoriert wurde: »Poe's portraits of psychopathic murderers; Melville's studies of incest and deceit; Hawthorne's probings into the psyche of social outcasts; Whitman's frank expression of sexual passion – these and other daring aspects of the major texts were artistic renderings of irrational or erotic themes predominant in a large body of overlooked sensational writings of the day [...] Poe famously borrowed crime stories from the penny press [...] Melville also kept a close eye on the sensational press, which often featured bizarre or freakish images (e.g. destructive white whales, convincing confidence men, ship disasters) that may have sparked his imagination [...] Melville readers should be aware that at this early stage the American public was obviously fascinated by mythic sea monsters...« (Reynolds 1989: 169–173). Vgl. zum Thema auch Streeby (2002) und Lehuu (2000).

7 In der folgenden Darstellung beziehe ich mich auf die Analyse des Romans in Fluck (1997: 131–146).

8 Auch Lippards Roman bezog sich auf einen berühmten Kriminalfall und Mordprozess der Zeit: »[...] Lippard's novel was based in part on a famous court case of 1843 in which Singleton Mercer, a well-off Philadelphian, was acquitted after killing the alleged seducer of his sister« (Reynolds/Gladman 2002: x).

9 Lippard folgt darin dem Muster der ›Geheimnisse der Stadt‹-Geschichte, das durch den Erfolg von Eugène Sues *Les Mystères de Paris* (1842–43) und G.W.M. Reynolds *The Mysteries of London* (1845–48) etabliert worden war.

Schreis und vergeblichen Hilferufs, vor allem aber der schier unglaublichen Koinzidenzen, die einer Rettung oder Erlösung der bedrohten Opfer immer wieder im Wege stehen. Das erzählerische Grundmuster ist das des Melodramas, und damit sind bereits wesentliche Gründe für die enorme Popularität des Romans angedeutet. Neben *Uncle Tom's Cabin*, einem weiteren Melodrama, war Lippards Text einer der erfolgreichsten amerikanischen Romane des neunzehnten Jahrhunderts.[10] Ein Grund dafür liegt gewiss im melodramatisch überhöhten Gegensatz von korrupter Oberschicht und gequälter Unschuld, aus dem sich immer wieder die Frage ergibt, ob es denn überhaupt noch eine irdische Gerechtigkeit gibt.[11] Aber auch die erhöhte Eindrücklichkeit des Geschehens durch eine expressive Veräußerlichung innerer Konflikte sowie die dramaturgische Optimierung emotionaler Effekte spielen auf der Wirkungsebene eine entscheidende Rolle, denn sie können die Lektüre im unaufhörlichen Wechselbad von Aggression und Viktimisierung zu einer (lustvollen) Strapaze machen.

Auf den ersten Blick scheint dieser literarische Sensationalismus in seinen stark veräußerlichten Effekten und seriellen emotionalen Exzessen hinter einen Entwicklungsstand zurückzufallen, der in der Romangeschichte zu jener Zeit längst erreicht worden war. Das gilt insbesondere für die Darstellung von Innerlichkeit, die bei Lippard angesichts der moralischen Holzschnittartigkeit der Figuren jede differenzierte Dimension vermissen lässt. Es ließe sich aber auch umgekehrt argumentieren, dass gerade durch die Zuspitzung auf ›sensationalistische‹ Extreme ein weitergehender Vorstoß ins menschliche Innere unternommen wird, als das bisher der Fall war. Die Innerlichkeit des sentimentalen Romans eines Samuel Richardson oder der *novel of manners* einer Jane Austen mag bereits ausdifferenziert sein, aber sie bleibt in der Darstellung dessen, was als darstellungsfähig gilt, auch noch stark kontrolliert, denn es geht um Fragen der kulturellen Anerkennung. Um sich diese Anerkennung zu verdienen, müssen die literarischen Charaktere lernen, ihren anfangs undisziplinierten Phantasie- und Gefühlshaushalt zu beherr-

---

10 »After six months, the first two-thirds of the novel were published in one volume, which sold 48.000 copies; in May 1845, Lippard published a greatly expanded version of the completed novel, which sold 60.000 copies in its first year and 10.000 copies annually during the next decade, making it the most popular work of fiction in the United States before *Uncle Tom's Cabin*« (Reynolds/Gladman 2002: xi).

11 Lippard sah sich selbst als Sozialist und gründete unter anderem eine der ersten sozialistischen Organisationen in den USA, genannt *The Brotherhood of Union*, später umbenannt in *The Brotherhood of America*.

schen.¹² Dagegen brechen im sensationalistischen Roman nunmehr alle Dämme und eine andere Form der Innerlichkeit kommt zum Durchbruch – Aggression, Wollust, Omnipotenzphantasien, narzisstische Selbstermächtigung (die *master of the universe*-Phantasie), Inzestwünsche, maßlose Rachegefühle, Sadismus und Masochismus, und schließlich auch pornographische und gelegentlich sogar kannibalistische Phantasien, das heißt ein unkontrolliertes und unzensiertes Imaginäres, das in der Disziplinargesellschaft längst ins Unbewusste abgedrängt worden ist. Der Selbstdisziplinierungsmechanismus der Verinnerlichung ist hier radikal aufgebrochen.¹³ Der Roman bewegt sich in der Artikulation bisher unterdrückter Gefühle und Phantasien bereits hin zu einer körpernahen Erfahrung, zu einer Artikulation unmittelbarer, ›unter die Haut‹ gehender körperlicher ›Sensationen‹. Karen Halttunen (1998: 30) definiert den Sensationalismus daher als »popular literature which stimulates emotional excitement as a pleasurable end in itself«.

Bei dem Radikalreformer Lippard ist dieser Effekt – zumindest der Intention nach – noch moralisch und politisch motiviert. Bald bedarf es jedoch nur noch eines moralischen Vorwands und schließlich auch dessen nicht mehr. Ist jedoch der Wirkungseffekt erst einmal von der Legitimation einer moralischen oder sozialen Lektion befreit, dann muss eine Art Wettlauf um den stärksten sensationalistischen Effekt einsetzen, der bei Poe auch zur Analyse jener ›Sensationen‹ führt, die sich im Moment des größten Horrors ergeben. Poes Parodie des literarischen Sensationalismus in seiner Erzählung *How to Write a Blackwood Article* enthält daher durchaus auch ein Element von Selbstironie: »Sensations are the great thing after all. Should you ever be drowned or hung, be sure and make a note of your sensations – they will be worth to you ten guineas a sheet« (Poe 1984: 281).¹⁴

---

12 Zum Kontrast von Sentimentalismus und Sensationalismus siehe auch Elmer (1995: 93–125).
13 In seiner wegweisenden Studie *BRAVO Amerika* hat Kaspar Maase (1992: 28) ein analoges Phänomen für die populäre Musik beschrieben: »Die ›Amerikanisierung‹ Westeuropas lebte von der Anziehungskraft des ›Vulgären‹. Stilistisch setzten sich Ausdrucksformen durch, die als herausfordernd sinnlich-expressiv, grell, unverblümt und überwältigend im massiven Einsatz ihrer Mittel empfunden wurden; sozial waren sie mit dem Geschmack und dem Verhaltensrepertoire von Unterschichten und ausgegrenzten Kulturen verbunden.«
14 In dieser Erzählung gibt der Herausgeber eines auf sensationalistische Effekte spezialisierten literarischen Magazins der »Psyche Zenobia« Ratschläge, die gelegentlich an Poes eigene Erzählungen erinnern: »It may appear invidious in me, Miss Psyche Zenobia, in the way of Model or study; yet perhaps I may as well call your attention to a few cases. Let me see. There was ›*The Dead Alive*‹, a capital thing! – the record of a gentleman's sensations, when entombed before the breath was out of his body – full of taste, terror, sentiment,

III.

Von den heute als Klassikern geltenden amerikanischen Autoren der Ära Jackson ist die Nähe Edgar Allan Poes zum Sensationalismus am größten, wie insbesondere David Reynolds gezeigt hat. Reynolds interpretiert Poes Werk im Kontext einer Kultur des Sensationalismus und zugleich als Antwort auf sie:

»Intimately aware of every type of popular sensational literature, Poe repeatedly commented on such literature in his criticism and borrowed from it liberally in his tales and poems. – To some degree, Poe was clearly trying to tap the new market for sensational literature« (Reynolds 1982: 226).

In der Tat gibt es bemerkenswerte Gemeinsamkeiten zwischen der Literatur des Sensationalismus und Poes Werk: Beide gehen von ähnlichem Material, von ähnlichen Themen und Motiven aus,[15] beiden geht es darum, die Wirkung der Darstellungsebene zu optimieren, und beide versuchen darin auf je eigene Weise, die Wirkung des Textes zu einer Erfahrung *sui generis* zu machen.[16] In beiden Fällen bedarf das Werk daher keiner weiteren Rechtferti-

---

metaphysics, and erudition. You would have sworn that the writer had been born and brought up in a coffin. [...] Then there was ›*The Involuntary Experimentalist*‹, all about a gentleman who got baked in an oven, and came out alive and well, although certainly done to a turn« (Poe 1984: 280 f.). Aus dieser Sicht ist das Erfolgsrezept für eine erfolgreiche Blackwood-Geschichte »of the sensations stamp« denkbar einfach: »The first thing requisite is to get yourself into such a scrape as no one ever got into before. The oven, for instance, – that was a good hit. But if you have no oven, or big bell, at hand, and if you cannot conveniently tumble out of a balloon, or be swallowed up in an earthquake, or get stuck fast in a chimney, you will have to be contented with simply imagining some similar misadventure« (ebd.: 281 f.).

15 In *The Mystery of Marie Roget* heißt es beispielsweise zu dem Mordfall, der den Gegenstand der Geschichte bildet: »The atrocity of this murder [...], the youth and beauty of the victim, and, above all her previous notoriety, conspired to produce intense excitement in the minds of the sensitive Parisians. I can call to mind no similar occurrence producing so general and so intense an effect« (Poe 1958: 398). Poe hatte den die Öffentlichkeit bewegenden Tod der Mary Rogers, den die Sensationspresse als brutalen Mord darstellte, mit minimalster Camouflage von New York nach Paris verlegt, bis auf die französischen Eigennamen der Personen, Orte und Zeitungen aber folgte er den bekannten Tatsachen bis ins Detail. Immer wieder wird dabei die Brutalität der Tat betont: »The medical testimony spoke confidently of the virtuous character of the deceased. She had been subjected, it said, to brutal violence« (ebd.: 401).

16 Auch für den journalistischen Sensationalismus war oft eine Strategie der Ästhetisierung charakteristisch, wie Anthony (1997: 488) am Beispiel des *New York Herald* zeigt: »Representing the slain Jewett in Poe-esque fashion as a mix of deathly erotics and aesthetic

gung als der, dass es eine eindrückliche Erfahrung vermittelt, beziehungsweise genauer: eine starke ›Sensation‹ um ›ihrer selbst willen‹.

Gerade angesichts dieser Gemeinsamkeiten sollten allerdings auch die Unterschiede nicht übersehen werden. Poe war ein Kritiker des Sensationalismus in seiner populärkulturellen Form.[17] Zum einen kritisierte er dessen effekthascherische Direktheit und Geschmacklosigkeit; erst in diesem Zusammenhang realisiert man, dass seine eigenen Darstellungen sensationalistischer Themen von der Andeutung leben und nie, wie bei Lippard, ungeniert explizit sind. Als Vertreter einer organizistischen Ästhetik war er zudem von der Form- und Strukturlosigkeit sensationalistischer Literatur abgestoßen:

»His own insistence on artistic unity was related to his pained perception of the structurelessness of many popular texts [...] Poe's famous definition of the plot as that from which nothing can be removed without detriment to the mass was, to a large degree, a direct reaction against the directionlessness of the popular irrational style« (Reynolds 1982: 228–230).

Wie Reynolds zeigt, erfolgte die ästhetische Transformation des sensationalistischen Materials bei Poe vor allem auf zwei Wegen: zum einen durch die Transformation zum Schauereffekt und zum anderen durch Poes »analytische Methode«, durch die selbst die ungeheuerlichsten Ereignisse zum Gegenstand kühler Beobachtung werden. Anstatt mörderische Akte selbst zu zeigen, konzentriert sich Poe auf die nüchtern-rationale Analyse seines Detektivs Dupin oder, noch effektiver, auf die krankhafte Wahrnehmung des

---

beauty, Bennett offered her as a figure onto whom a variety of fantasies could be projected by the reading public. Describing her ›beautiful female corpse‹ as a ›passionless‹ object that ›surpassed the finest statue in antiquity‹, Bennett seemed to be negotiating between illicit sexual desire and the forms of class and culture by which such desire might be mediated. This was a strategy he would use repeatedly in the days and weeks to follow. Again and again Bennett provided scenarios in which Jewett's ›beautiful‹ corpse was the central figure.«

17 In *The Mystery of Marie Roget* setzt sich Poe (1958: 407) in Kontrast zu eben jener Sensationspresse, aus der er sein Material bezogen hat: »We should bear in mind that, in general, it is the object of our newspapers rather to create a sensation – to make a point – than to further the cause of truth«. Wie schmal die Trennlinie allerdings ist, wird allein schon dadurch ersichtlich, dass einige von Poes Werken in England in »cheap editions«, sprich »pamphlet novels«, veröffentlicht wurden. So erschienen *The Narrative of Arthur Gordon Pym* unter dem Titel *Arthur Gordon Pym; Or, Shipwreck, Mutiny, and Famine; The Facts of M. Valdemar's Case* unter dem Titel *Mesmerism ›in articulo mortis‹: An Astounding and Horrifying Narrative, Shewing the Extraordinary Power of Mesmerism in Arresting the Progress of Death* und *The Gold Bug* unter eben diesem Titel (Hayes 2000: 90 f.)

Mörders.[18] Auf diese Weise wird unsere Wahrnehmung distanziert und von identifikatorischen Strukturen abgelöst. Reynolds (ebd.: 233) beschreibt das Verfahren am Beispiel der bekannten Kurzgeschichte *The Tell-Tale Heart*:

»Poe avoids the moral problems surrounding the criminal simply by making the criminal's crazed narration itself a main object of our attention [...] We are given no motive or justification for his crime, other than the obviously insane one of his obsession with the old man's eye.«

Der sensationalistische Effekt wird auf diese Weise durch die Erzählerstimme perspektiviert, die Hauptfigur vom Identifikationsobjekt zum Objekt der Beobachtung. Diese analytische Methode aber wird zur eigentlichen Quelle der ästhetischen Erfahrung bei Poe, denn sie erlaubt es, in einer grotesk deformierten und fragmentierten Welt Distanz zum Kreislauf von Trennung, Isolierung, Melancholie, Wahnsinn und zwanghaft-gewaltsamer Wiedervereinigung zu gewinnen und dieses Drama zum Gegenstand ästhetischer Erfahrung zu machen.

---

18 Aufgrund dieser charakteristischen Differenz zur sensationalistischen Populärkultur der Zeit verfolge ich hier ein anderes Argument als Manfred Smuda, der die Trennung von Hoch- und Populärkultur aus dem Werk Poes selbst ableiten will. In Poes Literaturtheorie und Kurzprosa liegt für Smuda (1970: 166) »die Entstehung von Trivialliteratur und literarischen Kunstwerken begründet«. Sein Beitrag beschäftigt sich daher »mit dem Problem des Trivialen, wie es in Edgar Allan Poes Detektivgeschichten seinen Ausgang nimmt« (ebd.: 167). Smuda bezieht sich dabei zur Unterscheidung von Hoch- und Trivialliteratur auf ein kommunikationstheoretisches Modell von Abraham Moles, der ganz im Sinne der modernistischen Ästhetik unterscheidet zwischen perfekter Originalität, »die wir nur mit einer ganz unvorhersehbaren und ganz unverständlichen Zeichenfolge erreichen«, und perfekter Banalität, »die nichts Neues für den Empfänger bringt, aber sehr leicht zu verstehen ist«, unter anderem weil sie als formelhafte Literatur durch Wiederholungen gekennzeichnet ist (zit. nach ebd.: 165). Ich halte dieses (heute fragwürdig gewordene) modernistische Schema nicht für geeignet, um die literarischen Entwicklungen der Zeit zu verstehen. Weder stehen Poes Detektivgeschichten kultur- und literargeschichtlich gesehen am Beginn der amerikanischen Populär- oder ›Trivial‹literatur, noch wird diese mit den Begriffen Formelhaftigkeit und Redundanz angemessen beschrieben. Vor allem aber wird hier in der Konzentration auf die »Erzählformel« (auch die ist jedoch in Poes drei Detektivgeschichten keineswegs redundant) die Erzählweise ignoriert. – Zur Entstehungsphase der amerikanischen Populärkultur vgl. Streeby (2002: 30): »The history of this popular culture of modernity must be pushed back at least to the 1840s, however, for the penny press, sensational theatrical melodrama, and cheap sensational literature were already important parts of the cultural scene in the United States during that decade.« Man sollte dem die Minstrel-Show und die Freak-Shows des Dime Museums à la P.T. Barnum hinzufügen. Alle diese Formen populärer Kultur lassen sich nicht mit erzählerischer beziehungsweise kommunikativer »Redundanz« erklären.

Von allen amerikanischen Schriftstellern der Zeit ist Poe derjenige, der die Literatur am konsequentesten von einer erzieherischen, zivilisationsbildenden Funktion und einem nationalen Repräsentationsanspruch befreit und ausschließlich unter dem Kriterium der Kunst bewertet wissen will. In seinen »grotesk-arabesken« Kurzgeschichten (eine Bezeichnung, die er ihnen selbst gab) und seinen Essays *The Philosophy of Composition* (1846) und *The Poetic Principle* (1848) wird die ästhetische Wirksamkeit eines literarischen Textes bekanntlich zum Selbstzweck erklärt. Dementsprechend unternimmt Poe in seinen Gedichten und insbesondere in seinen Erzählungen den Versuch, die Literatur gänzlich von didaktischen und moralischen Zwecken zu befreien. Kurzgeschichten wie *The Fall of the House of Usher*, *The Tell-Tale Heart* oder *The Black Cat* haben keine Bedeutung mehr im Sinne einer moralischen oder zivilisatorischen Botschaft. Philosophisch gesehen sind sie banal.[19] Sie leben von der künstlerisch gelungenen Verbindung aller sprachlichen, lautlichen und sinnlich-assoziativen Elemente des Textes (*unity of effect*). Wenn sie faszinieren, dann, weil sie von großer Suggestionskraft sind und eine intensive Erfahrung bestimmter Stimmungslagen zu vermitteln vermögen, die in keiner diskursiven Zusammenfassung aufgeht. ›Ästhetisierung‹ heißt hier Rückbesinnung auf ein Wirkungspotential, das nur der Literatur eigen ist und das daher der besonderen Kultivierung bedarf. Damit weist Poe den Weg für die Verselbständigung des Kunstgedankens und einer Dominantsetzung der ästhetischen Funktion auch in der amerikanischen Kultur. Er tut dies mit einer Konsequenz, die später zu seiner Wiederentdeckung durch den französischen Symbolismus führen wird, während er in den USA selbst lange Zeit nur geringe Anerkennung fand.[20]

---

19 Angesichts des gegenwärtigen politischen Revisionismus der amerikanischen Literaturwissenschaft war es abzusehen, dass man versuchen würde, diesem Phänomen einen politischen Subtext zu geben. Eine hilfreiche Diskussion und Kritik neuerer politischer Interpretationen von Poe liefert Paul Lewis (2003).
20 Vgl. Peper (2002: 73): »Poes methodische Epoche des Begrifflichen, Verallgemeinernden zugunsten von Konnotation, Bild und Klang ist ein Ästhetisierungsschub, der bekanntlich den Weg zu Symbolismus und Modernismus weist.«

IV.

Mit diesem Exkurs zu Poe, also einem Autor, der dem Sensationalismus nahe stand, aber ihn auch ästhetisch zu transformieren versuchte, soll nun aber das Argument keineswegs zurück in den sicheren Hafen der Autonomieästhetik gelenkt werden. Es geht, wie gesehen, auch nicht darum, die Unterschiede zwischen dem Sensationalismus und Poe einzuebnen. Vielmehr soll gerade umgekehrt gezeigt werden, wie am Anfang der Trennung von *high* und *low* jeweils das Projekt der Befreiung und Verselbständigung eines bestimmten wirkungsästhetischen Potentials steht, das im Folgenden eine eigene Logik zu entwickeln beginnt. Die Entwicklung von separaten Geschmackssphären und Ästhetiken wäre dann nicht dem gewaltsamen Aufbrechen eines einheitlichen Kulturzusammenhangs geschuldet, bei dem die eine Seite aufsteigt und die andere Seite absinkt oder bei dem sich die eine Seite selbst ermächtigt und die andere Seite ausgrenzt, sondern der Entscheidung, das ästhetische Potential – das heißt, die Möglichkeit der Verselbständigung bestimmter Erfahrungen ›um ihrer selbst willen‹ – auf jeweils andere Weise zu nutzen. Während Lippard auf eine verstärkte Stimulation des Imaginären und eine intensive somatische Betroffenheit zielt, transformiert Poe das sensationalistische Melodrama zum semantisch entgrenzten Stimmungseffekt, um den Nachhall eines Ideals zur Anschauung zu bringen, das sich verrätselt hat, von dem wir getrennt erscheinen und das wir daher nur noch in Gestimmtheiten des Melancholischen, des Grotesken oder des Arabesken erfahren können. (Die Musik war für Poe bekanntlich die höchste Form des Ästhetischen).[21] Mit diesen beiden sehr verschiedenen Richtungsentscheidungen wurde ein je eigener Verselbständigungsprozess in Gang gesetzt, der zwei einander diametral entgegen gesetzte kulturelle Entwicklungslinien begründete (und damit ins zwanzigste Jahrhundert vorausweist): zum einen eine ›schamlose‹, primär auf Wirkungsoptimierung angelegte Form populärer Kultur, in der bereits Wirkungsprinzipien moderner Massenkultur angelegt sind, zum anderen eine Form hoher Literatur, in der nunmehr verstärkt die Autonomie der ästhetischen Funktion als Grundlage literarischer Wirkung angesehen wird. In einem Fall bezeichnet die ästhetische Dimensi-

---

21 Vgl. Liebman (1970: 590): »Poe emphasizes the abstractness and ›indefiniteness‹ of music; and when he speaks of Poetry (as opposed to ›poem‹) he similarly stresses its suggestiveness and nonreferential qualities – all of which implies that Poetry and music are at once inspiration and yearning, but *not* the thing sought. In other words, they are not the achievement or concretization of supernal beauty but the means of experiencing it.«

on eine Steigerung der Unmittelbarkeit sinnlicher Erfahrung um ihrer selbst willen; im anderen Fall bedeutet Ästhetik gerade umgekehrt die Bändigung des Affekts bis hin zur ›Entkörperlichung‹ durch formale Strategien der Distanzierung und Verfremdung. In beiden Fällen ist eine Verselbständigung der ästhetischen Funktion die Konsequenz, doch nimmt diese jeweils sehr verschiedene Formen an und verdeutlicht damit unterschiedliche Möglichkeiten, die durch die Freisetzung der ästhetischen Funktion eröffnet werden können.

Der hier nachgezeichnete Prozess wird allerdings bei näherer Betrachtung auch bei Poe nicht bloß um seiner selbst willen in Gang gesetzt. Das Kunstwerk soll von der Einlösung moralischer Funktionen befreit werden, aber doch nur, um andere Funktionen um so besser erfüllen zu können. Nur in der Ästhetisierung – das sollte zum leitenden Prinzip der Ästhetik der Hochkultur in den nächsten 100 Jahren werden – können wir eine ansonsten unaussprechliche Dimension menschlicher Erfahrung artikulieren beziehungsweise eine ansonsten nicht mehr greifbare Sinnhaftigkeit erahnen, so dass die Ästhetik nunmehr an die Stelle der Metaphysik treten kann. Auch bei Lippard geschieht die melodramatische Optimierung der wirkungsästhetischen Dimension letztlich nicht um ihrer selbst willen.[22] Sie soll vielmehr die Möglichkeit eröffnen, ein Moralgesetz neuerlich sichtbar zu machen, das sich verrätselt hat, so dass es getreu dem melodramatischen Erklärungsschema ausgerechnet die Unschuldigen sind, die immer wieder zu Opfern werden.[23] Doch unter der Oberfläche von Lippards moralischer Intention bro-

---

22 Lippard bewunderte Poe. In Ankündigung eines öffentlichen Vortrags von Poe schrieb er 1843: »As a contrast to the above lecture, it gives us pleasure to announce a ›Lecture on American Poetry‹, by Edgar Allan Poe, Esq., on Tuesday next. Poe was a born poet, his mind is stamped with the impress of genius. Delighting in the wild and visionary, his mind penetrates the inmost recesses of the human soul, creating vast and magnificent dreams, eloquent fancies, and terrible mysteries. Again, he indulges in a felicitous vein of humor that copies no writer in the language, and yet strikes the reader with the genuine impression of refined wit; and yet again he constructs such works as ›Arthur Gordon Pym‹, which discloses perceptive and descriptive powers that rival De Foe, combined with an analytical depth of reasoning in no manner inferior to Godwin or Brockden Brown« (Reynolds 1986: 258 f.). Auch Poe bedachte Lippard mit dem Begriff Genius, allerdings, anlässlich der Lektüre eines Manuskripts von Lippard, mit durchaus angemessener Relativierung: »You seem to have been in too desperate a hurry to give due attention to details; and thus your style, although generally nervous, is at times somewhat exuberant – but the work, as a whole, will be admitted, by all but your personal enemies, to be richly inventive and imaginative – indicative of *genius* in its author« (ebd.: 261).

23 Vgl. Moore (1994: 28): »Lippard was not a libertine seeking to subvert morality. He was, if anything, a muckraking Puritan seeking to expose evil in those who tried to use high social

deln bereits die starken Emotionen um ihrer selbst willen und beginnen die ästhetische Erfahrung zu dominieren bis hin zu einem Zustand höchster Agitiertheit, der durch die melodramatische Serialität der Viktimisierung konstant neue Nahrung erhält.

Man wird an diesem Punkt an die immersiven Tendenzen der gegenwärtigen Populärkultur erinnert, und in der Tat besteht eine Pointe der hier nachgezeichneten Entwicklung darin, dass die beiden Varianten des Ästhetischen, die sich in den USA um 1830 als verschiedene Projekte voneinander trennen, am Ende des Zwanzigsten Jahrhunderts wieder zusammenlaufen – und dass diese Konvergenz nunmehr im Zeichen jener auf eine unmittelbare somatische Erfahrung zielenden Ästhetik steht, die sich im literarischen Sensationalismus zuerst herauszubilden beginnt. Am Anfang dieser Gegenwartsentwicklung steht die Gegenkultur in den USA, die im Protest gegen eine ihrer Meinung nach körperfeindliche Hochkultur Theorien wie Marshall McLuhans These vom Massenmedium als Erweiterung sinnlicher Erfahrung oder Susan Sontags Theorie einer einheitlichen Sensibilität hervorbringt.[24] In deren Band *Against Interpretation* findet sich auch Sontags Aufsatz *Notes on Camp* und damit die weitsichtige Analyse eines Phänomens, dessen Einfluss auf die Ästhetisierung der Populärkultur kaum überschätzt werden kann.

Mit dem Begriff *camp* will Sontag eine grundlegende Einstellungsveränderung gegenüber der populären Kultur bezeichnen, mit der auch eine neue Art der Rezeption verbunden ist. Das, was anfangs in der Massenkulturde-

---

position as a sufficient proof of virtue.« Lippard selbst hatte 1849 geschrieben: »Literature merely considered as an ART is a despicable thing. It is only, at least mainly, valuable as a MEANS. These people who talk about art, art, art in literature are terrible twaddlers. Grace of style, elegance of language are invaluable *aids* to literature, but they are not the ultimates of literature. The great object of literature is the social, mental and spiritual elevation of Man. When it works without a direct regard for these objects, it is either making ropes of sand or playing in a gunpowder magazine with a torch in its hand. It is silly or it is wicked. True literature is only the embodiment of a True Thought« (zit. n. Reynolds 1986: 279).

24 Bereits Raymond Williams (1958) hatte ja den Versuch unternommen, ästhetische Erfahrung dadurch neu zu autorisieren, dass er sie als eine Form von Alltagserfahrung redefinierte. In John Deweys *Art as Experience* kommt der ästhetischen Erfahrung noch die Funktion einer Intensivierung und Integration dieser Alltagserfahrung zu, bei Williams ist sie auch in dieser Hinsicht bereits entzaubert und einfach nur noch Manifestation von potentiell allen Menschen gleichermaßen eigenen kreativen Fähigkeiten. Diese ›Entzauberung‹ schreitet im Folgenden immer weiter voran und hat heute zu einer Ästhetik der Immersion geführt, in der wirkungsästhetische Strategien der sinnlichen Überwältigung und Vereinnahmung optimiert worden sind.

batte gerade an der US-amerikanischen Populärkultur kritisiert und als Beleg für ihre ästhetische Minderwertigkeit angeführt wurde – das Vulgäre, Geschmack- und Maßlose, das oft Verkorkste und Misslungene –, wird nunmehr als mögliche Quelle des ästhetischen Vergnügens redefiniert. Während es in Theorien populärer Kultur bis dahin immer primär um soziale, politische oder kulturelle Funktionen ging, wird nunmehr die ästhetische Erfahrung zur Grundlage der Bewertung und des Umgangs mit der populären Kultur. Mit dieser Ästhetisierung ist zugleich ein Wandel in der Einschätzung populärer Kultur verbunden. Denn der *camp*-Effekt schafft die Voraussetzung dafür, dass der Rezipient (ironische) Distanz gegenüber dem populären Text gewinnt und somit ideologische Effekte nicht mehr einfach und umstandslos ihr Ziel erreichen können. Vielmehr werden sie durch die Einstellungsveränderung im Akt der Rezeption umfunktioniert. Ein Stereotyp ist dann – wie beispielsweise Umberto Eco (1985) in seiner Interpretation des Films *Casablanca* zeigt – nicht mehr eine falsche, bedenkliche Repräsentation von Wirklichkeit, sondern ein als solches erkanntes Klischee und damit ein sozusagen referenzloses Zeichen, das zur Quelle des ästhetischen Vergnügens werden kann. ›*Casablanca*‹, *or the Clichés Are Having a Ball* ist dementsprechend der Titel von Ecos Aufsatz, in dem er die erstaunliche Wirkung eines auf den ersten Blick »sehr mediokren« Films zu beschreiben versucht, der ganz aus stereotypen, klischeebeladenen Versatzstücken zusammengesetzt zu sein scheint. Der Bruch zwischen Intention und Wirkung, der durch den Begriff *camp* bezeichnet werden soll, kommt mit anderen Worten durch die (unfreiwillige) Unterminierung der Illusionsbildung des Textes zustande. Das kann beispielsweise geschehen, wenn Texte über ihr Darstellungsziel hinausschießen (»too much« ist eine Standardformel der *camp*-Perspektive). Dazu gehören der Kitsch oder das Melodrama mit seiner Neigung zum emotionalen Exzess, aber auch der Stummfilm in seiner stilisierten Theatralität oder das *low budget B-Movie*, dem man den Sparzwang überdeutlich ansieht.

Ecos Ästhetisierung von *Casablanca* erfolgt noch nach dem Modell der modernistischen Ästhetik, in der durch die Verfremdung des Zeichens Distanz etabliert wird. *Camp* führt Lippard und Poe wieder zusammen: Es nimmt den Lippardschen Exzess und bearbeitet ihn quasi wie Poe, denn es setzt die Zeichen frei aus ihrer referentiellen Funktion und ermöglicht damit auch eine neue Haltung gegenüber der Theatralität dessen, was bis jetzt Unterhaltung genannt und als solche abgetan wurde. Das gilt beispielsweise auch für die Unterhaltungsshow, die in der Konzentration auf das, was

Richard Dyer (1977) »non-representational signs« nennt (*color, movement, rhythm, melody*), die Aufmerksamkeit auf sich selbst als Performanz lenkt und auf diese Weise ebenfalls zu einem ästhetischen Phänomen *sui generis* werden kann.[25] Es ist diese Dimension, die das Interesse des Modernismus an der populären Kultur erklärt und immer wieder zu entsprechenden Anleihen geführt hat.[26]

Es gibt jedoch einen Aufsatz von Susan Sontag, in dem die Verhältnisse bereits umgekehrt sind. Und an diesem Punkt begegnet man überraschenderweise wiederum dem Begriff »sensation«. In ihrem programmatischen Aufsatz *One Culture and the New Sensibility* aus dem Jahr 1965 erteilt Sontag, ganz im Sinne der Kulturrevolution der sechziger Jahre, einer modernistischen Ästhetik der Verfremdung eine unmissverständliche Absage. Stattdessen wird die Möglichkeit der ästhetischen Dimension nunmehr in einer Erweiterung des Bewusstseins gesehen:

»A great work of art is never simply (or even mainly) a vehicle of ideas or of moral sentiments. It is, first of all, an object modifying our consciousness and sensibility. […] Sensations, feelings, the abstract forms and styles of sensibility count. It is to these that contemporary art addresses itself. The basic unit of contemporary art is not the idea, but the analysis of and extension of sensations« (Sontag 1969: 301).

Sontag fährt fort:

»[…] the feeling (or sensation) given off by a Rauschenberg painting might be like that of a song by the Supremes. The brio and elegance of Budd Boetticher's *The Rise and Fall of Legs Diamond* or the singing style of Dionne Warwick can be appreciated as a complex and pleasurable event. […] From the vantage point of this new sensibility, the beauty of a machine or of the solution to a mathematical problem, of a

---

25 Dyer (1977) geht von der treffenden Überlegung aus, dass die Fähigkeit zur Interpretation solch »nicht-referentieller« Zeichen in Unterhaltungsshows und filmischen Genres wie dem Musical unterentwickelt ist (ebd.: 4). Im Hinblick auf das Film-Musical stellt er fest: »It [entertainment; W.F.] thus works at the level of sensibility, by which I mean an effective code that is characteristic of, and largely specific to, a given mode of cultural production. This code uses both representational and, importantly, non-representational signs. There is a tendency to concentrate on the former, and clearly it would be wrong to overlook them – stars are nicer than we are, characters more straightforward than people we know, situations more soluble than those we encounter. All this we recognise through representational signs. But we also recognise qualities in non-representational signs – colour, texture, movement, rhythm, melody, camerawork – although we are much less used to talking about them« (ebd.: 3).

26 Siehe dazu Varnedoe/Gopnik (1990).

painting by Jasper Johns, of a film by Jean-Luc Godard, and of the personalities and music of the Beatles is equally accessible« (ebd.: 304).

Das, worum es Sontag geht – die Erweiterung unseres Bewusstseins über eine moralische oder andere Form von Sinnhaftigkeit hinaus –, kann populäre Kultur aus ihrer Sicht ebenso gut erfüllen wie die hohe Kultur, ja vielleicht sogar besser. Die ästhetischen Hierarchien haben sich hier fast schon verkehrt. Sontags Aufsatz beschreibt eine Entwicklung, für die nunmehr die populäre Kultur der Motor ist und in ihrer sinnlichen Intensität, ihrem Versprechen »unmittelbarer Erfahrung« (Robert Warshow), immer häufiger die Inspiration liefert. In der Filmtheorie hat das beispielsweise zu einem erneuten Interesse an der phänomenologischen Ästhetik geführt, etwa in dem gegenwärtig einflussreichen Werk von Vivian Sobchak (1992), und nicht zufälligerweise ist ihre Theorie an einem Massenmedium wie dem Film entwickelt worden. Damit wird einer Entwicklung zu immer direkteren, körpernahen Formen der Erfahrung Rechnung getragen, die für die Populärkultur insgesamt charakteristisch ist – eine zunehmende ›Verkörperlichung‹ der ästhetischen Erfahrung, bis hin zu jenem Punkt, an dem sich diese allein aus der Autorität einer direkt erfahrenen somatischen Reaktion zu legitimieren vermag.

Man kann sagen, dass dies der aktuelle Stand der Debatte ist und zugleich auch ihr Problem: Während die Hochkultur darin immer weiter gegangen ist, die Grenzen zwischen Kunst und Leben zu verwischen und auf diese Weise am »Ende der Kunst« angelangt zu sein scheint (vgl. Fluck 2007), haben die Anästhetisierung der Kunst durch die Avantgarde und das reziproke Phänomen einer zunehmenden Ästhetisierung der Lebenswelt eine Lücke hinterlassen, die durch die populäre Kultur gefüllt worden ist. Poe war seiner Zeit voraus, aber Lippard – so könnte man provokativ formulieren – hat letztlich gewonnen. Und die Frage nach der ästhetischen Dimension hat in dieser Entwicklungsgeschichte einen analogen Verlauf genommen. Bereits bei Lippard wird aus Ästhetik ästhetische Erfahrung, aber während es in dieser Begrifflichkeit – beispielsweise bei Dewey – zunächst das Attribut ›ästhetisch‹ ist, das die Erfahrung definiert, so sind wir mittlerweile an einem Punkt angekommen, an dem es die Erfahrungsträchtigkeit selbst ist, die die ästhetische Dimension definiert. Man könnte auch sagen: Die *Schönheiten des Populären* sind zum Modell für sinnliche Erfahrung überhaupt geworden.

Nachrichten aus dem gelingenden Leben. Die Schönheit des Populären

Hans-Otto Hügel

›Schön‹ – so lehrt uns die Kultursoziologie – ist heute ein Passepartout-Wort für jede Art von erreichtem beziehungsweise erreichbaren Lebensgenuss: »Der kleinste gemeinsame Nenner von Lebensauffassungen in unserer Gesellschaft ist die Gestaltungsidee eines schönen, interessanten, subjektiv als lohnend empfundenen Lebens«, schreibt Gerhard Schulze (1992: 37). Dezidiert definiert der Soziologe den gegenwärtigen Sprachgebrauch mit: »Das Schöne ist [...] ein Sammelbegriff für positiv bewertete Erlebnisse« (ebd.: 39). Dieses »Projekt des schönen Lebens« hat als kulturhistorische Basis die »Ästhetisierung des Alltagslebens« (ebd.).

Die »Verschönerung des Alltags« (Maase 2001: 20), die in Deutschland seit 1900 in ihren Folgen bemerkbar wird, ist Folge des gestiegenen Wohlstands und der zunehmenden sozialen Mobilität in der Massengesellschaft. Sie stimuliert dazu, »die [Lebens-]Umstände so zu manipulieren, dass *man* darauf in einer Weise reagiert, die *man* selbst als schön reflektiert« (Schulze 1992: 35; Hervorh. H.-O.H.).

So unbestreitbar der kulturhistorische und kultursoziologische Befund ist, so fragwürdig sind die Konsequenzen, die aus ihm gezogen werden. Mag es aus soziologischer Sicht verständlich sein, sich auf die Frage zu beschränken: »Was bedeutet ›man‹?« (ebd.) und nicht zu untersuchen, ob ›man‹ einen Unterschied macht zwischen etwas ›als schön erleben‹ und etwas ›schön finden‹; so ist aus kulturwissenschaftlicher beziehungsweise medienwissenschaftlicher Sicht eine solche Einschränkung nicht – jedenfalls nicht von vornherein – einsichtig. Denn – und hierauf ziele ich mit der Unterscheidung von ›schön finden‹ und ›schön erleben‹ – auch, wenn man insgesamt sich nach dem Projekt des schönen Lebens ausrichtet, so hat dies nicht zwangsläufig ein Medienverhalten zur Folge, das pauschal alles nur als ›schön‹ erleben lässt. Für den Soziologen, der Lebensstile erforscht, mag es gleichgültig sein, ob und wieweit die Rezipienten sich die Fähigkeit bewahrt haben,

Texte spannend oder interessant oder eben auch schön zu finden. Dem kulturgeschichtlich interessierten Medienwissenschaftler kann dies nicht gleichgültig sein. Das Frage-Raster ›ästhetisch positiv: ja oder nein‹ verstellt den Blick, weil es zu grob ist. Es macht für (historische) Differenzen beim Umgang mit populären Texten unsensibel. Selbst wenn man für die Gegenwart unterstellt, dass die Leser heute, weil sie Erlebnissucher sind, nicht mehr zwischen den verschiedenen ästhetischen Erfahrungen unterscheiden – was ich bezweifle –, bleibt die Frage, seit wann das so ist.

Von intergalaktischen Beobachtern, ästhetischem Banausentum, Erkenntnisrelativisten und dem Problem, Wertfragen zu stellen

Die Frage nach der Schönheit von Texten zu stellen, ist heute problematisch geworden, da die philosophische Ästhetik in den letzten Jahrzehnten weitgehend den Begriff des Schönen durch den des Ästhetischen (oder Aisthetischen) ersetzt hat, beziehungsweise ihn nur zu historischen Fragestellungen beibehält und in Wissenschaft und Publizistik den Eindruck erweckt, dass das Schöne auch als rezeptionsästhetische Kategorie unbrauchbar sei.

Nachdem bewiesen wurde, dass eine Rückführung des Schönen auf allgemeingültige Prinzipien unmöglich ist, gehört es heutzutage zum guten Ton in den Wissenschaften, nicht nur – was nötig ist – die eigenen Wertungen zu reflektieren und offen zu legen und die untersuchten Texte und Bedeutungsprozesse nach ihren je eigenen Maßstäben zu befragen, sondern jeden Begriff und jede Fragestellung zu vermeiden, die nur auch von ferne eine ästhetische Wertung zu enthalten scheinen. Die Kulturwissenschaftler machen sich ihrem Gegenstand gegenüber bewusst fremd, suchen eine Art »intergalaktische Beobachter« (Bacon-Smith 1992: 299 f.) zu werden, die ohne eigenes Interesse, standpunktfrei wahrnehmen; oder sie machen sich, wenn sie »akteurs- und alltagsorientierte Kulturwissenschaft« betreiben und sich »dem diffusen Problem des Schönen nähern«, gezielt zum »Banausen«.

»Damit ist gemeint: Der Forscher und die Forscherin müssen alle Vorstellungen über Wert und Leistung von Schönheit und Kunst abstreifen, die den Inhalt der Ästhetik als Lehre vom Schönen bilden. [...] Wenn wir herausfinden wollen, was Kunst tut, das andere Dinge nicht tun, und was Menschen tun, wenn sie die Fähigkeit von

Kunst zur Verzauberung empfinden, dann müssen wir zuvor alles ästhetische Wissen in uns zum Schweigen bringen [...]. Und das gilt konsequenterweise auch für die Untersuchung jener Schönheitserfahrungen, die nicht durch Kunst ausgelöst werden« (Maase 2004: 11).

Abgesehen davon, dass solches Banausentum erkenntnistheoretisch und psychologisch unmöglich ist – schon allein, weil unsere Sprache ästhetisches Wissen gespeichert hat –, ist es auch kein Ideal. Im Gegenteil: Solch methodisches Banausentum macht Wissenschaft unfähig zur Kritik und damit funktionslos; wozu sollten wir uns um mediale Bedeutungsprozesse, um die Beschaffenheit von Texten und ihre Rezeption, kurz um Kultur kümmern, wenn nicht in der Hoffnung, dass die Ergebnisse das gesellschaftliche Gespräch über deren Qualität in Gang halten. Gewiss: »Niemals darf sie [die Wertung; H.-O.H.] am Anfang stehen [...]« (Müller-Seidel 1969: 35). Das würde den Wissenschaftler zum borniertern Kritiker oder Dilettanten machen, der nur seinen eigenen Vorlieben nachgeht. Aber »wenn alles andere bedacht worden ist, kann das letzte bedacht werden: eine Art von Urteil, das nicht von außen kommen darf, und eher beiläufig als in ausdrücklicher Form« (ebd.). Müller-Seidels Rat, erstens »nicht von außen« zu kommen, wenn man wertet, und zweitens dies »eher beiläufig« zu tun als in ausdrücklicher Form, verweist dabei auf Wesentliches: Nicht nur, dass alles nur nach seinen eigenen Genre-Regeln zu beurteilen ist und explizites Werten, das heißt, ein Werten, das darauf aus ist, die Gültigkeit allgemeiner Kriterien anschaulich zu machen, zum Scheitern verurteilt ist. Vielmehr weist Müller-Seidel implizit auch darauf hin, dass trotzdem im Einzelnen Urteile begründet werden können; sodass sich durch das Sammeln zahlreicher Urteile dann deren Geschichte ergibt.

Der radikale agnostizistische Relativismus – mag er kunstsoziologisch oder basisdemokratisch (à la ›mein Geschmack gehört mir‹) motiviert sein –, der sich damit begnügt, die »Relativität des Schönheitsbegriffs« (Rösing 2005) festzustellen, ist nicht nur langweilig, sondern verstellt den Blick auf kulturwissenschaftliche Erkenntnis. Er ermuntert geradezu, einzelne kommunikative Vorgänge, in denen das Urteil ›x ist schön‹ von Bedeutung ist, für irrelevant zu erklären, nach dem Motto: Sind ja alles nur (soziologische, psychologische, individuelle) Einzelfälle, die bestenfalls typisch für eine bestimmte Gruppe von Rezipienten sind. Dass »japanische Palastmusik« (ebd.: 202) eine andere Art von Schönheit realisiert und anbietet als jede westeuropäische Musik, ist ebenso wenig erwähnenswert wie dass »jedes Individuum [...] einen Sozialisationsprozess [durchläuft,] der musikbezogenes Verhalten und Handeln ebenso nachhaltig beeinflusst wie ästhetische Bewertungsgrundlagen und persönliche Vorlieben« (ebd.: 199). Denn damit ist nicht geklärt – und dies zu klären halte ich für wichtiger als die nochmalige Feststellung des kulturellen Bezuges aller kommunikativen Vorgänge –, ob es nicht doch bestimmende Vorstellungen des Schönen in unserer Kultur gibt, die – wenn auch nicht bei jedem in gleicher Weise – wir alle *irgendwie* teilen.

Maase hat zwar – denn bekanntlich wissen wir seit *Hume*, dass die Schönheit im Auge des Betrachters liegt – Recht: »Wohl kaum noch jemand wäre heute so vermessen, Schönheit definieren zu wollen« (2004: VII). Daraus aber – in einer Paraphrase von Schulze (1992: 39) – abzuleiten, dass die Kategorie ›schön‹ »alles bezeichnen [kann], was ästhetisch positiv erfahren wird« (ebd.), also nichts Spezielles, ist nicht zwingend. Vielmehr ist festzuhalten: Der einzelne Text und seine Rezeption wurden und werden different als schön, spannend, humorvoll und so fort erlebt und lassen sich folglich entsprechend different beschreiben. Und genau dies ist die Aufgabe, will man »Bedeutung und Qualitäten alltäglicher ästhetischer Erfahrung« (Maase 2004: UT) offen und ohne Vorurteil medien- und kulturwissenschaftlich untersuchen. Mit solchen Untersuchungen, die auf differente ästhetische Erfahrungen ausgerichtet sind, kann auch die Frage nach der Schönheit von populären Texten gestellt werden, um, so ist zu hoffen, über die Feststellung hinauszukommen, dass ein bestimmter Text eine/seine ästhetische Seite hat und wie diese im historischen Kontext vermittelt wurde. Denn so wichtig und ertragreich Arbeiten sind, die die Ästhetik und die Einzelheiten bei der Geschmacksbildung des Populären darlegen (vgl. Schutte 1987), so ist durch sie die Frage nach deren Schönheit nicht erledigt.

Wenn Schönheit als differente Qualität des Ästhetischen begriffen wird, verlangt dies – zumindest beim jetzigen Stand der Forschung – einen genauen Blick auf die Phänomene; denn zahlreiche Texte, ganze Genres oder Kunstsparten überblickend, wird sich die differente ästhetische Qualität ›schön‹ kaum ausmachen lassen. Die daher notwendige Einzelanalyse erfolgt hier in einem ersten Abschnitt am Beispiel der Groschenheft-Serie *Texas Jack*; vor allem, weil zu ihr, beziehungsweise zu zwei Heften der Serie, das Werturteil eines Lesers vorliegt. Nach der Textanalyse folgt noch ein kursorischer Blick auf andere populäre Texte (vornehmlich musikalische), um die Bedeutung der am Groschenheft aufgezeigten Vorstellung in einen größeren Rahmen einzuordnen.

Ein schönes Groschenheft

»Mühringen, den 23. Februar 1931
Am 23. Februar 1931, Jahr des Heils, war ich mit Franz *Seifert*, Schreinermeister und Mann vom Fach in der Grosstadt Horb, das ist also ›Horawa‹, oder ›*Sumpf*‹. Da habe ich in einem Male zwanzig Stück der Texas-Jack-Hefte gekauft und in einem Rutsch vier Mark hingelegt! Ich bin wohl ein Pechvogel und verdiene kaum mehr einen Pfennig; aber bevor ich etwas zu essen haben will, brauche ich in den langweiligen Abendstunden einigen Lesestoff! Nebenbei gesagt, will der Josef Barth, der nicht für die Hefte bezahlt, diese genauso *lesen*! Egoismus!!!!!!!!!
Das vorliegende Heft scheint wunderschön zu sein, schöner als die Nummer eins (1)! Am Abend des 23. 2. 31. Stefan Schlatter Mühringen. A. A. Horb«.

Der Leser

Diese tagebuchartige Notiz findet sich auf der Innenseite der Umschlagseite von Nummer drei der Heftserie *Texas Jack. Der große Kundschafter* mit dem Titel *Das geheimnisvolle Schloß in Mexiko*. Der Schreiber, *Stefan Schlatter* (Jahrgang 1897), nach abgebrochener Schneiderlehre und dem Militärdienst im Ersten Weltkrieg damals arbeitslos, war Zeit seines Lebens begeisterter Leser von Romanheften und Kolportageromanen; er las aber auch – jedenfalls in höherem Alter – zeitgenössische (Unterhaltungs-)Literatur, die er sich in den letzten Lebensjahren zuschicken ließ. Die Begeisterung, die aus den zitierten Zeilen spricht, bewahrte er sich sein ganzes Leben. Er hob die Hefte auf, die er gelesen hatte, kopierte Titelbilder mit Buntstiften, malte in ihrem Stil aber auch selbstständig weiter und schrieb – mit einer alten Typenhebel-Schreibmaschine, mit der er auch die Notiz festhielt – Abenteuerromane in Schulhefte. Er war mit einem Wort ein Fan, wie sie der Forschung vielfach (vgl. Jenkins 1992) bekannt sind. Seine Begeisterung war weder spontan noch willkürlich; denn *Schlatter* war – was wir von vielen intensiven Lesern und Sammlern von sogenannter Trivialliteratur wissen – nicht nur ein exzellenter Kenner, sondern auch ein kritischer Leser, der nicht nur seinen Vorlieben nachging, sondern sie im Gespräch auch begründen konnte. Beispielsweise hielt er Arno Schmidt, der in der Szene der *Karl May*-Leser und Groschenheft-Sammler schon seit den 1960er Jahren viel galt, für überschätzt.

Die Serie

Die *Texas Jack-Serie* aus dem *Verlagshaus für Volksliteratur und Kunst* zählt zu den erfolgreichen Serien des Genres. Sie war, wie viele Serien der Berliner Firma, europaweit verbreitet. Sie lief in Deutschland in der ersten Auflage von 1906 bis 1911 (215 Nummern) und in der zweiten Auflage von 1930 bis 1934. Für die zweite Auflage wurden der Text und das Serienlayout überarbeitet und die Hefte in geänderter Nummernfolge herausgebracht.

Sprache und Stil

Liest man das Heft, teilt sich die Begeisterung des 33-jährigen zeitgenössischen Lesers zunächst nicht mit. Über einen Abstand von fast 100 Jahren wirkt die Sprache hölzern und steif. Die vollen, grammatisch korrekten Endungen, zu denen Texas Jack selbst im Todeskampf Zeit hat: »Recht so, kühle mir mit deinem Maule ein wenig die fieberheiße Stirn!« (T. J. [= Texas Jack] Heft 3: 1), oder veraltete Verbformen: »Jeder nehme ein Boot aufs Korn!« (ebd.: 8) stoßen ab, auch wenn man sich den Zeitenabstand vor Augen hält. Handlungsführung und Charaktere entsprechen in ihrer Typisierung jedem denkbaren zeitgenössischen (siehe Schultze 1911) wie heutigen Vorurteil: Schweigsam zu sein, finster zu blicken und auszusehen, ist ein untrügliches Zeichen für Bösartigkeit, Mexikanern traut man zu Recht nicht, es sei denn, sie sind Militärs, Indianer sind blutrünstig, wenn nicht Schlimmeres, und die Kavallerie taucht stets prompt auf, wenn die Not am größten ist, als ob in *Texas Jack* die entsprechenden, ironischen Sequenzen von *Lucky Luke* vorweggenommen sind. In vielen Szenen verhalten sich die Figuren unglaubwürdig steif, dass sie wie Parodien ihrer selbst erscheinen.

Jedoch: Charakter und Taten des (im ersten Heft) jugendlichen Abenteurers machen die hölzernen Dialoge wett; schließlich gelten Worte sowieso nicht als die Stärke von Helden. Und ein Held ist Texas Jack: Denn zu retten die, die in Not sind, ist seine stete Hauptaufgabe, wie die Verlagswerbung betont:

»Texas Jack, der ebenso kühne wie edle Kundschafter, hat sein Leben der Aufgabe gewidmet, den Bedrängten im wilden Westen Amerikas beizustehen. Seine Kämpfe mit den verschiedenen Indianerstämmen, seine Abenteuer im Urwald und in der Prärie, seine tollkühnen Ritte als Kurier der Regierung, seine Erfolge als Retter zahlloser Menschenleben haben ihn in den Vereinigten Staaten populär und berühmt gemacht. Sein Name ist heute noch in aller Munde« (ebd.: 4. Umschlagseite).

Um seine Aufgabe erfüllen zu können, hat Texas Jack alles, was er braucht und wenn er es braucht; er schießt wie kein zweiter, hat unglaubliche Kräfte; ist listig und gewandt, ist im Wilden Westen so heimisch wie der berühmte Fisch im Wasser und überdies geradezu überirdisch edel.

Sinnlichkeit des Groschenhefts

Alle Helden-Eigenschaften von Texas Jack werden – und hierin liegt eine Stärke der Erzählung – nicht nur behauptet, sondern vorgeführt. So wird die Titelfigur der Serie als Kundschafter explizit vom Erzähler erst angesprochen, als er etwas ausgekundschaftet hat:

»Der große Kundschafter brach plötzlich in seinem Satze ab und richtete seine Blicke scharf, wie spähend gegen die Wasserfläche des Flusses. ›Dort ist soeben ein Kanoe um den Felsvorsprung gebogen,‹ rief Texas Jack aus, ›ich habe es deutlich gesehen, aber es zog sich bei der Annäherung schnell hinter den Felsen zurück‹« (T. J. H. 3: 7).

Diese Sinnlichkeit des Zeigens findet sich auch bei der Zeichnung von Szenen und Atmosphäre. Zwar sind auch diese schematisch und unbeholfen geschildert. Die fehlende Eleganz der Sprache verhindert aber nicht den plastischen Ausdruck: »Jack packte unerschrocken die Schlange unterhalb des Kopfes und riss sie von sich ab. Dann zog er sein Bowiemesser hervor und schnitt ihr den unförm-förmlichen Kopf ab« (ebd.: 22). Stilblüte oder nicht – wir sehen etwas, auch wenn wir nichts genau sehen. Gerade durch dieses Erzählprinzip des andeutenden Zeigens, das im Groschenheft geradezu stilprägend präsent ist, wird der Leser in die Erzählung hineingezogen und beteiligt.

Beteiligt wird der Leser vor allem, weil die Figuren immer wieder vormachen, was der Leser zu tun oder zu empfinden hat. Wie der Moderator einer heutigen TV-Show formulieren die Figuren explizit das, was szenisch zu erleben ist: Als Texas Jack vor dem Götzenbild des ›Witzli-Putzli‹ lauert, wird herausgestellt: »Er konnte es sich nicht verhehlen, – ihm selbst schlug das Herz lauter und schneller als gewöhnlich, aber er ging einer großen Entdeckung entgegen« (ebd.: 24). Der Erzähler beherrscht versiert seine Mittel: Er streut Verzögerungen ein, wenn der Leser gebannt auf das niederstoßende

Messer des Hauptschurken blickt (ebd.: 25), beschleunigt, wenn verwirrendes Kampfgetümmel zu veranschaulichen ist, inszeniert den ersten Auftritt des Oberschurken mit großer Geste: »›Der [der Schlossherr; H.-O.H.] bin ich! – Veradito ist mein Name!‹« (ebd.: 13) oder rafft sich am Ende einer Szene immer wieder zu großen, offenen Gesten auf: »Die Wogen des Rio Yaki aber trieben noch lange die roten Krieger dahin, welche den Wagen fast auf seinem ganzen Wege begleiteten« (T. J. 1930 H. 3: 11).

Ineinander von Ferne und Heimat

An- und aufregend sind die Erzählungen vor allem – wie jedermann weiß, da es zum populären Wissen über populäre Literatur gehört – durch den Reiz der exotischen Ferne, die Wildheit und den sensationellen Charakter der Abenteurer. Die Helden des Groschenhefts oder der Kolportage machen das Unmögliche wahr; eben noch liegen sie sterbend unter einem Baum, dann springen sie – kaum von einem Tropfen Chinin geheilt – auf und sind wieder gesund und bereit zu neuen Taten (ebd.: 2–5). Und das ist nur ein harmloses Beispiel, betrachtet man die Gewohnheiten des Erzählens im Groschenheft insgesamt. Seine Harmlosigkeit zeigt aber vielleicht deutlicher als manch andere, sensationellere Episode die Erzählmaschine Groschenheft: So wunderbar die Gesundung von Texas Jack ist, sie ist erzählerisch motiviert, und zwar durch Errungenschaften abendländischer (westlich kapitalistischer) Kultur: Chinin hilft, Technik hilft! Bei *Karl May* ist es der Henrystutzen. Gleichgültig, ob die Technik chemisch, feinmechanisch oder handwerklich gründet, es ist die kulturelle Praxis des weißen Mannes, die den Helden der Groschenhefte oder der Kolportage erfolgreich macht. Aber nur, weil und wenn er als wahrer Abenteurer zugleich die Gesetze des (Natur-)Raumes beherrscht, in dem er sich bewegt. Die exotische Ferne ist daher erzählerisch stets gebändigt. Wenn es um Leben und Tod geht, bleibt das Ungebärdige der Fremde durch den Einsatz imperialer Technik (das schließt behauptete moralische Überlegenheit, Siegeswillen und dergleichen ein) stets beherrschbar. Was zunächst nur sprachliches Unvermögen zu sein scheint, hat zugleich ein hohes Maß an erzählerischer Logik, etwa wenn die Reise durch die mexikanische Szenerie wie eine Tour durch das Rheintal erscheint:

»Wohl begleitete sie beständig der Yaki mit seinen gelben Wogen, aber immer wildromantischer wurde das Gebirge, welches sich an seinen Ufern erhob; gewaltige Erhebungen, romantische Felspartien wechselten mit fruchtbaren Tälern ab, welche in den Schluchten des Gebirges eingebettet waren« (ebd.: 11).

Exotische Ferne und das Gefühl heimatlicher Nähe schließen sich nicht aus, nicht im Groschenheft, nicht in der Kolportage, nicht bei *Karl May*, in dessen Abenteuerromanen selbst in den entferntesten Schluchten der Erzähler immer wieder über Deutsche stolpert: »›Auch Sie ein Landsmann? Das ist doch wohl nicht der Fall! Sie heißen doch Pena [deutsch: Kummer]!‹« (May 1894: 237).

Verbindung von Ideologie und Abenteuer

Das Ineinander von Ferne und Heimat ist Grundlage für ein erzählerisches Prinzip im Groschenheft der Jahre vor und nach dem Ersten Weltkrieg: die Vermählung des bürgerlichen Abenteuers mit der bürgerlichen Ideologie.

Texas Jack ist bei allen wundersamen Abenteuern, die er erlebt, Rationalist: »›Geister gibt es nicht, das wissen Sie ebenso gut wie ich‹« (T. J. H. 3: 20), und dieses Wissen ist zentral für die Erzählung, denn es erlaubt planvolles Vorgehen gegen den als Schurken entlarvten Geist des ›Witzli-Putzli‹: »›Deshalb halte ich es für das Beste‹, entschied Texas Jack, ›wenn wir sogleich nach dem Frühstück das ganze Schloss durchsuchen‹« (ebd.: 21). Der glückliche Ausgang des Abenteuers wird im Groschenheft – hierauf wies schon Ernst Bloch hin – stets nicht nur gefunden, sondern auch gesucht und wird, wenn er mehr dem eigenen Geschick als dem Zufall zu verdanken ist, ausdrücklich als Folge vernünftigen Handelns dargestellt.

Zu groß darf das Glück, das dem Bürger im abenteuerlichen Leben zu Teil wird, aber nicht werden, bringt der Entschluss, das Wagnis des Abenteuers einzugehen, doch die Aufgabe der bürgerlichen Existenz mit sich. Wenn die deutschen Auswanderer ihre sichere Farm in Oklahoma verlassen, um »Goldsucher in Arizona« (H. 2) zu werden, setzt der Erzähler schon früh ein warnendes Signal: »Obwohl Marie ihren Mann warnte und ihn flehentlich bat, die Scholle, die ihnen Brot in Hülle und Fülle bot, doch nicht zu verlassen, um neuem unsicheren Glücke entgegenzugehen, bestand Anton doch auf seinem Willen« (T. J. H. 2: 2). Das Wagnis wird zwar mit dem Glück der Tüchtigen belohnt, aber: »Die Mine erwies sich übrigens keineswegs als so reich und ergiebig, als man im ersten Augenblicke geglaubt und gehofft hatte. Indessen lieferte sie Ertrag genug, um alle diejenigen, denen sie gehörte, zu wohlhabenden Leuten zu machen« (ebd.: 32). Der Bürger schlägt eben maßvoll über die Stränge, und sein Vorbild Texas Jack schweift zwar frei umher – »ein bestimmtes Ziel hatte er nicht« (T. J. H. 3: 2) –, aber er bleibt, wie ein Beamter, im Dienst der Regierung und erhält ein Gehalt von 300 Dollar monatlich, auch wenn er ohne Auftrag ist.

Bürgerlich zu nennende Denk- und Lebensgewohnheiten thematisiert das Groschenheft auf Schritt und Tritt: Im Frauenbild (H. 1), im Verhältnis von Negern zu den (guten) Weißen (H. 2; Texas Jack ist natürlich gegen Sklaverei, aber der »gute Neger« ordnet sich von selbst unter) und in der Bestätigung der sozialen Hierarchie (H. 3; wenn eine Figur von Verbrechern getötet wird, dann ist es prompt der Diener). Alles an Blochs bekannter Wertschätzung der Kolportage trifft zu:

»Der Traum der Kolportage ist: nie wieder Alltag; und am Ende steht: Glück, Liebe, Sieg. [...] Jede Abenteuergeschichte bricht die Moral des ›Bete und arbeite‹. Statt des ersten herrscht Fluchen, statt des zweiten erscheint das Piratenschiff [...]. Glücklicher Ausgang wird erobert, vom Drachen bleibt kein Rest, außer in Ketten, der Schatzgräber findet sein Traumgeld, die Gatten sind vereint. Märchen wie Kolportage sind Luftschloss par excellence, doch eines in guter Luft und so weit das bei bloßem Wunschwerk überhaupt zutreffen kann: das Luftschloss ist richtig« (Bloch 1977: Bd. 5, 426 ff.).

Aber Bloch und die ihm folgenden Autoren (Ueding 1973) blenden aus, dass der Utopie von Kolportage und Groschenheft (fast immer) ein hohes Maß an Ideologie beigemengt ist.

Solch imperialistische Ideologie in ziemlich handfester Form ist geradezu bestimmend für das Denken und Handeln von Texas Jack. Dass die Indianer Gesindel sind, die man bedenkenlos abschlachtet, steht für ihn ebenso außer Frage, wie das Recht der Weißen auf Land und Schätze des Westens. Während *Karl May* mit christlicher Überzeugung gute von schlechten Indianern unterscheidet, überdies bei diesen die Verführung durch Weiße beklagt, stets Blutvergießen zu vermeiden oder zu minimieren sucht und die koloniale Eroberung des Westens moralisch anzweifelt, kennt Texas Jack keine Skrupel. Nicht beim Töten, nicht bei der Unterstützung von Kolonisten. Vor allem: Texas Jack – und hierin ist er keine Ausnahme unter den Kolportage-Helden (vgl. *Jack, der geheimnisvolle Mädchenmörder*; Kosch/Nagl 1993: 153) – kämpft nicht nur für das Recht der Bedrängten, er nimmt sich bedenkenlos auch das Recht, Richter zu sein und bringt die Schurken, wenn sie in seine Hände fallen, kurzerhand kaltblütig um; mal durch Gift (H. 2), mal hängt er sie auf (H. 3).

Realitätsfiktion durch Ideologie

Solche Härte von Texas Jack ist nicht einfach als Appell an die berühmten ›niederen Instinkte‹ zu verstehen. Vielmehr transportiert sie ein Stück weit Realismus ins Groschenheft. Nicht in dem Sinne, dass der historische *Texas Jack* sich wirklich so wie sein fiktionales Ebenbild verhalten hätte oder dass die Indianerkriege wirklich so brutal waren – wiewohl beides zutreffen dürfte –, sondern in rezeptionsästhetischer Sicht. Denn erst Texas Jacks Härte integriert den ganzen ideologischen Gehalt der Serie und macht die Titelfigur so überzeugend. Die historisch jedenfalls zutreffende Behauptung des Verlags, »sein Name ist heute noch in aller Munde« (Verlagswerbung), die durch die Auftritte der Helden des Wilden Westens (*Buffalo Bill* und andere) im Zirkus der wilhelminischen Zeit sowieso schon im populären Wissen leicht auf Zustimmung stoßen konnte, wurde durch das Einpassen von Figur und Serie in die zeitgenössische Ideologie beglaubigt und erhöhte damit den ästhetischen Reiz der Texte.

Leistung der ästhetischen Analyse

So genau die bisher vorgelegte Analyse die Qualität des Textes und daher seine Faszination für die Leser beschreiben mag, seine Schönheit ist damit noch nicht erwiesen. Gleichgültig was Schönheit ausmacht, die Schönheit einer Sache ist an ein ästhetisches Urteil gebunden, an einen Befund, der ohne auf ein urteilendes Subjekt verweisen zu können, nichts über die kultur- und geschmacksgeschichtliche Relevanz dieses Urteils sagt. Während die ästhetische Analyse eines Textes für sich interessant ist, weil unmittelbar einleuchtet, dass damit Aussagen über die Textgestalt objektiviert werden können, die es erlauben, den Text in seine Geschichte einzuordnen, seinen Sinn zu verstehen, trifft das zusätzliche Bewerten des Textes als ›schön‹ auf das Argument, dass damit bestenfalls das Urteil des Analysten getroffen und begründet ist.

Jedoch: Mit der – auf das Wesentliche begrenzten – ästhetischen Analyse kommt nicht nur der implizite Leser, sondern, so behaupte ich, auch der reale in seiner Allgemeinheit ins Blickfeld, auch wenn dieser, wer immer er ist, sich selbstverständlich in einer anderen Sprache geäußert hätte. Zwar lässt sich die Behauptung wegen des historischen Textmaterials nicht zwingend beweisen. Für die Behauptung, dass die ästhetisch-hermeneutische Methode mehr als nur reine Textanalyse ist, spricht aber mehr, als sich gegen sie anführen lässt. Vor allem, dass die hier getroffenen ästhetischen Befunde manifest in nahezu jedem Heft, jedem Kapitel zum Vorschein kommen und dass, wegen des harten Konkurrierens um die Gunst der Leser, damit gerechnet werden darf, dass auf Dauer im Groschenheft nur die sprachlichen Mittel eingesetzt werden, die der Serie zum Erfolg verhelfen; Mittel also, die vom Leser auch wahrgenommen werden. Die Schwierigkeiten, die bei der Analyse eines Einzeltextes sich ergeben, um aus dem impliziten auf den realen Leser zu schließen, liegen bei einem Serientext gerade nicht, jedenfalls nicht im gleichen Maße vor. Während die Analyse eines Einzeltextes stets in der Gefahr ist, den Text am Leser vorbei zu deuten, kann sich die Analyse des Serientextes auf seine Serialität stützen.

Die ästhetische Analyse auf die Frage nach der Schönheit des Groschenhefts zu beziehen, trifft noch auf einen weiteren Einwand. Gerade wenn die Auffassung vertreten wird, dass nicht jede ästhetische Qualität eines Produkts die Bezeichnung ›schön‹ verdient, kann die Beschreibung der dem Text zu Grunde liegenden Poetik bei dieser Frage nicht automatisch weiterhelfen: Die Analyse hat den ästhetischen Reiz, die Reize des Groschenhefts gezeigt: aber (noch) nicht deren Schönheit.

Dadurch aber, dass der Leser *Schlatter* in der zitierten tagebuchartigen Notiz eine Rangfolge des Schönen aufstellt, gibt er einen methodischen Weg vor, diesem Problem zu entgehen. Indem das »schön[e]« Heft eins mit dem »wunderschön[en]« Heft drei verglichen wird, lässt sich, so ist anzunehmen, nicht nur die Abstufung des Schönen, sondern auch das im Auge des Lesers *Schlatter* generell Schöne herausfinden. Sich auf einen Leser zu beziehen, das mag manchem Forscher, der gewohnt ist, seine Untersuchung auf einer weit größeren Zahl von Probanden zu gründen, wenig erscheinen. Wenig ist aber nicht nichts.

Zweimal *Texas Jack*: Heft eins und Heft drei im Vergleich

Betrachtet man im Rahmen gängiger Vorstellungen die beiden Hefte, erstaunt *Schlatters* Urteil. Die Nummer eins besitzt mindestens so viel Action, Kampf, Spannung, pathetisch wirkende und rührende Szenen, topische Situationen und Motive wie die Nummer drei: Überfälle von Indianern, Gefangennahme und Befreiung von jungen weißen Frauen (den Töchtern des Fortkommandanten – der Serienautor hat seinen *Cooper* gelesen), dramatische Jagdszenen und schaurige Bilder von Medizinmännern, Marterpfählen, Scheiterhaufen und skalpierten Köpfen wechseln in rascher Folge. Texas Jack kann sich reitend, schießend, Spuren lesend bewähren, im offenen Kampf aber sich auch als listiger Krieger zeigen; sodass zwischen dem ›Helden von 16 Jahren‹, wie die Nummer eins betitelt ist, und dem schon berühmten Indianerkämpfer von Nummer drei, dessen Name überall Respekt einflößt, kein Unterschied besteht.

Auch Gelegenheiten zum Mitleiden und Mitempfinden gibt es in beiden Heften gleichermaßen reichlich. Und ebenso finden sich in beiden Heften viele Anlässe, die Härte und Brutalität, besonders die von Texas Jack, schaudernd zu bewundern. Auch erzähltechnisch stehen die beiden Hefte sich in nichts nach. Beide beginnen mit einer *mise-en-scène*-Situation, die den Leser ganz eng an die Titelfigur heranführt. In Nummer eins platzt Texas Jack bluttriefend und staubbedeckt auf Fort Gibbon mitten in die Feierlichkeiten zum vierten Juli. Er berichtet, dass die Cheyennes auf dem Kriegspfad sind, seinen Ziehvater ermordet haben und folglich die im Indianergebiet reisenden Töchter des Kommandanten in Gefahr sind. In Nummer drei liegt er sterbend im Fieberwahn unter einem Baum und wird nur zufällig und in letzter Minute durch das vorbeikommende englische Aristokratenpaar gerettet.

Nach dem Einstieg mit Knalleffekt wird das jeweilige Thema (H. 1: Rettung der Töchter des Kommandanten; H. 3: Sicherung des Schlosses für die Engländer) – musikalisch gesprochen – ganz parallel durchgeführt im Wechsel von Bedrohung und Entkommen, von Kampf und Sieg, und wie selbstverständlich ergibt sich am Ende ein in vielem identischer Schluss: Das Militär kommt und rettet Texas Jack und die Seinen aus höchster Not, und beide Male fließt das Blut der Indianer in Strömen.

Nicht nur im Großen, in den leicht nachzuerzählenden einzelnen Begebenheiten der Geschichte, auch im Kleinen unterscheiden sich die beiden Hefte nicht: Sprache und Stil, die Beimengungen von Ideologie, was die intertextuellen Bezüge und die Reaktionen der handelnden Figuren angeht, sowie in den zwar nicht originellen, aber vielleicht gerade, weil sie das Vorwissen der Leser bestätigen, so plastisch wirkenden Bildern – in allen ästhetischen Belangen scheinen die beiden Hefte gleich, zumindest gleichwertig zu sein.

Erscheint das unterschiedlich wertende Urteil *Schlatters* angesichts der geradezu umfassenden ästhetischen Parallelität der beiden Hefte zumindest als unbegründet, so wird es sogar fragwürdig, wenn man sich klar macht, dass Heft Nummer eins zumindest einen Vorzug gegenüber Heft Nummer drei zu haben scheint. Da hier der junge Texas Jack als Held etabliert wird, scheint jede Situation größer und wirkungsvoller zu sein. Denn mit Trapper Bärenklau möchte der Leser beständig ausrufen:

»Junge, du setzt mich immer mehr in Erstaunen […] Rothäute schießen, Büffel erlegen, Fährten verfolgen – Junge, wenn nicht aus dir der berühmteste Mann des Wilden Westens wird, dann soll man mir meinen Skalp vom Kopfe trennen und Lederpantoffeln daraus machen!« (T. J. 1930: H. 1, 18).

Obwohl der junge Held am Beginn seiner Laufbahn schon die gleiche Sicherheit ausstrahlt wie der in vielen Schlachten erprobte, ist für den Leser *Schlatter* die gesteigerte Emotionalität, die das Initiationsthema mit sich bringt, kein Grund, das Heft Nummer eins auch »wunderschön« zu nennen. Folgt man dieser Spur weiter, so sieht man schnell ein zweites Thema, das in die gleiche Richtung weist. In Heft eins ist Texas Jack zwar auch der rettende Held, zugleich aber ist er als Rächer seines Vaters in der finalen Vernichtungsschlacht der Cheyennes emotional besonders beteiligt, und mit ihm ist es der Leser; während in Heft drei Texas Jack nur seine Heldenpflichten erfüllt, selbst aber nicht betroffen ist. Dies legt die Vermutung nahe, dass ein besonders hohes Maß an emotionaler Beteiligung ebenso wenig ausreicht, das Urteil ›schön‹ zu begründen, wie der gute Ausgang der Abenteuer.

Denn: Gut auszugehen ist für jedes Heft der *Texas Jack*-Serie Pflicht – allerdings sind graduelle Unterschiede möglich; der gute Ausgang muss nicht stets in ein umfassendes Happy-End münden; gut ausgehen müssen nur Texas Jacks Aktivitäten. Was den großen Rahmen angeht, in den sie eingebettet sind, steht der im Groschenheft auf einem anderen Blatt. So feiert Heft Nummer eins (Neue Folge) zwar die militärischen Leistungen von Texas Jack auf Seiten der Union; in der Schlusspassage wird aber ein durchaus zweifelnder Blick auf den Bürgerkrieg und seinen weiteren Verlauf geworfen, der dem Ganzen so etwas wie einen realistisch-humanistischen Anstrich gibt.

Realistischer Touch, Ideologie und Brauchbarkeit des Groschenhefts

Aufregende Abenteuer und ein realistischer Touch schließen sich im Groschenheft nicht aus – im Gegenteil, sie gehören zusammen, weil der Leser nicht nur auf *escape* aus ist, sondern sich entspannen und zugleich etwas gesagt bekommen will, das zu bewahren lohnt: »Bei ›Tom Shark‹ gab's immer ein, zwei Sätze, die man mitnehmen konnte«, erinnern sich Leser noch heute (Bruns 2005). Mit realistischem Touch ist weniger auf eine Abbildungsqualität gezielt, die Erzählung und dargestellte Welt nahe aneinander rückt, als vielmehr auf eine Wirkungs- oder Beziehungsqualität. Der Realismus des Groschenhefts erhöht die emotionale Beteiligung des Lesers – aber nicht in der verkürzten Weise, wie gängige Medienpsychologie es sich heute vorstellt, als Triebabfuhr, *Moodmanagement* oder parasoziale Interaktion. Vielmehr sind zwei Arten emotionaler Beteiligung zu unterscheiden. Eine, die begleitend (nicht: identifizierend) auf die (Titel-)Figur gerichtet ist: die figurenbezogene Beteiligung, und eine, die entsteht, weil der Text auf den Leser beziehbar ist: die darstellungsbezogene Beteiligung. Die Leserbeteiligung oder die emotionale Beteiligung macht beim Groschenheft, beim populären Text überhaupt, den Text für den Leser brauchbar. Brauchbar meint nicht simpel anwendbar auf den Alltag oder auf psychologische Bedürfnisse – und auch nicht unbedingt bezogen auf das soziale Gefälle zwischen der Macht (dem ›power bloc‹) und den Leuten (›the people‹), sondern ganz offen ›irgendwie‹ anwendbar.

Von hier aus wird verständlich, welche Funktion die ideologischen Beimengungen haben und warum auf deren Analyse bei der Interpretation des Textes so großen Wert gelegt wurde. Sie sind nicht bloße »Anpassung« von oben – wie Adorno (1967: 67) formuliert –, sondern ebenso Einpassung des Dargestellten in die Welterfahrung des Lesers; ohne aber dabei zu vorgegebener Orientierung zu verkommen, da sie in ganz offenen Bildern angelegt sind, die erst der Leser für sich ausdeutet, brauchbar macht. Die im Groschenheft formulierten Vor- und Darstellungen von Geschlechterrollen oder dem Verhältnis von Heimat und Ferne sind zwar in den Horizont des Lesers eingefügt – anders könnten sie gar nicht aufgenommen werden –, sie sind aber auch nicht nur in kulturkritischem Sinn Ideologie. Vielmehr öffnen sie wegen ihrer bildhaften Formulierung und dem steten Zusammenspiel mit den die Starrheit der Ideologie konterkarierenden Abenteuern den Horizont des Lesers; ohne andererseits dabei gleich den Begriff der Utopie zu verdienen. Dafür sind sie viel zu vage und das Ganze zu sehr Unterhaltung.

Schönheit des gelingenden Lebens

Der Unterhaltungswert des Groschenhefts liegt nicht allein im Abenteuerlichen – hierin sind Heft Nummer eins und drei nicht zu unterscheiden –, sondern gerade auch in dem, was hier realistischer Touch, darstellungsbezogene Beziehungsqualität und Brauchbarkeit genannt wird. Und hierin – und nur hierin – bietet die Erzählung in *Das geheimnisvolle Schloss in Mexiko* mehr als in *Ein Held von 16 Jahren*. Dies wird besonders deutlich, wenn man sich klar macht, dass mit der Minimierung der figurenbezogenen Beteiligung und der Stärkung der darstellungsbezogenen Beteiligung im Verlauf der Geschichte eine anders geartete Zielrichtung der Erzählung zusammengeht und möglich wird. Im Eröffnungsheft der Serie sind die Taten und Abenteuer von Texas Jack allein darauf ausgerichtet, die Welt wieder in Ordnung zu bringen. Die Schwestern werden befreit, der Status quo ist wiederhergestellt. Demgegenüber gelingt Texas Jack in Heft drei so etwas wie eine Verbesserung der Welt: Das englische Ehepaar findet eine Heimat. Das, was im Abenteuer von Texas Jack erreicht wird, hat Bestand – und dies pflegt bei Abenteuern gewöhnlich nicht so zu sein; denn die folgen zumeist dem Sprichwort: Wie gewonnen, so zerronnen. Wobei der Schluss des dritten Heftes ausdrücklich auf die Bedeutung der Dauerhaftigkeit des abenteuerlichen Ertrags verweist; denn Texas Jack kehrt auch später, so heißt es, noch oft in das blühende und ertragreiche Anwesen der Freunde zurück.

Heft drei erzählt darüber hinaus nicht nur, wie durch Texas Jacks Tatkraft die Grundlage für das Glück von Mr. und Mrs. Revelstok gelegt wird; in *Das geheimnisvolle Schloss in Mexiko* wird nicht nur erzählt, was Texas Jack gelingt, sondern auch das, was den Betroffenen gelingt, wie sie selbst ihr Glück erwerben, um es zu besitzen. Während die beiden Schwestern aus Heft eins ihre Gefangennahme und ihre Befreiung erleiden, zeigt Heft drei die aktive Teilnahme der Betroffenen an ihrem Leben. Daher kann man sagen – und dies trifft auf die beiden Schwestern nicht zu –, ihnen gelingt, soweit es erzählt wird, ihr Leben. Während nur ›Glück haben‹, wie die beiden Schwestern, kein Gelingen begründet.

Weil der einzige nennenswerte Unterschied der beiden Erzählungen im Thema des gelingenden Lebens aufzufinden ist, liegt hierin wohl auch die Begründung für das differente Urteil des populären Lesers und somit für seinen Maßstab des Schönen. Und diese Schönheit ist – was vielleicht das wichtigste Ergebnis des Ganzen darstellt – eine Schönheit des Praktischen, denn sie ist für den populären Leser über die Brücke der darstellungsbezogenen Beteiligungsqualität ein fundamentaler Bestandteil der Brauchbarkeit des Textes.

Die Darstellung des gelingenden Lebens als Begriffskern des populären Schönen ist nicht nur am literarischen Text, sondern ebenso am Popmusikalischen oder am Bildkünstlerischen nachzuzeichnen. In der Popmusik etwa zeigt sich diese Idee manifest im Ideal des Sing- und Tanzbaren, das auf einem durchgängigen Rhythmus gründet. Allerdings reicht dieser allein nicht aus, wie sich beim Techno offenbart. Da im Techno die Musik auf rhythmische Grundelemente beschränkt wird, ist zwar Tanzbarkeit gegeben, aber eine, die in Trance versetzt und daher die Teilnehmer an der Party eher aus dem gelingenden, Kopf und Bauch zusammenbringenden, Leben verabschiedet, als dass sie es musikalisch erfahrbar macht. Sobald aber andererseits der durchgängige Rhythmus in der Popmusik aufgegeben wird, stellt sich der Eindruck ›nicht schön‹ ein; sei es bei der Avantgarde der *Neuen DeutschenWelle*, den *Einstürzenden Neubauten* (etwa bei *Halber Mensch*), sei es beim düsteren Techno von *Aphex Twin* (etwa bei *Come To Daddy*).

An der populären Musik lässt sich sogar leichter als am literarischen Text wahrnehmen, dass das Schöne mehr darstellt als allseitige Heiterkeit und ein umfassendes Happy End, zumeist noch nicht einmal damit zusammenzugehen pflegt. Was am Groschenheft als Synthese des Abenteuerlichen mit dem Ideologischen in der Analyse offenbar wurde, wird in der Popmusik als Miteinander von Gewohntem und Ungewohntem zum, für jedermann hörbaren, ›Geheimnis des Schlagers‹. Damit der Schlager Erfolg hat, muss er, wie Ralph Benatzky (1926: 29) schon vor 80 Jahren schrieb, »ins Ohr gehen, aber nicht zu sehr ins Ohr gehen [und] eine überraschende oder zumindest unerwartete harmonische oder rhythmische [...] Wendung« haben. Benatzkys Plädoyer für das Zusammengehen von Spannung und Schönheit findet sich in den Off-Beat-Elementen des Rock'n'Roll, die den Rhythmus geschmeidig machen, in der Harmonik der Beatles, die ihren Songs so etwas wie eine gestörte Sentimentalität gibt, in den Sound-Effekten von *Motown* oder *Disco*, und selbst der HipHop hält mit kargen, aber binär gesetzten

Elementen (etwa bei Eminems Hit *Lose Yourself* oder bei Coolios *Gangsta's Paradise*) ein gewisses Maß an musikalischer Beweglichkeit aufrecht. Denn das Schöne gibt auch im Populären mehr als nur Friede, Freude, Eierkuchen. Und gerade populäre Musik, mit ihren Möglichkeiten, verschiedenartige Empfindungen zu formulieren und wachzurufen, demonstriert, dass das Schöne etwas anderes ist als Harmonie und Konformität, auch wenn die Verfechter der sogenannten deutschen Volksmusik das ihrem Publikum trotzig weismachen wollen angesichts des endlichen Niedergangs ihres Unterhaltungsstils.

Praktische Schönheit des Populären

Die Bestimmung des (Kunst-)Schönen als Darstellung des gelingenden Lebens ist nicht willkürlich; sie kann sich nicht nur auf den Geschmack des einsamen Lesers bei seiner *Texas Jack*-Lektüre stützen, sondern deckt sich auch mit dem alltäglichen Sprachgebrauch, wie er in vielen Redeformeln bewahrt ist: Mit ›sehr schön‹ kommentieren wir etwas, das gelungen ist – etwas, das funktioniert, richtig ist. Und wenn man ›es schön haben‹ will, dann ist damit nicht nur eine optische Qualität oder ein Wunsch nach Bequemlichkeit, sondern etwas viel Umfassenderes angesprochen. Und selbst in der ironischen Verwendung ›etwas schön färben‹ ist das Moment des Gelungenen negativ enthalten. Gerade weil ›schön‹ in so vielen Zusammenhängen angewendet wird, legt die Alltagssprache seine Grundbedeutung jenseits des Nur-Ästhetischen an und verbindet durch den Ausdruck des Schönen – wie es die berühmte Formel der Weimarer Klassik auch tut – das nur sinnlich-ästhetisch Erfahrbare mit dem Intelligiblen.

Die Analyse des Schönen im Groschenheft hat insofern philosophie- oder ästhetikgeschichtlich nichts Neues oder Überraschendes ergeben. Das war weder zu erwarten, noch beabsichtigt. Trotzdem: Sie hat auch nicht nur Bekanntes zu Tage gefördert. Zum einen trägt die Analyse des Groschenhefts dazu bei, indem sie als Kern des populären Schönen das Gelingende herausstellt, jenes Schöne, das im hässlichen (oder im grauenvollen, brutalen, gewalttätigen) Kontext verborgen auftritt (was nicht das Hässliche selbst ist!), in seiner Funktion besser zu verstehen; denn je stärker wir die Kontextualität aller Zeichen betonen, desto schwieriger wird es zu begreifen, wie leicht wir Zusammenhänge ausblenden und Einzelnes für sich wahrnehmen können.

Indem das Schöne als das Gelingende erkannt wird, wird verständlich, dass auch seltene Moment eines größeren nicht-schönen Erzählzusammenhangs, zum Beispiel die wenigen Situationen, in denen in Zack Snyders *Dawn of the dead* (2004) die Bedrohten einander helfen, als schön empfunden werden.

Zum anderen macht das Verständnis des Schönen als Darstellung des Gelingenden die Eigenheit des Populären deutlich, die den Text brauchbar, praktisch werden lässt, ohne dass er direkt anwendbar ist. Einzelnes aus dem Kontext herauszufiltern, um es dann schön zu finden, ist zwar nicht nur im Populären möglich, doch gelingt dies hier besonders leicht. Selektive, ästhetisch zweideutige Wahrnehmung ist geradezu Rezeptionsstandard beim Populären, weil es wegen seines Unterhaltungscharakters gar nicht die Tendenz hat, sich als ganzheitlich oder stimmig darzustellen.

In der Diskussion der 1950er und 1960er Jahre um die Trivialität populärer Literatur wurde der Charakter des Populären insofern erkannt, als man es als unstimmig, brüchig und so fort beschrieb. Der Fehler war nur, dass diese Ansätze einer zutreffenden Beschreibung als Belege für den Unwert des Populären gehalten wurden: Das Populäre wurde mit dem ästhetischen Schlechten verwechselt; vor allem wegen seiner Serialität und Massenhaftigkeit, die den eingefahrenen Vorstellungen vom Originalkunstwerk und der »echtgeschöpfte[n] Realitätsvokabel« (Schulte-Sasse 1976: 54) zuwider liefen. Indem in der Trivialliteraturdiskussion die Stimmigkeit und Ganzheit der Kunst gegen die Brüchigkeit des Trivialen gesetzt wurde (vgl. ebd.: 39–54), verfehlte man das Populäre sozusagen um 180 Grad, verwies aber damit, ohne es zu wollen, zugleich auf die Eigenheit des Populären und seiner Schönheit. Gerade weil das Populäre ohne Serialität und Strukturen der Wiederholung nicht zu denken ist, setzt es weniger auf Ganzheit, die aus der Stimmigkeit der Einzelteile wächst, als vielmehr auf Ganzheit, die – und hier gingen die Kitsch-Theoretiker nicht weit genug – weniger auf eine »kumulative Architektonik« (ebd.: 4 ff.), sondern auf einheitliche Momente im Disparaten setzt. Der Verbindung aus darstellender Beteiligungsqualität, ideologischen Beimengungen und den vom Leser auszudeutenden Bildern des gelingenden Lebens, kurz allem, was die Erzählung zu einem brauchbaren Text macht, stehen im Groschenheft stets konterkarierend und sperrig – wenn man will dialektisch – die Härte von Texas Jack und die Exotik seiner Abenteuer gegenüber. Das Brauchbare und das Abenteuer – beides lebt von offenen, auszudeutenden Bildern, von der Erzählung des Gelingenden. Insofern ist die Erzählung trotz aller Disparatheit auch stimmig.

Zugleich ist die tiefe Gegensätzlichkeit der zwei Erzählebenen nicht zu verkennen. Das Abenteuer führt den Leser nach draußen, macht ihn fremd – das Brauchbare passt die Erzählung in das Gewohnte ein, bestätigt (aber nicht in indoktrinierender Weise) die Weltvorstellung des Lesers. Der populäre Text realisiert, auch wenn er schön ist, nicht immer – und wenn, dann ist der Kitsch nahe – etwas harmonisch Geschlossenes, sondern eher ein Mit-, Neben- oder sogar ein Gegeneinander beider Erzählebenen, aus dem der Leser sich bedient. Die Darstellung des Gelingenden, die dem populär Schönen momenthaft oder im Ganzen eigen ist, verweist auf seinen (poetischen) Realismus oder – was das Gleiche ist – auf das Positive des Populären. Würden wir nicht glauben: Alles wird gut – selbst, wenn wir, wie der Leser *Schlatter* mit der Welt und uns in Unfrieden leben –, würden wir uns nicht dem Populären, sondern eher der Kunst zuwenden; denn diese ist in der Moderne kritisch, widerständig und macht es dem Rezipienten bewusst schwer. Das Populäre bedient sich, um es dem Rezipienten leicht zu machen – auch hier spielt seine Serialität eine zentrale Rolle –, hingegen normativer Vorstellungen; aber ohne diese politisch oder moralisch zu präzisieren und damit zur Ideologie aufzuwerten. Selbst die oberste Direktive im *Star Trek*-Kosmos bietet keine exakten Handlungsanweisungen für die Zuschauer (und nicht für die Crew), sondern demonstriert ein offenes Prinzip, eher eine Strategie praktischen Handelns denn eine Norm.

Dass der Begriff des Schönen sowohl ein begründetes Urteil für das einfordert, was als schön erkannt wird, und zugleich voraussetzt, dass die Norm, nach der geurteilt wird, abstrakt nicht formuliert werden kann, ist daher am Populären vielleicht besser zu verstehen als an der Kunst: Denn die ästhetische Zweideutigkeit, die dem Populären als dem Unterhaltenden stets eigen ist, passt gut zu dem Rätsel des Schönen: einer Norm zu entsprechen, die selbst nicht begründbar ist, ja gar nicht zu existieren scheint. Die Kunst, die in der Moderne zwar nicht durchgängig, aber doch zu einem bestimmenden Teil, große Kunst sein kann, obwohl oder wenn sie nicht mehr schön ist, hat sich der Darstellungsaufgabe des Schönen entzogen. Das Populäre hingegen verlangt, dass es wenigstens *auch* schön ist, zumindest in Teilen vom gelingenden Leben erzählt – wie das Groschenheft es vormacht.

Bilder und Dinge

Die Schönheit des Populären und das Fernsehen

Knut Hickethier

›Schönheit‹ und Massenmedien, das passe nicht zusammen, mailte mir mein alter Studienfreund, Künstler und Kunsterzieher A. aus Bremen, und überhaupt sei die Frage nach der Schönheit obsolet, es ginge doch heute um Wahrnehmung und Erfahrung, und damit meinte er ästhetische Erfahrung. Auch Umberto Eco lässt seine Darstellung der *Geschichte der Schönheit* mit der resignierenden Feststellung enden, dass in den Massenmedien des 20. Jahrhunderts kein ästhetisches Ideal mehr auszumachen sei und der Theoretiker »vor der Orgie der Toleranz, vor dem totalen Synkretismus, vor dem absoluten und unaufhaltsamen Polytheismus der Schönheit« kapitulieren müsse (Eco 2004: 428).

Nun reizen solche Aussagen zum Widerspruch. Es will nicht einleuchten, warum sich die Frage nach der Schönheit des Populären oder der Schönheit *in den* populären Medien bzw. *der* Medien erübrigen soll, nur weil man stattdessen auch über ›ästhetische Erfahrung‹ nachdenken kann oder weil Schönheit sich nicht als ein durchgehend einheitliches Ideal einer Epoche oder eines medialen Zusammenhangs beschreiben lässt.

Wie die modernen Medien heute erzeugten früher die bildenden Künste Anschauungen von der Welt, den Menschen, den Dingen und gaben dem Ausdruck, was die Urheber der Bilder und die Betrachter als ›schön‹ empfanden. Das griechische Wort *kalón* meint mit ›schön‹ alles, was uns gefällt, den Blick durch sinnliche, körperliche Reize auf sich zieht und in der Regel an eine Form der Darstellung, also an eine mediale Form gebunden ist, wobei die Schönheit des Dargestellten und die Schönheit der Darstellung eine enge Verbindung eingehen. Mit ›Schönheit‹ ist im westlichen Kulturverständnis immer auch ein Gestaltungsideal verbunden, das sich allerdings historisch wandeln kann und das immer auch Kritik ausgesetzt ist. Wenn der Verdacht der bloßen Äußerlichkeit, der ›hohlen‹ Larve, des leeren Scheins formuliert wird, wird damit historisch zumeist gegen ein bestimmtes Schönheitsideal zu Felde gezogen.

Dem Schönen des Populären wird in drei Schritten nachgegangen: dem Bild des schönen Menschen in den Medien, der Narrativierung und Darstellung des Schönen im bewegten Bild von Film und Fernsehen und der Schönheit des technischen Bildes.

Das Bild vom schönen Menschen und die Schönheit der Darstellung

Die Vorstellung von Schönheit macht am Bild des schönen Menschen fest. Damit verbunden ist traditionell der Anspruch auf eine Harmonie der körperlichen Proportionen, das heißt, es geht um ein Verhältnis der Formen zueinander, das sich auch in mathematischen Formeln ausdrücken kann und einen Wohlklang erzeugt.

Im äußeren Erscheinungsbild eines Menschen werden Ebenmaß, Gleichgewicht und Symmetrie der Formen gesucht; wird ein Gleichklang der Bewegungen und der Haltungen erwartet, der sich als Harmonie beschreiben lässt. Anthropologisch steckt hinter diesem Ideal des Schönen die Annahme eines gesunden Körpers, der nicht von Krankheiten ›entstellt‹ in eine ›Disharmonie‹ gebracht wird; kulturell schwingt diese Gesundheitsannahme immer mit. Das Bild der Schönheit hat sich davon jedoch verselbständigt. Die Abbildung wohlgestalteter Menschen, in der sich diese Harmonie erkennen ließ, konnte zum Ideal, zur Norm für menschliche Schönheit werden.

Das Ideal des Schönen ist sowohl an die Gestalt jeweils konkreter Menschen als auch an mediale Realisationen gebunden. Denn in den künstlerischen, den medialen Formen lässt sich das Ideal deutlicher herausstellen. Das mediale Bild überdauert zudem das menschliche Leben, übersteigt die biologischen Begrenztheiten und kann als manifeste Darstellung in ganz andere soziale und kulturelle Funktionen eintreten. In der Bildproduktion wurde über große Zeiträume hinweg deshalb weniger eine Nachahmung der Natur erzeugt, sondern das Abzubildende wurde in der Darstellung den Vorstellungen vom Schönen angepasst, beziehungsweise das Dargestellte war gänzlich frei erfunden. Dabei war und ist auch die Materialität der Darstellung von Bedeutung. Zu Leonardos rätselhaften Frauenbildern gehört eben auch die Malweise, dieses ›Vertriebene‹ der Farben, des Übergangs im Hell-

Dunkel, der die Makellosigkeit der schönen Haut durch die Makellosigkeit der malerischen Darstellung, die ›Reinheit‹ der Form durch die Klarheit der Linie vermittelt.

Die heute noch wirksamen Ideale des Schönen sind im Wesentlichen mit dem Entstehen der bürgerlichen Gesellschaft verbunden. Schon hier wurden jedoch auch kulturgeschichtlich ältere Ideale aufgenommen und integriert. Neben den aus der Antike stammenden und durch die Renaissance wieder aktivierten Prinzipien des Harmonischen, den Proportionen der Formen, etwa auch geometrischer Figuren, gehört dazu spätestens seit dem Mittelalter auch die Darstellung einer inneren, religiös inspirierten oder gar göttlich erleuchteten Schönheit, die neben dem Prinzip der äußeren, körperlichen Schönheit eine innere, geistige setzte und beide miteinander verband. Dementsprechend wird das Erleuchtete, das Licht zu einem zentralen Element, weil im Licht etwas Göttliches, ja Gott selbst, gesehen wurde.

Kulturgeschichtlich lassen sich direkte Linien von der Bildproduktion der Bildenden Künste zu den modernen Massenmedien, vor allem den technisch-apparativen Bildmedien, herstellen. Die Bildende Kunst hat die Aufgabe, Schönheit zu präsentieren, fast vollständig an Film und Fernsehen abgegeben. Die Proportionsgesetze, die Kompositionsregeln, die ikonographischen Traditionen der Darstellung schöner Menschen wurden von den in der Moderne entwickelten Medien aufgegriffen, den medialen Bedingungen angepasst und weiterentwickelt.

Schöne Menschen, schöne Bilder in den modernen Bildmedien

Schönheit lässt sich im tradierten Sinn an der Physiognomie der Darstellerinnen und Darsteller festmachen: am Ebenmaß von Gesicht und Körper, von Mimik, Gestik und Proxemik. Dabei darf dieses Ebenmaß nicht nur Gleichförmigkeit vermitteln, sondern muss darüber hinaus einen bestimmten Anteil von Eigenheit enthalten, der – wie so häufig bei ästhetischen Bestimmungen – kategorial nur schwer zu fassen ist. Es bleibt jener Rest von Unbestimmtheit, auch Unschärfe, der deutlich macht, dass die Besonderheit gerade im Unaussprechbaren, im letztlich sprachlich nicht Fassbaren besteht.

Nicht ohne Grund ist dieses Unaussprechbare mit dem Begriff der ›Aura‹ beschrieben worden, und es war ein Irrtum Walter Benjamins zu glauben, diese Aura sei mit dem Moment der Einmaligkeit, der Direktheit der körperlichen Präsenz des Schauspielers auf der Bühne verbunden und im Film deshalb nicht zu haben (Benjamin 1979: 19 ff.). Denn der Film zeigte, dass sich noch ganz andere Steigerungen von medial erzeugter Präsenz und Faszination erzielen ließen.

Die besondere Faszination, die vom Star im Kino und dann auch im Fernsehen ausgeht, liegt darin, dass der Film zwar den Eindruck von Unmittelbarkeit erzeugt, der Star aber selbst immer nur mittelbar, immer nur als Bild (seit dem Tonfilm und dem Fernsehen als audiovisuelles Bild) präsent ist. Damit sind Nähe und Ferne zum Betrachter eindeutig geregelt: Der Star selbst ist als Person unerreichbar, die Filmbilder aber können größtmögliche Nähe suggerieren und damit eine bis dahin ganz ungeahnte fiktive Präsenz erzeugen. Die ›Nähe‹ ist als eine mediale gleichzeitig überall dort, wo das Filmbild gezeigt wird, Nähe ist dispers über die Kinolandschaft verstreut. Alles ist aufgegangen im Image, im Bild, in der Bildlichkeit. Die technisch erzeugte Nähe lässt vergessen, dass sie technischen Ursprungs ist (vgl. Hickethier 1998).

Diese medialen Bilder sind als inszenierte und besonders arrangierte Bilder immer wieder in der gleichen Weise abrufbar, der Betrachter kann sich den Star so oft anschauen, wie er ihm im Kino und Fernsehen begegnet. Woody Allen hat dieses Motiv in *Purple Rose of Cairo* beispielhaft dargestellt. Und die Möglichkeit, sich Filme und Fernsehsendungen auf Video oder DVD zu archivieren und sie sich dann wiederholt anzusehen, steigert diese Möglichkeit der schnellen Verfügbarkeit.

Gleichwohl sind damit auch Effekte verbunden, die der Wirkung der populären Schönheiten letztlich abträglich sind: Die Vervielfachung der Bilder von schönen Menschen in den Medien, neben Film und Fernsehen auch in den Zeitschriften, auf Plakatwänden an den verschiedenen Orten der Gesellschaft, trägt zu ihrer Inflation bei. Dadurch, dass diese in der Werbung aus ihrem Zustand des ›interesselosen Wohlgefallens‹ herausfallen, der seit dem 18. Jahrhundert zur Bedingung von Schönheit erklärt wurde, droht auch ihre Entwertung: Das Bild des nun als ›äußerlich schön‹ bezeichneten Menschen steht seit dem 19. Jahrhundert immer auch im Ruch, nur ›leere Hülle‹, nur bloßen Schein zu bieten und die wahre Schönheit als die eines inneren, geistigen, charakterlichen Zustands zu verraten.

Die im Fernsehen präsentierte Welt der Bildschirmstars ist eine Welt der fast durchgängig schönen Gesichter. Wohlgeformtheit im Aussehen kennzeichnet die Dauerpräsenten des Fernsehens: seien es Sabine Christiansen, Sandra Maischberger, Anne Will oder der Wissenschaftsmoderator Ranga

Yogeshwar, der Talkshow-Moderator Reinhold Beckmann oder der langsam ergraute Showmaster Thomas Gottschalk, von den Nachrichtensprecherinnen und -sprechern ganz abgesehen. Das zur Natur der Darsteller erklärte Schönheitsideal ist in allen Gattungen und Genres des Fernsehens anzutreffen: selbst in den Nachrichtensendungen, Magazinen und Ratgebern, in den Sportsendungen und nicht zuletzt in den Unterhaltungsshows. Die erwähnten Stars sind deshalb auch nicht nur auf die fiktionalen Formen von Kino und Fernsehen begrenzt. Der Fußballspieler Michael Ballack zum Beispiel wird nicht wegen seines Spiels, sondern auch wegen seines Aussehens zum Medienstar. So konstatierte der adidas-Chef Herbert Hainer auf die Frage, ob Ballack auch so viel Erfolg hätte, wenn er aussähe »wie eine Mischung aus Geisterbahn und Quasimodo«, dass er es schwerer hätte, weil die Fans heute »nicht nur auf die Leistung, sondern auch auf gutes Aussehen, Auftreten, Lebenswandel« achteten (Spiegel 2006: 89).

Die mediale Technisierung der Körper

Bei einem Pfingstausflug im dörflichen Wendland erzählte die Malerin W., die Menschen seien heute so *fashioned*, so stilisiert, und sie denke dabei immer an das Fernsehen, auch wenn sie gar keinen Fernseher mehr habe.

Das Faszinosum der Bilder vom schönen Menschen in Kino und Fernsehen entsteht dadurch, dass diese Bilder nicht nur auf die natürliche Schönheit der Schauspieler setzen, sondern diese im Inszenierungsprozess überformt und überhöht werden: durch die Zurichtung der Frisur, des Teints, der Lippen, Hände, des Körpers, durch die Kleidung und natürlich vor allem durch die Ausleuchtung, durch das Ins-Bild-Setzen, das Arrangement, die Kontextualisierung des Körpers. Die mediale Schönheit ist eine letztlich ins Perfekte getriebene Darstellung des Ideals, deren Eigenheit in Film und Fernsehen darin besteht, dass sie nicht als fixiertes Kunst-Ideal, sondern als lebendige Natur auf dem Bildschirm und auf der Leinwand erscheint. Denn das Phänomen der medial erzeugten Schönheit besteht ja darin, dass wir als Betrachter in der Regel diese Inszenierung der Physiognomie nicht als solche erkennen, sondern sie als Eigenschaften der Figur, des Körpers des Darstellers verstehen; um das Inszeniert-Sein zwar irgendwo abstrakt wissen, aber dennoch das Schöne als Eigenschaft des Dargestellten, als dessen Seinsbestimmung verstehen. Das wiederum macht die Wirkungsmacht der medialen Schönheit aus, dass sie sich scheinbar der Bestimmung durch die ästhetische Theorie entzieht, weil sie sich immer als Natur, als Ungestelltheit, als einfaches So-Sein ausgibt, das sich im Fernsehen nur vermittelt, als bloß in der Realität Aufgenommenes, aber nicht wirklich Gestaltetes darstellt. Das Fernsehen zeigt vor allem jüngere Menschen, Schönheit wird mit Jugendlichkeit verbunden. Dabei stellt das Unterhaltungsfernsehen Körperlichkeit heraus. Sie muss sich überdeutlich zeigen, oft in gewagten Bewegungen, in Dynamik, Aktion, rasanten Abläufen. Der Kinospielfilm gibt dafür Muster vor. Die Körper werden technisiert – schon vor ihrer Erfassung durch die kinematographische Apparatur. Artistik, choreographierte Körperbewegung und vor allem der Tanz heben die Schönheit der körperlichen Bewegungen hervor. Deshalb stellt vor allem der Tanz- und Musikfilm in seinen historischen Herausbildungen den Versuch dar, Schönheit in einer ultimativen Form zu inszenieren. Mit dem Genre des Tanzfilms trifft sich der Actionfilm in Blockbustern wie *Matrix* (1999): In der Synthese von kinematographischer und körperlicher Performance ergibt sich eine neue mediale Körperinszenierung, die sich nicht nur als Choreographie der ›schönen‹ Bewegung, sondern auch als Leistungssteigerung, als Disziplinierung und Transzendenz der körperlichen Begrenzungen feiern lässt. Im Fernsehen werden solche Ideale dann profanisiert, im TV-Movie und Fernsehfilm vereinfacht und in Shows als Folie für Selbstinszenierungen verwendet.

Schönheit ist nicht nur an eine mediale Form gebunden, sie muss herausgestellt werden: gestisch, mimisch, verbal, durch inszenatorische Unterstreichung und Hervorhebung. Sie muss als solche einen Raum erhalten, der sie abhebt von anderem, der sie zum Erstrahlen bringt. Schönheit ist nicht ontologisch zu definieren, ihre Bestimmung erfolgt durch Zuschreibung. In der Behauptung von ›Schönheit‹ vollzieht sich ein kommunikativer Akt. Schon Johann Joachim Winckelmann tat mit seinen Lobpreisungen der antiken Harmonie und der Proportionen der Figuren nichts anderes, als ›Schönheit‹ zu behaupten und damit ein Schönheitsideal durchzusetzen und zu festigen. Die audiovisuellen Medien haben diesen Prozess stark verkürzt, indem sie eine permanente Präsenz der technischen Bilder erzeugen. Die Hervorhebung erfolgt durch Formen des Herausstellens im Präsentieren selbst, im Wiederholen und Verweisen, für die vor allem das Fernsehen zahlreiche selbstreferentielle Formen entwickelt hat. Sendungsinterne Ankündigungen, *Trailer* und so weiter bilden ein System von Evidenzerzeugung, das durch die begleitende Boulevardpresse, durch die Vermarktung der Gesichter in der Werbung und ihre Dauerpräsenz in der Produktwelt verstärkt wird: Es bedarf nicht mehr der sprachlichen Geste des Lobens und der Metaphorisierung, es reicht bereits das Ensemble der visuellen Gesten des Behauptens einer Evidenz des Schönen.

Das Schöne und das Begehren

Schon in der Erörterung von Nähe und Distanz ist deutlich geworden, dass die Frage nach dem Ebenmaß, nach den sinnlichen Reizen, den Blick darauf voraussetzt. Der Betrachter ist bei der Bestimmung des Schönen als ein aktiver Betrachter zu verstehen. Das Sich-hingezogen-fühlen zum Schönen enthält ein Moment des Bereitseins, im Begehren ist die aktive Zuwendung deutlich formuliert. Schönheit hat etwas mit Verlangen zu tun, wir müssen als Betrachter von der Schönheit evoziert werden, um sie dann aber umso nachhaltiger zu begehren.

Beim Begehren handelt es sich um eine kulturelle Form des Verlangens, wobei es bei den Formen des Repräsentativen immer nur um eine Sublimierung geht, die nicht vollständig befriedigt werden kann. Denn kulturelle Aneignung von medialen Darstellungen ist keine des körperlich direkten Aufnehmens, sondern nur eine durch die Sinne: das Auge, das Ohr, den Tastsinn. Die Repräsentationen werden in ihrer Substanz selbst davon nicht berührt, gerade in den zeitgebundenen Medien ist ihnen Flüchtigkeit eigen, so dass das wiederholte Begehren auch durch immer neue und andere Repräsentationen nicht restlos befriedigt werden kann.

Der Film- und Fernsehstar ist medial einerseits präsent, andererseits aber auch unerreichbar – und dieses Moment der Unerreichbarkeit des Begehrten ist mit einer langen kulturellen Tradition, spätestens seit dem Mittelalter mit dem Minnesang und den Troubadouren verbunden. Schönheit, wie auch immer sie mit anderen Eigenschaften und Werten konnotiert sein mag, ist über das Begehren mit einem Moment der Erotik verbunden. Das Involviertsein des Betrachters hat eine erotische Grundkomponente, die den Betrachtungen zugrunde liegt, sie fundiert die Anschauung, auch hier wieder in einer zumeist unbewussten und unreflektierten Weise.

Narrative und performative Erzeugung des Schönen

Zur Bestimmung der medialen Schönheit gehört im Fernsehen das Moment der Bewegung. Die bisherige Betrachtung des visuellen, bildlich gewordenen Schönen war letztlich immer von einem statischen Bild ausgegangen, in dem die Wohlgeordnetheit der Proportionen, die Reinheit der Linien, die Klarheit der Farben betrachtet werden konnte. Mit dem Bewegungsbild im Kinofilm und im Fernsehen kommen alle diese Aspekte wortwörtlich ins Rutschen.

Fangen die Bilder an, sich zu bewegen, verändern sich die Proportionen, sie sind nur noch begrenzt fixierbar, lassen sich nicht mehr mit Muße betrachten, die Reinheit der Linien löst sich auf: Unschärfe wird zu einem zentralen Kriterium – das Bewegungsbild hat das Moment der Zeit zu einem neuen Faktor gemacht.

Die Bewegung bringt die Narration ins Spiel, die Performance, die Dramaturgie von Abläufen, den Wechsel (vgl. Hickethier 2007: 119 f.). Wechsel bedeutet: Was gezeigt, was erzählt wird, kann nicht andauernd schön sein, sondern muss auch andere Dimensionen: des Hässlichen, Gefährlichen, Brutalen, Vulgären möglich machen. In Abläufen, in denen viele ›unschöne‹ Momente vorherrschen, tritt das Schöne als Unterbrechung ein. Die Bewegungen werden verlangsamt, oft auch ganz angehalten: Die Kamera erlaubt einen längeren, zumindest sekundenlangen Blick auf ein schönes Gesicht, etwa wenn die kroatische Staatsanwältin im ARD-Kriminalfilm *Commissario Laurenti* (ARD 4.6.2006) erstmals auftritt und der von Henry Hübchen gespielte Commissario – wie von ihr überrascht – sie versonnen anschaut. Blick und Gegenblick signalisieren also dem Zuschauer selbst ein Innehalten, und das Betrachten dieser Beobachtung sagt dem Zuschauer: ›Hier ist jemand fasziniert von der Schönheit dieses Gesichts. Betrachter, sieh auch du hin, da geschieht etwas!‹ Solche Inszenierungspraktiken erinnern noch an die kontemplative Betrachtung.

Sehr viel häufiger wird Schönheit jedoch durch die Bewegungsabläufe, durch die Narration erst konstituiert. Schönheit ist in den audiovisuellen Zeitmedien kein statisches Phänomen mehr, ist nicht mehr nur als Physiognomie zu fassen, sondern wird zum Prozess des Werdens und Vergehens, des Hervortretens, Gestörtwerdens und ihrer Wiederherstellung. Schönheit verbindet sich mit der Performanz und der Narrativität.

Die Dimension der eingeschriebenen Zeitlichkeit impliziert eine Kette von Situationen und wechselnden Stimmungen. Die Figuren durchleben diese Zustände in unterschiedlicher Weise, nur selten sind die Zustände harmonisch, nur selten sind Szenerien und Figuren wohlgeformt. Ein Endzustand der Schönheit muss erworben, oft sogar erkämpft werden. Es handelt sich hier um eine Dramaturgie des Wechsels, die Programmabfolgen ebenso wie die einzelnen Sendungen bestimmt. Der Wechsel ist nicht nur das grundlegende Prinzip des Fernsehens, sondern jeglicher medialer Zeitgestaltung. Er impliziert gegenüber der kontemplativen Versenkung in ein Bildnis (*still picture*) letztlich die beiläufige Betrachtung, die Möglichkeit der Zerstreuung und einer nicht-fokussierten Zuwendung. Es sind letztlich auch die »Wonnen der Gewöhnlichkeit«, von denen Kaspar Maase (1997: 270 f.) als Kennzeichen der modernen Massenkultur spricht und in denen das Bild einer schönen, einer glücklichen Welt aufscheint.

Im Fernsehen findet sich eine solche Dramaturgie des Schönwerdens zum Beispiel im aufblühenden Genre der *Telenovela,* etwa in *Verliebt in Berlin* (Sat.1 2006), in der es gerade nicht um die äußere Schönheit der Heldin geht, sondern diese nach dem Aschenputtel-Motiv ihren Aufstieg an der Seite des schönen Chefs, in den sie unglücklich verliebt ist, durch Intelligenz, Ehrlichkeit und innere Schönheit schafft. Mit der inneren Findung erblüht sie auch im Äußeren, kämmt ihre zerzausten Haare, legt die Zahnspange ab und kleidet sich modisch (vgl. Hornung 2006). Schönheit, so zeigt die Narration, ist ein Ergebnis harter Arbeit. Sie muss sich behaupten gegenüber dem Hässlichen, dem Sozialneid, der Missgunst, Eifersucht.

Das Populäre begründet sich in der Unterhaltung

Eine solche Narrativierung des Schönen ist nur eine von vielen Formen, die das Fernsehen anbietet. Das Fernsehen ist die zentrale Erzeugungs- und Distributionsmaschine des Populären, und das Medium hat dementsprechend nicht nur die Schönheitsideale der kulturellen Tradition in der Darstellung schöner Menschen aufgenommen, sondern auch die Traditionen der Erzählung von Welt. Das Fernsehen lebt von der Vielfalt an populären Formen, die es aus den anderen Medien adaptiert und seinem eigenen Programmprinzip anverwandelt hat. Dabei ist es zu zahlreichen Hybridisierungen gekommen, die sich im Fokus der Unterhaltung treffen.

Die ›Reinheit‹ der Form und des ästhetischen Ausdrucks spielt – anders als in der Hochkultur – in der populären Unterhaltung keine zentrale Rolle.

Stattdessen geht es um eine ständige Mischung. Die ›Unreinheit‹ der Formen wird zum Zeichen der Vitalität und einer oft anarchischen Lust am Spiel, einer Freude über eine oft direkte Körperlichkeit der Darstellung und des Miteinander-Agierens. Dieser Neigung hat sich die bürgerliche Ästhetik der ›hohen Künste‹ seit dem 18. Jahrhundert eher verweigert und stattdessen auf Klarheit der Formen, auf Reduktion und Prägnanz des Ausdruck, auf das Maßvolle gesetzt. Der bürgerlichen Ökonomie der Warenproduktion nachgebildet, propagierte sie eine Ökonomie der ästhetischen Mittel: bei einem minimalen, strategisch klug konzipierten Einsatz der Mittel ein Höchstmaß an Wirkung zu erzielen.

Die Ästhetik des Populären ist dagegen eine des Überschusses, des Nebeneinanders von einfachen und komplexen Formen, auch der inneren Widersprüche. Im Fernsehen ist diese Buntheit, das Überschwängliche als Formenvielfalt vorhanden, auch wenn in den letztendlich im Programm erscheinenden Sendungen immer auch ein Bemühen um ein Setzen des Maßvollen zu erkennen ist: In dem Anspruch, auch das bürgerliche Publikum zu seinen dauerhaften Zuschauern zu machen, ist das Fernsehen auch ein Medium, in dem die tradierten plebejischen, kleinbürgerlichen und bäuerlichen Unterhaltungsformen domestiziert und ihre Vitalität eingefangen, ›geordnet‹ und auf ein ›Mittelmaß‹ gebracht wurden. Dies gilt vor allem für die ersten Jahrzehnte des Fernsehens nach dem Zweiten Weltkrieg, in denen diese Disziplinierung auch den bürgerlichen Ordnungsvorstellungen der Gesellschaft entsprach.

Doch die verschiedenen Formen des kulturellen Sich-auslebens, die in den zahlreichen adaptierten Formen der Fernsehunterhaltung noch stecken, sind untergründig wirksam geblieben und befreien sich nach und nach wieder von den Eindämmungsstrategien, die mit der bildungsorientierten Adaption der alten Unterhaltungsformen in den Medien in den 1950er Jahren verbunden sind. Mediengeschichtlich kann die Geschichte der Fernsehunterhaltung als eine Form der langsamen Entdomestizierung der Unterhaltung verstanden werden, wobei – paradoxerweise – die Kommerzialisierung der Fernsehunterhaltung dazu beigetragen hat: Weil es immer darum geht, neue Programmsegmente zu entdecken und bestehende in ihren Erscheinungsformen zu differenzieren und ihre Potenziale auszureizen, um damit die verschiedenen Bevölkerungsgruppen zu Teilpublika des Fernsehens zu machen, wird immer wieder – oft unbewusst – auf die anarchischen, vitalisierenden Formen der Unterhaltung zurückgegriffen.

Das Versprechen von Erfolg und Glück

Das Populäre definiert sich durch spezifische Gratifikationen, Unterhaltungsversprechen, die es abgrenzen von einer Hochkultur, wobei sich diese durchaus auch der Formen des Populären bedienen kann. Dabei handelt es sich um das Versprechen einer erfolgreichen, glücklichen Welt. Hans-Otto Hügel (in diesem Band) hat es das Versprechen eines »gelingenden Lebens« genannt. Egal, was die im Fernsehen auftretenden fiktionalen Figuren oder realen Personen durchzumachen haben, am Ende wird alles gut. Das Versprechen der Unterhaltungsliteratur des 19. Jahrhunderts ist über die literarische Kolportage in die seriellen Fernseherzählungen, aber auch in die populären Fernsehfilme nichtserieller Art gekommen.

Das Fernsehen hat dieses Versprechen auf das geglückte Leben mit unterschiedlichen Formen des Aufwands, der Anstrengung verbunden, und es gehört dazu, dass es trotz aller Bemühen den Protagonisten nicht immer gelingt, den Sieg zu erringen, erfolgreich zu sein, alle Widerstände zu beseitigen. Das erhöht den Realismusanschein, macht die mögliche Welt als eine diesseitige Welt plausibel und unterstreicht zugleich die Bedeutung des Erfolgs, wenn er sich denn einstellt. Er ist selten ein pekuniärer Erfolg oder ein Karriere-Aufstieg, er liegt im zwischenmenschlichen Bereich, im Glück der gelungenen Beziehungen. Der Aufwand wiederum geht bis ins Ekelerregende. So werden nicht nur ›schöne‹ Anstrengungen des Tanzes (*Let's dance*) geboten, sondern Stars – oder vermeintliche Stars – müssen sich auch von Kakerlaken überschütten lassen, mit Schlangen ringen oder durch Modder waten (*Ich bin ein Star – holt mich hier 'raus!*; *Dschungelcamp*). Am Ende steht immer das Versprechen: ›Wenn Du es schaffst, wenn Du das durchstehst, wirst Du belohnt!‹ – ›Bewahre die Haltung dabei, mache eine gute Figur!‹

Das Populäre kann aber auch die Dramaturgie des Wechsels auf ein Minimum reduzieren, so dass der Eindruck eines gleich bleibenden Stroms schöner Stimmungen und Gefühle entsteht: Erzeugt wird ein Wellness-Angebot für Auge und Ohr und darüber hinaus – medial vermittelt – für die Körperlichkeit des Zuschauers. Unterhaltung hat hier direkt etwas mit einem vom Zuschauer angestrebten Wohlbefinden zu tun. Entscheidend ist, dass es sich um eine zeitbasierte Form, ein prozesshaftes Herstellen und Verweilen im Schönen und Glückhaften handelt.

Gerade Musiksendungen bieten ein solches Wohlfühlangebot, indem sie die Musikstücke, die der Zuhörer in der Regel kennt, nun noch einmal durch zusätzliche visuelle Anreize medial verdichten. Der unendliche Erfolg der ebenso unendlich scheinenden Volksmusiksendungen lässt sich durch dieses Bedürfnis nach einem Strom von gefühligen Stimmungen erklären, die bei bestimmten Publika durch eben diese Musik ausgelöst werden. Dem Konzept des medialen Glücks entsprechen auch diese eher undramatischen, wenig wechselhaften Angebotsformen. Hier ist das gelingende Leben nicht eines, das sich als erschöpfter Sieg über die Widerstände in einem Erlebnis, einem punktuellen Glückszustand darstellt, sondern das sich im Grunde als ein perpetuierender Dauerzustand etablieren möchte: lebensbegleitend, als Strom von Gefühligkeit.

Die Haltung des Zuschauers gegenüber dem Fernsehen ist mehrheitlich eine des mehr oder minder ›interesselosen Wohlgefallens‹, das schon die idealistische Ästhetik als Bedingung für Schönheit definiert hat. Der Betrachter lässt sich durch das Angebot ästhetisch stimulieren, versetzt sich in einen Zustand der ästhetischen Wahrnehmung. Beiläufige Zuwendungen verhindern jedoch nicht das Zustandekommen ästhetischer Erfahrung, wie die ästhetische Theorie oft vermutet, sondern haben im Gegenteil in der Regel eine erhöhte Form von Medienkompetenz im Hintergrund. Fernsehunterhaltung erlaubt gerade auch in der beiläufigen Rezeption ein Sich-hineinversetzen in Zustände des glückhaften Erlebens, wobei das Sich-hinein-begeben und Sich-wieder-herausziehen ein ständiges liminales Wechseln über die Schwelle von ästhetischen Räumen und Alltag bedeutet (vgl. Fischer-Lichte 2001: 347 ff.). Gerade in diesem wiederholten Wechsel liegt der Reiz und die Bedeutung der Fernsehunterhaltung.

Die Ästhetik des Populären schließt Konzentration im Zuschauen nicht aus, sie erzwingt sie jedoch nicht, weil die ästhetische Struktur des Angebots nicht durch eine Geschlossenheit des Werks und seiner binnenstrukturellen Bezogenheit aller Gestaltungselemente aufeinander, sondern durch offene Konzepte bestimmt wird. Gerade das Spiel unterschiedlicher Schönheitskonzepte, unterschiedlicher Glücksversprechen erlaubt die Freisetzung des Zuschauers darin, wie er das Fernsehen betrachtet.

Die Fernsehwelt und die Stabilisierung der Verhältnisse

In Jakob Heins Arbeitslosenroman *Herr Jensen steigt aus* (2006) sucht der schon seit längerer Zeit arbeitslose Herr J. nach dem Sinn von Fernsehsendungen, in denen sich Leute anschreien, sich ausziehen, miteinander schlafen oder aufeinander einschlagen. Oder in denen Menschen stundenlang reden, »die keinen vollständigen Satz formen« können. Da das Fernsehen nicht etwas sein kann, »das versehentlich passiert«, sucht Herr J. den Sinn solcher Sendungen durch Programmbeobachtung, -aufzeichnung und -analyse zu ergründen. Er scheitert an der Unmenge des Materials, das sich schnell ansammelt. Er entdeckt aber zuvor noch, dass es immer um Normsetzungen, Grenzziehungen geht, darum, was erlaubt ist und was nicht, und dass die Menschen in den Daily Talkshows, Comedysendungen und Dokusoaps nur als »Mensch gewordene schlechte Beispiele« auftreten. Zu den Normen, die die Fernsehwelt vermittelt, gehörte nach Herrn J. nicht nur ›man sollte arbeiten gehen‹, sondern auch ›man sollte fröhlich sein‹ und ›man sollte schön sein‹. Herr J. resigniert, weil er der Scheinwelt, als die er das Fernsehen erkennt, nicht entsprechen kann, und zieht sich aus der Welt zurück, verzichtet auf Fernsehen, Radio, Zeitungen, schraubt schließlich seinen Briefkasten und am Schluss auch das Namensschild von der Wohnungstür ab.

Herr J. hat das Fernsehen ganz funktional erklärt, hat den ästhetischen Schein des Mediums erkannt, aber nur als Schein und diesen in seiner Suche nach dem Wahren verworfen. Das Fernsehen bildet die Welt in der Tat nicht einfach ab, deshalb verfehlen alle Postulate eines Abbildrealismus und die sich daraus ergebenden Vorwürfe an das Fernsehen dieses in seinem Kern. Es geht hier immer um die Erzeugung von etwas Anderem, das zwar Bezüge zur Wirklichkeit enthält, aber eine eigene Autonomie als Fernsehwelt für sich beansprucht.

Vor allem in den fiktionalen Formen geht es um die Darstellung einer *möglichen* Welt, um eine Utopie, eine wie auch immer besser organisierte Welt, in der überschaubare Kausalitäten bestehen. Auf der Basis dessen, dass hier etwas sichtbar gemacht wird, was unsichtbar ist, in der begrenzten Form einer Sendung mit einem zeitlichen Anfang und Ende, kann aber auch von ekstatischen Momenten, den Augenblicken der Verdunkelung, Verwirrung, Unklarheit gehandelt werden. Das Prozessuale der zeitlichen Erzählform hat Folgen für die mediale Schönheit. Diese ist kein Dauerzustand, sondern ein Vorgang, in dem diese immer wieder neu hergestellt werden muss, so als müsse eine apollinische Klarheit erst durch den Zustand der dionysischen Verwirrung hindurch.

Die Besonderheit des Fernsehens besteht nicht darin, nur Schönheit wieder und wieder zur Anschauung zu bringen, sondern es macht daraus in anderen Programmbereichen ein aktivierendes Programm für den Betrachter. War in der Malerei der Romantik die Interaktion des empfindsamen Menschen mit der Landschaft im Tafelbild ein Programm, das sich der Bildbetrachter zu eigen machen konnte, so wendet sich das Fernsehen direkt an seine Zuschauer, bietet appellative Formen der direkten Adressierung, um den Zuschauer zur Interaktion, nicht mehr unmittelbar mit dem Fernsehen, sondern mit sich selbst anzuregen.

Damit sind die anderen Gattungen des Fernsehens angesprochen, die bei der Erzeugung und Vermittlung von Schönheit involviert sind. Es ist ja auffällig, dass sich zahlreiche Ratgebersendungen mit der Verbesserung des Äußeren der Zuschauer beschäftigen – und damit die Erzeugung von Schönheit, Fitness und Leistungsbereitschaft zu einer gesellschaftlichen Notwendigkeit im Kontext von Karrieren, gesellschaftlichem Aufstieg und Fortschritt erklären. Das Erreichen von körperlichen Idealmaßen, die Stilisierung des Körpers nach einem gesellschaftlich dominanten Bild des schlanken, durchtrainierten Körpers ist zu einer Aufgabe für die Zuschauer geworden, die damit ihre Position in der Gesellschaft halten oder verbessern wollen.

Schönheit wird als *Beauty* mit Mode verbunden. Das Bild des schönen Menschen wird mit Produkten verknüpft. Das Fernsehen zeigt durch seine Bildschirmschönheiten, dass Kleidung und körperliche Wohlgeformtheit eine Einheit bilden. Schönheit wird zu einer durch Produkte unterstützten Präsentationsform, möglichst mit den als besonders schön herausgestellten Waren, den Markenartikeln. So wie die Verpackung des Produkts wichtig wurde, wird Schönheit zum *Branding* des Zuschauerkörpers. Ganz ohne Frage liefert das Fernsehen täglich immer wieder aufs Neue die entsprechenden Beispiele und gibt Normen vor. »Fashion heißt die Ersatzreligion, Pose ist wichtiger als Inhalt«, verkündete der Modedesigner Joop (2001). Das Fernsehen liefert die Muster, wie diese Posen zu erzielen sind.

Natürlich lässt sich leicht von einer Kommerzialisierung der Schönheit sprechen, ihrer Funktionalisierung für die warenproduzierende Gesellschaft, deren Indienstnahme der Schönheit bis hin zum Entstehen einer »Warenästhetik« (Haug 1971; Rexroth 1974) reicht, doch gehen Schönheit und Warenproduktion ein wechselseitig wirksames Geschäft miteinander ein: Nicht nur die Warenproduktion bedient sich der Schönheit, sondern umgekehrt lebt auch die Schönheit von den Waren und ihren impliziten Versprechen; die Inszenierung der Schönheit bedient sich der Warenwelt, um sich selbst ins rechte Licht zu rücken.

In der Fernsehunterhaltung nimmt dieses Vorhaben einen zentralen Platz ein. Schönheit als ein Programm für den gesellschaftlichen Aufstieg, aber auch für die kurzfristige gesellschaftliche Anerkennung, und sei es nur für einen kurzen Moment, im Fernsehen aufzutreten – jene 15 Minuten, von denen schon Andy Warhol gesprochen hat, dass sie das Glück dieser Welt bedeuten. Schönheit als ein Prozess der medialen Unterhaltung, der performativen Darbietung im Fernsehen hat dafür ein eigenes Genre entwickelt: die *Castingshow*, die Schönheit mit medial erwünschten Eigenschaften verbindet – nicht nur die der Physiognomie und der Körperbeherrschung oder des Tanzens wie bei *Let's dance* (RTL), sondern auch der Stimme wie in *Popstars* und *Deutschland sucht den Superstar*, wo zudem Laufstegqualitäten wie bei Heidi Klum und den *Supermodels* gefordert werden.

Schönheit ist nicht mehr nur ein Zustand, der bewundert werden will, sondern ist zum medial gesteuerten Prozess der Selbststilisierung der Zuschauer geworden. Die mediale Naturwerdung des kunstvollen Schönen steht längst für ein Disziplinierungsprogramm in der alltäglichen Realität und beeinflusst die Normen des Zusammenlebens. Das Fernsehen liefert dabei ein in sich vielgestaltiges Anschauungsmaterial, das zwar in seinen Gattungen, Themen, Motiven sehr verschieden, in den Formen und Figuren, in denen und mit denen es realisiert wird, dann doch sehr ähnlich, sehr uniform wirkt.

Spätestens hier stellt sich die Frage nach der Funktion des Schönen in den populären Medien noch einmal. Für das Fernsehen lassen sich allgemeine Funktionen benennen, die dem Medium als Agentur der gesellschaftlichen Selbstverständigung zukommen: a) Funktionen der gesellschaftlichen Stabilisierung, Bestätigung des Status quo (Akzeptanz schaffen), Durchsetzung von Modernisierungsprozessen, b) auf das Individuum gerichtete Funktionen: Vermittlung von Wissen über die Gesellschaft, Orientierung erzeugen im individuellen und gesellschaftlichen Handeln (Angemessenheit/ Unangemessenheit) und nicht zuletzt Sinnstiftung, dass das Leben, wie es ist, richtig ist. Diese Sinnstiftung, zu der auch Funktionen des Trostes (für die gesellschaftlich real Benachteiligten) und der Befriedung (Absorption von freier, ungenutzter Lebenszeit durch das Fernsehen, Stillstellung von Arbeitslosen und anderes) gehören, erfolgt auf der strukturellen Ebene (Hickethier 1999, 2006).

Hier trifft der funktionale Aspekt auf den einer binnenästhetischen Logik: Die im Medium dargestellte (und durch das Medium zugleich erzeugte) Welt bedarf eines inneren Zusammenhangs, der über die nach außen gerichteten Funktionen hinausgeht beziehungsweise diese im Inneren des medialen Systems zusammenhält. Die Fernsehwelt – als eine in sich vielfältige, die

Traditionen des Schönen aufnehmende und verarbeitende Darstellung von Welt – bedarf dieses ästhetischen Grundprinzips, um die Vielfältigkeiten zusammen zu halten, um den Anschein, man zeige die ganze Welt, zumindest das, was von ihr darstellenswert sei, plausibel zu machen.

Die normsetzende Kraft des Populären

Am Anfang stand Ecos resignative Sicht, in den Medien könne angesichts der Polyvalenz des Schönen kein einheitliches Schönheitsprinzip mehr ausgemacht werden. Dagegen ist festzuhalten, dass sehr wohl ein solches Prinzip besteht, nur liegt es nicht mehr unbedingt in den Bildern schöner Menschen begründet. Diese gibt es auch noch und in Mengen, doch das Schönheitsideal behaupten die Medien heute, indem sie auf sich selbst verweisen, auf ihre eigene Formung der Welt, darauf, wie sie die Welt selbst medialisieren und damit in ein Schönheitsideal zwängen. Es ist eine stilisierte Form, eine mediale Farbigkeit, eine durch das Fernsehen definierte Zeit- und Raumstruktur, wobei die Verständlichkeit dominiert und hinter allem auch der demokratische Anspruch steht, für alle etwas zu präsentieren, was deren Schönheitsidealen, gerade in ihrer Konventionalität, entspricht. Die ästhetischen Ideale des Mainstreamfilms und des populären Fernsehens bilden – unabhängig vom Kunstverständnis der kulturellen Eliten – das Prinzip des Schönen für die Gegenwart.

Kurz gesagt: Die populären Medien definieren heute das Schönheitsideal. – Ja, wer denn sonst?

Me, Myself, I:
Schönheit des Gewöhnlichen.
Eine Studie zu den fluiden ikonischen Kommunikationswelten bei *flickr.com*

Birgit Richard, Jan Grünwald und Alexander Ruhl

Dieser Beitrag nähert sich solchen Schönheiten, die sich mittels eines medial inszenierten Selbstdesigns präsentieren: Er beschäftigt sich mit den inzwischen millionenfach vorhandenen globalen Körperbildern, die im Internet auf der Fotosharing Plattform *flickr.com* lagern und zu einem nennenswerten Teil von Präsentationsweisen des Selbst geprägt sind. Die Studie auf der Grundlage dieser Bilddatenbank folgt der Fragestellung: Gibt es die *eigene* Schönheit des individuellen Körpers im Popbild? Zugrunde liegt eine kulturwissenschaftliche Auffassung von Schönheit, die diese als nie absolut und unveränderlich sieht, sondern den historischen, regionalen und kulturellen Gegebenheiten angepasst ist und auch abhängig von der Materialität ganz unterschiedliche Erscheinungsformen annehmen kann (vgl. Eco 2004: 14).

Die Sortierung der unzähligen Bilder und die Analyse dienen dazu herauszufinden, worin Schönheit beziehungsweise Hässlichkeit dieser populären medialen Bilder von Männern und Frauen liegen. Schwerpunkt der Untersuchung ist die neu entstandene Form des *Popbilds*, wobei die Kategorie des Popbilds von uns als eine hybride Kategorie zwischen Amateur-/Profibild in den Onlineumgebungen des *Web 2.0* eingeführt wird. Die hier vorgestellte Studie sichert zunächst das medienstrukturelle Phänomen, um dann zu einer repräsentativen Auswertung des erhobenen Materials zu kommen, trotz der inhärenten Dynamik, die den Reiz von *flickr* ausmacht.[1] Am empirischen Material wird gleichzeitig die Entwicklung einer neuartigen medienadäquaten Methode vorgeführt.

Das kollektiv mit Inhalten bestückte *Web 2.0* (O'Reilly 2005) und insbesondere *flickr* (http://www.flickr.com) zeigen am deutlichsten, dass Publizieren nicht länger Privileg professioneller Bilderzeuger ist. Das Popbild, eine von Amateuren hergestellte Bildform, in die sich sowohl triviale als auch

---

1 Vgl. Richard/Zaremba (2007) zur Methode des Netzscans, der Schlüsselbilder und Cluster als Triangulation von quantitativen und qualitativen Methoden.

Abdrücke von Darstellungsschemata der bildenden Kunst eingelagert haben, gilt als authentische Bildäußerung, da es sich scheinbar an der alltäglich beobachtbaren Realität orientiert. Die Amateurtechniken sind aber zugleich Anlass für künstlerische und designerische Stile und zeigen sich in Trends wie Super 8, der Lomo-Fotografie und Videoproduktionen mit der Handykamera. Die Amateure verwenden und erzeugen Bilder getreu ihrer visuellen Sozialisation und deren Wahrnehmungswelten, die natürlich auch durch die Gebrauchsbilder professioneller Bilderzeuger wie Fotojournalisten geprägt und so wiederum an künstlerischen Vorbildern geschult wurden. Das individuelle Bildverstehen ist also fest in sozialen und kulturellen Praktiken verankert (Mitchell 1990). Zudem werden bei der Bilderstellung zahlreiche Entscheidungen getroffen, die einen direkten Eingriff in das *Authentische* darstellen. Bewusst oder unbewusst beeinflussen technische sowie ästhetische Entscheidungen die (Selbst-)Darstellung, beispielsweise durch die Wahl der Kamera, des Kameraobjektivs, der Auflösung, der Speichergröße, sowie ästhetische Merkmale wie die Bildkomposition oder die Wahl des Bildausschnitts. Somit ist die Bildproduktion immer von Interpretation und Selektion geprägt (Knieper 2005).

Das Visuelle als *social software*

Genutzt wird *flickr* für alle Themen der visuellen Selbstdarstellung; die Webseite ist ein öffentliches Anschlagbrett, programmiert von der Firma ludicorp. Die permanent erzeugten Bilder sind aber zugleich Kommunikationsanlass der Onlineplattform, sie dienen als *Kommunikationsschmiermittel*. Das kollektive Bilduniversum wird von den Nutzenden selbst erschaffen und verändert sich permanent, es ist prozessual und steht niemals still. Hinter der relativ einfach gehaltenen Oberfläche, die nur auf den ersten Blick dem Prinzip von *simplicity* (Maeda 2006) entspricht, verbergen sich viele, komplex strukturierte Sortierungen der erzeugten Daten. Wesentlich ist die Sortierung der visuellen Informationen: Sie werden nach den häufigsten Schlagworten oder chronologisch, zum Beispiel Bilder des Tages, des Monats (in Kalenderform) oder auch nach AutorInnen sortiert. Hinzu kommen nutzerbestimmte Ordnungen wie die eigenen *personal tags* und die eigene Favoritenliste – das Prinzip des *social bookmarking* – oder die Anordnung der eigenen Fotos in motivische Sets und in Groups, an denen mehrere UserInnen beteiligt sein können. Sehr differenziert geben die zugewiesenen Schlagworte, die *tags*, Auskunft über zugängliche Motive.

Auch die Erprobung von Techniken hat einen bedeutenden Stellenwert bei *flickr*; dies ist typisch für offline-Gemeinschaften von AmateurfotografInnen. Es werden Techniktipps ausgetauscht, und die virtuose artistische Beherrschung der Technik ist ein zentrales Kriterium. *flickr.com* ist die Plattform, auf der neue Technologien, Trends oder Software zuerst ausprobiert werden, wie etwa die HDR-Fotografie. Hier werden zwar einerseits neue Standards im Experimentieren gesetzt, zugleich lässt sich aber auch die Verfestigung einer Technologie in einer eingefrorenen Ästhetik beobachten. Dies geschieht durch die Verfügbarkeit der ersten hochgeladenen Bilder, die dann eine Vorbildfunktion übernehmen. Sie sind Schau- und Lehrstück für den virtuosen Einsatz von Technik.

flickr ist ein soziales Netzwerk: Genannt wird nicht nur die Person, die das Bild eingestellt hat; ebenso ist dokumentiert, welche Schlagworte zugewiesen wurden und welchen Gruppen das einzelne Bild gegebenenfalls zugeordnet ist. Zusätzliche Informationen etwa über Urheberrechte, Aufnahmedatum und Ort, verwendete Kamera und ähnliches runden die Bildseite ab, wie sich auch Angaben darüber finden, wie oft das Bild bereits betrachtet wurde und welche anderen NutzerInnen das Bild als *favorite* hinzugefügt haben. Die softwareseitig gebildeten Kategorien wie *most interesting* erschaffen daher interne soziale Hierarchien: Hier werden die Fotos gezeigt, die am häufigsten aufgerufen wurden. Dabei erhalten die den einzelnen Personen zugeordneten Bilder auch die Funktion des sozialen Kapitals, also den Wert einer Ressource, von der Teilhabe an einem Netz sozialer Beziehungen abhängig ist (Bourdieu 1983).

Die ebenfalls auf der Seite zum Bild geäußerten Kommentare bilden in ihrer Folge eine Art von Diskussionsstrang zum angezeigten Foto. Jedes einzelne Bild bildet so zugleich das Zentrum wie auch die Peripherie in diesem Bilduniversum, das von den Nutzenden in jeder Sekunde selbst erschaffen, aufrecht erhalten, strukturiert und verändert wird. Die im Rahmen der geschilderten Möglichkeiten geleistete Anreicherung des visuellen Materials mit maschinenlesbaren Informationen – nichts anderes ist die Verschlagwortung und Klassifizierung jedes Bildes – lassen einen *visuell motivierten sozialen Hypertext* entstehen, welcher die dezentrale und multiperspektivische Verdatung assoziativer Felder offen legen kann.

Die individuelle Profilseite ist somit eine ideale Bühne der Selbstinszenierung, deren Wirksamkeit gesteigert wird von der Aura des Authentischen, die fotografischen Produktionen innewohnt (Bourdieu 1981). Ein Indikator, dass die Plattform auch tatsächlich in diesem Sinne als Schauplatz der Selbstaufwertung und der permanenten narzisstischen Selbstbespiegelung eingesetzt wird, ist die Zahl der gefundenen Bilder bei den Suchbegriffen *me* und *I*, die höher ist als bei der Suche nach Baby – einem Motiv, das zweifellos sehr häufig fotografiert wird (Walker 2005). An dieser Stelle scheint es fruchtbar zu sein, die Theorie von George Herbert Mead und im Speziellen die Begrifflichkeiten *me* and *I* (Mead 1973: 216), die sich um Identität und das Selbst, also um die innerpsychische Wirklichkeit und den damit verbundenen Umgang von Individuen mit der Gesellschaft und ihrer Kultur als relevantes soziales Umfeld drehen, in das konkrete Feld *flickr* einzuführen und medienadäquat zu transformieren. Denn *flickr* bietet als Austragungsort visueller Darstellungen des Selbst eine Projektionsfläche für die Inszenierung der Identität aus der angenommenen Sicht des verallgemeinerten Anderen (*me*), welche als Leitlinien für die eigene Präsentation dienen. Innerhalb dieser wird die persönliche, individuelle, also ganz eigene und unberechenbare Selbstinszenierung verortet (*I*). Diese wird also beeinflusst von den Faktoren, die durch die Gesellschaft, den anderen oder die Kultur an das Individuum herangetragen werden, keinesfalls jedoch dadurch determiniert. Die Unterscheidung bietet Ansatzpunkte für die Identifikation von Bildinnovationen und eigenständigen visuellen Darstellungsoptionen im Wechselspiel von *me* und *I*.

Der Wert dieses sozialen Netzwerks zeigt sich auch in dem Nebeneffekt, dass dieses soziale Kapital unmittelbar in ökonomisches konvertierbar ist: Denn mittlerweile bieten DienstleisterInnen an, gegen Geld das eigene Profil auf den Plattformen aufwerten zu lassen. Wer nur Familie und wenige Freunde vorweisen kann, kann nun aus einem Katalog attraktive Buddies aussuchen, die je nach Investition mehr oder weniger wohlwollende Botschaften verfassen (Corinth 2006).

Fluide Kommunikation und visueller Hypertext: Der *tag* ist das Bild

Zur Dramaturgie einer solchen Aufmerksamkeitsökonomie des repräsentativen Bilderfundus gehört es auch, die eigenen Bilder mit populären, Erfolg versprechenden Schlagwörtern zu versehen. *Flickr* erschließt neue virtuelle

Handlungsräume zur Kommunikation über den engen Familien- und Freundeskreis hinaus. Angestrebt wird die Erzeugung eigener und das Auffinden vertrauter, also eher *uniformer* Darstellungsweisen, die die Aufgehobenheit in der Community garantieren und nicht gefährden.[2] Bei *flickr* zeigt sich eine medial beeinflusste, ungefilterte und ungeschulte Amateur- und Alltagsästhetik, die in typischen Motiven wie Landschaften, Katzen, Blumen, Babys – zusammen gefasst *die schönen Dinge des Lebens* – die Illusion der Darstellung der eigenen Realität bedient. Flickr ist somit deutlich von anderen Netzwerken von Hobbyknipsern wie zum Beispiel http://www.fotocommunity.de zu unterscheiden, wo sich die Erzeugnisse viel stärker an der Ästhetik von kommerziellen Fotokalendern und Postkarten orientieren. Bei *flickr* geht es auch um außergewöhnliche Varianten eines Motivs, an denen die artistische Verwendung von Photoshop deutlich wird, oder um die skurrile Überbietung von eingeführten Motiven, so zum Beispiel der Contest zum *tag* »20 Personen betrunken in einem Whirlpool«. Die eingestellten Motive sollen Zeugenschaft über das Ereignis und die Stimmung wiedergeben, sie sind narrativ und abstraktionsfrei. Es geht keinesfalls um ästhetische Abweichung in der Gestaltung. Dafür werden andere Prinzipien wichtig: die Überdeutlichkeit bestimmter Motive, humoreske und absurde Momentaufnahmen, der Zufall im alltäglichen Leben zeigt sich. Bei *flickr* wird deutlich, dass es zur Entstehung eines sozialen Netzwerks zwingend der ästhetischen Redundanz bedarf.

Es ist nicht etwa die Entstehung einer neuen Generation von besonders kompetenten Bilderzeugern im Sinne von ästhetischer Avantgarde zu beobachten (unserer Studie zufolge zeigen lediglich zwei bis drei Prozent der vorgefundenen Bilder zum Thema eine signifikante Abweichung). Das visuelle Erzeugnis ist Ausweis von Fähigkeiten, sogenannten *skills*, und Identität: Die aufgenommenen Bildgegenstände charakterisieren das auf der persönlichen Seite dargestellte Selbst auf einer Bühne der Selbstaufwertung. Das so entstehende Popbild ist Kommunikationsschmierstoff, das anstrebt, mit geringem Einsatz von Mitteln ein Maximum an Reaktion und Emotion zu erzeugen, und sich hierbei der gängigen visuellen Schablonen der zeitgenössischen Gegenwart für eine *schöne* Selbstdarstellung bedient und kein Risiko der Nicht-Verständlichkeit eingeht.

Zudem schwingt im Amateurfoto ein hohes Authentizitätsversprechen mit (Gapp 2006), die fotografische Selbstdarstellung des *me* wird meist als

---

2 Zum Begriff *uniform* vgl. Richard/Grünwald/Betten (2007).

eine unverfälschte Abbildung angenommen. Bei *flickr* wird sichtbar, dass hier die unbewusste Vermischung von Eigen- und Fremdbildern stattfindet, die die Unterscheidung selbst mit den Begrifflichkeiten des *me* und *I* nahezu unmöglich macht. Anders als bei künstlerischen Bildern gilt hier die authentische Individualität unhinterfragt. Identität wird über kollektive Bildschablonen ausgedrückt, da nur sie den Respekt einer *community* garantieren. Scheinbar Privates wird öffentlich gemacht und damit ein Teil eines intersubjektiven Bilderfundus. *Flickr* ist nur scheinbar Ort der Begegnung mit etwas Fremdem, denn die Suche gilt hier vor allem einem ähnlichen visuellen Empfinden und Gleichgesinnten. Nicht alle NutzerInnen streben allerdings nach globaler Selbstdarstellung: Oft ist die Mitteilung an einen kleinen Kreis von Freunden und Bekannten am wichtigsten. Ziel ist nicht, alles allen zu zeigen, sondern im Sinne der Möglichkeit des sogenannten *privacy management* (Moorstedt 2006) verschiedene Stufen der Veröffentlichung des eigenen Lebens selbst vorzunehmen.

Das Bild ist somit Anlass zur Kommunikation, es ist damit keine Wertschätzung als eigenständiges Medium verbunden. Bei *flickr* ist für die dargestellte technische und soziale Vernetzung zwingend eine verbale Verdatung (*tags* = Schlagworte, Kategorien). Damit zeigt sich auch hier die kulturell festgeschriebene Unterordnung des Bildes unter Sprache und Schrift (Sachs-Hombach 2005). Die Vernetzung findet über Bildähnlichkeiten statt, also über motivische Redundanzen. Die Einordnung der individuellen Bilder hängt von zugewiesenen Begrifflichkeiten ab, kaum von den Bilderzeugnissen selbst. Hinzu kommt, dass auch die Bildunterschrift einen entscheidenden Stellenwert hat. Aufschlussreich ist daher die Beschäftigung mit dem Begriff *tag*, der einen Zwischenstatus zwischen Sprache und Bild suggeriert, wenn man ihn in seiner Verwendung an den Bereich des Graffiti anschließt. Das Bild existiert nicht ohne *tag*, also fallen *tag* und Bild in eins. So sind *tags* und Bild als Zeichen von Präsenz aufzufassen im Sinne von Lyotard (1986). Analog zu den Graffiti werden die *tags* und assoziierten Bilder zu Zeichen von Existenz im virtuellen Raum (Baudrillard 1978). Die Bilder sind austauschbar und daher nicht mehr und nicht weniger als Zeichen von Anwesenheit, die die Kommunikation anregen sollen. Sie erzeugen Anschlussfähigkeit an globale Netze, etwa wenn Partyportale in der Provinz davon zeugen sollen, dass man existiert und ein exzessives Leben stattfindet.

Das kulturelle Kapital liegt weniger in der virtuosen Bilderzeugung als vielmehr in den individuellen Fähigkeiten zur sprachbasierten Vernetzung und Anschlussfähigkeit an das eingesetzte Zielsystem *flickr*. Das zeigt sich auch in der nüchternen apparatischen Bilderzeugung, die durch das schablonenartig wiederholbare Motiv oder artistische Programmeffekte der Bildverarbeitung (Sturm 1987) und nicht durch den individuellen gestalterischen Eingriff charakterisiert ist. *Flickr* beherbergt also klassische technische Bilder, die oberflächlich sind (Flusser 2000); dahinter liegen die maschinelle Datenstrukturen, keine Erkenntnisse.

Ego tags: methodische Strategien zur Untersuchung der schönen Selbstbilder

Die Untersuchung der Plattform *flickr.com* macht es notwendig, eine angemessene Erhebungs-, Sortierungs- und Auswertungsmethode zu entwerfen. Als besondere Herausforderung gilt dabei, Grundmuster in der Selbstdarstellung über Körper und Kleidung zu sichern, die trotz des sekündlichen Wandels des Inhalts von *flickr.com* im Kern konstant bleiben, das heißt, eine Typologie von eingeführten und gemeinschaftlich weiterentwickelten Darstellungsmustern und -konventionen herauszuarbeiten.

Eine quantitative Vorgehensweise wäre angesichts der Millionen von Bildern nur über eine Zufallsstichprobe möglich, die mangels objektivierbarer Kriterien für die Motive in den Bildern die maßgeblichen Charakteristika der Bildpräsentation jedoch nur unzureichend erfasst. Viel versprechender erscheint daher der Zugang über eine qualitative Erhebung.[3] Hierbei muss in folgenden Schritten vorgegangen werden: 1. Bestimmung der relevanten Schlagwörter (*tags*); 2. Auswahl des Bild-Bereichs nach Häufigkeit des Vorkommens; 3. Erhebung des Materials durch Zufallsstichproben/und Auswahl im Flow der *tags*; 4. Untersuchung der Begriffe auf Trennschärfe anhand des vorgefundenen Bildmaterials (Fokus hier: Schönheit, Körper, männlich-weiblich); 5. Auswahl der Schlüsselbilder für die Analyse hier aus den *personal sets* (wichtig wegen der Thematik des *schönen* Selbst); 6. Erstellung einer Typologie, beziehungsweise Suche nach Abweichungen von der Norm (Körper, männlich-weiblich) unter Berücksichtigung der spezifischen medialen Darstellung; 7. Erstellung von relationalen Bilderclustern nach der Analyse des anschaulichen Charakters des Bildes.

---

3 Vgl. dazu das Konzept der Schlüsselbilder und relationalen Bildcluster bei Richard/Zaremba (2007).

Mit diesem Forschungsdesign kann der Dynamik des Feldes Rechnung getragen werden, indem bei der Identifikation der für das jeweils untersuchte Feld bestimmenden Faktoren auch dem Gespür der Forschenden für ihren Gegenstand entscheidender Wert zugemessen wird. Leitend ist also nicht eine zuvor bestimmte oder angenommene Ursache-Wirkungs-Kette, sondern vielmehr der Gedanke, dass den beobachteten Prozessen mit Intuition und Kreativität nachzuspüren ist, um ihre Bedeutung im relevanten Kontext zu ergründen. Mangels interpretativ neutraler Verfahren ist also eine *mimetische* (Amann/Hirschauer 1997: 20) Form der Forschung anzustreben, in der sich die Beobachter auf das Feld eichen und darüber ein empirisch fundiertes Wissen über die besondere kulturelle Ordnung entwickeln.

Im gegebenen Fall sind zunächst die erforderlichen englischen *tags* zu formulieren. Begriffe wie *beauty* (360.325 Bilder) oder *beautiful* (907.764 Bilder) verfehlen durch die Menge an verschiedenen Bildmotiven (Porträts, Naturaufnahmen, Bilder von Kindern, Mode ...) das Forschungsfeld; sie sind zu diffus, um ein befriedigendes Ergebnis zu erzielen. Die *tags*, die bei der Erstellung einer Typologie hilfreich zu sein scheinen,[4] beziehen sich auf Formen der Selbstrepräsentation, auf das persönliche, aber auch fotografische Selbstverständnis *me* (1.209.948), *I* (10.083.460), *self* (586.985), *selfportrait* (303.601)), auf das Format der medialen Selbstdarstellung (*sexy* (316.222), *posing* (409.731), *posers* (41.573), *naughty* (29.196), *body* (192.572), *male body* (4.677), *female body* (4.668), *my body* (33.012)) und auf die sexuelle Orientierung, die häufig gleichzeitig einen definierten Darstellungs- und Körpermodus impliziert (*gay* (293.586), *lesbian* (49.982), *hunk* (9.267)).

flickr Männer Selbst-Bilder: Indie Boy versus Macho Man

Im Bild-Universum von *flickr* lassen sich verschiedene geschlechtsspezifische Typologien ausmachen. Maskeraden der Männlichkeit sind daher – mehr als Maskeraden der Weiblichkeit – auch Aufführungen von »Authentizität«, sogar wenn sie einen gänzlich ›unmännlichen Mann‹ performieren (Benthien 2003: 56). Daraus resultiert das Paradox, dass auch der *verstellte* Mann der *echte* Mann ist, was Auswirkungen auf die parodistische Überzeichnung von Geschlechtsidentität hat. Stark zur Schau gestellte Weiblichkeit kann, laut

---

4 Allesamt erhoben am 1. Mai 2007.

Benthien, leicht als künstliche Übertreibung gelesen werden, während es sich im Falle von Männlichkeit um den Versuch einer Potenzierung handelt, besonders in der zeitgenössischen Kultur, in der sich die exzessive Männlichkeit primär in der Physis zeigt. Das subversive Moment der Repräsentation von Männlichkeit liegt also vielleicht eher im Akt der Performanz als im Bild selbst.

Es können zwei Männertypen herausgearbeitet werden, zwischen deren Polen diverse Möglichkeiten zur Selbstdarstellung liegen. Ersterer kann als Indie-Boy bezeichnet werden, weil seine bildliche Darstellung androgyne und sensible Jungenhaftigkeit repräsentiert. Dieser Typus wird von Susan Bordo (1999: 187) als *leaner* bezeichnet, weil sich die Dargestellten im Bildmotiv üblicherweise anlehnen oder auf ein Objekt stützen. Die vom *leaner* dargestellten Posen sind eher als traditionell *weiblicher* Modus einzustufen. In der kommerziellen bildlichen Repräsentation von Geschlechterstereotypen gilt zudem die visuelle Faustregel John Bergers (1972: 46–47): »men act and women appear«. Damit ist der Figurtypus des *leaner* dem *Erscheinen* näher als der aktiv (Selbst-)Produzierende des traditionellen Männerbildes. Die passiv-sensible Selbstdarstellung des Indie-Boys ist nicht als Spiel mit Versatzstücken der *gay culture* zu werten (auch wenn der Ursprung hier liegen mag).

Als Beispiel für den Indie-Boy kann das *flickr*-Profil des aus Brasilien stammenden Eric Phillips dienen, bei dem die oben beschriebenen Attribute zu finden sind (www.flickr.com/photos/eric_phillips). Neben den Sets *Friends* und *Nature*, in denen das im Titel Benannte bebildert wird, findet sich das Set *Myself*, welches 15 Fotos enthält. Auf der Eröffnungsseite von Phillips' Profil befindet sich ein Bild des *myself*-Sets. Die in diesem Set angeordneten Fotografien zeigen Phillips in ähnlichen Posen und Bildausschnitten. Sein Gesicht ist im Fokus der Fotos, der Körper ist meist nur im Anschnitt zu sehen. Exemplarisch ist aus Eric Phillips' *myself*-Set das Bild mit der Bezeichnung *Herz*, auf dem er ein herzförmiges, diamantenartiges Glasobjekt in der rechten Hand hält. Der Blick ist zur Kamera gerichtet. Die halblangen, braunen Haare fallen in sein Gesicht und verdecken sein linkes Auge. Der Kopf ist leicht schräg geneigt und befindet sich in der rechten Bildhälfte. Die helle Gesichtshaut und die leichte Überbelichtung lassen das Gesicht weicher und jungenhafter erscheinen. Die rechte Hand, die das Herz hält, befindet sich im linken unteren Bild-Drittel, auf Höhe des Kinns. Die Hand, in der das Herz liegt, ist offen. Im Bildhintergrund ist auf der linken Hälfte eine grüne Wiese zu sehen und in der rechten oberen Ecke ein Stück eines Fußwegs. Die Naheinstellung ist aus einer leicht überhöhten Kameraposition von Phillips selbst aufgenommen worden, indem er die Kamera in der linken Hand, mit ausgestrecktem Arm von sich weghält. Das Bild zeigt, wie Eric durch Blick, Kopfhaltung und Styling *Niedlichkeit* inszeniert, die durch die Verwendung des Herzens eine weitere Verstärkung erhält. Er wirkt fast körperlos, das Gesicht repräsentiert den Körper. Die Zartheit der Gesichtszüge, der verträumte Blick und der Schmollmund lassen ihn zurückhaltend erscheinen. Dieses Bild ist mit den tags *lovely* und *heart* versehen, was darauf hinweist, dass sich Eric der Wirkung seiner Inszenierung bewusst ist. Die Kommentare der Bildbetrachter beziehen sich dagegen fast ausschließlich auf die technische Ausführung des Bildes.

Der zweite Männertypus, der die andere Seite des Spektrums von Männlichkeit verkörpert, kann als *Macho Man* (Cole 2000) bezeichnet werden, weil hier eine expressive Männlichkeit zum Tragen kommt. Diese Hypermaskulinität nimmt (Bild-)Raum durch physische Präsenz ein. Sie vermittelt den Eindruck physischer und psychischer Stärke, die Abwesenheit von Schmerzempfinden, damit eine archaische Form von Männlichkeit, die das Versprechen von Kraft und Potenz transportiert. Im Vergleich zum *leaner* trifft hier der Begriff des *rock* (Bordo 1999) zu, einer Form von Männlichkeit, die sich als kraftvoll, gepanzert und emotional undurchdringlich präsentiert. Das bildliche Selbst tritt dabei in Wettbewerb mit dem Bildkonsumenten. Es geht immer als Sieger hervor, weil der Rezipient der körperlich-kriegerischen Männlichkeit nichts entgegenzusetzen hat.

Als Beispiel für den *Macho Man* dient das *flickr*-Profil von Calgary56 (www.flickr.com/photos/40376425@N00). Das Set *Narcissism* (13 Bilder) zeigt Calgary56 bei der Selbstdarstellung. Nur eins der acht Bilder, die dem Muster der Selbstdarstellung folgen, ist definitiv als Selbstporträt auszumachen, weil hier der ausgestreckte Arm von Calgary56 erkennbar ist, der die Kamera hält und sein Spiegelbild aufnimmt. Die anderen Aufnahmen sind mit Selbstauslöser oder von einer anderen Person aufgenommen. Die Selbstporträts sind alle schwarz/weiß, andere Bilder des Sets auch farbig. Die acht Bilder, die Calgary56 zur stilisierten Selbstrepräsentation nutzt, zeigen immer nur bestimmte, durchtrainierte Körperpartien wie Bauch, Brust und Rücken. Sein Gesicht ist entweder nicht zu sehen oder es wird bewusst mit einem Cowboyhut verdeckt. Das Bild ist nicht betitelt – es scheint für sich selbst zu sprechen. Es zeigt den muskulösen Torso und den Kopf von Calgary56. Das Gesicht ist bis zur Mundpartie mit einem schwarzen Cowboyhut verdeckt. Der Körper steht seitlich zur Kamera. Der rechte Arm ist angewinkelt und greift über die Brust zur linken Schulter. Der Arm verdeckt so die Kinnpartie des Gesichts, das, nach unten geneigt, in Richtung Kamera zeigt. Der schwarze Cowboyhut nimmt das obere rechte Drittel des Bildbereichs ein, während der Körper, etwas links von der Bildmitte, einen großen Teil des restlichen Bildbereichs ausfüllt. Der Hintergrund ist weiß oder grau, und die Schatten, die Körper und Cowboyhut werfen, weisen darauf hin, dass Calgary56 direkt vor der (Lein)Wand steht und der Bildbereich bewusst ausgeleuchtet, das heißt, dass es kein Schnappschuss ist.

Calgary56 zeigt sich als starker Mann. Das einzige Kleidungsstück/Accessoire ist der Cowboyhut, der das Gesicht bedeckt. Die Besonderheit ist, dass der Körper bis zum Ansatz des männlichen Geschlechtsteils gezeigt wird. Das Gesicht spielt bei der Selbstrepräsentation nur eine untergeordnete Rolle; der Körper steht im Mittelpunkt. Die Wahl des Cowboyhuts als Maske ist neben dem muskulösen Körper ein weiteres Symbol von expressiver Männlichkeit und verweist auf den historischen amerikanischen Machismo, der in Westernfilmen und der Gay Community zitiert wird. Shaun Cole (2000) beschreibt, wie wichtig der Archetyp des Cowboy und des Biker für die Entwicklung *schwuler Styles* waren, weil sie einen traditionellen, gleichzeitig non-konformen Aspekt von Männlichkeit repräsentierten. Die Schwulenszene der siebziger Jahre suchte so eine positive Abkehr vom *verweiblichten* Schwulen-Stereotyp. *Der Begriff Macho und die dazugehörige Bild- und Stilwelt wurde durch die Anlehnung an eine traditionelle Männlichkeit als maskuliner eingeschätzt und war daher von großem Interesse für die Gay Community.* Somit speist sich bildliche Selbstdarstellung von Calgary56 auch aus dem Repertoire der *schwulen Bildwelt*. Nur ein Bild seines Profils, welches die Bildunterschrift *Wife took this over my shoulder* enthält, legt seine sexuelle Orientierung dar.

Es zeigt sich die Überschneidung und Gleichzeitigkeit von hetero- und homosexuellen Männerbildern. Beide Männertypen (Indie-Boy und Macho Man) entsprechen in ihrem Bild-, Darstellungs-, und Accessoire-Repertoire auch einem der schwulen Szene inhärenten Ursprung, der in der zeitgenössischen Selbstdarstellung allen sexuellen Präferenzen entspricht. Das bedeutet allerdings nicht, dass die heterosexuellen Bildproduzenten bewusst mit der Ambivalenz der Nichteindeutigkeit spielen. Nur selten kommt es zum bewussten Bruch mit Stereotypen. Die subversive Pose liegt also im vorangegangenen Diskurs der jeweiligen Typologien, die, wenn sie in *flickr* auftauchen, schon längst ein Teil der Mainstream-Kultur geworden sind. Gesicht und Körperbilder erfahren häufig eine Trennung. Die Separation von Porträts und Bodyshots findet eine Auflösung nur dann, wenn es der Komplettierung des Männerbildes zuträglich ist. Trotz der beschriebenen Referenzen kann gesagt werden, dass es kaum einen technisch-abstrahierenden oder subversiven Umgang mit männlichen Körperbildern gibt.

Weibliche *flickr*-Bilder: Amateur-Erotik, *Hässlichkeit* und Arty Pics

Anhand von drei verschiedenen Profilen soll dargestellt werden, auf welche Art Weiblichkeit bei *flickr* dargestellt werden kann. Das Profil von Violet1980 ist ein Pro-Account mit drei Sets. Das Set *Portraits* enthält 341 Bilder (März 2007), die ausschließlich Violet1980 zeigen. Zwischen den klassischen *Arm Length Self Portraits* finden sich auch Körperdarstellungen, auf denen sie sich als verführerischer, verträumt-erotischer Vamp stilisiert. Ihr Gesicht ist fast immer gut zu erkennen. Wenn die Augen nicht geschlossen sind, wirkt der Blick beim Versuch, verführerisch zu wirken, unbeholfen. Die Aufnahmen wurden meist aus einer überhöhten Perspektive, im armlangen Abstand, gemacht und zeigen so vor allem Gesicht und Dekolleté. Die Bildüberschriften versuchen den erotischen Gestus der Aufnahmen zu verstärken, zum Beispiel *Bad Girl* oder *When the seduction it is only a game* (sic!). Nacktheit wird selten gezeigt, da bei *flickr* eigentlich im strengen Sinne nicht zugelassen. Die Selbstportraits in Spitzenunterwäsche entsprechen dem gängigen Verständnis von Erotik nach Bildvorgaben aus Magazinen und Erotikmesseplakaten. Als exemplarisches Bild dient hier *Presences*, welches von Violet1980 mit vielen Tags versehen wurde, wie zum Beispiel: *look, bed, body, skin, shoulders, portrait, selfportrait, I, me, myself, girl, woman, sexy, hot.* Die *tags* dienen nicht nur der Erkennbarkeit innerhalb des *flickr*-Universum, sondern zeigen, wie die Bildproduzentin sich selber sieht und interpretiert. Ihr *ego tagging* zielt auf die bekannten *buzzwords* für Erotik und Sexiness, sie betont ihren *Marktwert* und damit den Warenaspekt ihres Körpers.

Das Gesicht von Violet1980 befindet sich bei dem schwarz/weißen Selbstportrait, wie bei den meisten ihrer Portraits, im mittleren bis oberen Bildbereich. Ihr Körper, der nur bis kurz unter die Schultern zu erkennen ist, befindet sich in einer Bauchlage. Ihre Brüste sind auf Grund des Liegens auf einer nicht zu identifizierenden Unterlage nur angedeutet. Damit wird verheißungsvolle Nacktheit suggeriert und das Prinzip des Striptease eingebracht. Ihre Haare sind offen und fallen leicht in das zur Kamera gedrehte Gesicht. Die Augen sind geschlossen und der Mund leicht geöffnet, typische Mimik, die *weibliche* Verführung und Bereitschaft signalisieren soll. Die Aufnahme wirkt szenisch – nicht statisch – und wurde vermutlich mit einem digitalen Weichzeichner nachgearbeitet. Violet1980 stellt ihren Körper in gängigen Posen dar, sie will sich erotisch in Szene setzen. Dabei bedient sie sich im Fundus pseudokünstlerischer erotischer Aufnahmen von Hamilton bis Playboy. Sie schließt sich hier mit dem kommerziellen Bildprogramm weiblicher Körperdarstellung kurz und macht sich zum erotischen Angebot im Anpreisen des Selbst. Sie demonstriert hier, wie schmal der Grat zwischen ›sexy sein‹ und ›käufliches Objekt sein‹ bei weiblichen Körperbildern verläuft; bei Männerbildern ist dies kein so ausgeprägtes Thema.

Im Set des Accounts von Myriel befinden sich 109 Fotos. Im Vergleich zu Violet1980 versucht Myriel in ihrem Set *Mee* mit weiblicher Niedlichkeit zu brechen, indem sie Grimassen schneidet (http://www.flickr.com/photos/myriel). Diverse Serien ihrer Selbstportraits experimentieren mit eigenen Gesichtszügen. Durch gewöhnliche, grimassenfreie Selbstportraits ist dem Bildkonsumenten bewusst, dass die inszenierte *Hässlichkeit* nur eine Pose und vorübergehende Erscheinung darstellt. Die Aufnahmen zeigen Myriels Gesicht sehr nah. Die Distanzlosigkeit bietet ihr ein Experimentierfeld, die Wirkung ihrer Physiognomie zu testen. Durch die Nähe zur Kameralinse erfährt das Gezeigte eine leichte Verzerrung. Dies unterstreicht das Moment des Absurden im Selbstportrait. Make-up und Kleidung wechseln – das verzerrte Gesicht bleibt. Bei dem Bild *stupid poser*, das exemplarisch für Myriels Selbstrepräsentation ist, streckt sie die Zunge heraus, zieht die Oberlippe nach oben und hat die Augen leicht zusammengekniffen. Ihr Kopf füllt fast den gesamten Bildbereich aus. Nur im äußeren linken Bildbereich ist ein Hintergrund zu erkennen (vermutlich eine öffentliche Toilette). Myriel schaut mit dem Gesicht leicht schräg in den Bildmittelpunkt. Ihre halblangen, dunkelblonden Haare hängen im Gesicht. Ihre Augen sind mit Schwarz stark geschminkt. Sie trägt ein schwarzes Tanktop. Ihr rechter Arm ist an die Hüfte angewinkelt. Mit dem linken Arm hält sie die Kamera, die aus leichter Obersicht aufnimmt. Die eingenommene Pose und der Gesichtsausdruck wirken wie die Imitation Johnny Rottens oder Billy Idols. Die Punk-Attitude wird durch Make-up und Kleidung unterstützt. Auch der öffentliche Toilettenraum dient der Verortung innerhalb der Bildwelt dieser Subkultur. Die Bildunterschrift *Mommy, I'm drunk, I'm bad and I'm outta control* tut ihr Übriges. Würde man dieses Bild dem Set entreißen und losgelöst davon betrachten, läge der Schluss nahe, dass Myriel in diesem subkulturellen Umfeld zu verorten wäre. Innerhalb des Sets *Mee* befinden sich jedoch andere Aufnahmen, die sie in Nikolaus-Verkleidung oder nicht szene-typischer Bekleidung zeigen und somit eine ganz andere Interpretation zulassen. Myriel nutzt *flickr* als Spielwiese, auf der sie mit ihrem Äußeren experimentieren, Stilrichtungen verwischen kann.

Das dritte zu analysierende Profil gehört Esther_G. Die Bilder sind klar als künstlerisch motivierte Arbeiten zu erkennen, die in Darstellung, Technik und Bildbearbeitung professionell wirken (http://www.flickr.com/photos/belljar). In ihren Arbeiten setzt sich Esther_G mit den Themen Geschlecht, Weiblichkeit und Maskierung auseinander. Die Aufnahmen sind durchweg inszeniert, meistens stark nachbearbeitet und oft verfremdet. Esther_G's Profil beinhaltet 58 Sets, die unter anderem Titel tragen wie: *Identity Crisis, Woman, Ego Defense Mechanisms, Stop hurting me now* oder *Mirror mirror*. Die Bilder reflektieren nicht nur die Schwierigkeit der Selbstdarstellung außerhalb gängiger Stereotype, sondern auch die Position der Frau als Bildproduzent innerhalb des *flickr*-Universums. Innerhalb des künstlerischen Kontextes ist der hier präsentierte Habitus kein ungewöhnlicher. Das Set *another way* zeigt Selbstporträts, die sich mit Themen wie Metamorphose und Verschmelzung auseinandersetzen. Das Bild *Thorazine*, das hier vorgestellt wird, ist eine Fotomontage mit aneinander gefügten Gesichtshälften. Das Doppelporträt ist eine Nahaufnahme und zeigt den Kopf im Anschnitt. Das erste Gesicht schaut von der Bildmitte her in den linken Bildbereich. Das zweite blickt nach rechts. Das Kinn ist Ausgangspunkt der Fotomontage und verbindet die beiden Gesichter. Beide Gesichter blicken melancholisch aus dem Bildbereich heraus. Die Trennlinie zwischen den Gesichtern wird durch eine Narbe dargestellt, die entlang der Wangenpartien verläuft. Das schwarz/weiße Portrait ist weich ausgeleuchtet und hat einen schwarzen Hintergrund. Das Bild, technisch perfekt inszeniert, erzeugt durch den Einsatz von Photoshop-Werkzeugen eine Stimmung, die das Gefühl von Zerrissenheit widerspiegelt. Durch die technische Manipulation wird der Konsensbereich des Schönen zugunsten des Versuchs der Darstellung einer bestimmten Emotion verlassen. Es wird mit einem gesellschaftlichen Schönheitsideal gebrochen, um einem künstlerischen zu entsprechen, welches seine Schönheit in der abstrakten Selbstrepräsentation generiert.

»Men act – women appear«? Ein Vergleich der *flickr* Bilder

Dieser Leitsatz visueller Repräsentation von Gender beschreibt immer noch sehr passend, warum es Männern sehr viel schwerer fällt, ihr Rollenbild visuell zu formulieren oder gar infrage zustellen. Frauen besitzen einen visuellen Fundus in der *appearance*. Die Selbst-Definition über den Körper und sein Erscheinen birgt als inhärente Möglichkeit die Brechung oder Unterwanderung von Stereotypen der Weiblichkeit zu einem Akt der Befreiung, der aber bei *flickr* kaum sichtbar wird. Bei der traditionellen Repräsentation von Männlichkeit betritt der Mann nicht um des Erscheinens willen die Bildfläche, sondern um eine aktive Tätigkeit zu demonstrieren. Bei den Männern dreht es sich also meist nicht um die Rolle, Objekt der Anschauung zu sein und sich so zu inszenieren, also »appearance« zu verkörpern.

Dieses Terrain ist für den männlichen (heterosexuellen) Bildproduzenten neu, und eine Plattform wie *flickr* macht dies überdeutlich. Insofern ist der Schritt zur reinen Selbstrepräsentation wichtig und kann als die eigentliche Freiheit begriffen werden, das heißt, er muss im Moment noch nicht subversiv hinterfragt werden. Diese Nicht-Erfahrung im *performing gender*, aufgrund eines Ungleichgewichts der Wertigkeit in der bildlichen Darstellung von Mann und Frau, könnte Ursache der Unterrepräsentation subversiver Momente des Mannes im Bild sein.

Es fällt auf, dass Männer bei der Selbstdarstellung ihres Körpers meist gesichtslos bleiben, während Frauen Körperdarstellungen mit indirektem, nicht offensivem Blick und Mimik, als Kommunikation mit dem Betrachter, kombinieren. Es sind viel mehr Frauen, die im Genre ›Selbstporträt‹ zunächst den Körper darstellen. Dies ist in der Sozialisation von Frauen grundgelegt, der erste Gedanke für die Darstellung des Selbst läuft über den Körper. Männer definieren sich bisher weniger über das direkte Zeigen des gesamten Körpers, und wenn, dann eher über den trainierten kraftvollen Oberkörper.[5] Frauenbilder sind innerhalb bestimmter Grenzen vielfältiger, aber keinesfalls subversiver. Es fällt nur die größere Variationsbreite von Darstellungsformen auf, was nicht per se von einer Befreiung von Klischees kündet; im Gegenteil: je größer die Bandbreite anbietender Posen, desto schwieriger, die Grenzen zu überschreiten, es sei denn, sie bewegen sich direkt in bestimmten künstlerischen oder subkulturellen Milieus.

---

5 Zu den Körperbildern von Jungen vgl. Richard (2005).

Das bedeutet, dass in den Nutzungsweisen von *flickr* nicht nur Individuelles und Lokales, sondern auch visuelle Zuschreibungen für Geschlecht weitgehend erhalten bleiben und so bedeutungsvoll für die Identitätskonstruktion sind. Das heißt: Die Annahme, Geschlecht, Raum, Zeit, Ethnizität, Schicht würden im virtuellen Raum aufgehoben und bedeutungslos oder zumindest relativiert (so Sandbothe 1997), ist zu relativieren. Sie sind über das soziotechnische Netzwerk Internet zwar prinzipiell überwindbar, spielen aber in den meisten Fällen nach wie vor die zentrale Rolle für die eigene Positionierung, so vor allem die Platzierung in geschlechtsspezifischen Arrangements und sets.

Schöne Selbst-Bilder als Kommunikationsschmierstoff: Immer noch keine Mitteilung aus dem *wahren* Leben der normalen Leute

Es gibt keine Abbildung des eigenen Lebens, aber zum ersten Mal ist mit dem Internet eine flüssige Kommunikation über Bilder möglich (Boehm 2008). Die ikonische Kommunikation bei *flickr.com* ist prototypisch für eine »Durchsäuerung des Lebenszusammenhangs mit Bildern« (ebd.). Dabei führt die strukturelle Verfasstheit von *flickr* im Medium der Datenbank (Ernst 2008) zu bestimmten Darstellungsmodi. Dazu gehören auch die Bestimmungen der sogenannten *community guidelines*; es gibt scheinbar nur wenige Darstellungsverbote, und diese werden nicht explizit gemacht (»nothing prohibited or illegal« darf gepostet werden). Eine interne Moderation entfernt zum Beispiel Darstellungen von »nudity« selbst im kleinen *buddy icon*. Daneben können die NutzerInnen ihnen nicht adäquat erscheinende Bilder kennzeichnen und bei *flickr/yahoo* melden. Dies ist für die Darstellung von Körper eine wichtige strukturelle Voreinstellung, da sie die Grenzen dessen angibt, was sich zeigen darf. Ohne diese Beschränkung wäre *flickr* sicher sofort von pornographischen Aufnahmen durchsetzt. Daher wundert es nicht, dass man sehr wenig *trash* findet und kaum Entblößung von Körpern; die Selbstdarstellung läuft in gesicherten Bahnen, geht aber bis an die mögliche Grenze.

Die Metastruktur, in die die selbsterzeugten Massen von technischen Bildern durch *tags, sets, groups* und so weiter eingegliedert werden, erzeugt ein redundantes ikonisches Stakkato, das durch die Permanenz der Bildproduktion mit immer neuen Bildern versorgt wird. Dadurch wird ein subversiver Umgang mit der Selbstrepräsentation im technischen Bild erschwert und Abweichung von stereotypen Darstellungsmustern zur Ausnahme. Ähnlich verhält es sich bei der technischen Umsetzung, die eng an die apparatische Verfasstheit der verwendeten Medien geknüpft ist: Die beiden gängigen Darstellungsmodi des Snapshots sind das *Arm's Length Self Portrait* und der Party Snapshot; das *spontane* Partybild ist als Darstellung von Körperlichkeit vor allem durch die geringe Distanz größerer Gruppen zur Kamera gekennzeichnet. Die neuartige Fotoform des *Arm's Length Self Portrait* verbreitet sich durch handycam und digicams, da kein Risiko besteht, Aufnahmen zu verschwenden, falls die Person in diesem narzisstischen Akt nicht zu sehen ist.

Die *flickr*-Bilder zeigen Inszenierungen, die geleitet von Bild-Vorgaben und visuellen Konventionen ein *Me* herstellen, das heißt, meine visuellen Identität(en) aus der Sicht der anderen, mein soziales Selbst. Es ist das Ich aus dem Blickwinkel des generalisierten Anderen; meine Vorstellung davon, wie mich andere sehen, wird visualisiert.

Dass die Ausbrüche prozentual gering ausfallen, ist aber nicht als komplettes Ausgeliefertsein zu interpretieren, denn hier wird gleichzeitig eine spezielle Form von Kommunikations- und Vernetzungskompetenz erworben. Manchmal entwickelt sich eine spezielle Bildkompetenz, die es den UserInnen ermöglicht, vorgegebene Stereotypen zu modifizieren. Die Selbstinszenierung findet durchaus in Kenntnis der Künstlichkeit der körperlichen Inszenierung und in Kenntnis der medialen Prinzipien statt. Empfinde ich mich nicht als schön im Chor der anderen Bilder bei *flickr*, *photoshoppe* ich mich schön. Trotz eigenen Wissens um die Bildmanipulationen wird jedoch den am weitesten verbreiteten konsensuellen Fremd-Bildern von Schönheit nachgeeifert.

Schönheit bedeutet hier vor allem Makellosigkeit der Oberfläche. Diese wird plastisch ausgeformt in den Muskeln des Oberkörpers bei den Männern, bei den Frauen in Posen, die die Plastizität der Brüste und des Pos durch Drehungen des Körpers hervorheben. Geringes Ansehen genießen Extreme wie die Körper anorektischer Models oder überfüllige Rubensformen. Es zeigen sich vor allem schöne plastische Körperlandschaften: Der Körper steht für sich, es ist meist kein Umraum/Kontext zu sehen. Es herrschen territoriale Körperbilder. Der Körper als Territorium schließt hierbei an vormoderne Körperbilder an.[6] Bei den Männerbildern zeigt sich als neuer Typus ein Hybrid aus hetero- und homosexuellen Männerbildern, der muskulöse Körper in *Emo*-Pose, gegen starr frontale Körpershots gesetzt. Frauenbilder weichen in subkulturellen, als hässlich geltenden Verzerrungen vom Mainstream ab.

»Für Karl Rosenkranz (*Ästhetik des Hässlichen*, 1853) zerfiel das Schöne in das eigentlich Schöne, das Negativ-Schöne und das Komische. Das Negativ-Schöne, also das Hässliche, kommt einem schon bekannter vor. Rosenkranz beschreibt es als unfrei, zerrissen, formlos, kleinlich, gemein, plump, scheußlich, abgeschmackt, leer. Kurz: Es ist aktuell.« (Schmitt 2007).

Auf der Jagd nach größtem Thrill im Bereich der Sexualität ist sonst jegliche Abweichung schnell als neuer Fetisch und Obsession vereinnahmt. Die angebotenen Körperbilder von Männern und Frauen verstehen sich als Selbstwerbung, oft als sexuelle, deshalb werden die Grenzen des unzensiert Darzustellenden ausgelotet. Calgary zeigt sich bis zum Beginn des Schambereichs, nur das Geschlechtsteil ist bedeckt; Violet1980 enthüllt ihre Brüste, soweit es erlaubt ist. Die BildproduzentInnen bewegen sich aber immer innerhalb szene- und gendertypischer Repräsentationsmuster, und es kommt nur zu wenigen wirklichen visuellen Grenzüberschreitungen. Es werden zum einen künstlerische Absichten – unter Zuhilfenahme der Schwarzweiss-Fotografie oder spezieller Techniken (Morphing, HDR) – und zum anderen erotische Ambitionen, unter Zuhilfenahme der bekannten visuellen Zeichen aus Film und TV, geäußert. Das sind die Ambitionen der UserInnen: attraktive Ware sein oder KünstlerIn.

Somit besteht die Chance, dass eine kleine Gemeinde kreativer User dieses Medium so nutzt, dass auch neuartige visuelle Erzeugnisse entstehen. *Flickr* dient nicht nur der Kommunikation über Bilder, sondern auch als Portfolio der eigenen Arbeiten und dem Austausch mit anderen (semi-)professionellen Fotografen. Damit werden die individuellen künstlerischen Ansätze dem Bereich des *I* (individuelles, persönliches Selbst – Ich) zugeordnet, die geprägt sind durch die ganz eigenen, unberechenbaren Reaktionen auf das, was von der Gesellschaft/den anderen/der Kultur (also dem *me*) an mich herangetragen wird. Das *I* wird auch beeinflusst, aber nicht determiniert durch das *me*. Im Bereich der visuellen Identitätskonstruktion über das *I* lassen sich durchaus eigenständige Bild-Äußerungen aufzeigen. Die Studie zeigt, dass verschiedene Faktoren wie Zufälligkeit, Abstraktion, Hässlichkeit,

---

6 Zur Bedeutung der weiblichen Körperlandschaft vgl. Richard/Zaremba (2007).

Überzeichnung oder Sichtbarmachung der Überzeichnung, theatrale Posen und Kulissen *ungeschönter Körper* das Herausfallen aus gängigen Schönheits- und Präsentationsposen begünstigen.

Das Selbst/Individualität ergibt sich im Wechselspiel des *me* and *I*, hierin entwickelt sich die Schönheit des Popbildes bei *flickr.com*.

Fumetti – Der Comic schwebt zwischen den Extremen

Andreas Platthaus

Eine kleine Eitelkeit vorneweg: Das erste Beispiel für Schönes im Comic ist einem Buch entnommen, das der Verfasser selbst herausgegeben hat: *Moebius Zeichenwelt*, erschienen 2003 als 219. Band einer Reihe, die sich vor allem dem Bibliophil-Schönen verschrieben hat, nämlich der von Hans Magnus Enzensberger herausgegebenen *Anderen Bibliothek* (Platthaus 2003). *Fumetti* lautet der Titel der darin enthaltenen Geschichte, und es ist ein autobiographischer Comic. Nicht nur der Vieldeutigkeit des Titels wegen (Fumetti bedeutet Wölkchen) soll er die Klammer für das Folgende bieten, sondern auch deshalb, weil im Mittelpunkt der Ausführungen weitere Beispiele für autobiographisches Erzählen im Comic stehen werden. In dem Ausmaße, wie der Comic in den letzten Jahren an Akzeptanz gewonnen hat, wurde er auch zunehmend interessant für die Selbstdarstellung der Autoren – und auch derjenigen, die sich theoretisch mit dem Genre beschäftigen, wie man einräumen muss.

Trotzdem ist es immer noch keine Selbstverständlichkeit, dem Comic literarischen Rang zuzuweisen. Die 218 zuvor publizierten Bände der *Anderen Bibliothek* hatten mit Comics wenig zu tun; selbst Kat Menschiks Adaption des von Enn Vetemaa verfassten Kinderbuchs *Die Nixen von Estland* (Vetemaa/Menschik 2001), die ursprünglich als Zeitungscomic erschienen war, ist für die Buchveröffentlichung so umgearbeitet worden, dass die Geschichte nun einen illustrierten Text bot, der wesentliche Kriterien des Comics nicht mehr erfüllte. Auch wenn die Gelehrten nach wie vor uneins darüber sind, wie ein Comic überhaupt zu bestimmen ist (siehe dazu die sich widersprechenden Ansichten von Baumgärtner 1965, Riha 1970, Fuchs/Reitberger 1978, Knigge 1996, Platthaus 1998, Grünewald 2000 und Hein u.a. 2002, um nur einige deutsche Autoren zu nennen), und sich schon gar nicht darüber einig geworden wären, ob die erste Version von Menschiks *Nixen* dem Genre Comic zuzurechnen wäre, so unterliegt nach allen gängigen Kriterien doch eines keinem Zweifel: Die Buchversion war kein Comic.

Was aber ist ein Comic? Vor allem eine illustrierte Geschichte, die ihren Text ins Bild integriert. Bevor Sprechblasen und -kästen oder Lautmalereien gängig wurden, waren Bilderzählungen emblematisch aufgebaut: eine Illustration und eine Subscriptio. Den Mut, Text zum graphischen Bestandteil eines Bilds zu machen, hatten auch schon Erzähler vor der Wende vom neunzehnten zum zwanzigsten Jahrhundert, doch sie machten kein ästhetisches Programm daraus, und vor allem machten ihre Beispiele nicht Schule. Erst das Zeitalter des Rotations- und des preiswerten Farbdrucks ermöglichte die Massenproduktion von Bildgeschichten, und da Massenproduktion für die Masse gedacht ist, passte sich das Niveau der Geschichten den Bedürfnissen eines breiten Publikums an. Zum generellen Nachteil ist das den Comics genauso wenig gereicht wie der Literatur durch die Etablierung der Pulp-Hefte. Beide Disziplinen haben einige ihrer überzeugendsten Arbeiten durch die Befriedigung dessen hervorgebracht, was man niedrige Instinkte nennen könnte. Allerdings musste sich der Comic erst bestimmte ästhetische Höhen erobern, während die Literatur sie lediglich zurückzugewinnen hatte. Aller Erbschaft alter illustrierter Traditionen zum Trotz, ist der Comic ein neues Genre gewesen und folgt deshalb eigenen Gesetzen.

Er will primär erzählen statt zu kommentieren. Das unterscheidet ihn von der Karikatur und bedingt den Vorrang der sequenziell aufbereiteten Handlung, also den Primat der Bildfolge gegenüber dem Einzelbild – obwohl es nicht ausgeschlossen ist, dass ein einzelnes Bild als Comic identifiziert wird, wenn es im Kontext eines größeren Erzählzusammenhangs steht, einer Serie etwa. Der Comic will Bilder vorführen, statt Bilder zu erzeugen. Das unterscheidet ihn von der Literatur, deren narrativ abstrakte Schriftform das individuelle Vorstellungsvermögen der Leser herausfordert. Der Comic dagegen gibt die Bilder vor, und auch wenn die jüngere Forschung den Raum zwischen den Panels, also den Einzelbildern, immer wichtiger nimmt (besonders McCloud 1993), ist die Anschaulichkeit im ganz buchstäblichen Sinne ungleich viel größer als bei Prosa oder Poesie. Dadurch wird das ästhetische Urteil erleichtert. Ein Comic wird viel eher in Kategorien von Schönheit gemessen werden als eine erst auf den zweiten Blick dem ästhetischen Urteil zugängliche Erzählform. Das allerdings verführt nicht selten auch zu vorschnellen Bewertungen. Die Schönheit des Populären gilt dessen Liebhabern als ebenso leicht zugänglich, wie sie dessen Feinden als schlichtweg unmöglich erscheint.

Zu bestimmen, was am Comic schön sein kann, erfordert mehr als bloßen Blick. Es erfordert eine nicht nur an Bildgeschichten, sondern auch an anderen narrativen Formen wie Literatur, Malerei und Film geschulte ästhetische Erfahrung. Denn der Comic hat von diesen teilweise schon lange vor ihm existierenden, teilweise sich mit ihm herausbildenden Formen viel gelernt – mehr jedenfalls als diese von ihm. Das spricht nicht gegen die narrative Kraft des Comics, sondern im Gegenteil eher für die Informationsüberwältigung, die er leisten kann. Es ist einfach, Erkenntnisse aus Literatur oder Malerei in den Comic zu integrieren, weil er beide Formen zur Grundlage hat. Dagegen kann die von ihm hergestellte Symbiose beider nicht einfach wieder aufgelöst oder gar als Ganzes in die alten Formen zurückgeführt werden. Ein Comic-Kenner muss deshalb nicht notwendig zu einem besseren Text- oder Bildinterpreten werden, aber ein Kenner von Literatur und Malerei wird gewiss ein besserer Comic-Interpret.

Damit ist benannt, was für diesen Aufsatz wichtig ist: eine ästhetische Offenheit, die nicht aus Gleichgültigkeit, sondern möglichst intimer Kenntnis entsteht. Der erste Blick ist ein wichtiges Kriterium bei der Beurteilung von Comics, aber erst der zweite schafft Gewissheit betreffs des qualitativen Rangs des jeweiligen Werks. Deshalb sei als erstes Beispiel für einen gelungenen Comic jene schon vor fünf Absätzen angekündigte Erzählung aus *Moebius Zeichenwelt* angeführt. Sie trägt den Titel *Fumetti*, obwohl sie im Original auf französisch verfasst und zunächst ins Deutsche übersetzt wurde. Für den Comic-Kenner ist der Titel ein Signal: Fumetti ist die italienische Bezeichnung für Comics (die deutsche Sprache ist eine der wenigen, die keine eigene Gattungsbezeichnung herausgebildet, sondern einfach den amerikanischen Begriff übernommen hat und zwar als Folge der schlichten Tatsache, dass es vor 1945 zwar zahllose Bildgeschichten in Deutschland gab, aber kaum Comics, und die wenigen Ausnahmen waren nicht im Bewusstsein gezeichnet worden, dass sie etwas darstellten, was mit der Tradition der klassischen Bildgeschichte brach). Der Comic namens *Fumetti* ist ein gezeichneter Traktat über das Erzählen im Comic, eine autobiographische Studie des berühmten Comic-Zeichners Jean Giraud alias Moebius, der in diesem ersten Teil eines großen Zyklus (die Folgen zwei und drei sind mittlerweile in Frankreich erschienen, nachdem die Auftaktgeschichte dort noch später publiziert worden war als die deutsche Übersetzung; siehe Giraud 2005) eine Selbstbefragung durchführt, deren Fragesteller die eigenen Figuren sind. Und unter den Helden des Werks von Giraud/Moebius befindet sich eben auch der Zeichner selbst, der in einer vierseitigen Sequenz aus

Abb. 1: Moebius, Fumetti

einer amorphen, durch die Wolken schwebenden Masse in den Zeichner Moebius verwandelt wird, der dann auf dem eigenen Schreibtisch aufschlägt – an dem er selbst gerade zeichnet (Abb. 1, 2). Die Verdopplung der eigenen Künstlerpersona ist das Prinzip der ganzen Karriere von Jean Giraud, der seine geschriebene Autobiographie denn auch *Histoire de mon double* (Giraud 1999) genannt hat und als dessen Verfasser sich selbst und das Pseudonym Moebius gleichermaßen auswies.

Genug der Abschweifung; es soll reichen, dass Jean Giraud und Moebius sich im Comic sowohl entzweit als auch vereint haben und dass es ein literarisches wie graphisches Vergnügen ist, ihnen bei diesen chiastischen Bewegungen zuzusehen. Wie sich zu Beginn von *Fumetti* auf vier Seiten ein gezeichneter Moebius individualisiert und dann auf seinen gleichfalls gezeichneten, gleichwohl selbst zeichnenden Doppelgänger trifft, das kann in keinem anderen narrativen Verfahren so prägnant und dennoch einfach in Szene gesetzt werden wie im Comic. Dessen Effizienz der Mittel ist eines der Kriterien für Schönheit, auch wenn es natürlich genügend Beispiele für Opulenz und Überschwang in der Geschichte dieses Genres gibt.

Doch die Bestimmung des Comics ist bislang so wolkig geblieben wie es der italienische Begriff *fumetti* besagt. Metonymisch aus der italienischen Bezeichnung für die Sprechblasen hergeleitet, sollen die »Wolken« den Leit-

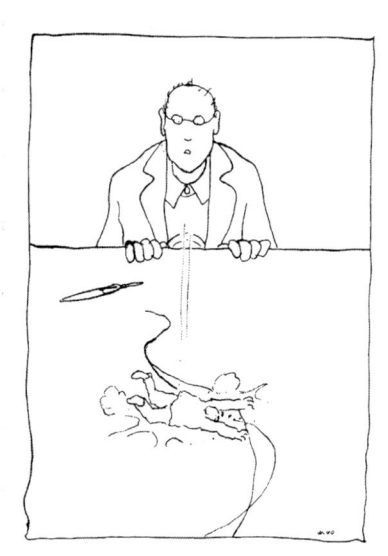

Abb. 2: Moebius, Fumetti

faden für die folgende Erörterung des Comics als schönes Populäres (oder populäres Schönes) abgeben, obwohl man sofort einschränken muss, dass gerade die Comics von Moebius nicht in dem Maße als populär gelten können wie etwa *Popeye, Asterix* oder *Superman.* Dennoch gehören sie alle zur Gattung der Comics, die traditionell von der Wissenschaft der Populärkultur zugerechnet wird. Und dennoch schweben sie zwischen den Extremen – zwischen Literatur als reinem Wortgebilde und Malerei als reinem Bildgebilde, und das Kino ist über die sequenzielle Erzählweise als weitere Abgrenzung zu berücksichtigen. Ein magisches Dreieck also, das den Comic umschließt, ohne ihn einzuschließen. Gut: *Popeye, Asterix* und *Superman* haben Prosatexte angeregt, sie wurden gemalt und gefilmt sowieso. Doch ihre Wurzeln haben sie sämtlich in jenen Comics aus den illustrierten Sonntagsbeilagen der großen amerikanischen Tageszeitungen, die an der Wende vom 19. zum 20. Jahrhundert erschienen und sich an ein großstädtisch-diffuses Massenpublikum wandten, für das die bunten Bilder der Comics eine Lektüre darstellten, die ungeachtet aller sprachlichen Defizite der verschiedenen Einwanderergruppen Gemeinsamkeit schuf. Frühe Comic-Helden wie *Yellow Kid,* die *Katzenjammer Kids* oder Jiggs aus *Bringing Up Father* waren durch Dialekt und sozialen Status klar als Einwanderer gekennzeichnet und erleichterten ihren Lesern deren eigene Integration in die neue Heimat durch einen skurrilen Blick auf die neuen Gegebenheiten. Das anfänglich prinzipiell Heitere dieser Betrachtungsweise, die erst mit Winsor McCays *Little Nemo in Slumberland* (seit 1905) auch um Melancholie oder gar Traurigkeit erweitert wurde, brachte der neuen Form die Bezeichnung Comics ein – ein Name, der noch heute für Missverständnisse gut ist, obwohl es doch längst bitterernste und todtraurige Comics gibt. Allerdings wundern sich nur die Deutschen über dieses scheinbare Paradox der unkomischen Comics, denn die anderen Sprachen haben ja, wie erwähnt, ihre eigenen Bezeichnungen, die mal blumig (*fumetti*), mal streng sachlich (*bandes dessinées*), mal kunsthistorisch aufgeladen (*manga* im Japanischen als Übernahme einer Bezeichnung, die der Holzschnittmeister Hokusai für seine publizierten Skizzenbücher gebrauchte) ausfallen können. Und die Amerikaner haben die anfangs synonym gebrauchte Rede von den *funnies* aufgegeben – und damit auch die Erwartung, alles müsse komisch sein, was Comic heißt. Und löst man sich von dieser liebgewordenen Erwartung, so gelangt man zur Erkenntnis, dass der Comic alles leisten kann, was Literatur, Malerei und Film auch können. Es gibt für ihn weder einen bevorzugten Erzählstoff noch einen unmöglichen, auch wenn es in den mehr als hundertzehn Jahren Comicgeschichte gewiss ein Übergewicht an solchen Themen gegeben hat, die durch Humor oder Eskapismus ihren Rezipienten eine Kompensation für deren tristen Alltag bieten wollten. Aber für welche populäre Kunstform gälte das nicht? Und welche dieser Formen hätte nicht auch mit der Zeit einzelne Arbeiten hervorgebracht, die höchste Ansprüche befriedigen können? Es sind solche Arbeiten, die im Vordergrund dieser Ausführungen stehen sollen.

Das hat seinen Grund nicht in einem wie auch immer gearteten Elitismus, sondern in der simplen Tatsache, dass das Schöne am einfachsten subjektiv bestimmt werden kann: als das, was ästhetisches Vergnügen bereitet. Verallgemeinern lässt sich da nichts, und wenn ein Großteil der folgenden Beispiele für Schönheit in den Comics Anspruch darauf erheben darf, auch anderen Lesern zu gefallen, so ist das dennoch nicht entscheidend für ihre Auswahl gewesen. Was hingegen entscheidend war, ist die jeweilige Besonderheit der Exempel insofern, als dass sie Grundlage für eine Erörterung dessen bieten, was den Comic von den anderen Kunstformen unterscheidet – ihn nicht notwendig überlegen, aber eigentümlich macht und damit ästhetisch interessant, weil er auf seine eigene Weise zu erzählen versteht.

Zentral ist dabei eine Eigenschaft, die bislang nur wenig Beachtung in den theoretischen Beschäftigungen gefunden hat: die deduktive Lesart des Comics. Deduktion meint hier den Übergang von der ganzen Seite zum Einzelbild. Gemeinhin ist eine Comicseite aus mehreren Panels aufgebaut, doch der erste Blick des Lesers gehört immer der Gesamtkonzeption, bevor er ins Detail geht. Dieses Phänomen erfordert vom Zeichner die Berücksichtigung einer Seitenarchitektur, die den Comic von Literatur, die dergleichen bestenfalls aus der Konkreten Poesie kennt, ebenso trennt wie vom Film, der seine Einzelbilder zu einem ununterbrochenen Fluss arrangiert, der kein simultanes Betrachten ermöglicht (mit Ausnahme einiger Experimentalfilme). Und die Malerei schließlich hat sich im Laufe der Jahrhunderte von der sequenziellen Bilderzählung, wie sie in Altären oder Fresken durchaus üblich und damit dem heutigen Prinzip des Comics nahe verwandt war, auf den Primat des einzelnen Bildes verlegt, der bestenfalls durch die Einbettung in zyklische Bildarrangements gemildert wird, während es wiederum beim Comic die Ausnahme ist, dass eine Seite oder gar eine ganze Geschichte als ein einziges Bild gestaltet wird.

Diese Beobachtung mag banal erscheinen, sie ist jedoch konstitutiv für die Wirkung der Erzählform Comic. Dadurch, dass es zunächst auf die Gesamtkonzeption einer Seite ankommt, um dem Leser einen Zugriff auf die Erzählung zu gestatten, ist die Empfindung von Schönheit eine andere als in der Literatur: Sie schließt formale Elemente mit ein (strenges Arrangement der Einzelbilder, Originalität der Anordnung, Blickführung über die Seite), die nur eine sekundäre narrative Funktion besitzen, dafür aber etwas erzeugen, was ich ästhetische Grundstimmung nennen möchte. Diese geht der eigentlichen Lektüre voraus und legt für sie die Basis. Vergleichbar wäre die bibliophile Ausstattung eines Buches, doch der Zusammenhang zwischen Inhalt und Gestaltung ist beim Comic ein unmittelbarer: Die Seitenarchitektur als solche ist Bestandteil des Erzählens in dem Sinne, wie es der Stil eines Romans oder die Montage eines Films ist – ohne dass er diese beiden Elemente entbehre, denn natürlich weisen die Texte eines Comics einen spezifischen Stil auf, und die unmittelbare Abfolge der Einzelbilder erfolgt unabhängig von ihrem Arrangement auf der Seite nach Montage-Prinzipien, die auf die Seitenarchitektur keine Rücksicht nehmen müssen. Doch der Comic als solcher muss es, weil es seine Besonderheit ausmacht, nicht ausschließlich sequenziell rezipiert zu werden, sondern eben auch simultan. Zumindest in jenem ersten Blick auf eine Seite, der ohne Rücksicht auf das darauf dokumentierte Geschehen das Ganze der Sequenz ungeteilt aufnimmt

Abb. 3: George Herriman, *Krazy Kat*

– als ein Erzählangebot, bei dem es allein auf die Geschicklichkeit des Zeichners ankommt, um jenen Punkt zu bestimmen, an dem der Leser dann seinen Einstieg in die Geschichte nimmt.

Natürlich gibt es dabei gängige Konventionen zu berücksichtigen wie etwa die im westlichen Kulturkreis übliche Leserichtung (oder bei Manga

Abb. 4: Andreas, Passages

entsprechend die entgegengesetzte), so dass man erwarten darf, oben links (beziehungsweise oben rechts) mit der Lektüre zu beginnen und sich dann Reihe für Reihe bis in die entgegengesetzte Ecke der Seite vorzuarbeiten. Aber durch bestimmte optische Reize oder Irregularitäten kann diese gewohnte Lesebewegung variiert werden. So ist die von George Herriman über

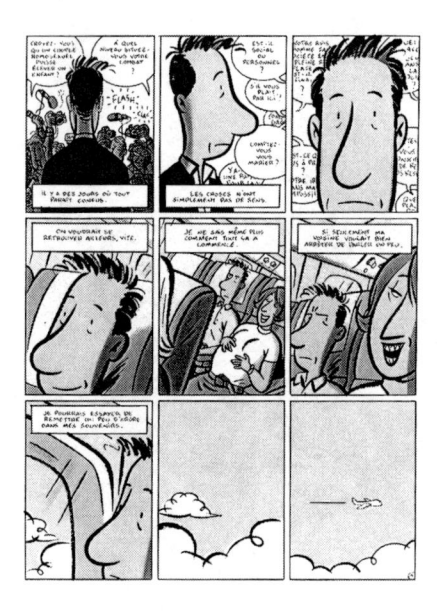

Abb. 5: Dupuy & Berberian, Monsieur Jean

mehr als drei Jahrzehnte gezeichnete Serie *Krazy Kat* als steter Verstoß gegen die Gepflogenheiten gewöhnlicher Lektüre konzipiert, weil hier Bilder zum Beispiel aus der Horizontalen kippen und dadurch eine Leserichtung von rechts nach links erfordern, die andererseits nur konsequent ist, weil der Absturz der Handlung nach üblichen Sehgewohnheiten eben nach links unten erfolgen muss (Abb. 3). Oder der französische Zeichner Andreas legt eine Seite seiner Comicerzählung *Passages* als Arrangement von strahlenförmig gestalteten Bildern an, die alle auf ein außerhalb der Komposition liegendes Zentrum zulaufen, so dass dort auch der Fokus des Betrachters liegt (Abb. 4). Die Schönheit dieser Comics liegt in der Originalität, mit der unsere Blicke und Wahrnehmungen manipuliert werden: in der optischen Täuschung, die Herriman betreibt, indem er mittels seiner Seitenarchitektur den Inhalt des Geschehens erst ermöglicht, oder die Andreas wählt, um Auf- und Abstieg seiner Figuren deutlich zu machen.

Ein weiteres elementares Mittel des Erzählens im Comic ist die Variation der Bildrhythmen. Wenn das französische Zeichnerduo Dupuy & Berberian in seiner Serie *Monsieur Jean* unmittelbar auf eine klassisch gestaltete Seite mit neun gleich großen Einzelbildern, die zum Auftakt der Geschichte größte Ruhe und Beschaulichkeit ausstrahlt, eine Doppelseite folgen lässt (Abb. 5, 6), die nach der Landung des Titelhelden in New York dessen ganze Überwältigung durch die Großstadt ausdrückt, indem eine nicht mehr in Einzelbilder auflösbare gewaltige Seitenarchitektur gewählt wird, die nicht einmal an den Blatträndern einen Halt findet, weil das Panorama auch noch den letzten Quadratmillimeter der Doppelseite füllt, dann gebieten sie mit größter Souveränität über den Raum eines Comics, der zwar gleichbleibendes Format aufweist, das aber auf die unterschiedlichsten Weisen genutzt werden

Abb. 6: Dupuy & Berberian, Monsieur Jean

kann – als hätte Sergej Eisenstein (1988: 157 f.) hier Adepten gefunden, die seine Forderung nach differenzierter Nutzung der Kinoleinwandfläche durch die Filmemacher aufgegriffen hätten. Der Comic erlaubt durch seine individuelle Lesegeschwindigkeit, die keinem mechanischen Takt, wie ihn der Film mit seiner festgelegten Abfolge von Bildern pro Sekunde erfordert, unterworfen ist, experimentelle Formen und entsprechende ästhetische Schocks, die nur dadurch bewältigt werden können, dass sich der Betrachter Zeit für sie nimmt.

Die endgültige Auflösung von Raum und Zeit hat der amerikanische Zeichner Chris Ware in einigen seiner Comics vollzogen (zum Beispiel Abb. 7). Seine Seitenarchitekturen lassen mehrere Leserichtungen zu, und sie nutzen auch das Seitenformat nicht vollständig aus, um dem Leser zu ermöglichen, aus seinen gewohnten Formvorstellungen zu entkommen. Was an Wares Comics schön ist, kann einerseits traditionell bestimmt werden als ›klare Linie‹ in der Tradition Hergés, andererseits aber auch als Einfallsreichtum, der sich gerade von allen Traditionen löst, indem er das vollzieht, was Hergé für unzulässig erachtet hätte: die Ablenkung von der zweckmäßigen Form durch extravagante Bildarrangements. Wo der Altmeister des frankobelgischen Comics tatsächlich Seitenarchitekturen nach dem Vorbild eines

Abb. 7: Chris Ware

Bauplans mit tragfähigen Gewichtsverteilungen vornimmt, mit anderen Worten: die Gesetze der Statik auf den Aufbau einer Comicseite überträgt und damit den Eindruck von Solidität auf seine ganze Erzählung überträgt, da verunsichert Ware ganz bewusst seine Leser durch eine Seitenarchitektur, die man geradezu dekonstruktivistisch nennen könnte. Die Konstruktion ist aller Sicherheit beraubt, sie erfüllt den Albtraum aller Comiczeichner, den Michel Regnier alias Greg im Rahmen seiner Serie *Achille Talon* (deutsch *Albert Enzian*) in einer hinreißenden Folge illustriert hat, als der Titelheld, der in einem Comicverlag arbeitet, sich beim Chefredakteur über die mangelnde Solidität seiner eigenen Geschichte beklagt und anfängt, mit den Fäusten die Bildumrahmungen zu traktieren, bis beide Herren durch den Boden ihrer Bilder durchbrechen und in der darunterliegenden Reihe landen. Das ist die scherzhafte Verunsicherung des Lesers, die das Architekturprinzip der Comicseite wörtlich nimmt, das bei Ware nur noch Zeichencharakter aufweist.

Was aber kann der Comic noch? Was macht ihn schön, wenn man darunter auch das Gefallen daran findet, dass hier auf ganz eigene Art erzählt wird? Dazu sei ein Beispiel herangezogen, das die Betrachtung von gleich drei der großartigsten Comicarbeiten erfordert, die in den letzten Jahren entstanden sind. Alle drei stammen aus Frankreich; eine umfasst 115, eine 372 und eine drei Seiten. Doch erst in der letzten und schmalsten wird jene Verbindung zwischen ihnen geschaffen, die neues Licht auf die Erzählprinzipien des Genres wirft. Alle drei Geschichten stammen von großen Namen des neueren französischen Comics: Lewis Trondheim, Fabrice Neaud und Dupuy & Berberian. Letztere beiden stellen den in der Comicgeschichte einmaligen Fall dar, dass zwei Künstler sich zusammengetan haben und jeweils als Autoren und Zeichner ihrer Erzählungen zusammenarbeiten, ohne dass es dem Leser möglich wäre, die jeweiligen Anteile am Endprodukt zu unterscheiden. Philippe Dupuy und Charles Berberian ist es gelungen, ihren jeweiligen Stil so perfekt aufeinander abzustimmen, dass sie tatsächlich zur kollektiven Zeichnerpersönlichkeit Dupuy & Berberian verschmolzen sind – als genaues Gegenteil von Jean Giraud/Moebius, der unter zwei Namen auch zwei vollkommen eigenständige Werke hervorgebracht hat. Nun ist es allerdings nicht so, dass Dupuy und Berberian nicht auch jeweils separat veröffentlichen würden. Doch ihre beiden erfolgreichsten Serien, *Le Journal d'Henriette* und vor allem *Monsieur Jean*, sind eben gemeinschaftliche Arbeiten, die diese unheimliche gegenseitige Anpassung aufweisen. Im Moment eines ersten kommerziellen Höhepunkts, den sie mit dem Erscheinen des dritten Bands von *Monsieur Jean* im Jahr 1994 erreicht hatten, veröffentlichten sie bei dem Kleinverlag L'Association ein Album mit dem Titel *Journal d'un album* (Abb. 8) In ihm dokumentierten sie ihre gemeinsame Arbeit an *Les femmes et les enfants d'abord*, dem damals neuen Monsieur-Jean-Band, und jeder der beiden Autoren schilderte die Entstehung aus seiner Sicht in separaten Episoden. Hier gab es somit keinen Grund mehr, an der Ununterscheidbarkeit der beiden Zeichner festzuhalten, denn der Reiz des Projekts bestand gerade im individualisierten Blick auf eine Kollektivarbeit, und deshalb durfte sich nun auch jeder seinen eigenen Strich leisten. *Journal d'un album* gilt als ein Meisterwerk des autobiographischen Comics, und ganz wie bei dem sechs Jahre später begonnenen *Fumetti* von Jean Giraud/Moebius steht der Schaffensprozess im Mittelpunkt – samt aller Probleme, die eine

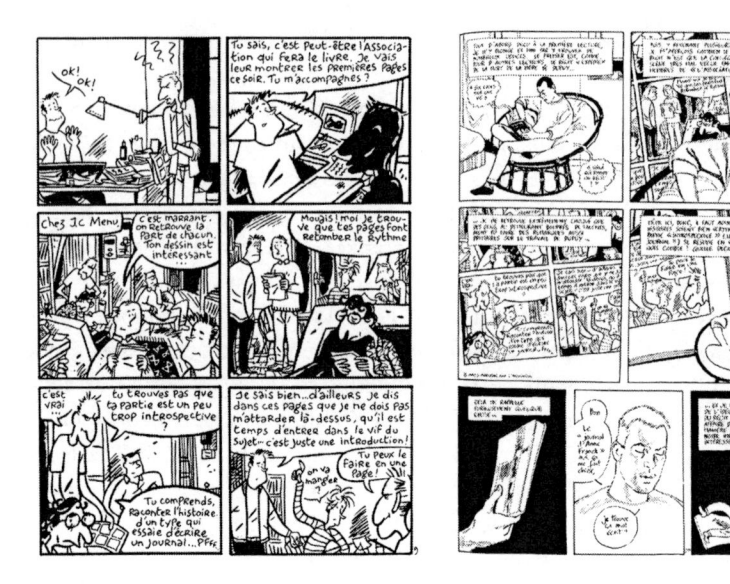

Abb. 8: Dupuy & Berberian, Journal d'un Album

Abb. 9: Fabrice Neaud, Journal

gespaltene Persönlichkeit im einen und eine doppelte im anderen Fall hervorrufen.

Einer der ersten Leser des im Spätherbst 1994 erschienenen Albums von Dupuis & Berberian war Fabrice Neaud, der damals als junger Comiczeichner und -verleger in Angoulême lebte, aber noch vollkommen unbekannt war. Was ihn zwei Jahre später bekannt machen sollte, war die Publikation des ersten Bandes seines gezeichneten Tagebuchs, das den schlichten Titel *Journal* trägt. Darin erzählt Neaud von den Erfahrungen eines homosexuellen Künstlers in der französischen Provinz, aber natürlich auch von seinen Überlegungen zur eigenen Profession und den Eindrücken von den Werken anderer Comiczeichner. So hatte er auch am 30. November 1994, als er Dupuy & Berberians *Journal d'un album* las, seine Leseerfahrung dazu im eigenen *Journal* festgehalten, und es liegt auf der Hand, dass er in dem autobiographischen Werk der berühmten Pariser Kollegen eine Konkurrenz zum eigenen noch unveröffentlichten Großwerk sehen musste. Es dauerte bis zum Jahr 1999, ehe Neauds sukzessive Publikation der eigenen Aufzeichnungen jenen Abend vom November 1994 erreichte, und so findet sich die Episode erst in Band 3 von *Journal* (Abb. 9), dem bei weitem umfangreichsten

Abb. 10: Lewis Trondheim, Journal du journal du journal

der mittlerweile vier erschienenen Teile. Es war dieser dritte Band, der Neaud endgültig als einen der wichtigsten französischen Comiczeichner etablierte.

Die Geschichte wiederholt sich: Einer der ersten Leser des im Spätherbst 1999 erschienenen *Journal 3* war Lewis Trondheim, der damals allerdings bereits ein Superstar des Metiers war – und ein enger Weggefährte von Dupuy & Berberian. Mit seiner Serie *Lapinot* (deutsch *Herrn Hases haarsträubende Abenteuer*) und dem gemeinsam mit seinem Freund Joann Sfar konzipierten Erzählzyklus *Donjon* war er zu einem der erfolgreichsten Comic-Künstler der neunziger Jahre aufgestiegen, und Trondheim hatte (und hat bis heute) nicht weniger im Sinn, als das ganze Genre zu revolutionieren. Sein Album *Approximativement* (Trondheim 2001) wird neben den Werken von Dupuy & Berberian und Neaud in Frankreich zu den wichtigsten autobiographischen Comics gezählt, und so überrascht es abermals nicht, dass er Neauds neuen Band des *Journal* aufmerksam las und darin besonders von dessen Lektüre von *Journal d'un album* fasziniert war. Über seine Leseerfahrungen zeichnete Trondheim nun selbst eine kurze Geschichte namens *Journal du journal du journal*, die in der im Januar 2001 erschienenen 26. Ausgabe der Comicanthologie *Lapin* (Abb. 10) erschien. Der Titel lässt bereits die Erfahrung der verdreifachten diaristischen Betrachtung anklingen, und

Abb. 11: Lewis Trondheim, Journal du journal du journal

Trondheim gestaltete ihn typographisch derart, dass das erste »Journal« in einer für ihn selbst typischen Schrift gesetzt war, während das zweite den Titelschriftzug Neauds und das dritte den von Dupuy & Berberians Album zitierte. Für jeden Connaisseur der französischen Comicszene war bereits das ein Leckerbissen.

Was aber erzählt Trondheim über den von Dupuy & Berberian erzählenden Neaud? Dazu muss man zunächst wissen, welche Episode aus *Journal d'un album* Neaud zu seinem graphischen Tagebucheintrag von 1994 anregte. Es war jenes von Philippe Dupuy gezeichnete Kapitel, in dem erstmals das Projekt des gezeichneten Arbeitsberichts selbst thematisiert wurde: Dupuy zeigt die ersten Seiten genau dieses Kapitels seinem Partner Charles Berberian, und beide sind sich unsicher, ob ihnen auf diese Weise gelingen werde, was sie vorhaben. Deshalb bringen sie das mittlerweile durch die entsprechende Debatte zwischen ihnen um weitere Seiten angewachsene Comicmanuskript zu ihrem Verlag L'Association und lassen dort weitere Zeichner einen Blick darauf werfen. Die Kritik fällt scharf aus, und besonders ungnädig zeigt sich Lewis Trondheim, der Dupuy vorwirft, das alles hätte man auch auf einer einzigen Seite unterbringen können. Außerdem sei das Thema viel zu introspektiv: »Verstehst du, die Geschichte eines Typen zu erzählen, der versucht, ein Tagebuch zu schreiben ... Pfff ...«. Es ist klar, dass gerade diese abfällige Äußerung Trondheims über Dupuys Arbeit Fabrice Neaud provozieren musste, der in sich ja auch nichts anderes sehen konnte als solch »einen Typ, der versucht, ein Tagebuch zu schreiben« – noch dazu in derselben Form: als Comic. Also regt sich Neaud in *Journal* eine Seite lang über die Borniertheit der Kritik an *Journal d'un album* auf, und er tut dies auf bemerkenswerte Weise, indem er die Darstellung seiner selbst bei der Lektüre der entsprechenden Passage durch die Einfügung von sorgfältig kopierten Bildern aus Dupuys gezeichnetem Tagebuch ergänzt. So entsteht eine zweite Ebene der Bilderzählung, die Erzähltes und Lektüreeindruck untrennbar in einem Bild zusammenfügt. Das ist eine höchst subtile Steigerung des Grundprinzips des Comics, das in der wechselseitigen Integration von Text und Bild liegt: Alle Textpassagen sind in die Bilder eingezeichnet, während die Bilder wiederum durch ihre Anschaulichkeit Text ersetzen, also selbst dank ihres Zeichencharakters zu einem ungeschriebenen, aber erzählten Text werden. Neaud nun lässt Comicbilder im Comicbild erscheinen und potenziert damit die ästhetische Besonderheit des Genres. Seine Reflexion richtet sich unmittelbar an das narrative Prinzip des Comics, das er in den eigenen Tagebüchern zu seiner persönlichen Ausdrucksform gemacht hat, und natürlich gibt es deshalb für ihn keine andere Möglichkeit, darüber zu berichten, als wieder in einem Comic. In keiner anderen ästhetischen Form hätte so über die Erfahrung mit der Form an sich erzählt werden können, wie dies hier erfolgt ist. Natürlich kann man über Leser schreiben oder Menschen, die sich einen Film ansehen, filmen. Aber weder der Literatur noch dem Kino oder auch der Malerei ist das Verfahren der Integration so inhärent, wie es beim Comic der Fall ist, der gerade durch die untrennbare Verbindung von Text und Bild definiert ist.

Es ist also diese dem Genre nur angemessene Verdopplung der autobiographischen Erzählung von Dupuy durch Neauds wiederum autobiographisch erzählte Lektüre, die schließlich den notorisch experimentierfreudigen Lewis Trondheim gereizt haben muss, dieses Verfahren noch auf eine weitere Ebene zu heben. Dass zudem er selbst als Figur in Dupuys ursprünglicher Aufzeichnung auftritt und er es denn auch gewesen ist, der mit seinem negativen Urteil Neauds Zorn erregte (womit Neaud aber auch nichts anderes tat als das, was Trondheim laut *Journal d'un album* bei der Lektüre von Dupuys ersten Seiten getan hatte – nämlich sich aufzuregen), wird es ihm noch attraktiver erschienen sein, nun eine dritte Lektüre aufzuzeichnen: eben das *Journal du journal du journal*. Darin nimmt Trondheim anfangs bis ins Detail die Einzelbilder aus Neauds Tagebuchseite auf und überträgt sie in seine Erzählung: Statt Neaud sitzt Trondheims papageienschnabliges Alter Ego im Sessel und liest, und statt Dupuy & Berberians *Journal d'un album* ist es Neauds *Journal 3*, das vom Diaristen gelesen wird. Trondheim geht sogar so weit, die Originaltexte aus *Journal* zu übernehmen, wobei er einzig »Dupuy & Berberian« durch »Neaud« ersetzt und einzelne Begriffe, die zu den Ergebnissen seiner Lektüre des anderen Tagebuchs nicht passen, austauscht. Durch diesen Kunstgriff wird *Journal du journal du journal* zu viel mehr als einer bloßen Verballhornung von Neauds *Journal*; es wird zum ironischen Kommentar eines Spötters (Trondheim) über einen Verärgerten (Neaud), dessen Anlass zur Verärgerung ursprünglich der Spötter gewesen ist. Doch Trondheim treibt sein wagemutiges Spiel mit dem Comiczitat noch weiter. Wo Neaud zur Kennzeichnung der Originalbilder von Dupuy & Berberian in seinem *Journal* einen Copyrightvermerk in ein Bild setzte, integriert nun auch Trondheim in *Journal du journal du journal* einen solchen – doch gleichzeitig lässt er in dem aus Neauds Buch übernommenen Bild den alten Copyrightvermerk stehen, so dass in einem einzigen Panel dieser doppelte Verweis die verschiedenen Schichten des Zitats ausweist. Wo Neaud in *Journal* über die verschiedenen Geschmäcker reflektiert und bemerkt, er habe keinen Gefallen am *Tagebuch der Anne Frank* gefunden, da zeichnet Trondheim stattdessen seinen Freund Jean-Christophe Menu, der auch in *Journal d'un album* als einer der Kritiker im Verlag L'Association auftrat, und lässt diesen bemerken, dass er die immens erfolgreiche Comicserie *XIII* von Jean-Claude van Hamme und Vance nicht schätze – die Bosheit des Austauschs der Titel liegt im dadurch provozierten Vergleich des Berichts der Anne Frank, als einer allgemein anerkannten Schullektüre, mit dem von Comicliebhabern als Dutzendware geschmähten reißerischen Mainstream-Comic *XIII*.

Doch damit nicht genug. Nachdem Trondheim die eine Seite, die Neaud seiner Lektüre von *Journal d'un album* gewidmet hatte, seinerseits zu einer Seite von *Journal du journal du journal* umgearbeitet hat, treibt er das Spiel weiter und nimmt nun nach dem Vorbild von Philippe Dupuys zitierter Episode seine erste Seite mit aufs Klo, um sie dort selbst noch einmal zu lesen. Diese Lektüre bringt nun ein Bild hervor, in dem Trondheim eine Seite von Trondheim liest, auf der man sieht, wie dieser eine Seite von Neaud liest, auf der dieser eine Seite von Philippe Dupuy liest. Nun ist die Lektüre eine vierfache geworden, und dennoch kann dieses komplexe narrative Gefüge in einem einzigen Bild durch bloße Integration und Reintegration dargestellt werden – die Bildsprache des Comics lässt es zu. Und man wird sich kaum wundern, dass Trondheim danach die dritte Seite von *Journal du journal du journal* dazu nutzt, um aufzuzeichnen, wie er die zweite Seite seiner Frau Brigitte zum Lesen gibt, so dass nun die fünffache Lektüre eines autobiographischen Eintrags beginnt. Trondheims Alter Ego läuft im ersten Bild der dritten Seite triumphierend mit seinen beiden ersten Seiten ins Wohnzimmer: »Sieh mal, sieh mal ... ich habe zwei Mises en abymes von einer Sache gemacht, die selbst schon eine solche war.« Die Rede von der *mise en abyme*, also vom bewussten Kenntlichmachen der Abgründigkeit eines literarischen Verfahrens, ist der dekonstruktivistischen Literaturwissenschaft entnommen. Dass Trondheim sie hier in den Comic einführt, zeigt nur, dass dieser Autor dem Genre auch Themen zutraut, die gemeinhin als im Comic nicht verhandelbar gelten: Philosophie und Texttheorie. Gerade Trondheim und Joann Sfar haben sich in den letzten Jahren darum bemüht, auch die anspruchsvollsten Sujets im Comic darzustellen, und so ist die Veranschaulichung des Verfahrens der *mise en abyme* nur eine Fingerübung für den ambitionierten Erzähler von *Journal du journal du journal*.

Und doch setzt er sich selbst ins Unrecht, wenn er zunächst seine Gattin Brigitte fragen lässt, ob das denn nötig sei, und dann Trondheim sich selbst dabei zeichnet, wie er tatendurstig wieder in sein Atelier zurück eilt – »Ich habe auch schon eine Idee für eine weitere Seite« –, um dann in den letzten drei Bildern, die den Kurzcomic beschließen, genau die Seite zu zeichnen, die man gerade liest, und das letzte Bild damit zu füllen, dass er vollkommen ratlos vor eben diesem letzten leeren Bild sitzt. Denn dadurch, dass die Geschichte hier an ein Ende geführt werden muss, kann die *mise en abyme* nicht mehr länger aufrecht gehalten werden: Am Ende bleibt kein Abgrund, sondern nur noch ein Abbruch, und die Kette der Lektüren müsste von einem weiteren Zeichner fortgeführt werden, der nunmehr Trondheims *Journal du journal du journal* liest und seine entsprechenden Eindrücke bei dieser Lektüre aufzeichnet. Doch man darf wohl nicht erwarten, dass diese Lust am Spiel mit der eigenen Erzählform noch weiter besteht, nachdem Trondheim sie so konsequent auf die Spitze getrieben hat.

Trotzdem ist sein nur drei Seiten kurzer Kommentar auf die unendliche Vielschichtigkeit des graphischen Erzählens einer der schönsten Comics, weil er die Möglichkeiten des Genres auf höchst geistvolle Weise auslotet. *Journal du journal du journal* bereitet ein intellektuelles Lesevergnügen, das weder *Journal* noch *Journal d'un album* trotz ihrer jeweils unbestreitbaren Qualität auslösen, denn beide nehmen sich ernst, während Trondheim das Spielerisch-Leichte der Darstellungsform Comic in den Mittelpunkt stellt. Das hat sie der Literatur voraus, die – wie oben bereits erwähnt – in ihrer abstrakten Gestalt als bloßer Text für jede individuelle Lektüre offen ist, während Trondheim eine Begebenheit erzählt, zu der er die Bilder bestimmt hat, die deshalb fortan für alle Leser gleich sein werden. Ausdeutungsfähig ist nur der Text als solcher, und dessen Interpretation sind durch die Beigabe von Bildern enge Grenzen gesetzt.

Der Comic bedeutet gegenüber der Literatur also einen Verlust an Deutungsfreiheit, doch dafür ist seine Sprache präziser. Und er verfügt über Mittel, um komplizierte Sachverhalte auf knappem Raum darzustellen, weil ein Bild als räumliche und zeitliche Klammer begriffen wird, die für das, was es zeigt, klare und buchstäblich verstandene Rahmenbedingungen festsetzt. Dadurch wird das Erzählen erleichtert, wie ein Beispiel aus einem der interessantesten Comicprojekte überhaupt verdeutlichen mag. Seit 1998 arbeitet der französische Zeichner Stéphane Heuet an einer Comic-Adaption von Marcel Prousts Romanzyklus *A la recherche du temps perdu* (*Auf der Suche nach der verlorenen Zeit*). Das Vorhaben ist naturgemäß bestens dazu geeignet, die jeweiligen Vorzüge der beiden Erzählformen Prosa und Comic im direkten Vergleich zu bestimmen. Nehmen wir eine recht voraussetzungsreiche Passage aus dem ersten Band *Du côté de chez Swann* (Proust 1987: 179 f.): den Bericht über die Eindrücke, die bei dem noch jugendlichen Ich-Erzähler während einer Kutschfahrt angesichts der wechselnden Konstellationen der Landschaft entstehen. Das Besondere (und in der *Recherche* sogar Einmalige) daran ist, dass dieser Bericht als Text im Text eingeschoben wird, weil der Erzähler erzählt, dass er ihn noch während der Kutschfahrt geschrieben habe, und die Notiz also im Roman als Zeugnis aus dieser erzählten Vergangenheit dokumentiert wird: Es erfolgt eine Lektüre in der Lektüre. Das verbindet diese Passage mit den verschiedenen Comic-Diarien, die wir zuvor kennengelernt haben. Man muss nun gar nicht wissen, dass der zitierte Text des jugendlichen Erzählers der *Recherche* noch eine weitere Vorgeschichte hat, insoweit als er die Umarbeitung eines Artikels ist, den der erwachsene Proust im Jahr 1907 über seine Erlebnisse während einer Fahrt im Automobil geschrieben und damals in einer Zeitung veröffentlicht hatte – lange bevor die Passage Eingang in die *Recherche* fand. Wichtig ist, dass diese Schilderung etwa eine Seite im ersten Band des Romanzyklus füllt und eine umständliche Bestimmung als Text im Text erfordert, damit der Leser überhaupt weiß, was er hier liest. Das alles ist im Comic weitaus leichter darzustellen, wie Heuet in seinem Band *Combray* (Abb. 12) vorführt, der diese Episode in Bildern erzählt. Denn was wäre simpler, als einfach die ganze Beschreibung aus dem Roman als Text auf ein Blatt Papier zu schreiben, das dann als Bild in die entsprechende Seite eingerückt wird: ein Fremdkörper aus reinem Text in der ansonsten reich bebilderten Handlung. Jedem Leser wäre deshalb auch ohne jede weitere Erläuterung der Status dieser Beschreibung im narrativen Kontext klar, denn Heuet zeigt uns, was dieser Text ist: ein Schriftstück, und

Abb. 12: Heuet, A la recherche du temps perdu

als solches ist es doch wieder ein Bild in der Bildgeschichte, das sich in die Seitenarchitektur perfekt einpasst und dadurch anschaulich wird.

Abb. 13: Moebius, Fumetti

Mit diesen Beispielen sollte gezeigt werden, wie subtil und gleichzeitig äußerst leicht verständlich der Comic zu erzählen versteht. Er verleiht der Lektüre Flügel, indem er *fumetti* in die Bilder einzeichnet, die auf verschiedenen Ebenen gelesen werden können: buchstäblich, aber auch als eigenständige

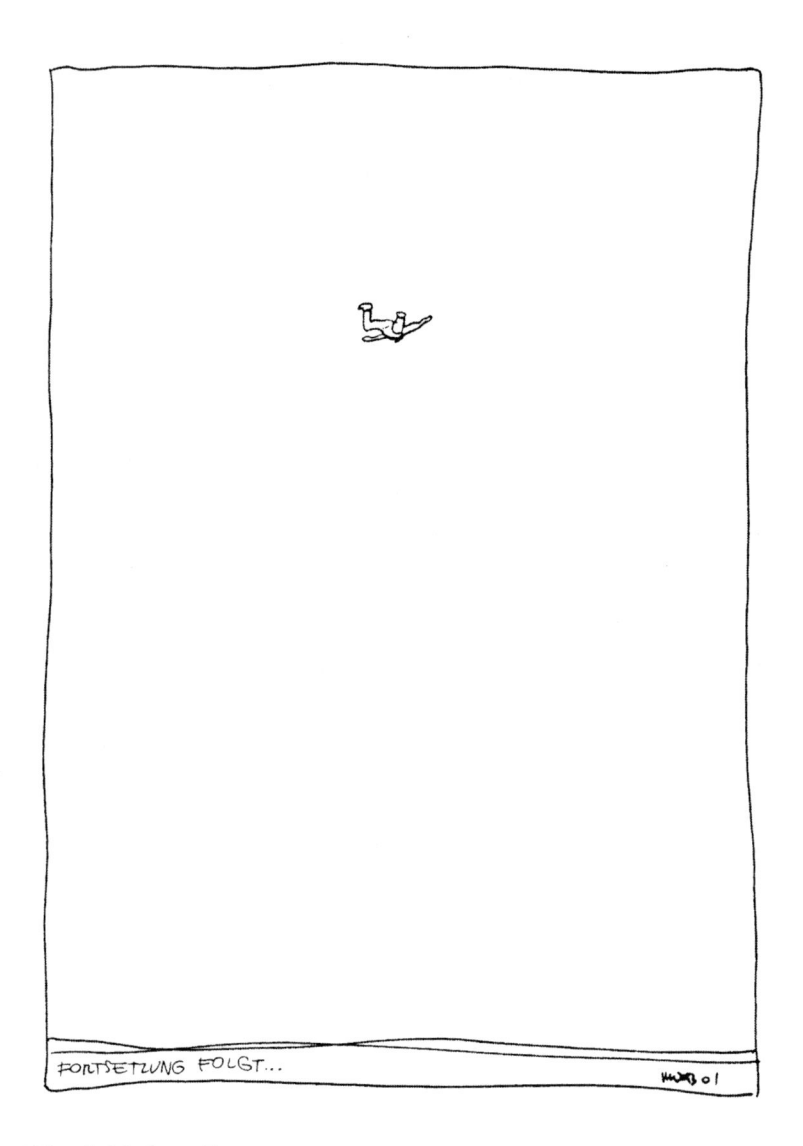

Abb. 14: Moebius, Fumetti

Zeichen im Gesamtkontext des Einzelbildes, das dann wiederum seine Funktion innerhalb der Seitenarchitektur hat. Das narrative Konzept des Comics ist weitaus komplizierter als es wirkt, aber man braucht es in seiner Vielschichtigkeit gar nicht zu entschlüsseln, um dennoch Vergnügen an der Lektüre zu haben. Dass sich dieses Vergnügen beim Ausschöpfen der verschiedenen Bedeutungsebenen noch vermehrt, ist klar. Und selbstverständlich ist es ein Comic, der dafür die schönsten Bilder gefunden hat, nämlich abermals *Fumetti* von Moebius, der auf seinen letzten fünf Seiten (Abb. 13, 14) den nunmehr allen seinen Figuren und damit auch sich selbst entkommenen Zeichner zeigt, der in einer vollkommen leeren Wüstenlandschaft Anlauf nimmt, los rennt, immer schneller wird, zu straucheln scheint, um schließlich vom Boden abzuheben und in die Weite des Himmels zu entschwinden. Eine gelungenere Bildmetapher für die Freiheit des Comiczeichners lässt sich kaum denken, und zugleich demonstriert *Fumetti* noch einmal, dass seine Arbeit Dinge als ganz selbstverständlich erscheinen lassen kann, die in einer literarischen Beschreibung bestenfalls fantastisch, in einer Verfilmung surrealistisch und in einem Gemälde maniert wirken würden. Der fliegende Künstler aber ist im Comic, der Erzählform, die uns *Superman* geschenkt hat, nicht weiter verwunderlich. Und das ist vielleicht der gravierendste Unterschied zu den anderen Erzählformen: dass uns der Comic zwar das Staunen lehren kann, sich dieses Staunen aber auf die handwerkliche Ausführung der Erzählung, nicht auf deren Inhalt beschränkt. Denn das Unmögliche ist hier alltäglich. Schöner kann man den Anspruch von Kunst nicht einlösen. Und höher den Künstler nicht schätzen lernen. Seit das auch die Comicschaffenden selbst begriffen haben, blüht das Subgenre des Autobiographischen.

Schönheit im Industriedesign.
Es gibt vier Richtungen. Und dazu: Design und Liebe (Philippe Starck)

Gudrun Scholz

Erstes Intro

Schön ist im Industriedesign ein noch zögerlicher Begriff. *Moi/Schön* nennt sich zum Beispiel das niederländische Label von Marcel Wanders. Wenn man diese Produkte kennt, weiß man, dass dies keine Marketingidee ist. Schön könnte in der Gestaltung wieder ein Fachbegriff, gar ein Grundbegriff werden nach längerer Abstinenz. Schönheit war schon in der Moderne, genauer in der ersten Hälfte des zwanzigsten Jahrhunderts, ein Begriff. Parallel dazu hatte die Gestaltung, das Bauhaus zum Beispiel, auch keine Probleme mit der Kunst. Schön ist dann in der zweiten Hälfte des 20. Jahrhunderts bei uns, genauer von 1950–1970, im Design durch gut und in der Theorie durch ästhetisch ersetzt worden.

Schon seit *Memphis* könnte, parallel zur Neujustierung dessen, was der Designer eigentlich macht, parallel zur Befreiung der Form von der Funktion auch wieder von schön die Rede sein. (Die Befreiung der Form von der Funktion ist nicht das Gleiche, wie die Aufhebung der Funktion, das ist oft, absichtsvoll oder nicht, missverstanden worden. Sondern die Befreiung der Form ist die argumentative Trennung der Form von der Funktion.) Was es zur Schönheit im Industriedesign bedarf, davon handelt dieser Text, auszugsweise. Es geht um Richtungen in der Schönheit. Und es geht um Grundlagen. Eine davon führe ich aus. Das ist die Liebe. Ich deklariere sie hier als Parameter, um sie als Element der Gestaltung konkret zu beschreiben.

Ich gehe auf das Schöne nur im Industriedesign ein. Das Folgende ist also eine fachspezifische Ästhetik. In der Kürze dieses Textes ist auch nichts anderes möglich. Außerdem benutze ich das Schöne und das Ästhetische, wenn es denn auftaucht, in gleicher Bedeutung. Und ich rede statt von Industriedesign oft und gern von Gestaltung, weil das Design konnotativ besetzt ist.

Wenn ich zwischendurch auch einfach von Design rede, meine ich immer das Industriedesign.

Zweites Intro. Philippe Starck und Jeff Wall

»Es gibt nichts Langweiligeres als ein Gespräch über Design.« Philippe Starck

»Salat ist, wie jede andere Ware, einfach Kapital, nur als Nahrungsprodukt getarnt.« Jeff Wall

Der Satz von Philippe Starck ist natürlich eine rhetorische Untertreibung, wenn er, der Superlativ ist angemessen, von dem zur Zeit berühmtesten Industriedesigner der Welt stammt. Philippe Starck spielt in diesem Text eine wichtige Rolle, und dies obwohl er gerade dem Schönen wenig zutraut, stattdessen andere Begriffe einsetzt: »An die Stelle des wesentlich kulturell Schönen muss das wesentlich humanistisch Gute treten« (Starck 2003a: 535). Dennoch nutze ich Starck als Ideengeber. Das Schöne ist auch in der historischen Ästhetik oft eine tiefe Verbindung mit dem Guten eingegangen, lässt sich zum Beispiel bis in die vorsokratische Ästhetik zurückverfolgen (wenn auch mit anderen inhaltlichen Implikationen), findet sich dann etwa bei Platon oder später im 19. Jahrhundert bei Rimbaud (siehe Grassi 1980: 36). Man kann diese Verbindung heute in einem Begriff wiederfinden, den ich als Parameter des Schönen beschreiben will, die Liebe. Hier schließt sich der Kreis zu Philippe Starck. Die Idee der Liebe im Design stammt von ihm.

Es haben sich in der Geschichte viele Gestalter an der Theorie beteiligt, zum Beispiel Paradigmen aufgestellt, angefangen bei Louis H. Sullivans vielzitiertem *form follows function* (1896). Max Bill gehört ebenfalls in diese Reihe. Bill spricht in der Tradition des Bauhaus noch von der schönen Form. Er ersetzt sie 1949 erst als Ausstellung, 1952 dann als Auszeichnung für gestalterische Produkte durch die gute Form und beschreibt dazu eine Reihe von Parametern. Später formuliert *Memphis* (das sind insbesondere Ettore Sottsass und Alessandro Mendini) entscheidende Texte, Paradigmen und Parameter zur postmodernen Gestaltung. Philippe Starck setzt diese Linie fort. Auch deswegen orientiere ich mich hier an ihm.

Außerdem, das ist für mich als Theoretikerin nicht unerheblich, schätze ich Starck als Designer. Die Bedeutung seiner Objekte liegt nicht in dem, was der Begriff Formalschönes im Design öfter deklassifiziert. Sondern die

Bedeutung seiner Objekte, ich benutze den Begriff auch für Starck, liegt in ihrer Schönheit. Neben der Liebe wird darin auch die Kunst eine Rolle spielen. Schließlich, wenn ich Starck hier zu Wort kommen lasse, ignoriere ich weitgehend sein Medienbild. So berichten die Medien über bestimmte Ideen Starcks wenig oder gar nicht, seine Ideen über die Liebe gehören dazu. Genauso sind seine Vorschläge, Möbel zu vermieten oder Möbel an die Firmen nach Gebrauch wieder zurückzuschicken, medial wenig präsent. Desgleichen ist kaum bekannt, dass Starck auch eine Reihe billiger Produkte entwirft und sie produzieren lässt. Coco Chanel erging es in ihrer Zeit ähnlich. So hat man auch ihr den Vorwurf gemacht, dass sie ihre Ideen nur ans zahlungskräftige Bürgertum und Großbürgertum verkaufen konnte. Dies schmälert aber auch ihre historische Rolle nicht. So mischt Coco Chanel zum Beispiel in ihren Schmuckentwürfen echte und unechte Schmucksteine, für die damalige Zeit revolutionär. Oder sie benutzt, ebenfalls revolutionär, billigen Unterwäschestoff der französischen Armee (Jersey), macht daraus einen eigenen Kleiderentwurf und geht auch damit in die Geschichte ein.

Und nun noch zu Jeff Wall, den ich hier aus einem anderen Grund zitiere. Für den amerikanischen Fotokünstler ist die Perspektive natürlich ein wesentlicher Parameter. Die Perspektive nutze ich auch für mich. Es kommt in der Theorie genauso auf die Perspektive an, aus der man sieht. Das ist auch in diesem Text über die Schönheit so. Es kommt auch bei der Schönheit im Industriedesign darauf an, aus welcher Perspektive oder Richtung man sie sieht.

Drittes Intro. Warum Gestalterschönheit

Es gibt einen Grund, warum ich mich in diesem Text vorwiegend, ich nenne den Begriff schon mal, mit der ›Gestalterschönheit‹ beschäftige. (Dementsprechend fallen die anderen Schönheiten hier kurz aus.) Gestaltung hat mich in meiner Theoriearbeit oft begleitet und fasziniert.

Ein anderer Grund ist die Rolle des Designers heute. (Auch deswegen separiere ich die Gestalterschönheit.) Die Rolle des Designers wird zum Beispiel deutlich, wenn man sich mit den Produkten beschäftigt. Auch wenn das Industriedesign inzwischen ebenfalls über nicht so viele wie in der Kunst, aber auch über mehrere Genres verfügt, zum Beispiel auch Konzeptdesign ist, haben die Produkte für das Industriedesign immer noch die größte Bedeutung. Ich habe mir mal die Mühe gemacht, das, was unter Industriedesign läuft, zu typologisieren. Um die Rolle des Designers deutlich zu machen, habe ich bewusst nicht mit einer stringenten Typologie gearbeitet. Ich nenne nur eine Auswahl, weniger als die Hälfte an Produkttypen, die ich gefunden habe.

Das Design ist traditionellerweise, ich fange mal so an, Labeldesign. Dazu gibt es zwei Gruppen. Das Industriedesign hat, wie das Design überhaupt, einmal als Labeldesign begonnen. Dazu gehören, als erste Gruppe, die Firmennamen, die Designobjekte herstellen: Siemens, AEG, Mercedes, später Bosch oder Braun. Es sind dies Produktlabels. *Labels* überhaupt werden in der Zweiten Welle (Alvin Toffler) erfunden, um für Qualität zu stehen. Das ist in den Firmentexten nachzulesen (von Maggi über Henkel bis Mercedes). Doch das Labeldesign (Siemens, AEG, Bosch, Mercedes, VW) durchläuft bis heute mehrere Entwicklungsstufen. So sind klassische *Designlabels* inzwischen verschwunden oder nicht mehr bekannt, andere (mit anderer Bedeutung) sind an ihre Stelle getreten. Auf dem Berliner Flohmarkt kennen junge Händler Rosenthal nicht mehr, dafür aber Ikea. Oder so gibt es heute auch unter den *labels global players*. An den globalen *labels* wird diese Entwicklungsstufe deutlich: Inzwischen stehen Designlabels, wie *labels* überhaupt, nicht mehr zwingend für die Qualität der Produkte. (Qualität heißt erst einmal Materialqualität.) Dafür setzt sich ein assoziativer Status öfter schon an die Stelle von Qualität. Festzustellen ist, *labels* spielen in der Designgeschichte von Anfang an ihre selbständige Rolle. Doch inzwischen können sie ihre selbständige Rolle auch ohne die Qualität der Produkte spielen.

Klassisch als Gruppe ist natürlich das Design, das von Designern entworfen worden ist, aber in der Moderne noch nicht als *label* funktioniert. Zur ersten Generation gehören Wilhelm Wagenfeld, dann bei uns zum Beispiel Hans Gugelot, später Nick Roehricht (beide Hochschule für Gestaltung Ulm). Sie entwerfen das, was man ab den 1980ern als Originale im Industriedesign bezeichnen wird. Es gibt heute noch Firmen, die sich dafür einsetzen, bemerkenswerterweise eine Reihe italienischer Firmen: *Alessi, Kartell, Driade* oder die Schweizer Firma *vitra*. Noch eine Anmerkung zu dieser Gruppe: Viele dieser Designobjekte stehen nicht in deutschen Wohnzimmern, aber in der Designgeschichte, weil die Auflage zu klein ist, weil sie in ihrer Zeit noch nicht akzeptiert werden (zum Beispiel Stahlrohrmöbel), oder weil sie zu teuer sind. Dazu auch noch eine humorvolle Einschätzung aus den Niederlanden: »*Good design goes to heaven, bad design goes everywhere*« (Gerritzen 2001: 70).

Das, was dann aber in deutschen Wohnzimmern steht, ist die Gruppe der vielen *no names*. Für diese Gruppe gibt es keine Entwerfer. Das heißt, man hat den Entwerfer einfach vergessen. Oder man hat seine Ideen abgewandelt, und das heißt zum Beispiel kopiert. Die Firma Ikea ist ein Paradebeispiel dafür. Das ist billiger als das Design mit Namen. Das ist aber auch bitter für die Designer, deren Ideen nicht bezahlt werden.

Zum Labeldesign gibt es die angekündigte, zweite Gruppe im Industriedesign. Das sind die Personenlabels seit den 1980er Jahren. Es war Tradition der Moderne, den Entwerfernamen, wenn es ihn gab, nicht zu nennen. Der klassische Gestalter tritt noch hinter seine Produkte zurück. Das hat zur Folge: die Produkte sind bekannt, die Entwerfer weniger. Keiner kennt den schon genannten, bedeutenden Designer Hans Gugelot. In den 1980ern wird das anders. Der Designername wird ebenfalls zum *label* (oder zum Statusnamen). Philippe Starck ist einer. Er inszeniert sich mit Erfolg von Anfang an selbst. Luigi Colani macht das schon in den 1970ern vor. Doch er wird deswegen noch als *enfant terrible* eingestuft. Mit den Personenlabels wird, so Starck, das Design endgültig zum Verkaufsargument. Und auch diese Personenlabels entwerfen so bezeichnete Originale.

Bei der vorletzten Gruppe, ich nenne sie Marketingdesign, wird das Design zur ausschließlichen Verkaufsrhetorik. Mit dem Unterschied, dass ihre Entwerfer selten bekannt sind. Vielleicht gibt es sie auch nicht. Marketingdesign operiert absichtsvoll mit dem Begriff Design (vom Designerstuhl über den Designerteppichboden bis zur Designerstrumpfhose), um die Produkte teurer zu machen. Und im Marketingdesign gibt es Bereiche, die vorher nie designed worden sind. Deswegen besteht der Wunsch: Es möge nicht alles auf der Welt designed werden.

Ich trenne diese Gruppe innerhalb des Marketingdesign ab. Auch auf sie trifft der Begriff zu, den Starck benutzt, *over design*. Er steht im Gegensatz zu *no design* oder *low design* (Starck 1996: 310). Es handelt sich um Produkte, die üblicherweise einfach und unscheinbar waren, aber jetzt überflüssigerweise dekoriert auftreten, in vielfältigen Varianten. Nehmen wir als Beispiel die Personenwaage. Die vielen Produkte dazu sind ohne Wiedererkennungswert, bieten keine formale Orientierung und sind ebenfalls teurer als die üblichen, wenn man diese noch findet. Anstelle von *over design* könnte ich auch von Anti-Design sprechen (das ist stilistisch allerdings besetzt). Dieses Marketingdesign ohne Professionalität ist als Stilbeschreibung schwierig, es ist rausgehauen und hebt den *lifestyle* der 1980er ins nächste Jahrtausend.

Es gibt, wie angekündigt, mehr Produkttypen, doch ich höre hier auf. Was können wir aus dieser Liste, auch wenn sie nicht vollständig und stringent ist, ableiten? Eine positive Konsequenz: Das Design hat eine neue Plattform erhalten. Der Begriff Design ist in die Medien gegangen, in die Werbung, ins Fernsehen, ins Internet und auch in die Wohnzimmer. Und eine negative Konsequenz: Man hat das Wort so redundant gemacht, dass junge Designer und Designstudenten spätestens in den Neunzigern erhebliche Zweifel an ihrem Berufsbild bekommen. Design wird zum Reizwort. Redundanz kann tödlich sein.

Die Liste macht außerdem deutlich, dass, das interessiert vor allem den Theoretiker, der Begriff Industriedesign nicht homogen ist. Er ist noch weniger homogen als der Kunstbegriff. Bei einigen Produkttypen habe ich auch Schwierigkeiten, sie als Design zu sehen. Die Frage ist also auch in dieser Typologie, wer den Begriff Design benutzt. Oder, ich erinnere an Jeff Wall, das Design hängt davon ab, aus welcher Perspektive man es betrachtet. Ich verlasse jetzt diese Typologie.

Schönheit im Industriedesign. Es gibt vier Richtungen

Die Pluralität der Postmoderne wirkt sich natürlich auch auf den Schönheitsbegriff aus. Die Tatsache, dass sich auch die Schönheit vom absoluten zum pluralen Begriff verändert hat, führt dazu, dass es verschiedene Schönheitsbegriffe geben kann. Und die postmoderne Pluralität führt zweitens dazu, dass auch in den verschiedenen Richtungen, von denen gleich die Rede sein wird, verschiedene Definitionen des Schönen möglich sind.

Auch die Schönheit hängt davon ab, aus welcher Richtung man sie betrachtet oder wer das Schöne betrachtet. Ich unterscheide vier Beteiligte und damit vier Richtungen im Design. Das sind die Nutzer, die Produzenten, die Medien und die Gestalter. Bei den einzelnen Beteiligten, zum Beispiel beim Nutzer, spreche ich dann von der Nutzerschönheit und von der Nutzerästhetik.

Es gibt zwischen den Richtungen und ihren jeweiligen Schönheitsbegriffen Überschneidungen, zum Beispiel beim Begriff ›Konsument‹ zwischen der Produzentenästhetik und der Nutzerästhetik. Oder es gibt beim Begriff

›populär‹ Überschneidungen zwischen der Nutzerästhetik und der Gestalterästhetik. Aufschlussreich ist aber, die verschiedenen Richtungen erst einmal voneinander zu trennen und sich die Richtungen separat anzusehen. Nicht die Überschneidungen, aber die Differenzen sind bemerkenswert.

Als erstes: die Nutzerschönheit

Ich beginne mit den Schönheitsvorstellungen derjenigen, für die der Designer entwirft, für die der Produzent produziert und für die die Medien kommunizieren. Es ist zu ahnen, dass dies von den vier Begriffen der vielfältigste und schwierigste, weil konnotativste Begriff ist. Es ist weiter zu ahnen, dass etwa die Produzentenästhetik andere Begriffe und Konzepte dazu hat, als die Gestalterästhetik. Und das heißt, die verschiedenen Begriffe können verschiedenen Richtungen angehören.

Ein Beispiel ist der klassische Konsument. Seine Haupteigenschaft oder Haupttätigkeit, das Konsumieren, ist eine strukturelle Erfindung der Zweiten Welle (Toffler 1980). Der Konsument konsumiert seitdem eine Anzahl von Produkten, die es vor der Zweiten Welle so noch nicht gegeben hat. Die Zweite Welle ist auch in Bezug auf die Anzahl der Produkte eine Schnittstelle in unserer Kultur. Der Konsument gehört weniger in die Nutzerästhetik, auch nicht in die Gestalterästhetik, aber in die Produzentenästhetik. Dies zeigt sich etwa darin, dass Gestalter in der Moderne Probleme damit haben, für wen sie entwerfen, sprachlich und inhaltlich. Einige Gestalter relativieren das Konzept des Konsumenten oder Verbrauchers. Bei der Frage, für wen sie gestalten, fällt Wilhelm Wagenfeld der Braucher ein, Dieter Rams später der Gebraucher.

Mit der Dritten Welle (Toffler 1980) entstehen neue Bilder. Der Konsument steigert sich, er wird zum ›Zielkonsumenten‹ (Starck 2003b), oder er wird zur Zielgruppe. Philippe Starck hat, seitdem er gestaltet, weniger mit dem Konsumenten zu tun, sondern gleich mit seiner Steigerung. Aber auch Starck lehnt als Gestalter, da folgt er Wagenfeld und Rams, das Konzept ›Zielkonsument‹ stets ab. Dies ist vom Titel dieses Artikels auch nicht anders zu erwarten: Zielkonsument und Liebe schließen sich einfach aus.

In der Kunst, von der in diesem Artikel auch die Rede sein wird, spricht man, um diese Liste noch fortzusetzen, vom Betrachter, in den elektronischen Medien vom *user* oder Nutzer. Ich übernehme den ›Nutzer‹ für das

Industriedesign. Er ist nur ein Behelf, warum, das werden die letzten Abschnitte deutlich machen. Aber der Nutzer, das hilft bei den verschiedenen Perspektiven, ist wenig konnotativ.

Schönheit ist, und nun zur Nutzerästhetik, ein demokratischer Begriff, verbunden mit Rechten. Der Nutzer hat ein Recht auf Schönheit, das ihm, ihr, keiner nehmen kann. Demokratische Schönheit heißt zum Beispiel: Schön ist das, was viele dafür halten.

Der Nutzer sieht, auch wenn er relativ neutral ist, aus seiner Perspektive, wie jeder der vier Beteiligten. So hat der Nutzer auch seine Parameter für das Schöne. Schön ist zum Beispiel das, was ihm Freude macht. Und seit der Zweiten Welle kann er sich vieles, sehr vieles, was ihm Freude macht, kaufen. So wird der Nutzer zum Konsumenten. Der Nutzer kann sich Schönheit also kaufen. Oder schön ist das, was er sich kauft. Seit geraumer Zeit verwenden Nutzer, vor allem Nutzerinnen, auch das Wort *shoppen*, ebenfalls eine Erfindung des Marketing. Es ist lediglich der englische Begriff, und dennoch ist er konnotativ mehr als ›Kaufen‹. Barbara Kruger macht vor 20 Jahren zu diesem Thema die konzeptionelle Arbeit *Untitled/I shop, therefore I am* (1987). Übrigens, auch wenn ich einige der hier beschriebenen Schönheitsbegriffe nicht vertrete, sind sie deswegen nicht ironisch gemeint.

Von den vier Richtungen, die ich für das Design unterscheide, sind die Nutzerästhetik (oder analog die Betrachterästhetik) und die Gestalterästhetik (ich sehe die Künstlerästhetik ebenfalls analog) die beiden wichtigsten Richtungen. Beide Richtungen sind in der philosophischen Ästhetik allerdings in der Regel zusammengefasst worden. Auch in unserer Zeit haben zum Beispiel Wolfgang Fritz Haug (das Warenschöne als Gebrauchswertversprechen, 1971) oder Richard Shusterman (das Schöne als sinnlich körperliche Erfahrung, 1994) sowohl den Betrachterblick wie den Künstlerblick.

Noch eine Anmerkung zu Haug (1971). Die Zeit, in der er seine Ästhetik schreibt und das Warenschöne der Industrie kritisiert, ist auch vonseiten der Designer eine Schnittstelle. Zur gleichen Zeit kritisieren die Designer auf ihre Weise die Industrie. Das ist der spezielle Blick der Gestalterästhetik. Beide Blicke, Funktionalismuskritik und Warenästhetik, gehen an den selben Adressaten, stammen aber aus verschiedenen Richtungen.

Schön ist das, was sich verkaufen lässt.

Als zweites: die Produzentenschönheit

Bei der Produzentenästhetik zu Anfang eine der möglichen Überschneidungen. Sie ist gleichzeitig ein Idealfall im Industriedesign, in dem sich Produzentenästhetik und Gestalterästhetik treffen. Es ist Tradition im Industriedesign, aus den Entwürfen der Designer Modelle, aus den Modellen Prototypen und aus den Prototypen serienfertige Produkte zu machen. Gestalterschönheit (das ist die Schönheit, die der Designer vorgibt) und Produzentenschönheit stimmen jedoch oft nicht überein. Es kann produktionstechnische Gründe geben, Kostengründe oder ästhetische Gründe, die sich möglicherweise hinter dem Kommentar verbergen: Das kauft doch keiner. Dieser Satz hat bei den Produzenten eine hohe Frequenz.

Auch der Produzent hat seine Perspektive, von der er auf die Schönheit blickt. Und aus dieser Richtung hat er seine eigenen Schönheitsbegriffe, die sich von denen des Gestalters oder auch des Nutzers unterscheiden können. So lautet die Entsprechung zu: Schön ist, was ich mir kaufe, in der Produzentenästhetik: Schön ist das, was sich verkaufen lässt.

An dieser Stelle ist der Text zur Zielgruppe fällig. Das Konzept ›Zielgruppe‹ oder das Konzept ›Zielkonsument‹ (ein weiterer Begriff ist das Konzept ›Milieu‹) sind eine Erfindung des Marketing und gehören primär in die Produzentenästhetik und nicht in die Gestalterästhetik. Die Zielgruppe ist ein Parameter der Produzentenästhetik, wenn ich das mal so buchhalterisch festhalten darf. Der Gestalter hat genügend eigene Parameter. Ich sage das so deutlich, weil das Verkaufen, das mit der Zielgruppe zusammenhängt, im Design immer stärker als K.O.-Argument eingesetzt wird. Um es noch deutlicher zu machen: In der Produzentenästhetik wird seit den 1990er Jahren die Funktion durch die Zielgruppe und das heißt, das Verkaufen ersetzt. (Elegante Zungen sprechen auch von: *form follows selling*.) Das müsste aber jedem Gestalter zu wenig sein.

Ein weiterer Parameter für die Schönheit in der Produzentenästhetik ist die Innovation. Schön ist das permanent Neue. So gibt es zum Beispiel seit 1983 jedes halbe Jahr (das heißt Winter und Sommer) eine neue Armbanduhren-Kollektion (*Swatch*). Oder bei VW kommt circa alle vier Jahre ein neuer *Golf* auf den Markt, metaphorisch als ›Generation‹ verpackt. (Details werden schon früher verändert.) Die Innovation ist mehr noch als ein Paradigma einzustufen, auch für unsere heutige Produktwelt. Sie ist in jedem Fall zu groß für diesen Artikel. Die Innovation ist aber für das Thema Liebe wichtig. Deswegen noch dies: Die Innovation hat auch den Aspekt, in der Typologie unter Marketingdesign angedeutet, dass Produkte, an die man sich gewöhnt hat, nach kurzer Zeit so nicht mehr zu finden sind, durch ein anderes Material, eine andere Form, einen anderen Dekor stattdessen verbessert werden. Insofern geht die Innovation auch in die Nutzerästhetik. Und sie geht in die Gestalterästhetik.

Für schön sind in der Produzentenästhetik auch andere Definitionen vorstellbar, zum Beispiel diese, im zweiten Intro erwähnt: Schön ist das, was Kopie ist. Oder anders: Die Kopie ist genauso schön (und billiger). Oder noch anders: Die Kopie ist sogar schöner, und das heißt auch besser. So behauptet zum Beispiel eine Printwerbung für *Tandon* Computer im Magazin *Stern*, dass die Kopie das Original schon überholt hat (1986). Die Praxis kann in Behauptungen immer freier sein als die Theorie.

Da unsere Kultur eine Kultur ist, die wohl noch nie so viele Kopien produziert hat oder wohl noch nie von so vielen Kopien gelebt hat und dazu auch die richtigen Geräte erfunden hat (Kopierer, PC), ist es naheliegend, dass sich auch der Produzent daran beteiligt – abgesehen von den juristischen Problemen. Diese lassen sich aber leicht umgehen. Denn die Copyright-Gesetze schützen das Industriedesign wenig. Geringfügige Änderungen sind schon keine Kopien mehr. Außerdem, das habe ich schon gesagt, sind Kopien billiger. Und da Starck heute der berühmteste Designer mit dem umfangreichsten Werk ist, ist er auch der meistkopierte Designer. Es würde sich lohnen, die Ideenvielfalt Starckscher Kopien in einem Buch zu präsentieren.

Die Kopie ist natürlich komplexer, als es das Wort signalisiert. Auch die Begriffe in der Kunst und für die Kunst signalisieren dies. So benutzt der Kunsthandel eine Reihe unterschiedlicher Wörter, wie die Replik, die Reedition (beide tauchen auch im Design auf) oder das Multikat (für das übliche Multiple). Außerdem wird die Kopie in der Kunst als ästhetisches Phänomen thematisiert, zum Beispiel von Maurizio Cattelan. 1996 klaut, ja, klaut Cattelan als künstlerisches Konzept in Amsterdam einen Abend vor der Eröffnung der Ausstellung eines Kollegen dessen Arbeiten und gibt sie als seine eigenen aus. Oder 1997 stellt Cattelan in Paris zum künstlerischen Konzept ›Kopie‹ genau die selben Arbeiten aus wie sein Freund Carsten Höller in der Nachbargalerie. Das heißt, Cattelan muss sie dieses Mal vorher kopieren. Doch hier sind wir in der Künstlerästhetik (analog zur Gestalterästhetik). Die Kopie als Verkaufsphänomen der Produzentenästhetik spielt jedoch eine andere Rolle, hat einen anderen Wert. Schließlich wird auch bei der Kopie deutlich, dass es sich lohnt, die verschiedenen Richtungen voneinander zu trennen.

Die stündliche Schönheit in den Medien. Die Medienschönheit

Zur Medienschönheit drei Anmerkungen, die erste zur Bedeutung der Medien für das Industriedesign. Historisch gesehen, kehrt *Memphis* in der Designgeschichte das erste Mal die übliche Reihenfolge von Produkt und Bild um. *Memphis* bringt seine Objekte (teilweise Prototypen) erst in die Medien und produziert und verkauft sie dann. Dies ist seit der Postmoderne eine neue Reihenfolge, durch die Medien ermöglicht.

Auch Starck berücksichtigt das Potential der Medien geschickt. Seine Designobjekte haben nicht nur eine hohe Produktqualität, sondern, das ist nicht selbstverständlich, aber seit den neuen Medien von Vorteil, seine Designobjekte haben gleichzeitig eine hohe Bildqualität.

Und ein Vorschlag für eine Definition der Medienschönheit. Die Schönheit der Medienbilder ist natürlich wesentlich kürzer als die der Produkte. So kann es etwa, analog zur Tageszeitung, die mediale Tagesschönheit geben. Oder analog zu den stündlichen Nachrichten im Radio, auch dies ist vorstellbar, könnte es die stündliche Schönheit geben. Die Medienschönheit ist bisher die kürzeste unter den Schönheiten. Diese Schönheit steht dann diametral jeder klassischen Ästhetik entgegen, die noch von einer zeitlosen Schönheit ausgegangen ist.

Und jetzt die professionelle Gestalterschönheit

Schönheit wird auch in der Gestalterästhetik an neue Paradigmen gebunden. Ein gestalterisches Paradigma ist die Heterogenität. (*Droog Design* wendet sie an, im Modedesign beginnt Vivienne Westwood sehr früh damit.) Heterogene Gestaltung bringt im Vergleich zur traditionellen homogenen Gestaltung der Moderne bewusst Elemente zusammen (Formen, Muster, Farben), die nicht zusammenpassen. Und auch wenn die gestalterische Moderne oder wenn das Kollektiv (der Produzent, der Nutzer oder andere Gestalter) sagt,

das passt nicht zusammen, kann es heute dennoch ein gelungener Entwurf sein.
Schön ist in der Gestalterästhetik das, was der Designer dafür hält. Schön ist das professionell Schöne. Die Professionalität des Schönen liegt bei den Gestaltern. Dazu zählen nicht nur die Wunderkinder (wenn es in der Biografie heißt, ich wollte schon immer Designer werden) oder die Meisterschüler (wenn es heißt, ich habe bei einem großen Designer studiert). Sondern zu den Professionellen zählen auch die Autodidakten. Philippe Starck ist ein solcher, Richard Sapper ist ein anderer.
Der Schönheitsbegriff wird in der Gestalterästhetik professionalisiert. Er steht damit nicht im Gegensatz, aber im Vergleich zum demokratisch Schönen der Nutzerästhetik. Professionell ist auch nicht mit elitär zu verwechseln, auch wenn viele Entwürfe nie in deutschen Wohnzimmern gestanden haben und stehen werden. (Der mehrfach angekündigte Begriff ›Liebe‹ kann das verhindern.) Einen Gegensatz zum Professionellen gibt es allerdings: Das ist das Unprofessionelle.
Es gibt einen parallelen Begriff zu ›demokratisch‹. Und das ist der Begriff ›populär‹. Professionell steht also auch nicht im Gegensatz zu populär. Starck (2003a: 535) benutzt ihn, sieht hier seine Bedeutung: »Einer der wenigen Erfolge, die ich in meiner Laufbahn errungen habe, war die Aufwertung der Vervielfältigung, mit« anderen Worten des Begriffs ›populär‹.« In populär kommen, auch bei Starck, die Vorstellung und der Wunsch zum Ausdruck, dass die gestalterischen Vorstellungen des Designers sich mit denen des Nutzers decken. Auch dies ist der Idealfall einer Überschneidung zwischen zwei Richtungen. Und eine Ergänzung zu populär: Trotz der Vorstellung populär hat Starck ein individuelles Konzept vom Nutzer. Sein individuelles Konzept, dies vorweg, ist in der Liebe enthalten.

High culture oder *low culture?*

Ich möchte mich statt mit ›populär‹ mit den Begriffen *high* und *low* beschäftigen. Die Unterscheidung von *high culture* und *low culture* ist eine Begrifflichkeit aus den 1980ern. Sie ist im Museumsbereich benutzt worden, um die sogenannten Angewandten Arbeiten (das Design, die Plakate, die Vasen, die Teller), die *low culture*, neben die *high culture* zu stellen und sie damit aufzuwerten. Der Grund: Die *low culture* kam aus derselben Provenienz, von

Künstlern eben, von Picasso zum Beispiel, was die Kunstgeschichte bis dahin, eben weil sie es als *low* gesehen hat, eher verschwiegen hat.

High und *low* werden auf die Kunst und das Design projiziert, das ist üblich. Und dennoch können wir weiter die Frage stellen: Ist das Design (egal, ob es nun von Künstlern oder Designern entworfen wird) *high culture* oder *low culture*? Wenn man die Preise nimmt, ein Gradmesser für Werte in unserer neoliberalen Kultur, ist die Antwort eindeutig. Wenn man sich die Auktionspreise von Designobjekten heute ansieht und sie mit denen der Kunst vergleicht, kann man nur zu dem Schluss kommen, dass das Design weiter *low* ist. So wird zum Beispiel das Sitzgerät *Zocker* von Luigi Colani (1971), ein wichtiges Objekt in der Designgeschichte, in kleiner Auflage produziert (dreistellige Zahl), mit etwa 2.000 Euro gehandelt. Das ist, verglichen mit den Auflagenpreisen in der Kunst, bescheiden, eben *low*.

Allerdings werden einzelne Designobjekte inzwischen auch gehypt, wie die Liege *Lockheed Lounge* von Marc Newson (1986). Die Medienschönheit ist, wie beschrieben, auch im Industriedesign für die Bedeutung der Bilder (und damit auch der Produkte) zuständig. Im Fall von Newson haben die Medien die Liege immer wieder veröffentlicht, mit der Konsequenz, dass, wie schon bei *Memphis*, Bildauflage und Produktauflage (Einzelobjekt) in keinem Verhältnis stehen, das Produkt nur durch die Bildauflage zum Massenobjekt wird. Die weitere Konsequenz: Das Objekt bringt 2006 beim Auktionshaus Sotheby's in New York 732.000 Dollar ein (P. Schmidt 2007: 60 f.). Die Antwort in diesem Fall lautet allerdings nicht, Design gehört doch in die *high culture*. Sondern es gibt Designobjekte, wie diese Liege, die inzwischen auf dem Kunstmarkt angekommen sind. Das gleiche gilt für den Sessel *Big Easy Mixed* von Ron Arad (1990), dieses Mal in einer Auflage von 20 Exemplaren, für je 60.000 Euro (ebd.: 61).

High und *low* drücken genau das aus, was sie sagen. Sie machen deutlich, wer steht oben und wer unten. Ich bezeichne das als ein *power play*, das in allen Disziplinen gespielt wird, trotz der oben genannten Anstrengungen im Museumsbereich in den 1980ern. Das *power play* ist wohl menschlich, auch seitens der Kunst und des Design. Das hindert mich aber nicht daran, darüber nachzudenken, welche Gemeinsamkeiten beide, Kunst und Design, dennoch haben. Selbst innerhalb des Design (vom Industriedesign über die Fotografie bis zum Modedesign) wird dieses *power play* gespielt. Das heißt, es gibt auch hier Überlegungen, wer über wem steht, und vor allem, wer im Design oben steht. Diese Frage hat mich in meiner Hochschulkarriere öfter begleitet.

Abb. 1: Helmut Newton, »Ettore Sottsass und Philippe Starck, Mailand 1994«

Auch Wolfgang Welsch (1990: 218) inszeniert ein gedankliches *power play*, wenn er am Ende seines Buches prognostiziert, »dass das 21. Jahrhundert ein Jahrhundert des Design werden könnte«, »während das 20. Jahrhundert ein Jahrhundert der Kunst war«. Das Design könnte also die Kunst in unserem neuen Jahrhundert ablösen. Diese Prognose kann Welsch allerdings nur mit dem schon erwähnten, erweiterten Designbegriff wagen. Zurück zur Frage *high* oder *low.* Sie ist für das Design schlichtweg nicht zu beantworten. Hinzukommt, die entscheidende Frage ist nicht die Frage nach der Zugehörigkeit des Design zur *high culture* oder zur *low culture.* Sondern die entscheidende Frage ist noch elementarer, und sie ist zu beantworten. Das Design, es steckt in beiden Begriffen, ist zweifelsfrei weiter Teil der heute viel zitierten Kultur. Der Kulturbegriff hat in der Gestalterästhetik allerdings ein paar Bedingungen zu erfüllen. Das heißt, es ist erforderlich, den Kulturbegriff näher zu beschreiben, weil er auch in der Produzentenästhetik hochfrequent ist.

Und dazu schon einmal eine vorläufige Orientierung, sie stammt von Hermann Muthesius: »Kultur ist ohne eine bedingungslose Schätzung der Form nicht denkbar« (1911, zit. in Conrads 1975: 24). Dies gilt in der Gestalterästhetik allemal.

Die Dichotomie inszeniert kein Feindbild mehr

Zur Kultur als erstes etwas Metasprachliches. Viele ehemals *high culture* Begriffe werden seit den achtziger-Jahren auch Teil des Managerdiskurses. So wird die Philosophie in dieser Zeit zur Firmenphilosophie oder zur Unternehmensphilosophie, die Kultur zur *corporate culture.* Damit wird die Kultur »ein Argument für kommerzielles Marketing« (Starck 1991: 4).

Auf diese Weise ist der Managerdiskurs von seiner Seite daran beteiligt, die Differenz von Fachsprache und Populärsprache aufzuheben (und sich in diesem Fall damit aufzuwerten). Das wäre nicht so schlimm, wenn damit nicht auch Veränderungen in den Bedeutungen der Begriffe entstanden wären. Das heißt, die Bedeutung der Begriffe, wie Kultur oder Philosophie, wird eingeschränkt. Die Kunst gehört auch dazu. So formuliert der Leiter der Hamburger Kunsthalle, Hubertus Gassner (2006), über die Kunst, den Kunstmarkt, die Kunstmuseen, die Galerien heute: »Im Grunde gibt es im Moment nur den Kommerz.« Die Tagespresse kann das krasser darstellen. Eine solche Übertreibung macht aber auch deutlich.

Zurück zum Design. Statt *high* oder *low* ist eine andere Abgrenzung von Bedeutung, die Abgrenzung der Gestaltung vom Kommerz oder von der Wirtschaft. Kultur als Abgrenzung von der Wirtschaft ist zwar zur Zeit nicht *mainstream.* Und es ist für eine Disziplin, die sich per definitionem mit der

Industrie verbunden hat, schwer zu verdauen. Ich erinnere, wir sind in der Gestalterästhetik. Das ist die Richtung. Und in der Gestalterästhetik ist die Schönheit Teil der Kultur, und zwar in Abgrenzung zur Wirtschaft. Ja, das ist richtig formuliert. (Von Geldgebern sind wir in unserer Arbeit immer abhängig.)

Kultur und Wirtschaft sind, ernsthaft gemeint, eine ernstzunehmende Dichotomie, auch bei der heutigen Kommerzialisierung der Kultur, der Kunst, des Design. Das ist eine der Bedingungen des Kulturbegriffs. Warum, werden wir jetzt sehen. Begriffe, auch der Kulturbegriff, sind nicht mehr dialektisch zu denken (mit einem Absolutheitsanspruch). Aber Begriffe, das haben wir aus der Natur abgeleitet, sind weiter dichotomisch zu denken. Egal ob wir die Gestaltung als *high* oder als *low* kennzeichnen, wir brauchen die Dichotomie um klar zu sehen, und das heißt nicht, um Gegensätze zu sehen (Dialektik), aber um Grenzen zu sehen und zu setzen (Dichotomie). Nicht die Dialektik ist notwendig, aber die Dichotomie. Die Grenzen sind weiter notwendig. Ich nenne dies die dichotomische Methode.

Es geht in der Dichotomie von Kultur und Wirtschaft auch nicht darum, ein Feindbild zu inszenieren. Sondern es geht darum, darauf hinzuweisen, dass beide, Kultur und Wirtschaft, weiterhin unterschiedliche Ziele haben, unterschiedliche Fähigkeiten einfordern, unterschiedliche Lebensentwürfe implizieren, unterschiedliche Kategorien sind.

Gestaltung ist ein gestalterischer Begriff (Philippe Starck)

Ich kehre noch einmal zu dem erweiterten Designbegriff zurück. Die Theorie, auch die Praxis haben seit den 1970ern immer wieder versucht, die Berufsgrenzen des Designers auszudehnen, ihm diverse Berufe anzutragen. Auch Wolfgang Welsch (1990: 217) operiert mit der vielfach postulierten Erweiterung, über die man schon in den siebziger-Jahren nachgedacht hat und die dem englischen Begriff zugrunde liegt, aber mit Gestaltung nichts zu tun hat: »Der Aufgabenbereich des Design erschöpft sich nicht im Objekt-Design, sondern beginnt bereits bei der Einrichtung der Lebensverhältnisse und der Prägung von Verhaltenformen«.

Dennoch stellt sich auch in der Dritten Welle die Frage: Was ist das Spezielle, was der Designer und kein anderer kann? Und die Antwort lautet: Im Design steht, wie komplex die Aufgaben auch immer sein mögen, die Schönheit (oder die Form, oder die Gestaltung, es gibt einige Begriffe) an erster Stelle. Philippe Starck beantwortet dies tautologisch. (Manchmal braucht es sogar die Tautologie, um deutlich zu machen.) »Gestaltung ist ein gestalterischer Begriff«, so Starck, und, dies lässt sich ergänzen, Gestaltung ist kein technischer, kein ökonomischer, kein theologischer Begriff (auch dies wurde in den 1970ern diskutiert), kein soziologischer, kein verkaufstechnischer Begriff. Die Liste könnte lang werden.

In der Gestalterästhetik geht es um Gestaltung. Der Leser möge die Tautologie ein zweites Mal verzeihen. Das Design produziert zwar Produkte und Ideen zum Verkaufen. Aber das Design beschäftigt sich nicht primär mit dem Verkaufen, auch nicht in seinen Entwürfen. Das Verkaufen können andere besser, Manager zum Beispiel. Gestaltung muss sich dichotomisch abgrenzen. So steht die Schönheit der Gestalterästhetik dann auch in Abgrenzung zu: Schön ist das, was ich verkaufen kann. (Das ist Produzentenästhetik.) Gestalten und Verkaufen sind zwei getrennte Prozesse. Ich habe das in der Dichotomie Kultur – Wirtschaft oben angefangen. Gestaltung, das ist die Umsetzung aller Themen in Formen, Farben, Dekore, Materialien (oder in Konzepte). Designer sind die Professionellen für die Schönheit, und als solche sind sie die Professionellen für die Formen, Farben, Dekore, Materialien (und Konzepte). Das ist die einzige Fähigkeit, die den Designer von allen anderen Berufen, die inzwischen mit dem Design vernetzt sind, immer noch und nur unterscheidet.

Im Kern ist die Form die Kompetenz des Designers. (Ich benutze hier einmal den Managerdiskurs.) Und die Form meint nicht das Formalschöne. Sondern die Form meint immer auch Inhalt, wenn wir auf dieser einfachen Ebene bleiben. Gestaltung ist auch die einzige Konstante, die durch die Designgeschichte geht.

Wenn wir aber von einem erweiterten Designbegriff ausgehen (egal, wie weit er gefasst wird), bleibt die Gestaltung auf der Strecke. Das hat zur Folge, dass Gestaltung unterbewertet oder ignoriert wird. Auf diesem Weg ist der Designer der Verlierer. Auch deswegen ist es notwendig, die Gestalterschönheit zu separieren. Und auch deswegen ist der Schönheitsbegriff in der Gestalterästhetik enger als zum Beispiel in der Nutzerästhetik.

Mit Kunst kann man sich nicht die Zähne putzen
(Theo van Doesburg)

Für die Gestalterschönheit ist, neben der Wirtschaft, ein weiterer Begriff und das Verhältnis zu ihm zu klären. Das ist die Kunst. Das heißt, in einem Text über die heutige Schönheit im Design darf die Kunst nicht fehlen.

Zunächst etwas Historisches. Das Verhältnis von Kunst und Design hat eine wechselvolle Geschichte, vor allem in Deutschland. Der traditionelle ästhetische Diskurs der Moderne, genauer vor dem Zweiten Weltkrieg, hat auch bei uns, so wie schon mit der Schönheit nicht, so auch keine Probleme mit der Kunst. So spricht das Bauhaus in der Architektur noch von Gesamtkunstwerk. So versteht sich der erste deutsche Gestalter von Gebrauchsobjekten des Bauhaus, Wilhelm Wagenfeld, problemlos als Künstler in der Industrie, sehr wohl wissend, dass er Trinkgläser, Aschenbecher und Vasen entwirft. So wie die Schönheit kein Widerspruch zur Gestaltung ist, ist auch die Kunst kein Widerspruch zur Gestaltung.

Dass der Kunstbegriff dennoch nach dem Zweiten Weltkrieg im Design zum Tabu erklärt wird, ist speziell eine deutsche Geschichte (Hochschule für Gestaltung Ulm) und hat biografische Gründe. Otl Aicher, zweiter Direktor der Hochschule für Gestaltung Ulm, in seinem bürgerlichen Kunstverständnis durch den Faschismus geprägt, lehnt aus seiner Biografie heraus verständlicherweise die Kunst als Machtmittel ab. Dabei übersieht Aicher allerdings, dass sich die Kunst ab den 1950ern wieder in völlig neue Bilder und Genres entwickeln kann und entwickelt.

Die Italiener haben diese strenge Tradition Ulms nicht. So taucht in den siebziger-Jahren mit *Memphis* das Wort Kunst wieder auf, auch in Deutschland, zunächst gegen große Widerstände.

Und nun noch etwas Systematisches zum Verhältnis von Kunst und Design. Als erstes zur Differenz. Also, was ist der Unterschied zwischen Kunst und Design? Die erste, eindeutige Antwort dazu: Kunst ist kein Design. Theo van Doesburg hat dies lakonisch beantwortet: Mit Kunst kann man sich nicht die Zähne putzen. Und die zweite, eindeutige Antwort, nun für das Design, sie kann auch der Leser geben: Design ist natürlich auch keine Kunst.

Auch das Design ist eine Hybride

Es gibt also eine Differenz, allerdings von beiden Seiten. Das, was Doesburg formuliert, formuliert auch Ettore Sottsass sechzig Jahre später. Es gibt einen Unterschied zwischen Kunst und Design. Aber es gibt, so Sottsass, nur diesen einen Unterschied zwischen Kunst und Design. Und der liegt im Gebrauch (Sottsass anlässlich der Ausstellung *Zeitwände* der Firma Rasch in Kassel 1992). Der Unterschied liegt im Gebrauch, und ich setze hinzu, nicht in der Gestaltung. Und wie lässt sich diese Differenz lösen? Die Moderne (vor dem Zweiten Weltkrieg) hat dies inhaltlich schon vorgeschlagen. Design ist Kunst, und sie kann gebraucht werden. Wir benutzen den folgenden Begriff im Alltag (bei Obstsorten zum Beispiel) oder in der Technik (bei Autos zum Beispiel) oder in den Medien (in der Fotografie zum Beispiel, wenn wir analoge Fotografie und digitale Fotografie mischen). Und der Begriff ist auch auf den ästhetischen Status des Design anwendbar. Design ist eine Hybride, aus Kunst und Gebrauch. Design ist paradoxerweise beides.

Kunst und Design treffen sich in ihrem ästhetischen Auftrag

Nach der Differenz und der Hybride noch ein Wort zur Ähnlichkeit oder zur Gemeinsamkeit zwischen Kunst und Design, um das Design in der Gestalterästhetik zu stabilisieren. Der Gebrauch relativiert also nicht die Gestaltung, oder er beeinflusst nicht die Gestaltungshöhe. Ich behaupte, dass die ästhetischen Qualitäten im Design die gleichen sind wie in der Kunst. Um so unglaublicher ist es, dass die Kunst im Design bis heute als negative Metapher, auch als Schimpfwort benutzt wird. Auch der Begriff Autorendesign (analog zum Autorenfilm entstanden, doch im Design negativ besetzt) wehrt ab und wertet ab. (»Das ist aber kein richtiges Design«.)
Ich behaupte weiter, dass die Kunst in die Grundlagen der Gestalterästhetik gehört. Design als Gestaltung wird geschwächt, wenn Kunst und Design keine gemeinsame Basis haben. Ich halte die Kunst für ein altes und neues Paradigma der Gestaltung.
Kunst und Design, und das ist eine konkrete Gemeinsamkeit, treffen sich in ihrem ästhetischen Auftrag. Ästhetischer Auftrag bedeutet, dass auch der Designer anstehende Themen thematisiert. Schön ist in der Gestalterästhetik

dann dichotomisch zum Beispiel zu belanglos. Schön heißt dann, der Designer beliefert nicht nur Funktionen, auch schon in der Moderne nicht. Funktionen sind, so *Memphis*, nicht das Ziel von Gestaltung, sondern die Voraussetzung für Gestaltung. Stattdessen hat der Designer etwas zu sagen. Und er hat eine Position, von der aus er etwas zu sagen hat. Der Designer ist beteiligt, er trägt, wie schon in der Moderne, Verantwortung. Starck spricht von ›semantisch‹. Ich ziehe den Begriff ›thematisch‹ vor. Schön ist in der Gestalterästhetik also auch thematisch.

Es ist der Kulturbegriff des Design, der auch die Bearbeitung anstehender Themen einfordert. Was darunter zu verstehen ist, zählt Starck auf (eine Auswahl): Das Design und der Designer müssen sich an der Armutsbekämpfung beteiligen. Oder das Design und der Designer müssen sich mit dem Schutz und der Förderung der menschlichen Gesundheit befassen. Oder, auch diese Frage haben das Design und der Designer konzeptionell mitzubeantworten: Wie kommt das Industriedesign aus der absoluten Abhängigkeit des Konsums heraus? Der Designer muss über Veränderungen der Konsumgewohnheiten nachdenken. Und schließlich Starck (1996: 314):»Der Designer kann – oder vielmehr muss – sich an der Suche nach dem Sinn und dem Aufbau einer neuen weltweiten Zivilisation beteiligen«. Das hat nichts mit einem erweiterten Designbegriff zu tun. Sondern hier sind wir bei einem Parameter der Gestaltung angekommen. Das ist die Liebe. Ja, ich halte die Liebe für einen Parameter der Schönheit im Design.

Design und Liebe (Philippe Starck)

Liebe, diese Forderung im Design stammt von Philippe Starck. Die Idee ist bei Starck nicht neu, er äußert sie schon in den Neunzigern. Eine Starcksche Formulierung ist zum Beispiel diese:

»Es ist heute nicht so dringend, ein noch tolleres Auto oder einen noch schöneren Stuhl herzustellen. Äußerst dringend ist vielmehr für uns alle, mit allen Mitteln gegen das Aussterben einer bedrohten Art zu kämpfen. Was ich meine, ist die Liebe« (ebd.: 310).

Derart extrem hat sich bisher kein Industriedesigner geäußert.
Liebe ist, wenn man Starck kennt, kein neues Marketingkonzept im Design. Liebe ist überhaupt kein Konzept, auch bei Starck nicht. Das heißt,

Liebe ist keine Sache des Kopfes, sondern des Herzens. Und das heißt weiter, Liebe ist auch kein emotionaler Parameter. (Emotionen sind immer Konzepte.) Sondern Liebe ist ein intuitiver Parameter, er kann nicht gemessen, aber (wach) gespürt werden. Dieser Parameter verlangt viel von allen Beteiligten.
Die Liebe zu beschreiben, ist auch nach dieser Vorrede nicht einfach. Insofern lohnt es sich, Hilfe zu holen, zum Beispiel bei Erich Fromm (2007). Er stellt einleitend die Frage, die oft gestellt wird: Ist die Liebe »ein Luxus, für den wir nicht viel Energie aufbringen dürfen?« (ebd.: 16). Dies heißt implizit, die Liebe hat bei uns keine große Konjunktur. Denn, das ist ein Grund, sie »nützt ›nur‹ unserer Seele und wirft im modernen Sinn keinen Gewinn ab« (ebd.). Die Liebe ist also der Effektivität, einem hohen Frequenzbegriff in der Wirtschaft, entgegengesetzt. Doch wir erfahren bei Fromm mehr über die Liebe, »die von allen humanistischen Religionen und philosophischen Systemen der letzten viertausend Jahre der Geschichte des Westens und des Ostens als höchste Tugend angesehen wurde« (ebd.: 29). Liebe ist ein tiefes, wenn nicht das tiefste Element einer jeden Kultur. Ich benutze hier bewusst das Wort ›Element‹. So ist die Liebe, wenn sie denn im Design angewendet wird, ebenfalls ein fundamentaler oder der fundamentale Parameter.

Mein Freund, meine Frau, meine Tochter, meine Mutter oder ich

Gernot Böhme (2001b: 178) etwa fordert, »dass Architektur und Design nicht nur die Herstellung funktionaler Gebilde zum Ziel haben [...], sondern der humanen Gestaltung der Welt dienen«. Das ist mit Liebe kurz und einfach gekennzeichnet, muss aber erklärt werden. Dazu nutze ich Starcks Ideen, einige seiner Produkte und später weiter Fromm. Was mit Liebe im Design gemeint sein kann, schildert Starck zum Beispiel so:

»Wenn ich mich in meiner Stellung als Produzierender ganz damit begnügte, zu produzieren, fände ich dies beschämend. Wenn ich beim Entwerfen einer Zahnbürste nur an sie dächte, wäre ich ein Idiot oder käuflich. Ich versuche, weder das eine noch das andere zu sein: [...] Es kommt darauf an, sich den Mund vorzustellen, der diese Bürste aufnehmen wird, den Menschen, dem dieser Mund gehört. Ich muss mir Fragen nach dem Leben dieses Menschen stellen. Ich muss wissen, wie die Gesellschaft aussieht, die dieses Leben hervorgebracht hat. Ich muss die tierische Spezies kennen, die diese Zivilisation geschaffen hat« (Starck 2003a: 524).

Liebe heißt, eine erste Antwort im Design, den Menschen ins Zentrum zu stellen. Dies formuliert zum Beispiel auch Alessandro Mendini 1986 (FSB 1987: 14). Doch die Idee ist sehr abstrakt. Außerdem ist es schwer, Wörter für den Menschen im Design zu finden. Das haben wir bei der Liste von ›Nutzer‹ bis ›Zielkonsument‹ gesehen. Doch die Liebe verlangt eine Wachheit gegenüber unseren Wörtern. Starck hat mit der Begrifflichkeit weniger Probleme, weil er eine konkrete Vorstellung vom Nutzer hat. So berichtet er über seine Arbeit in den 1970ern bei der Firma Thomson:

»Darüber hinaus haben wir das Wort ›Verbraucher‹ aus den Besprechungen verbannt und verlangt, es durch ›meinen Freund‹, ›meine Frau‹, ›meine Tochter‹, ›meine Mutter‹ oder ›ich‹ zu ersetzen. Es ergibt nämlich einen ganz anderen Sinn, wenn man, statt zu erklären: ›Nicht schlimm, das Ding ist zwar Dreck, aber die Verbraucher werden sich damit schon zufrieden geben‹, neu ansetzt und sagt: ›Nicht schlimm, das Ding ist zwar Dreck, aber meine Tochter wird sich damit zufrieden geben.‹ Plötzlich kommt das gar nicht mehr so gut an« (Starck 2003a: 536).

Starck fordert seit Beginn seiner Karriere dazu auf, im Design für Einzelpersonen zu entwerfen, das heißt, für eine dem Designer bekannte oder sogar verwandte Person. Oder, es spricht nichts dagegen, auch das ist Starck, für sich selbst zu entwerfen, selbst wenn es, wie üblich, um Serienprodukte geht. Die individuelle Person ist ein Garant für die Verantwortung, die der Designer hat. Starck ersetzt also den Zielkonsumenten durch die individuelle Person. Der Parameter Liebe lässt auch nichts anderes zu.

Entwürfe für Einzelpersonen, dies praktiziert übrigens auch schon die Moderne. So werden einige spätere Serienobjekte zunächst für Einzelpersonen entworfen. Marcel Breuer entwirft 1925 seinen Wassily-Sessel aus Stahlrohr natürlich für Wassily Kandinsky. Mart Stam soll den Freischwinger für seine schwangere Ehefrau entworfen haben. Philippe Starck selbst wird auf diesem Weg berühmt. Er produziert Entwürfe für den damaligen Präsidenten François Mitterrand. Alle genannten Entwürfe gehen später in Serie.

La Boheme, Richard III und die Innovation

Der Parameter Liebe findet sich, dies ist eine zweite, konkrete Antwort im Design, auch in einer Reihe Starckscher Produkte, in seinen Leuchten (Tischleuchte *Miss Sissy* 1991; Wandleuchte *Walla Walla* 1994; Stehleuchte *Rosy Angelis* 1994; Deckenleuchte *Romeo Moon* 1995), in seinem Waschbecken, samt Mischbatterie und Badewanne (1994) oder in einer Reihe von Sesseln, Stühlen und Hockern (Stuhl *Lola Mundo* 1988; Sessel *Richard III* 1985 (Abb. 3); Sessel *Lord Yo* 1994; Hocker *La Boheme* 2000 (Abb. 2)).

Um die Liebe als Parameter im Design weiter zu beschreiben, muss ich zur Innovation zurückkehren. Angesichts der rasanten Entwicklung, die die Innovation in unserer Kultur nimmt, fordert Alvin Toffler (1970) schon in den siebziger-Jahren psychologische Stabilitätszonen für den Nutzer. Das Folgende gehört also in die Nutzerästhetik. Für die Tofflersche Stabilitätszone, hier hat der Begriff einen Sinn, ist die Redundanz nicht überflüssig, aber notwendig. Redundanz bedeutet das Gewohnte, das ich brauche, um mich zurechtzufinden. Und Stabilitätszone ist darüber hinaus der Bereich, in dem ich mich zu Hause fühle. Bei der heutigen Innovation der Produkte wird diese Stabilitätszone zunehmend kleiner. Oder die Stabilitätszone wird nicht gesehen, weil das Paradigma Innovation über allem steht. Denn die Innovation gehört, dies noch einmal, auch in die Produzentenästhetik. Sie gehört aber auch in die Gestalterästhetik. Und hier spielt sie ihre eigene Rolle. Denn in der Gestalterästhetik muss der Designer selbst entscheiden, wie er mit der Innovation umgeht, heute allemal. Die Innovation gilt natürlich auch für die Formen. Darum geht es hier. Auch dazu kann Tofflers Stabilitätszone die Richtung vorgeben.

Und dann sind wir bei der Liebe im Design. Und dann sind wir bei Starck, der sie umsetzt. Liebe heißt, als zweite Antwort: Starck geht in seinen Entwürfen auf Produkte zurück, die der Nutzer schon kennt, bevor er dessen Objekte das erste Mal sieht. Starck über seine Tischleuchte *Miss Sissy*: Sie ist eine Leuchte, »von der man schon ein Bild in sich hatte« (Clavier-Hamaide 1996: 30). Ich benutze neben der Redundanz noch einen anderen Begriff und nenne das, was Starck macht, Historische Zitate. Sie sind ein wichtiger Teil seines Stils (der seit der Postmoderne auch den Designern zugestanden wird). Und sie sind eine Antwort auf die geforderte Liebe in der Gestaltung. Starck nimmt in der Welt des permanenten Innovationsdrucks auch bei den For-

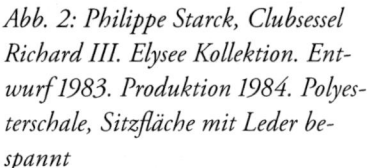

Abb. 2: Philippe Starck, Clubsessel Richard III. Elysee Kollektion. Entwurf 1983. Produktion 1984. Polyesterschale, Sitzfläche mit Leder bespannt

Abb. 3: Philippe Starck, Hocker La Boheme, 2000. Durchsichtiges Polycarbonat

men, die er entwirft, Rücksicht auf den Nutzer. Er benutzt dazu Historische Zitate, die er, das ist immer Starck, stilistisch reduziert.¹

Auch dieser Clubsessel *Richard III* ist ein Historisches Zitat. Oder, noch einmal so: Starck beliefert den Nutzer stilistisch mit der notwendigen Redundanz, wenn auch nur von vorn. Denn Starck arbeitet bei diesem Sessel außerdem heterogen. Sein Ergebnis kommentiert der Designer so: »Von vorne ein richtiger Bürger. Und wenn man ihn umdreht, dann hat der Gute

---

1 Das, was Starck macht, findet sich auch in der anonymen Designgeschichte (das ist die Designgeschichte ohne Namen). Technische Innovation und formale Innovation finden in der Designgeschichte nicht gleichzeitig statt. Das ist die Regel in Produkten vom Handrasierer bis zum *power book*. Stattdessen werden technische Innovationen (zum Beispiel von mechanisch zu elektrisch oder von elektrisch zu elektronisch) zunächst in bekannte Formen umgesetzt. Bekannte Formen sind die Formen, die dem Nutzer bekannt sind. Und darin liegt die Begründung. Der Grund ist nicht die mangelnde Kreativität der Gestalter. Sondern der Grund hängt mit der notwendigen Redundanz zusammen, die der Nutzer braucht, um die Innovation verarbeiten zu können. Ich habe dies einmal als die Designgeschichte der Übergänge beschrieben (Scholz 1984).

unter seinem Lendenschurz nicht mal Hosen an. Er hat etwas Scheinheiliges, was mir sehr gefällt« (Colin 1989: 267).

Liebe ist ein stiller Parameter im Industriedesign

Ich komme zum Schluss, und ich komme zu Fromm zurück. Fromm klassifiziert die Liebe sogar. Die Liebe hat nach ihm vier Grundelemente, zwei gelten auch für das Design. Und hier liegt eine weitere Antwort darauf, wie die Liebe im Design angewendet werden kann. Ein Frommsches Grundelement der Liebe ist das Verantwortungsgefühl. Von der Verantwortung des Designers war schon die Rede. So realisiert Starck Verantwortung in seinem individuellen Konzept vom Nutzer. Nun erfahren wir definitiv bei Fromm, damit es in Zukunft bei diversen Deklarationen nicht nur bei der üblichen Rhetorik bleibt, Verantwortung ist ein Grundelement der Liebe.

Fromms zweites Grundelement der Liebe ist die Achtung vor dem anderen. Dazu Fromm: »Wenn ich den anderen wirklich liebe, fühle ich mich eins mit ihm, aber so, wie er wirklich ist und nicht, wie ich ihn als Objekt zu meinem Gebrauch benötige« (2007: 39 f.) Der letzte Halbsatz ist in jedem Fall gegen das Konzept ›Zielkonsument‹ verwendbar.

Beide Grundelemente, Verantwortung und Respekt, kommen auch in Starcks Projekt und Katalog *Good Goods* von 1998 vor (Auszüge in Starck 2003a: 492–509). Starck stellt darin circa 200 Produkte zum Thema Konsumabhängigkeit oder Nicht-Abhängigkeit vor. Dass das Design sich für anstehende Themen engagieren muss, habe ich beschrieben. (Schön ist im Design auch thematisch.) Starck führt hier gegen den Konsum zwei neue Wörter ein, den ›Nicht-Konsumenten‹ und analog dazu die ›Nicht-Produkte‹. Sie machen noch einmal deutlich, wie schwer es ist, auch für uns Wörter zu finden.

Starck erklärt den Nicht-Konsumenten und das Nicht-Produkt so:

»Ich versuche, eine Bresche für aufrichtige Objekte zu schlagen, Objekte für Nicht-Konsumenten, für ›moderne Rebellen‹, die es leid sind, dass Marketing und Werbung ihnen weismachen wollen, sie müssten unbedingt ihren R 5 gegen einen R 6 eintauschen […] Diese Leute stellen für mich eine neue bislang unbekannte politische Kraft dar« (Starck 2003a: 537).

Abb. 4: Philippe Starck, Kinderspielzeug TeddyBearBand. Entwurf 1997. Produktion 1998. Bezug aus Baumwolle

Der Nicht-Konsument ist bei Starck eine Steigerung des Nutzers. Für ihn würde er gern entwerfen. Und weiter: Nicht-Produkte sind für Starck »Produkte, die den Menschen gegenüber ehrlich, verantwortlich und respektvoll sind« (ebd.: 496).

Eins dieser Nicht-Produkte, die Fromms Grundelemente einlösen, ist dieser Teddybär mit vier Köpfen (Bär, Hund, Ziege und Kaninchen). *Teddy BearBand* ist ein einziges Spielzeug anstelle von vier Spielzeugen (1997). Man könnte es, wie Starck selbst, surreal nennen. Doch dies ist Kindern egal. Außerdem erklärt er: »Ein Überangebot von Spielzeugen erzeugt Beziehungslosigkeit« (Starck 2003a: 508). Das ist wichtiger. Und: »Es erlaubt, Liebe und Freundschaft außerhalb des Felds von Konsum zu setzen« (ebd.). Das ist für Kinder ebenfalls wichtig.

Liebe steht nicht nur im Gegensatz zur Effektivität. Sie steht auch im Gegensatz zum heutigen *hype* in unserer Kultur. Liebe ist ein stiller Parameter im Design, so bei Fromm, so auch bei Starck. Die Liebe, so Fromm, so Starck, verlangt Verantwortung und Respekt. Sie gelten als erstes dem Menschen gegenüber, für den es im Design wenig Begriffe gibt. Und beide Grundelemente der Liebe gelten den Gegenständen gegenüber. Starck erklärt noch etwas zu diesem Teddybär: »There is no reason that, later on, he or she should treat people, a friend or a lover, any differently« (ebd.).[2] So wie wir mit den Gegenständen umgehen, gehen wir mit uns um. Auch diese Reihenfolge ist in der Liebe möglich. Die Liebe sollte nicht nur ein Parameter, sondern ein Signal im Design werden.

---

2 Die vorangehenden Zitate aus diesem Text wurden von der Autorin aus dem Englischen übersetzt.

Populäre Musik

Moment und Erzählung

Diedrich Diederichsen

Die Gegenwart der Rockmusik ist bestimmt durch Wiederaufführungen klassischer Stile vor allem der achtziger Jahre. Im Gegensatz zu diesen Jahren, die ihrerseits eine Fülle von Revivals kannten, ist die ausgestellte Bezugnahme auf das Vorbild, das offensive Operieren mit zitierenden Gesten heutzutage eher selten. Es scheint, dass weder der eigene Eintritt in die Geschichte, das eigene Neu-Sein, noch das Alt-Sein eines Teils des verwendeten Materials für heutige Musiker noch ein Thema ist. Die Perspektive auf Fortschritt und Geschichte ist in der Pop-Musik, ganz wie in anderen gesellschaftlichen Systemen auch, offensichtlich nicht mehr sehr gefragt. Damit erscheint der klassische Antagonismus zwischen präsentischen und narrativen Modellen von Pop-Musik, der diese schon so lange durchzieht, zur Zeit ausgesetzt. Dies war bei Techno ganz anders. Aber ist Techno wirklich vorbei, und vor allem: Gibt es tatsächlich keine neue und/oder am Augenblick orientierte Popmusik mehr?

Die Teilnehmerzahlen der Love-Parade sanken schon seit den frühen nuller Jahren. Zwischenzeitlich fiel das Ding ganz aus, ohne richtig wieder belebt werden zu können. Da fragt sich die professionelle Zeitdiagnostik natürlich, ob da nicht mehr draus zu machen ist. Ein Epochenbruch: das Ende von Techno? Denn *Love Parade* ist für die Leute Techno. Da freut sich zum Beispiel die neokonservative Pop-Kritik an der Restauration eines musikalischen Status quo ante: Seit den mittelalterlichen Troubadouren sei dies nämlich der Song. Andere, eher linke Beobachter sehen das vierviertaktige Stammterrain von Techno (*Four to the Floor*) an einen stumpfen, ja in manchen Zügen rechtsradikalen Mob gefallen, bei dem nur noch die (sexuelle) Aggressivität zähle. Nur noch Speed, kaum noch Ecstasy. Als Name für die weit gefächerten Aktivitäten rund um digitale elektronische Musik ist Techno seit den Differenzierungsschüben der Neunziger ohnehin in den Hintergrund getreten. Für das weit differenzierte Feld zwischen feinsinnigen Laptop-Tüftlern bis Baller-Hedonisten, von konservativ bis *queer*, gibt es kaum noch konsensfähige Party-Orte oder anderes, das diese Milieus zusammenhält. Heißt das, dass der dominante Retro-Rock als zentrales Modell wieder in den Mittelpunkt der Pop-Musik getreten ist?

Nun darf man nie dem Journalisten-Irrtum verfallen zu glauben, in der Pop-Musik sei irgendetwas irgendwann tatsächlich erledigt, ausgestanden und vorbei. In den frühen Siebzigern, als sich die aktuelle Pop-Musik endgültig von den Schemata des Rock'n'Roll gelöst zu haben schien, gab es ein erstes Rock'n'Roll-Revival. Ab Mitte der Siebziger tauchte Rock'n'Roll als emphatischer Begriff auf, der unabhängig von Gattungsdifferenzen für eine Qualität der Musik stand. 1982 arbeitete ich bei einer Zeitschrift, die gerade den ›Ausverkauf‹ der Punk-Bewegung debattierte. Wir konnten damals einen alten Text nachdrucken, der 1970 die ›Kommerzialisierung‹ des ›Progressive Pop‹ geißelte. Wir mussten nur ein paar Namen ändern und hatten einen aktuellen Debattenbeitrag. Heutzutage begehen ›Bewegungen‹ wie die *Mods* ihren 40. Geburtstag. Die Feiern werden von Mittzwanzigern bestritten. Und die dunkel umhangenen Anhänger der Gothic-Kultur, schon seit den mittleren Achtzigern als ganz arme Sinnsucherteufel belächelt, treffen sich weiterhin in Leipzig – auch hier sind die Anwesenden oft jünger als die Subkultur, der sie angehören. Und da soll Techno tot sein?

Die beiden großen Funktionen der Pop-Musik haben sich immer wieder lebensfähige Gattungen gesucht: Musik des Moments und Musik der Erzählung. Beides sind wichtige und oft auf einander bezogene Funktionen von Pop-Musik. Grob kann man sagen, dass Techno von verschiedenen Tanzmusik-Vorläufern die Funktion übernommen hatte, den Moment zu organisieren: das intensive, vergängliche Jetzt, jenseits von Ich und Geschichte. Songs sind hingegen für die Erzählung zuständig, für die Rückblicke auf genau diese großen Momente von Befreiung, Körperlichkeit und Hier und Jetzt – nun aber im Medium eines Ichs mit Geschichte. Der Song ist für die Geschichtsschreibung zuständig. Songs versprechen, reflektieren, gehen Gespräche mit ihresgleichen ein. Sie sind sentimental, moralisch oder auch unvernünftig und böse – Tanzmusik hingegen ist die Sache selbst. Songs sind bei der Geschichte, Techno auf der der Geschichte abgewandten Seite totaler Gegenwärtigkeit.

Aber natürlich haben beide Funktionen und beide Formen ihrerseits eine Geschichte. Es gibt verschiedene Möglichkeiten, die Ekstase des Augenblicks zu organisieren, und verschiedene Möglichkeiten, hinterher von den großen Momenten zu erzählen. In manchen Formen des frühen Rock'n'Roll strebte beides auf einander zu: *A Wopbopalooba Alopbamboom* will unüberhörbar Ausdruck des Moments sein, stammelt aber auch schon den Anfang der Erzählung von der intensiven Situation. Auch in den psychedelischen Improvisationen des Progressive Rock der Siebziger soll momentane Intensität erlebt werden; in den Song-Teilen derselben Pink-Floyd-Stücke, zu Beginn und am Ende, wird von der Intensität hingegen nur erzählt oder sie wird versprochen. Dass der Song eigentlich nur Imperfekt und Futur kennt, Tanz- und Trancemusik hingegen im Präsens spricht, konnte in verschiedenen musikalischen Entwürfen noch synthetisiert oder versöhnt werden. In der Live-Situation aber, in der Auseinanderentwicklung der Veranstaltungstypen brachten Song-Musik und Tanz-Musik dann unvereinbare Formen hervor: Einerseits verselbstständigte sich das Konzert mit den vortragenden, hoch bezahlten Stars, die von ihrem intensiven Leben erzählten oder es repräsentierten, und dem akklamierenden Zuschauer, der dort oben Modelle, Vorbilder oder auch seinesgleichen erkannte und sich dadurch bestenfalls gestärkt wusste. Und andererseits gab es die Party, die in erster Linie eine Produktion der beteiligten Leute war.

Aus der Party entwickelte sich nach und nach, für die Geschichtsbücher aber im Sommer 1988, die Form des *Rave*: die unvorhersehbare, auf nur einen Abend und eine Nacht ausgelegte Dramaturgie der Dauerfeier. Diese Dauerfeier aber hatte genauso eine europäische Vorgeschichte wie die minimale Musik, die wir mit Techno verbinden, ihre Vorläufer hat. Beide hat es – ohne Techno – lange für sich gegeben. Party in anderen Pop- und Prä-Pop-Phänomenen, repetitive Musik des Moments etwa in den Kompositionen des Minimalismus, in rammdösigen Rock'n'Roll-Nummern (*Surfin Bird*, *Louie Louie*) oder bei frühen elektronischen Psychedelikern. Und erst die Verbindung aus dem auf der Gegenwart insistierenden musikalischen Format und der gesellschaftlichen Realisierbarkeit endloser ekstatischer Partys bildete ein Molekül, das so stark wurde, dass es alles um sich herum veränderte, ein neues kulturelles Format einführte.

Diese Form ist aber nicht mit archaischen Ritualen, dem Veitstanz oder mit Schamanismus zu verwechseln, die ein Teil seiner metaphysisch gestimmten Anhänger auch immer gerne in Techno erkennen wollten, sondern durchaus eine urbane. Die Vorgeschichte von Abfahrt, Ekstase und Orgie spielt nicht in den archaischen Anfängen, sondern inmitten von Zivilisation und Rationalität. Sie gehört zu einer Welt der sozialen Differenzierungen, der Pluralität von Lebenswelten, nicht zu Gesellschaften mit ganzheitlichen und verbindlichen Weltbildern. Und Techno-Musik gehört eher zur künstlerischen Moderne und ihrem Suchen nach Nullpunkten und abstrakten Prinzipien hinter kulturellen Formaten – eher als zum Gottsuchertum, das so viele Ekstasen der Hippie-Kultur bestimmte. Das soziale Phänomen Rave und der vorübergehende Ausstieg aus dem Alltag sind nur in einer Welt vorstellbar, die Alltage und Organisiertheit kennt, nicht in einer holistischen, in der die verschiedenen Elemente des Weltverständnisses noch durch Rituale mit einander vermittelt sind. Die nur dem Exzess gewidmeten Momente werden erst dadurch radikal, dass man in ihnen keinen anderen Sinn sucht als genau diesen Exzess.

Techno-Musik besteht aus kleinen, attraktiven Soundfetzen, oft aus anderen Zusammenhängen bekannt, oft für den eigenen Gebrauch designt, die auf repetitive Beats geschnallt sind oder ganz mit ihnen konvergieren. Die Vorläufer des sozialen Phänomens Rave hatten zwar ganz andere Musik, aber die hatte oft ein ähnliches Prinzip: die Dekontextualisierung von Klängen, das Herausreißen aus gewohnten klanglichen und semantischen Ordnungen. Die Klänge selbst waren aber vertraut: Siegfried Kracauer beschreibt die nächtelangen Can-Can-Raves der 1830er und 40er Jahre in Paris. Zeremonienmeister war Napoléon Musard, der ›große Musard‹, weniger vortragender, expressiver Musiker als – genau wie ein Techno-DJ – ein ›Hexenmeister‹: »Orgien. Sie wurden durch einen Musiker entfacht. [...] Sobald er den Kommandostab schwang, rauschten Blendwerke herauf, die nur einem Bund mit den Mächten der Unterwelt entstammen konnten«. Er riss musikalische Fragmente aus den sie normalerweise narrativ vermittelnden Opern: »sonderbar bekannte Stücke«.

»Zerstörerische Kräfte hatten diese Opern bei lebendigem Leib in Fetzen gerissen. Waren es überhaupt die selben Stücke? Aus den Zusammenhängen gesprengt, in die sie gehörten, gewannen sie ein eigenes Dasein und verwandelten sich, unerklärlichen Einflüssen gehorchend, in infernalische Quadrillen und Galopps [...]. Musard aber [...] schwebte auf den Schultern von Besessenen wie mit Fittichen durch das Chaos« (Kracauer 1976: 40 f.).

Das Prinzip, das Kracauer andeutet, scheint das Entscheidende an Musards Magie gewesen zu sein: Dekontextualisierung, Eliminierung des Narrativen, Entfesselung kleiner, aus dem Zusammenhang ›gesprengter‹ Einheiten. Musik eignet sich zu ekstatischen, vergessenden, nichtsprachlichen Entrückungen, je massiver sie mit sowohl ihrem immanenten Sprachcharakter, also ihrer Tendenz, Sätze zu bilden und sich grammatisch zu organisieren, bricht, als auch weitgehend alle sprachlich-erzählerischen Assoziationen beseitigt, die an ihrem Material hängt und dennoch vertrautes Material benutzt.

Das im engeren Sinne musikalische Prinzip von Techno entdeckten Futuristen und andere Avantgardisten, die maschinelle Produktionsformen und mechanische Instrumente untersuchten. Die bekannte Krawallschachtel, das Allzweckgenie George Antheil hatte in den frühen 1920ern die Idee eines mechanischen Beats für sein »*Ballet pour Instruments Mécaniques et Percussion*«. Immerhin dachte auch er sich diese Musik als Tanzmusik im weiteren Sinne, es war ein ›Ballet mécanique‹, keine Meditationsmusik. Und die Leute tanzten in den zwanziger Jahren in der Tat mechanischer, abgerissener als je zuvor.

Doch noch spielten die magische Momente – von Can-Can bis Jitterbug – massenkultureller Tanzböden und die avantgardistischen Aggressionen gegen die grammatische und syntaktische europäische Musik auf verschiedenen kulturellen Feldern. Antheil schockierte nur die Bürger, die in Konzerte gingen, und begeisterte surrealistische Bohemiens. Die Charleston-Tänzer bekamen von seinen abstrakten Vereinfachungen ihrer Zuckungen noch nichts mit. Ende der fünfziger Jahre entdeckt die Minimal Music den reinen *Pulse*. Durch die Musik zieht sich ein wie ein Metronom pulsierender, tuckernder posthumaner Beat, der nicht mehr die Intention eines Schlagenden erkennen lässt, keine Akzente setzt, sondern unbeeindruckbar durchläuft – es ist nicht mehr der afrikanisch beeinflusste Backbeat, der das Jahrhundert schon gut 50 Jahre durchgeschüttelt hat, sondern ein Beat ohne Körperlichkeit.

Auch Minimal Music hat – wie der Can-Can Musards – eine unheimliche Komponente: Das bloße Ticken, Klackern des *Pulse* oder Anschwellen des *Drones*[1] ist ein Audioerlebnis, bei dem die Abwesenheit eines sich ausdrückenden, sich in körperlich vertrauten Rhythmen mitteilenden Subjekts, eines Künstler-Gegenübers und eines Kontextes den Hörer fasziniert und irritiert. Man kann die Intention in solche über-regelmäßige, gleichwohl gestaltete Abläufe nur paranoid hineinhalluzinieren. So wie mechanische und Umgebungsgeräusche einem in paranoiden Momenten ›vorwurfsvoll‹ oder

---

1 In der Minimal Music unterscheidet man zwei Grundformen. Die erste ist der Drone, ein langer, zuweilen an- und abschwellender, oft an Obertönen reicher Klang, dessen Zusammensetzung sich erst nach und nach erschließt, zuweilen wird er auch moduliert. Seine Vorbilder stammen aus schottischer, australischer, japanischer Gagaku und indischer Musik.

›insistierend‹ vorkommen. Techno hat nun dieses Prinzip des *Pulse*² einerseits übernommen, andererseits aber sind seine Beats wieder akzentuiert. Meist kann man sie in einen Vierviertel-Takt eintragen, sie haben einen intendiert wirkenden Akzent und kommen nicht als rein mechanischer *Pulse* rüber wie bei der klassischen Minimal Music. Allerdings werden diese Beats wiederum von einem Sequencer-Programm abgespult, dessen Mechanizität man ebenfalls spürt. Einerseits ist hier ein vertraut menschlich wirkender Beat, andererseits wird er unmenschlich regelmäßig exekutiert. Die Schläge treffen in der Dynamik, die der bewegte menschliche Körper verursacht, auf ein Percussion-Instrument, dann werden sie gesamplet und von einer nunmehr unmenschlichen und undynamischen Maschine, einem Sequencerprogramm verwaltet. Diese unheimliche Spannung betrifft nun nicht mehr nur die Abwesenheit eines Subjekts im Hause des Beats wie beim minimalistischen Pulse, sondern das Verhältnis dieser Empfindung zu ihrem Dementi, dem in den meisten Fällen menschlich dynamischen Beat. Gerade diese, von unterschiedlichen Produzenten, Stilen und Produktionen natürlich ganz unterschiedlich ausgestaltete Ambivalenz wird aber durch die Party, die anwesenden Anderen, vom Unheimlichen ins Euphorisierende gewendet.

Dass kein Subjekt mehr hinter allem steckt, keiner spricht oder sich ausdrückt, ist plötzlich enorm erlösend und befreiend. Man sucht nicht mehr nach dem Urheber oder seinem unheimlichen Double, der Maschine und ihrem Masterplan, wie noch im elektronischen New Wave der Achtziger, sondern gibt sich der Freude an einem Erlebnis mit asubjektiver Musik hin. Auch für diese psychologische Voraussetzung, Techno genießen zu können, mussten erst mal Leute angstfrei aufwachsen, also in der Lage sein, ja den ›Mut‹ haben, im Gefühl des Unheimlichen beim Hören der von Intention entleerten Musik, ein Offenes zu erfahren. In der Spannung zwischen Mechanizität und Rest-Subjektivität liegt für den Tänzer aber auch ein Gefühlsspielraum. Ich kann – natürlich auch je nach Ausprägung des Tracks – den intentionalen, menschlichen Moment des Schlages innerlich mitakzentuieren oder ich lasse mich in die Mechanizität fallen.

Die seit den frühen Neunzigern auftretenden DJs vom Typ Musard aber gaben dem *Rave* wieder ein Zentrum, machten ihn steuerbar: Die Intensität, der magische Moment waren keine zufälligen und seltenen transgressiven

---

2 Die andere Form ist der Pulse: ein mechanisch durchgeschlagener Beat, repetitiv ohne erkennbare, von Intentionen und menschlicher Körperlichkeit verursachte Betonungen.

Ereignisse in Momenten der Steigerung und Dekontextualisierung vertrauter Tanzmusik. Nun war die Verbindung aus – steuerbaren, von Künstlern beherrschbaren – magischen Momenten von Gegenwärtigkeit und einer ganz bestimmten, auf der Unentschiedenheit zwischen Euphorie und Unheimlichkeit, Mechanizität und Verausgabung aufbauenden Musik mehr geworden: ein neues kulturelles Format. Ein Genre mit einer stetig wachsenden Menge von Sub-Genres im Gefolge.

Sowohl die ganz lange Party, die es bei Hippies, bei Disco und bei Punk in ganz unterschiedlichen Verausgabungsstilen schon gegeben hatte, als auch die vom Sequencer gesteuerte mechanische repetitive Musik, die ja auch seit den frühen Achtzigern nach einem kulturellen Zuhause gesucht hatte, waren lange auf Partner-Suche gewesen. Als Techno hatten sie zueinander gefunden, von hier aus konnten sie sich erweitern, differenzieren und explodieren. Mit Entwicklung aber beginnt Geschichte: Vorläufer werden ausgemacht, neue Stadien erkennbar. Indem das Präsens Perfekt geworden war, war die Geschichte des Präsens plötzlich in den Mittelpunkt geraten.

Rock-Musik war in den Achtzigern extrem voraussetzungsreich geworden, und selbst junge Bands bezogen sich oft kompliziert auf historische Stile und Zitate. HipHop, die neue Pop-Musik der Achtziger, rekonstruierte über Jazz- und Funk-Samples und Soundbites die afroamerikanische Geschichte. Gegen diese sich historisch relativierenden und darüber hinaus *erzählenden* Stile setzte Techno seine antihistorische Form. Techno war gegen Geschichte, gegen Vorläufer-Kultur, gegen Zitate und andere, die Intensität unterbrechende Relativierungen angetreten. Durch den Erfolg beim Erheben dieses Anspruchs war es aber als kulturelles Phänomen mündig geworden und musste sich die externe Zuschreibung gefallen lassen, selber Geschichte geschrieben zu haben.

Im Zuge der Bewältigung dieses Paradoxes schämte sich Techno seines Namens schon bald. Für experimentellere Spielarten kamen Namen wie *Intelligent Techno* auf. Irgendwann hieß alles *House*. Techno nahm Kontakt zu seinen – tatsächlich – historischen Vorläufern in neuer Musik und Bildender Kunst auf. Techno verstand sich wieder als ein musikalischer Stil, in dem es einen Fortschritt geben konnte: zu noch mehr Abstraktion. Zur Selbstreflexion der digitalen Produktionstools. Als gesellschaftliches Programm, das sich von subjektzentrierter Kunst (Performer, Rock) distanziert und zu asubjektiven Prozessen und Verkettungen als einer Befreiung oder zeitgemäßen Neuerung voran schreitet. Oder als Bestandteil einer digitalen Kultur, zu der das Netz ebenso gehörte wie Games und eben der selbstproduzierte Track und die Nebentätigkeit als DJ. Und so weiter. All dies begann während der neunziger Jahre und verzweigt sich seitdem, mittlerweile ohne Zentrum, zu einem unüberschaubaren Netzwerk digitaler Kultur. Bald aber wird man wieder von Techno reden. Nur anders, nämlich so wie man 1975 *Rock'n'Roll* sagte: als Urteil über eine bestimmte Gefühlsqualität, nicht als Bezeichnung eines Genres oder eines erfolgreichen kulturellen Formats. Der Moment, in dem eine Gattungsbezeichnung nicht mehr einen musikalischen Tatbestand beschreibt, sondern einen bestimmten Geist, spielt zwar immer nach der konstitutiven Phase dieser Gattung, aber er steht gleichzeitig für den Beginn ihrer Klassik. Und wirkt zurück auf die musikalischen Tatsachen. Die Jazz-Geschichte nahm auch erst richtig ihren autonomen Lauf, als das Jazz-Age (die zwanziger Jahre) vorüber war. Sehr viel später kommt dann noch der Moment, wenn sie anfangen, Parfüms und Zigaretten »Techno« zu nennen.

In der Zwischenzeit wird aber ein anderes Genre oder ein anderer Benutzungsstil der bestehenden Genres den Job geerbt haben, Gegenwärtigkeit in der Pop-Musik zu verwalten. Ob das die aus dem Reggae herausgewachsenen Techno-Hybride, die früher *Jungle* und *Drum and Bass* hießen und heute *Dubstep*, sein werden, die es geschafft haben, den Grundwiderspruch zwischen Präsens und Ablauf wieder über Synkopen zu vermitteln, oder ein anderes Genre – man wird nicht auf die rein narrativen, rückblickend-literarischen Formen des Rock- und Punk-Revivals, die den heutigen Pop-Markt zu dominieren scheinen, angewiesen sein.

though
Rau, süßlich, transparent oder dumpf – Sound als eine ästhetische Kategorie populärer Musikformen. Annäherung an einen populären Begriff

Susanne Binas-Preisendörfer

Vorbemerkungen

Wer sich praktisch und/oder theoretisch mit populärer Musik – zumal ihrer Ästhetik – beschäftigt, stößt unweigerlich auf ihren Klang, meist englisch Sound genannt. Das Akustische, das Hörbare grundiert jene sinnlichen Eindrücke beziehungsweise ist Teil dieser Eindrücke, Wahrnehmungsmuster und Gestaltformen, die wir gemeinhin als Musik bezeichnen. Ohne die aistethischen Wirkkräfte des Akustischen – keine Musik.

Gesprochene oder hörbare Sprache stellt einen Sonderfall dar, der hier nicht erörtert werden soll. Dennoch sei betont, dass Musik als signifizierende Praxis sich von der Verbal-Sprache als der anderen auf Klang beruhenden Form menschlicher Kommunikation radikal unterscheidet. Insbesondere der körperliche Ursprung der kommunikativen Wirksamkeit von Musik unterscheidet diese von der Sprache.

»Die Wirkung von Musik ist primär und ursprünglich somatisch und körperlich, nicht zerebral und kognitiv. […] Es besteht kein determinierendes Element der Entsprechung zwischen Musik als Klangerlebnis und den besonderen Bedeutungen, die sich in diesem Klangerlebnis vermitteln« (Shepherd 1992).

Wie abhängig voneinander die Sinne des Akustischen, Visuellen und Taktilen – das Multisensorische – bei Musik auch sind und wie diskursiv unterschiedlich aufgeladen der Begriff von Musik in der Geschichte und den Regionen der Welt auch immer sei, ohne Schalldruck, Ohrmuschel, Gehörgang, Trommelfell, Gehörknöchelchen, Haarzellen, Hörnerv und die entsprechenden Verschaltungen im Gehirn – keine Musik; Gleiches gilt für Klang respektive Sound. Der Hörsinn stand im zwanzigsten Jahrhundert meist im Schatten des Sehsinns. Insbesondere wenn es um die gesellschaftliche Bestandsaufnahme angesichts fortwährender medialer Entwicklungen – technischer und institutioneller – geht, ist die Rede von der Vorherrschaft der

Bilder, der Flut der Bilder, obwohl die Moderne ebenso von einer außerordentlichen Dynamik der Veränderung ihrer Klanglandschaften geprägt ist. Im Zusammenhang populärer Musikformen sprechen wir von Sound, nicht von Klang. Das mag zunächst vor allem dem Fakt geschuldet sein, dass maßgebliche kulturelle, soziale und ökonomische Entwicklungsimpulse populärer Musikformen (Rhythm & Blues, Rock'n'Roll) vom anglophonen Sprachraum ausgingen. Kontextualisierungen spielen im Englischen wie im Deutschen selbstverständlich eine keineswegs zu vernachlässigende Rolle.

Sound in der Musikpraxis

Der Begriff des Sounds wird heute im Kontext populärer Musikformen von den verschiedenen aufeinander bezogenen Akteuren im Musikprozess verwendet. Er wird zum Beispiel von Produzenten und Tontechnikern benutzt, um die technische Spezifik und Qualität einer Aufnahme oder Produktion populärer Musik zu charakterisieren. Soundcheck meint den technisch-ästhetischen Abstimmungs- und Einrichtungsprozess von Equipment und Raumakustik vor dem Live-Konzert. Musiker, Sänger et cetera verbinden mit Sound eher Aspekte der Interpretation, Spiel-, Sprech- oder Gesangstechniken, Phrasierung, Agogik, Timbre oder Lautstärke. Ähnlich wie für die schreibende Zunft – die Journalisten – ist für Musiker und Musikerinnen ein spezifischer Soundbegriff Teil von Stil oder Stilelementen, die ihrerseits jenseits bestimmter kultureller Zusammenhänge keine Resonanz finden beziehungsweise Bedeutung tragen.

Fans oder subkulturelle Bewegungen definieren ihre kulturellen Praktiken immer auch über das diskursive Verständnis von Sound. Was für den einen ein ›geiler Sound‹ ist, ist für den anderen bedeutungsloses Getöse, was smarte Sounds für den einen, ist für andere kitschiger Bombast. Wut und Verzweiflung können in Sound ausagiert und vermittelt werden, symbolisch oder sehr direkt, aggressiv, rau, heftig. Was einst als technoider Sound bezeichnet wurde, gilt in Zeiten umfassender Digitalisierung als handgemacht. Die Bedeutungszuweisungen können sich also auch im Laufe der Zeit verändern, ohne dass sich die Sounds geändert hätten. Herkunftsorte bestimmter Musiker, Labels oder Produzenten gingen in die Geschichte populärer Musik ein, wie zum Beispiel der sogenannte *Motown Sound*, *Phili Sound*; aber auch der soziale Bezug und das kulturelle Identifikationspotential finden sich in regionalen Soundzuweisungen wieder: *Liverpool-Sound*. Stil und Ort werden durch charakterisierende Sounds ersetzt. Sound markiert als ästhetisches Wertkriterium soziale und kulturelle Positionen, die sich ihrerseits in Repertoiresegmentierungen und Marketingstrategien der Musikwirtschaft wieder finden: Heavy Metal, Punk, Schlager, deutsche Interpreten oder Worldmusic.

Sound in akademischen Diskursen und Publikationen

Der Begriff des Sounds hat offenkundig Konjunktur. Im Kontext akademischer Auseinandersetzungen um populäre Musik – so macht es den Anschein – lief er den Debatten der neunzehnhundertsiebziger und achtziger Jahre um Subkultur, Stil und ästhetisches Widerstandspotential den Rang ab. Hier einige Titel: *The Sound of the City* (Gillett 1970), *Sound & Vision* (Frith/Goodwin/Grossberg 1993), *Any Sound You Can Imagine* (Théberge 1997), *Sound Alliances* (Hayward 1998), *Klang-Konfigurationen und Soundtechnologien* (Wicke 2001), *Der Sound und die Stadt* (Diederichsen 1999), *Sound Signatures* (Bonz 2001), *Sounds like Berlin* (Binas 2002), *Soundcultures* (Kleiner/Szepanski 2003), *Pop Sounds. Klangtexturen in der Pop- und Rockmusik* (Phleps/von Appen 2003), *Sound-Art* (Thurmann-Jajes/Breitsameter/Pauleit 2006), *Sound. Zur Technologie und Ästhetik des Akustischen in den Medien* (Segeberg/Schätzlein 2005). Gewiss ist diese Aufzählung unvollständig – und dennoch bemerkenswert.

Die ersten vier Titel stammen aus dem englischsprachigen Raum journalistischer und akademischer Beschäftigung mit Formen populärer Musik. Im Englischen bedeutet *Sound* Geräusch, Mucks, Klang, Laut, Schall, Ton, aber auch Meerenge oder Sund. Als Adjektiv bewertet es Vorgänge, Objekte oder Subjekte als einwandfrei, fehlerfrei, gesund, gut, intakt, korrekt, tief oder vernünftig – ein unspezifischer, damit also um so stärker in Abhängigkeit vom jeweiligen Kontext zu verstehender beziehungsweise zu verwendender Begriff.

Geschichte des Sounds

Bevor der Rock'n'Roll Mitte der 1950er Jahre von den USA aus seinen medialen Siegeszug antrat, galten als populäre Musik vor allem die melodramatischen und sentimentalen Balladen eines Bing Crosby, Perry Como oder Frank Sinatra. Bekannt geworden sind diese Sänger – so Gillett – insbesondere mit ihrem romantischen und gefühlvollen Gesangsstil, dem sogenannte *Crooning*.

»Der originellste unter den damaligen Band-Sängern war der harte Crooner Frank Sinatra, der [...] Risiken in der Melodieführung einging, sein eigenes Timing improvisierte, indem er bei manchen Phrasen bestimmte Silben dehnte, andere gar wegfallen ließ. Ergebnis war ein sehr persönlicher Stil« (Gillett 1970: 21),

Voraussetzung die Mikrophonierung beziehungsweise elektrische Verstärkung der Stimme. Auch vor großem Publikum oder auf Tonträgern konnten Sinatra oder Crosby mit Hilfe des Mikrophons die Illusion von Intimität und Nähe erzeugen. »Sinatras Stil ließ das Publikum an seinem Gesang Anteil haben – und an ihm selbst – [...] er stimulierte bei seinen Zuhörern eine Verehrung, die sich höchstens vergleichen ließ mit der [...] von Filmstars« (ebd.). Dabei wird der Interpret von Kompositionen im Stil des Tin Pan Alley-Materials zum imageträchtigen Performer.

Öffentlich und damit gesellschaftlich höchst wirkungsvoll stand nun die Klanggestalt (Sound) im Zentrum der Aufmerksamkeit. Die graphische Repräsentation von Musik im Notentext hatte in den populären Genres beziehungsweise außerhalb der artifiziellen Traditionen kaum eine Rolle gespielt. Nun aber vollzog sich der »Triumph der Klanggestalt« (Wicke 2001: 27) medial und unüberhörbar und sorgte selbst in Kreisen von ›Popjournalisten‹ der damaligen Zeit für Entsetzen.

Laurie Henshaw schrieb am 9. Februar 1952 im britischen *Melody Maker*:

»Johnny Ray, ein fünfundzwanzigjähriger Sänger aus Oregon, schaffte den Aufstieg von der 90 $ Ebene auf die 2000 $ Stufe, indem er auf den schauderhaften Einfall verfiel, während des Singens wahrhaft in Tränen auszubrechen. [...] Ray [...] brachte [...] geradezu leidenschaftliches Engagement in seine Auftritte und ließ Seufzer, Schluchzen und Keuchen Teil des Sounds werden, den die Verstärker zu Gehör brachten [...]. Wenn ein Künstler zu solchen Mitteln greifen muss, um die Massen anzusprechen, sieht es düster aus um die Zukunft der populären Musik« (Gillett 1970: 22).

Dieser kurze Rekurs auf das in der Geschichte der populären Musik berühmt gewordene Crooning zeigt an, in welchem komplexen Feld historischer Ereignisse und Perspektiven auf Musik wir uns befinden, wenn wir den Begriff des Sounds einführen beziehungsweise verwenden wollen. Zunächst ist da ein ganz offensichtlicher Zusammenhang von auf körperliche Erfahrungen und Vorstellungen gerichteter Klangsinnlichkeit und den jeweiligen technologischen Möglichkeiten der Klangaufnahme, -verarbeitung und -wiedergabe.

Sound als medienästhetische Kategorie

Mit der Hinwendung zu Sound als zentraler ästhetischer Kategorie befinden wir uns mitten in medienästhetischen und nicht im Rahmen kunst- beziehungsweise musikästhetischer Fragestellungen. Nach Ralf Schnell ist

»die Medienästhetik […] nicht identisch mit dem was gesagt wird, sondern sie besitzt ihr charakteristisches Merkmal in der Art und Weise, wie sie ihre Möglichkeiten und Fähigkeiten, ihre Techniken, ihre Mittel zur Verarbeitung von vorgegebenen oder hergestellten Inhalten und Gegenständen einsetzt. Das WIE dieser Wahrnehmung steht deshalb im Mittelpunkt der Medienästhetik« (Schnell 2000: 208).

Des Weiteren stehen wir vor der Herausforderung, ein wissenschaftlich-theoretisches Verständnis von Musik zu entwickeln, das nicht auf die graphischen Repräsentationen (Vergegenständlichung) von Musik in Notentexten (Partitur) zielt, sondern auf das Klanggeschehen selbst. Insbesondere dieser Aspekt – so wird sich zeigen – erfordert aus musikwissenschaftlicher Sicht ein Umdenken. Das betrifft sowohl den Materialbegriff, die Trennung ins sogenannte ›Innermusikalische‹ und ›Außermusikalische‹ wie auch die historisch begründete Technik- und Körperfeindlichkeit geschichtsphilosophisch geleiteter musikalischer Schönheitsvorstellungen, wie sie im 20. Jahrhundert insbesondere von Theodor W. Adorno vertreten wurden. Die am klassisch-romantischen Werkideal und entsprechenden Schönheitsvorstellungen gebildeten Analysen und Bewertungskriterien haben populäre Musikformen an den Rand oder ins Jenseits musikwissenschaftlicher Akzeptanz befördert und den bis zum heutigen Tag kulturpolitisch praktizierten Dualismus von sogenannter kulturell-wertvoller, ernsthafter und körperbetont-unterhaltsamer Musik fortgeschrieben. Der alte Widerspruch von Kopf und Bauch, Geist und Körper, E und U, Notation und Klanggeschehen wird uns bei der Verwendung des Soundbegriffes beschäftigen müssen, nicht als sachlich gegebener Widerspruch, sondern als ein gesellschaftlich beziehungsweise diskursiv konstruierter.

Aber bleiben wir zunächst bei den Veröffentlichungen beziehungsweise Auseinandersetzungen zum Thema Sound. Paul Théberge (1997) referiert die schier unendlichen Möglichkeiten, die angesichts technologischer Entwicklungen und deren Durchsetzung auf den Märkten der Konsumgüterindustrie für die Aufnahme, Bearbeitung, Wiedergabe beziehungsweise Produktion, Reproduktion und Konsumtion von Klängen – hier ist eine quasi lineare Übersetzung vom Englischen ins Deutsche angebracht – zur Verfügung stehen. Ganz im Sinne der angesprochenen medienästhetischen Herangehensweise wird hier von den technischen Voraussetzungen beziehungsweise Neuerungen insbesondere in Folge der Digitalisierung – Anfang der neunzehnhundertachtziger Jahre – her argumentiert und mediale Verfügbarkeit von Klängen im Kontext populärer Musik dargestellt.

Sound & Vision

Der Sammelband *Sound & Vision* von Frith, Goodwin und Grossberg (1993) widmet sich theoretisch und analytisch dem Phänomen Musikvideo, einer Medienmusikgattung, in der sich par excellence das synthetische Spiel von bewegten Bildern und Klang zum Zwecke des Marketings von Stars, Bands und deren jeweils aktuellen Tonträgerproduktionen im Laufe der neunzehnhundertachtziger Jahre vollzogen hatte. In konkreten Analysen von Musikvideos entlang unterschiedlicher Repertoiresegmente der Musikwirtschaft (hier Country Music, Pop und Heavy Metal) wird deutlich, wie stark die Standards ihrer ästhetischen Gestaltung (Art der Visualisierung des Songs, dominante Symbole, typische Techniken der elektronischen/digitalen Bildgestaltung, Positionierung der Musiker/innen) in den jeweiligen kulturellen Vorstellungen der potentiellen Zielgruppen verankert sein müssen. Das Musikvideo rekonstruiert im medialen Kontext Sound, Images und soziale Räume.

Nun ist davon auszugehen, dass im englischsprachigen Raum die Verwendung des Begriffes Sound im Vergleich zum deutschsprachigen weniger bedeutungsvoll beziehungsweise bemerkenswert sein dürfte, weil es sich – bei aller Unschärfe – eben um einen spracheigenen Begriff handelt. Dennoch ist bemerkenswert, dass nicht von *Musik*, sondern von *Sound* die Rede ist.¹

Sound in der Musikwissenschaft

Einmal abgesehen davon, dass die akademische Auseinandersetzung mit populären Musikformen im deutschsprachigen Raum nach wie vor als eine randständige geführt wird, fällt auf, dass nach einer Ära pädagogischer Annäherung – mit oftmals zweifelhaften Ergebnissen –, der ›Auslagerung‹ in die Musiksoziologie, Kulturwissenschaften und Europäische Ethnologie (hier insbesondere Subkulturforschung, Stile, Szenen) nun vermehrt Versuche unternommen werden, das Klangliche wieder dezidiert in den Mittelpunkt der Untersuchungen und Analysen zu nehmen. Peter Wicke (2001) entfaltet in seinem Aufsatz *Klang-Konfigurationen und Soundtechnologien* historisch entlang der Entwicklung von Medientechnologien im ausgehenden neunzehnten und zwanzigsten Jahrhundert und den sich in diesem Zeitraum verändernden Körperverständnissen seinen Begriff von populärer Musik. Der Soundbegriff bleibt dabei eine strikt medial orientierte und an technologische Entwicklungen geknüpfte Kategorie. Wicke folgt im genannten Aufsatz seiner Auffassung von populärer Musik als Resultat tiefgreifender technologischer und gesellschaftlicher Modernisierungsprozesse. Bei aller argumentativen Nähe von technologischen Entwicklungen und deren Auswirkung auf die Ästhetik populärer Musikformen geht sein Verständnis über die banale Einsicht ›Klang + Elektrifizierung = Sound‹ weit hinaus. Eine ange-

---

1 Keine analytische Rolle hingegen spielt der Begriff in dem von Philip Hayward (1998) herausgegebenen Sammelband, der Aufsätze von Wissenschaftlerinnen und Wissenschaftlern aus dem südpazifischen Raum und Australien zusammenfasst; dort werden die unterschiedlichsten Aspekte des Transfers und der Aneignung ehemals regional oder lokal begrenzter Musikformen in sich zunehmend global gestaltenden Musikprozessen dargestellt. Kulturelle Identität und bestimmte populäre Musikformen des südpazifischen Raumes, deren Veränderungen hier zumeist von Musikethnologen, Kommunikationswissenschaftlern und Kulturwissenschaftlern und nicht von Musikwissenschaftlern nachgezeichnet werden, finden sich unter einem ›ansprechenden‹ Titel und nicht in erster Linie im konzeptionellen Zusammenhang eines zu entwickelnden wissenschaftlichen Instrumentariums. In den betreffenden institutionellen Zusammenhängen (Ethnologie, Cultural Studies) stellt sich offenbar die Frage nach den ästhetischen Qualitäten der untersuchten populären Formen nicht in dem Maße, wie wir es aus der deutschsprachigen Diskussion kennen. In der Publikation geht es um eine empirische Darstellung des Gegebenen und sich Verändernden.

messene Analyse des Klanggeschehens wird so lange ohne eigentlichen Aussagewert bleiben – so das Credo Wickes –, solange Musik nicht als kulturelle Kommunikationsform betrachtet wird. Wicke ist der Meinung, dass es dennoch »eine genuin musikwissenschaftliche Aufgabe (ist), angemessene Zugänge in die Welt der Pop-Sounds zu finden« (Wicke 2003). Er versteht Sound als ästhetische Kategorie populärer Musik beziehungsweise »als Gesamtheit aller die sinnliche Qualität von Musik bestimmenden Faktoren (*nicht nur die akustischen*)« (Wicke/Ziegenrücker 1997: 502). Darin enthalten sind a) technische Aspekte (Instrumentenfabrikat, Gitarrensaiten, Mikrophonierung, Verstärker- und Lautsprechertypen, Effektgeräte, Mix und Mastering); b) Interpretation, Spieltechnik, Spielweise, Phrasierung, Agogik, Timbre von Stimmen, Lautstärke; c) strukturelle Aspekte des Komponierens (Harmonik, Stimmführung, charakteristische Floskeln, Wendungen). Den Kern dieses Soundbegriffs bildet die Umwertung und Fokussierung musikalischer Parameter auf ihre klangsinnliche Dimension. In der klassischen Musiktheorie und Funktionsharmonik wurde diesen Parametern eine objektive Werthaltigkeit zugesprochen. In Anlehnung an Simon Frith (1992) weist Wicke dem Sound keine objektiven Eigenschaften zu, die man – schärfte man sein methodisches Instrumentarium nur genau genug – auf deren Oberfläche, gleich einem Gipsabdruck, ablesen könnte. Vielmehr sei den subjektiven Wahrnehmungsweisen und Bedeutungszuweisungen durch die jeweils handelnden beziehungsweise beteiligten Akteure nachzuspüren. Nur in spezifischen soziokulturellen Kontexten erhalten sie ihre Aussagekraft.

»Derselbe Song unter Kopfhörern zu Hause gehört, als Bestandteil einer neunzigminütigen Bühnenperformance erlebt oder aber im Club als Tanzvorlage genommen, ist nur dem Namen nach derselbe Song. Wird er beim Tanz von der Bassline her erschlossen, ergibt sich ein anders strukturiertes Gebilde als beispielsweise bei der subjektzentrierten ästhetischen Wahrnehmung unter Kopfhörern entlang des Wort-Ton-Verhältnisses« (Wicke 2003).

Helmut Rösing, der als Systematischer Musikwissenschaftler aufgefordert war, den Stichwortartikel *Sound in der populären Musik* im deutschsprachigen Standard-Lexikon *Die Musik in Geschichte und Gegenwart* zu verfassen, räumt ein, dass es sich bei Sound um einen »eher unscharfen Begriff mit in der Regel hohem Prestigewert« (Rösing 1996: 158). handelt. Er verzichtet auf eine Definition und listet unterschiedliche Dimensionen beziehungsweise Aspekte der Verwendung des Soundbegriffs auf:

»1. Sound als Kategorisierung für Stile oder Stilelemente (Disco-, Country-, Techno-Sound), 2. Sound als Kriterium von Personalstilen (Mantovani-, Beatles-, Phil-Collins-Sound), 3. Sound als Kennzeichen bestimmter Produktionsstätten und Labels (Garagensound; Motown-, Phili-, Atlantic Records-Sound) 4. Sound als Erläuterung technischer Verfahrensweisen (elektronisches Equipment, Effektgeräte, Synthesizer, Sampler), 5. Sound zur Umschreibung musikalischer Grundstimmungen (softer, knackiger Sound) und 6. Sound als Mittel der qualitativen Bewertung (origineller, abgestandener Sound)« (ebd.).

Einen lesenswerten Versuch aus musikwissenschaftlicher Perspektive unternehmen die Autor/innen des von Thomas Phleps und Ralf von Appen (2003) herausgegebenen Bandes *Pop Sounds*. Wiederum münden definitorische Versuche in Aufzählungen unterschiedlicher Phänomene, die mit dem Begriff ›Sound‹ in der populären Musik beschrieben werden.

»Sound steht im akustischen Sinn für Klang, Klangfarbe und Klangqualität und ist eng an technische Errungenschaften der Klangerzeugung und -gestaltung gebunden. Mit Sound ist jedoch häufig dasselbe wie Stil gemeint – Personalstil, Gruppenstil, Produzenten- und Studiostil, Arrangier- und Kompositionsstil. Beim Sound von populärer Musik rücken zudem vielfach klangsinnliche Qualitäten sowie die Individualität der Musiker ins Zentrum der Musikerfahrung« (Pfleiderer 2003: 20 f.).

Die Autoren von *Pop Sounds* bemühen sich, aus unterschiedlichen Perspektiven (deskriptiv-analytisch, historisch, geographisch, juristisch) die unterschiedlichen Soundebenen zu erschließen. Dabei erweist es sich als äußerst kompliziert, über Sound zu schreiben, das offenkundig insbesondere durch Klangsinnlichkeit gekennzeichnete Phänomen in Worte zu fassen, beziehungsweise in ein anderes als das klangliche Medium zu überführen. Insbesondere die von Wicke, mehr noch von Albrecht Schneider (2002) vorgeschlagenen computerbasierten spektralen Klanganalysen erfahren dabei eher eine Abfuhr: »Was haben gezackte Kurven und Grauwertabstufungen mit dem Sound zu tun, von dem ich fasziniert bin« (Pfleiderer 2003: 21).

Soundcultures

Nur Anhaltspunkte, keine Definition, keine Parameter, keine Kategorie? Mit der Aussage, dass Sound – gemeint sind hier vor allem elektronisch-digitale, also aktuelle Sounds – all das ist, was bei einer Musikaufführung erklingt und wahrgenommen wird (ebd.), ist dem Soundbegriff endgültig jede klärende beziehungsweise eindeutige Funktion genommen; er bleibt diffus und bildet weder einen empirisch konkreten noch einen Wertungszusammenhang ab. Man möchte meinen, dass es sich vielmehr um einen diskursiv anders aufgeladenen Musikbegriff handelt, einen Musikbegriff, der all das nicht einbeziehen möchte, was den am klassisch-romantischen Werkideal gebildeten Musikbegriff einerseits und zweitens die in der Rockmusik (elektrischanaloge Sounds) propagierten Authentizitätsvorstellungen ausmachte. Dieser Gedanke wird aufzugreifen sein.

Auch in der vom Bremer Kulturwissenschaftler Jochen Bonz (2001) veröffentlichten Anthologie *Sound Signatures* bleibt der Soundbegriff ein äußerlicher, eine Klammer zur aktuellen Phänomenologie des Pop.»[...] beim Populären (handelt es sich) um eine besonders voraussetzungsarme, zugängliche und deshalb demokratische Form von Ästhetik, von kulturellen Gegenständen und Ereignissen« (ebd.: 10). *Sound Signatures* gleich Pop beziehungsweise Popmoderne, in der »ein guter Teil der großen Gefühle, gebunden an Namen, Gestalten und Sounds, Rhythmen und Melodien, gespeichert und global repräsentiert (werden)« (ebd.: 11).[2]

Ähnliches gilt für den Band *Sound Cultures* von Kleiner/Szepanski (2003). Man wollte »keinen Kanon des verbindlichen Wissens anbieten, der [...] seine Inhalte als die einzig wahren auffasst oder eine Landkarte [...], die das Reisegebiet eindeutig kartographiert« (ebd.: 10). Im Sinne von Gilles Deleuze und Félix Guattari besteht »der Bau von Soundcultures aus Rhizomen und Plateaus [...], eine reich verzweigte, unterirdische Struktur« (ebd.: 14), die sich schematischem beziehungsweise systematisierendem Denken entzieht und von Definitionen und Modellierungen wenig hält. Insofern zerrinnt folgerichtig auch in dieser Darlegung der Begriff des Sounds in den Händen wie feinster Sand. Hier spricht die Szene elektronischer und digitaler Musik über sich selbst und ihre Vorstellungen von technologisch zentrierten Kommunikationsverhältnissen. Sound ist dabei Material im medienästhetischen Sinne; es geht nicht darum, worüber gesprochen wird, sondern

---

2 Möglicherweise galt es bei der Wahl des Buchtitels einen Aufmerksamkeit leitenden Titel zu finden. Nur zu gut wissen auch Wissenschaftler von der Leuchtkraft der Überschriften, sind gezwungen, das notwendige Maß an Anregungspotential für Studierende, Verleger und Drittmittelgeber mit Worten zu erzeugen. Der akademische, semiakademische und insbesondere der Markt des Feuilletons hat sich längst für Beiträge zur Popmusik geöffnet. Da der Begriff Popmusik selbst jedoch ein hochgradig diskursiver ist, vermeidet man ihn lieber und glaubt sich mit dem weniger pejorativ besetzten des Sounds auf der sicheren Seite beziehungsweise der Höhe des ›Zeitgeistes‹. Ein Beitrag zur Diskussion der Tragfähigkeit von Sound als ästhetischer Kategorie populärer Musik ist damit nicht geleistet. Dies war andererseits wohl auch nicht das vordergründige Ziel von *Sound Signatures*.

wie es verwendet wird. Die in diesen Szenen verbreitete Hinwendung zu theoretischen Konzeptionalisierungen und das postulierte Grenzgängertum zwischen Pop und Kunst sind dabei meines Erachtens keineswegs akademisch motiviert, sondern folgen den Regeln des aktuellen Kultur- und Kunstbetriebes.

Sound-Art

Aus der Perspektive der *Sound Art* beziehungsweise Klangkunst treffen wir auf Bezüge zu Sound aus dem Bereich der artifiziellen Traditionen. *Sound Art. Zwischen Avantgarde und Popkultur* (Thurmann-Jajes/Breitsameter/Pauleit 2005) ist der Tagungsband zu einer gleichnamigen Ausstellung betitelt. Bis auf das Postulat, dass es eines der Ziele der *Sound Art* seit den 1920er Jahren war, Kunst und Lebens zu verbinden, also Kunst im alltäglichen Leben zu verankern beziehungsweise das alltägliche Leben zum Gegenstand von Kunst zu machen, existieren keine originären Verbindungen zu den sozial-kulturellen Räumen populärer Musikformen. Interessant und erwähnenswert für die in diesem Beitrag anvisierte Annäherung an den Soundbegriff sind jedoch die Erfahrungen und Musikbegriffe von Künstlern und Wissenschaftlern, die sich für *Sound-Art*, Klang-Kunst, et cetera engagieren und argumentieren.

»Diejenigen, die Klangkunst im institutionellen Kontext vermitteln und über sie sprechen, bewegen sich an den Rändern des Faches (Musikwissenschaft; S.B.-P.), in oftmals lokal begrenzten Enklaven. Dort hat man sich vornehmlich im Bereich der sog. Systematischen Musikwissenschaft dieses Phänomens angenommen« (Barthelmes 2006: 37).

Im Gegensatz zur Historischen Musikwissenschaft wendet die Systematische eher statistische, psychologische und empirisch-soziologische Methoden bei der Untersuchung und Beschreibung von Musik an. Nicht Notation, Werk (Partitur) und Komponist, sondern Fragen der Gestaltbildung, Wahrnehmung und Wirkung von Musik stehen im Zentrum der Systematischen Musikwissenschaft. In dieses System konnten Geräusch- und Maschinenmusik, *Musique Concréte* und Klanginstallationen integriert werden. Hier mussten keine Gattungsgrenzen überschritten werden. Klang als psychoakustisches Phänomen musste sich nicht aus den Vorstellungen von Ton, Harmonie und Melodik emanzipieren. Klang beziehungsweise Sound war bereits akzeptiertes Material der Untersuchung von Musik. Der Materialbegriff der traditionellen, historisch orientierten Musikwissenschaft hingegen wehrte sich vehement gegen die Auflösung von Gattungsgrenzen. In der geschichtsphilosophischen Konzeption (insbesondere bei T. W. Adorno)

»ist das Material an die Geschichte der kompositorischen Verfahren gebunden, die in ihm als Sediment der Geschichte aufscheinen und einen Impuls zur dialektisch sich vollziehenden Entwicklung in sich tragen. Diesem Materialbegriff wurde durch die Entwicklung der Musik selbst (seit Anfang des 20. Jahrhunderts; S.B.-P.), durch den Futurismus, die Musique Concréte, durch John Cage und andere der Boden entzogen« (ebd.: 39).

Musikalischer Futurismus, Geräuschmusik und *Musique Concréte* gründen auf einem Musikbegriff, der auf intermodaler, multisensorischer, ganzheitlicher Wahrnehmung basiert. Dieses Konzept

»führt die unterschiedlichsten Wahrnehmungsmodi auf solche Erlebnisqualitäten zurück, die in alle Sinne übersetzbar und in den unterschiedlichen Künsten darstellbar sind, wie zum Beispiel die Dimensionen Helligkeit, Volumen, Dichte, Rauhigkeit und Intensität« (ebd.: 40).

Die genannten Konzepte wurden aus der Perspektive des am romantischen Werkbegriff orientierten Musikverständnisses als seelenlose Maschinenmusik abgewertet. Der Einbruch von Technologie in die Aufführungssituation, gar die Fixierung und der Vertrieb von Musik auf Tonträgern galt insbesondere Theodor W. Adorno als Verdinglichungsprozess. Sein maßgeblicher Einfluss auf das Denken über Musik im zwanzigsten Jahrhundert führte dann auch immer wieder dazu, dass technische Fixierung und Bearbeitung zusammen mit dem vom ihm favorisierten Modell des strukturellen – quasi lesenden – Hörens ästhetische Kategorien wie die des Sounds beziehungsweise Klangs im wissenschaftlichen Diskussionsprozess verunmöglichten.

Klang versus Schrift

Heinz Hiebler (2005)[3] greift entlang der Darstellung einer Medienkulturgeschichte der Tonträger das Problem der latenten Technik- und Körperfeindlichkeit der Musikwissenschaft auf. Obwohl er zunächst den Begriff des

---

3 Hieblers Beitrag ist im Zusammenhang einer Tagung der Gesellschaft für Medienwissenschaft entstanden. Die Publikation widmet sich dem Thema Sound mit Ausnahme des Beitrages von Hiebler ausschließlich in seiner Bedeutung für die bekannten Institutionen und Formate des Medienbetriebe in Geschichte und Gegenwart: Tonfilm, Filmmusik,

Sounds jenseits seiner konkreten historischen und sozialen Koordinaten verwendet, gibt er ein Denkmodell an die Hand, das meines Erachtens den Kern des Faszinosums Sound ausmacht: Im Zuge mechanisch-technischer und elektrischer Aufnahmeverfahren der Phonographie wird Sound/Klang in akademischen Diskussionen zum *Anderen der Schrift*. Oralität – im weitesten Sinne des Begriffes – verdrängt die Literalität (Abstraktion in Papier gewordener Musik, der Partitur) von Musik. Damit verallgemeinert Hiebler ein Phänomen, das Peter Wicke in seinen Ausführungen zur Bedeutung von Soundtechnologien folgendermaßen umrissen hatte:

»Die Klanggestalt triumphiert über die graphische Repräsentation von Musik im Notentext. Die Aufführungspraxis – die zumeist schon von vornherein in Rechnung gestellten Studiobedingungen eingeschlossen – setzt die Regeln, die Komponisten, die zunehmend in der Anonymität verschwinden, liefern nur noch die Gerüste für die Turner in den Gefilden des Klanges« (Wicke 2003).

Bei der Differenz von Oralität und Literalität angesichts der Phonographie – so ist Hiebler unbedingt zuzustimmen – handelt es sich nicht nur um ein technisches Problem, sondern um ein Problem des kulturellen Selbstverständnisses der westlichen Moderne, das im Kern auf Literalität basiert. Der nicht zuletzt von Kleiner/Szepanski (2003) proklamierte Zusammenhang von Sound und Kultur dürfte konstitutiv für die Erörterung von Sound als ästhetischer Kategorie populärer Musikformen sein.

Sound und Stadt

Als ein weiteres Feld der Auseinandersetzung mit Sound seien hier abschließend die kaum mehr zählbaren Beiträge zum Thema Urbanität und Sound genannt. Für Diedrich Diederichsen sind »Soul und R'n'B, elektrische Gitarren, Hammond-Orgeln, Walls of Sound« Insignien des urbanen Sounds. »Historisch-politisch ist das die Musik, die nach der großen Migration der AfroamerikanerInnen in die Industriestädte des Nordens entstanden und verbunden war mit den Emanzipationshoffnungen der Bürgerrechtsbewegung, an die sich die ersten vorwiegend weißen Jugendkulturen bald anschließen sollten. Technologisch ist das der Sound verstärkter Instrumente und bestimmter Studios, geprägt von Arrangeuren, Komponisten und Studiomusikern, die dafür sorgten, dass nicht einzelne

---

Fernsehen, Rundfunk, Multimedia. Sound steht hier im Kontext der Zwecksetzungen dieser Medienapparate.

Künstler, sondern Detroit, Memphis und Philadelphia klanglich wieder erkennbar wurden« (Diederichsen 1999: 55).

Metropolen gelten als die wahren Ursprungsorte populärer Musikformen und ihrer Klänge, Motoren und Straßenlärm als der dissonante Resonanzboden für Beat, Groove und Scratching. Rolf Lindner schlägt vor diesem Hintergrund»... die Untersuchung von Städten als soundgenerating scape (vor), das heißt, als Resonanzboden für einen spezifischen Sound oder als Träger von musikalischen Stilen und Lebenswelten« (Lindner 2002: 173).[4]

Zwischenschritt – analytische Dimensionen des Soundbegriffs

Ganz offensichtlich eröffnet der Begriff des Sounds den Horizont insbesondere für empirische Studien und theoretische Auseinandersetzungen und eignet sich als Projektionsfläche für sinnvollerweise kulturwissenschaftlich ausgerichtete Untersuchungsperspektiven von populärer Musik. Dies alles scheint kein Zufall. Nachdem Untersuchungen zur populären Musik insbesondere in den 1970er und 1980er Jahren getragen waren vom sogenannten Subkulturparadigma des CCCS Birmingham einerseits und andererseits vor allem von der in den Musikwissenschaften ungebrochenen kulturkritischen Skepsis, die ausgehend von einem an notierten Werken und Komponisten gebildeten Musikverständnis in populärer Musik nichts als Stereotype und Manipulation sah, wurde in den 1990er Jahren im Rekurs auf Diskurstheorien und postmoderne Pluralisierungen Neuland betreten. Unscharf, metaphorisch und vieldimensional, konnte der Begriff Sound als heuristischer verwendet werden und stieg alsbald in den Rang einer zentralen ästhetischen Kategorie zur Untersuchung populärer Musikformen auf.

Die Verwendung des Soundbegriffs kann zwischen sozial-kulturellen und ästhetischen Aspekten im Gebrauch von populärer Musik vermitteln. Dabei zielt Sound – anders als die Cultural Studies es vermochten und vermögen – vor allem auf das Klanggeschehen (Wicke) und verliert sich nicht – so

---

4 Im Rahmen eines europäischen Forschungsprojektes zu Fragen von Re-Urbanisierung und Netzwerkstrukturen in urbanen Zusammenhängen habe ich mit Studenten und Studentinnen der Humboldt-Universität zu Berlin die kulturellen Akteure, Organisationsformen und Binnenstrukturen der Berliner Musikszenen untersucht, dokumentiert und unter dem Titel *sounds like berlin* (Binas 2000) veröffentlicht.

wichtig und verwoben mit dem Klanglichen diese Aspekte sein mögen – in den Bedeutungszuordnungen des Gebrauches von Kleidungsstücken, Devotionalien oder Begrüßungsritualen. Die Bedeutung des Klanggeschehens als eine wichtige Dimension der Ästhetik des Musikalischen geriet nach Jahren der Abstinenz beziehungsweise Verweigerung wieder in den Blick beziehungsweise ins Ohr. Sound ist selbstverständlich kein ›Ding an sich‹, kein Repräsentant, in dem – wer auch immer in der Lage wäre ihn zu beschreiben – alle analytischen Perspektiven aufgehen würden. Die – wenn auch nicht objektivierbare – Bindung jeder Musik an das Medium Klang wird in den Untersuchungen zum Thema Sound endlich aufgegriffen, zumindest dort, wo der Begriff nicht nur metaphorisch verwendet wird.

Dennoch dürfte die Anziehungskraft des Soundbegriffs vor allem in seinem vagen, atmosphärischen und derzeit (noch) mit viel Prestige (Rösing) aufgeladenen Charakter bestehen. Um das erwähnte Projekt *Sounds like Berlin* anzusprechen; mitnichten hat eine Stadt einen objektiv messbaren Sound. Einmal abgesehen davon, dass zweifellos das klangliche Szenario einer mittelalterlichen Stadt sich erheblich von einer am Ende des zwanzigsten Jahrhunderts unterscheidet, oder (um die geografische Dimension aufzugreifen) eine asiatische Millionenstadt sich in Hinsicht ihres Schallpegels signifikant von einer europäischen unterscheidet – die Anziehungskraft des Soundbegriffs auf dieser Ebene liegt wohl insbesondere in seiner atmosphärischen Vielschichtigkeit und metaphorischen Uneindeutigkeit begründet, nicht in seiner begrifflichen Schärfe.

Sounds werden als transparent, hell oder klar bezeichnet und verweisen somit auf Aspekte visueller Wahrnehmung. Sounds ›klingen‹ dumpf, spitz, beißend, weich, süß oder sanft und greifen hierbei Körper-Erfahrungen auf, taktile Sinneseindrücke oder Sinneseindrücke unserer Geschmacksnerven. Gläserne, kantige, raue, hölzerne oder mulmige Sounds gründen auf der Beschaffenheit bestimmter Materialien.

Diese ›Soundmetaphern‹ folgen sogenannten *image schemas* (Lakoff/ Johnson 2000; Pfleiderer 2003), bei denen die Handlungs- und Erfahrungsmöglichkeiten des Körpers in einer räumlich geordneten Umwelt mentale Konzepte strukturieren und auf unterschiedlichste Bereiche der menschlichen Erfahrung und Deutung übertragen werden, insbesondere auf jene, die nicht von theoretisch-wissenschaftlichen Beschreibungs- und Deutungsmustern durchdrungen sind, also denen alltäglicher kultureller Praktiken und Erfahrungen. Eigentlich fehlen uns die Worte. Was wir hören, können wir kaum oder gar nicht beschreiben; wir müssen es auch nicht, jedenfalls in den Diskursräumen der kulturellen Praktiken des Populären, dort ›reichen‹ die vagen, wenig rational gefärbten Bezeichnungen. Hier allerdings – im Diskursraum ästhetischer Theoriebildung – soll ein Instrumentarium ihrer wissenschaftlichen Erforschung diskutiert und gefunden werden.

Die Übergänge zwischen den genannten Soundmetaphern beziehungsweise sinnlichen Erfahrungs- und Wahrnehmungsebenen sind fließend und uneindeutig. Eines aber ist allen eigen: der Bezug zum Körper. Des Weiteren wurde bereits betont, dass die Verwendung des Soundbegriffes meines Erachtens nur sinnvoll im Zusammenhang mit den jeweiligen historischen Möglichkeiten und Grenzen technischer Aufnahme-, Bearbeitungs- und Wiedergabeverfahren von Klang (vgl. Hiebler 2005) ist. Elektrizität, Mikrophone, Mehrspurtonbandgeräte, Effektgeräte, Mischpulte und Audioboxen bilden eine wichtige Voraussetzung dieser Entwicklung. Technik und Körper stehen also offenkundig in einem sehr engen Zusammenhang bei der Herstellung, Gestaltbildung, Wahrnehmung und Bewertung von Sounds.

Der Transfer des Klanggeschehens in ein syntaktisch strukturiertes Sprach- beziehungsweise Schriftsystem ist dabei weder intendiert noch wird er von Musikern, Tontechnikern, Betreibern von Soundsystemen, Produzenten, Veranstaltern, Journalisten, Labelbetreibern, Artist & Repertoire Managern, Marketingspezialisten in nennenswertem Maß betrieben. Ein auf Notenpapier gekritzeltes Riff bildet die Ausnahme, und das Songbook eines Rockstars dient eher der Verwertung von Verlagsrechten denn als Ausgangsmaterial für Coverbands. Ohne ihren spezifischen Sound – das Klanggeschehen – bleiben Songs oder Tracks letztlich bedeutungslos. Die Reproduktion des Klanggeschehens ist ohne Umweg über symbolische oder ikonische Kodes (wie Notation) möglich.

Weder für den Produktionsvorgang im Studio, die Wiedergabe via CD oder Festplatte, für eine Sendung im Rundfunk oder des Live-Konzerts bedarf es eines abstrakten schriftlichen Außenspeichers. Die akustischen Informationen werden mechanisch oder elektronisch übertragen oder aber digital kodiert und auf Ton- und Bildträgern gespeichert. Das Medium der Memorierung beziehungsweise Fixierung ist ein mechanischer, elektronischer oder digitaler Speicher, dessen eigentliche Funktion – und das ist wichtig für den Gesamtzusammenhang – die Vergegenständlichung des Tauschwertes ist.

Technische Mediamorphosen (Smudits 2002) beinhalteten immer auch kulturelle und ökonomische Wandlungsprozesse im Gebrauch von Musik. Erst angesichts der sogenannten elektronischen Mediamorphose ist immer häufiger von Sound die Rede: in einer Zeit, als der Rundfunk zum Massenmedium wurde, Musik eigens für Schallplatte oder Rundfunk mit technischem Equipment (Mikrophone, Mehrspurmaschinen) produziert und formatiert, von den Hörern nebenbei gehört, gesammelt und als soziales Identifikationsmedium genutzt wurde. Das Zeitalter der Reproduktion von Bildern und Klängen aus den Medienarchiven begann, und populäre Musik als jugendkulturelle Praxis wurde zur mächtigen Sozialisationsinstanz und zum millionenschweren Wirtschaftsfaktor. Eigene, neue Wirklichkeiten wurden geschaffen. Mit der massenhaften Durchsetzung des Fernsehers, später des Musikfernsehens, sollte diese Entwicklung in rasantem Tempo voranschreiten.

Je mehr sich dabei die technischen Kodierungen der sinnlichen Wahrnehmung entzogen, um so wichtiger wurde offensichtlich die sinnliche Dimension des Klanggeschehens und der Klangwahrnehmung. Die Stimmen mussten von da an so beschaffen sein, – wie im Crooning – den Verlust der unmittelbar an den Körper gebundenen Aufführung (Intimität, Nähe) zu kompensieren und schließlich zu imaginieren. Die Art und Weise der Sinneswahrnehmung hat sich – so schon Walter Benjamin – durch die Einbindung technischer Apparaturen maßgeblich verändert. Durch technische Echo- und Delayfunktionen beispielsweise kann man heutzutage hervorragend akustische Tiefenwirkungen von Räumen erzeugen, die in der Realität so gar nicht existieren.

Fazit

Als Analyseinstrument führt ›Sound‹ mitten in den Musikprozess als Handlungs-, Kommunikations- und Deutungsfeld, das heißt, hin zu den aufeinander bezogenen, durchaus auch konträren ästhetischen, kulturellen, sozialen oder wirtschaftlichen Interessen der am Musikprozess beteiligten Akteure. Es sind also die Sinn- und Praxiszusammenhänge aller an diesem Prozess Teilhabenden, die in einer Art Ethnographie zu rekonstruieren wären, um den ästhetischen Qualitäten populärer Kulturformen in ihrer Medialität gerecht zu werden. Dabei kann die Kategorie Sound eine wichtige heuristische Funktion übernehmen. Es macht durchaus den Anschein, als könnten wir uns der ästhetischen Qualität populärer Musik mit ihrer Hilfe angemessen nähern. Formulieren wir es zurückhaltender: Erste Schritte sind gegangen, der Rahmen für ausstehende Untersuchungen ist abgesteckt.

Die Analyse des Klanggeschehens – hier Sound genannt – steht in der Reihe jener wissenschaftlichen Ansätze, die die ästhetische Qualität der praktizierten Populärkultur in ihrer eigenen Logik – der Binnensicht der handelnden Akteure – zu thematisieren und auf den Begriff zu bringen sucht. Wenn auch ähnlich vage und definitorisch unscharf wie das Atmosphärische (Böhme) und das Erlebnis (Schulze), nützt die Kategorie insbesondere zur Beschreibung von zwei wesentlichen Aspekten des Populären beziehungsweise populärer Musikformen: (1) ihrer primär somatischen und nicht zerebralen beziehungsweise kognitiven Wirkung und (2) der Akzeptanz populärer Musik als kultureller Praxis, die ihre Experten nicht außerhalb des damit umrissenen Handlungsraumes, sondern inmitten dieser signifizierenden Praxis verortet. Wahrheitsgehalt, Sinn und Bedeutung entstehen nur in diesem Handlungsraum, nicht außerhalb, wie etwa in den geschichts- und kunstphilosophisch aufgeladenen akademischen Diskursen artifizieller europäischer Traditionen.

Dennoch scheint es mir – angesichts des gestiegenen Interesses an der Kategorie Sound – notwendig, zunächst einmal zu prüfen, ob diese Konjunktur wirklich ihrem analytischen Potential oder womöglich vielmehr dem Fakt geschuldet ist, dass die häufige Verwendung des Soundbegriffes nicht mehr, aber auch nicht weniger als einen Paradigmenwechsel im Musikverständnis der Gegenwart anzeigt und markiert. Unser Musikbegriff ist derzeit offenkundig heftigen Erschütterungen ausgesetzt. Für den Forschungsprozess und die Lehrzusammenhänge würde dies bedeuten, sich Klang/Sound/Musik konsequent als kultureller Praxis zuzuwenden und die Papier gewordene Musik als Sonderfall der (abendländischen) Musikgeschichte zu begreifen, mit allen Konsequenzen, die dies für den musikwissenschaftlichen Forschungsprozess und die Lehrinhalte an Schulen, Hochschulen und Universitäten hätte.

Ästhetische Erfahrungen mit populärer Kultur

Mohini Krischke-Ramaswamy

Die Beschäftigung mit populärer Kultur wird zumeist funktionell begründet, als Mittel zu bestimmten Zwecken und zur Befriedigung von Bedürfnissen, wobei je nach Disziplin und Schwerpunkt eher psychologische, soziologische oder politische Funktionen in den Vordergrund der Untersuchungen gestellt werden. Popsongs, Fernsehserien, Zeitschriften und ähnliches dienen beispielsweise der Veränderung der persönlichen Stimmung, der Überwindung von Einsamkeitsgefühlen, der Stärkung des Selbstbewusstseins oder der Zuordnung zu einer sozialen Gemeinschaft. Fans – Rezipienten, für die ein bestimmtes Phänomen der populären Kultur besondere Bedeutung hat und dem sie sich mit besonders großer Intensität widmen – wurde die funktionelle Nutzung populärer Kultur in zahlreichen Studien in besonders großem Maße attestiert: Der Rezipient wird zum Fan, weil er aus der Musik eines Popstars oder aus einer Fernsehserie besonders großen Nutzen zieht, weil er in der Gemeinschaft der Fans sozialen Anschluss findet, weil er durch sein Wissen Anerkennung gewinnen kann oder weil er durch die Rezeption seine persönliche Befindlichkeit zielgerichtet beeinflussen kann (Fiske 1992; Bacon-Smith 1992; Schmiedke-Rindt 1998; Winter 1995).

Am Beispiel der Fans des Musikstars Neil Diamond soll hier exemplarisch demonstriert werden, dass diese funktionelle Nutzung zwar durchaus existiert und für die Rezipienten wichtig sein kann, dass dies aber nur die eine Seite der Beschäftigung mit populärer Kultur darstellt. Die andere Seite sind die ästhetischen Erfahrungen, die die Fans machen und die mindestens ebenso sehr – wenn nicht mehr, wie mir scheint – zu der Bedeutung beitragen, die bestimmte Phänomene der populären Kultur in ihrem Leben haben.[1]

---

[1] Die Erkenntnisse, die hier vorgestellt werden, stammen aus einer empirischen Studie, die die Autorin von Oktober 2003 bis Januar 2004 durchgeführt hat. In der Studie wurden drei verschiedenen Gruppen von Fans untersucht – Fans des Musikstars Neil Diamond,

Neil Diamond hatte 1966 mit dem Song *Solitary Man* seinen ersten Hit, und in den 1970er Jahren wurde er ein international bekannter Popstar, der mittlerweile bereits eine 40 Jahre andauernde musikalische Karriere hinter sich hat. Als charakteristisches Merkmal gilt seine Stimme, die nicht unbedingt schön, teilweise geradezu rau und brüchig, vor allem aber eindringlich erscheint und die jeden seiner Songs zu etwas Eigenem werden lässt. Neben anderen Stars dieser Zeit fällt Neil Diamond vor allem durch seine Gefühlsbetontheit und Innerlichkeit auf und dadurch, dass er stets gemäßigt, niemals extrem ist. Große Gefühle, aber keine großen Botschaften, sondern das, was jeden im Inneren betrifft und bewegt, Songs für jedermann, durch die sich die Hörer direkt angesprochen und verstanden fühlen. Aktuell ist Neil Diamond damit nicht, war es schon zum Höhepunkt seiner Karriere nicht wirklich – ein populärkulturelles Phänomen einer bereits vergangenen Zeit, für die, die statt Rock und Rebellion lieber Innigkeit und Ausgeglichenheit wollten; für seine Fans hat Neil Diamond dadurch immer noch gleichbleibend große Bedeutung.

Die Rezeption der Neil Diamond-Fans

Fans unterscheiden sich vor allem dadurch von anderen Rezipienten, dass sie sich mit einem einzelnen Phänomen der populären Kultur besonders intensiv beschäftigen und dabei die gleichen Rezeptionsgegenstände immer wieder von neuem anhören, anschauen oder lesen. Historisch und wenn man den Blick über die populäre Kultur hinaus auf andere Kultursparten richtet, ist die als ›Rereading‹ bezeichnete häufig wiederholte Rezeption zugegebenermaßen ein schlechtes Differenzierungskriterium. Auch die Liebhaber klassischer oder zeitgenössischer Kunst sind fleißige ›Rereader‹, werden jedoch die Bezeichnung als ›Fan‹ meist entschieden ablehnen. Zu Recht: Denn das Phänomen Fan hat sich, wie der Blick auf die Entstehungsgeschichte des Begriffs wie des Phänomens eindeutig zeigt, erst mit der Entstehung der

---

Fans der Fantasy-Fernsehserie ›Xena – die Kriegerprinzessin‹ und Fans des Fußballvereins VfL Bochum 1848. Die Erkenntnisse haben sich für alle drei Gruppen von Fans bestätigt, teilweise mit graduellen Unterschieden, werden zur Vereinfachung hier jedoch nur am Beispiel der Fans von Neil Diamond demonstriert. Die Zitate stammen aus qualitativen Interviews, die im Rahmen der Studie mit 15 Neil Diamond-Fans durchgeführt und in einer Fragebogenstudie mit 64 Neil Diamond-Fans quantitativ überprüft wurden.

populären Kultur und insbesondere in engem Zusammenhang mit dem Phänomen des Stars herausgebildet (Krischke-Ramaswamy 2007: 31–48).

täglich	28%
wöchentlich	62%
monatlich	8%
ab und zu	2%
nie	-

Tabelle 1: Rezeptionshäufigkeit der Neil Diamond-Fans: Hören der Musik Neil Diamonds von Tonträgern (nur eine Nennung möglich, in Prozent der Befragten; N = 64)

In der Fanforschung hat die Rezeption – das heißt, die Wahrnehmung und Deutung eines Artefakts oder einer Darbietung – verglichen mit anderen Aktivitäten, die der Auseinandersetzung mit populärer Kultur dienen – beispielsweise dem Sammeln oder den kreativ-produktiven Aktivitäten –, wenig Aufmerksamkeit erhalten. Am Beispiel der Rezeption der Neil Diamond-Fans lässt sich jedoch anschaulich und deutlich zeigen, dass durch die Rezeption ästhetische Erfahrungen gemacht werden und dass der Umgang mit populärer Kultur auf ein ästhetisches Verständnis der Musik abzielt.

Bei Konzerten	1,41
Alleine in Ruhe und konzentriert	1,65
Alleine nebenbei während anderer Tätigkeiten	2,46
Gemeinsam mit anderen Fans zu speziellen Treffen	2,79
Gemeinsam mit anderen Fans in privatem Rahmen	3,00
Gemeinsam (z. B. mit Lebenspartner) in privatem Rahmen	3,30

Tabelle 2: Bedeutung verschiedener Rezeptionsweisen und -situationen für die Neil Diamond-Fans (Durchschnittliche Bewertung; 1=»sehr wichtig«, 2=»ziemlich wichtig«, 3=»durchschnittlich wichtig«, 4=»weniger wichtig«, 5=»gar nicht wichtig«; N = 64)

Rezeption kann eine konzentrierte, fokussierte und von Reflexionen begleitete Aktivität sein, die dazu dient, ein Verständnis des Rezeptionsgegenstandes zu entwickeln oder zu vertiefen und Vergnügen daran zu haben. Die Neil Diamond-Fans beschreiben diese Rezeption selbst als konzentriert und ungestört, was sie beispielsweise dadurch unterstützen, dass sie Musik über Kopfhörer anhören, um sich ausschließlich dieser widmen zu können.

»Wenn ich hier zu Hause bin und mir Neil Diamond anhöre – ich höre es nur über Kopfhörer, weil anders geht es hier nicht, weil sonst meine Familie rebelliert –, dann mache ich die Augen zu, und dann wissen auch meine Kinder ganz genau, dann will ich nicht gestört werden. Dann gibt es keine Störung hier so; dann reagiere ich auch auf nichts anderes!« (w, 42)[2]

Der Fan[3] möchte die Musik Neil Diamonds ungestört genießen und schirmt sich dazu von ihrer alltäglichen und familiären Umgebung ab. Unterschieden wird eine solche Rezeptionsweise, die darauf abzielt, ein Phänomen der populären Kultur an sich und in seiner ästhetischen Bedeutung zu erfassen, von der Rezeption, die neben anderen Tätigkeiten, mit geteilter Aufmerksamkeit und geringer Konzentration stattfindet. Die Fans schätzen es weniger, die Musik nur nebenbei anhören zu können, auch wenn ihnen dies immer noch wichtig ist.

»Nur Neil Diamond höre ich sehr oft gezielt, dass ich mich hinsetze und höre jetzt mal in Ruhe eine Platte an. Aber auch manchmal, zum Beispiel, wenn ich mal was arbeite, dann höre ich aber doch schon sehr hin – mehr hin, sage ich mal, als wenn ich jetzt nur Radio höre und irgendwas spult da ab. Bei Neil höre ich dann doch schon gezielter immer mal so hin. Und bin dann intensiver dabei, sage ich mal, bei der Musik.« (m, 49)

Für diesen Fan wirkt die Musik Neil Diamonds geradezu ablenkend, wenn er sie begleitend zu seiner Arbeit hört, weil diese Musik ihn – im Unterschied zu beliebiger Radiomusik – auf besondere Weise anspricht und seine Aufmerksamkeit anregt.

Die Rezeption gemeinsam mit anderen – auch wenn es sich dabei um andere Neil Diamond-Fans handelt – wird ebenfalls von ungestörter und konzentrierter Rezeption unterschieden, und die Fans ziehen es vor, sich die Musik alleine anzuhören. Gemeinsame Rezeption in einer Gruppe von Fans findet nur sehr selten statt, und wenn Fans privat oder bei Clubtreffen zusammen sind, steht die Rezeption nicht im Vordergrund.

---

2 Die Angaben in Klammern nach den Zitaten geben das Geschlecht (w = weiblich, m = männlich) und das Alter des Fans zum Zeitpunkt des Interviews an.
3 Wie üblich werden mit dem Begriff Fan sowohl die weiblichen als auch die männlichen Fans bezeichnet. Obwohl es *der* Fan heißt, werden bei der Interpretation der Interviewzitate sowohl die Formen *er* als auch *sie* verwendet, um das Geschlecht der Person kenntlich zu machen.

»Aber mit der Musik, sage ich mal, speziell beschäftige ich mich eigentlich eher so dann für mich alleine. […] Es ist jetzt nicht so, dass ich halt so gemeinsam mit anderen Musik hören würde oder mir so Videos angucken würde, das mache ich eigentlich eher alleine.« (w, 27)

Das Bemühen der Fans, Neil Diamonds Musik konzentriert, ungestört und getrennt von alltäglichen und sozialen Aktivitäten anzuhören, verdeutlicht ihren Wunsch, sich mit der Musik auseinander zu setzen und zeigt, dass die Musik eigenständige Bedeutung unabhängig von abgeleiteten Funktionen hat. Im Unterschied dazu hat Rezeption, die eher beiläufig oder in Gemeinschaft stattfindet, häufiger andere Zwecke zum Ziel als nur das Verständnis und das Vergnügen an dem Rezeptionsgegenstand: beispielsweise einen gemeinsamen vergnüglichen Abend, bessere Laune, Ablenkung oder Entspannung. Die Musik an sich hat hierbei oftmals untergeordnete Bedeutung beziehungsweise ist austauschbar, weil sie vor allem Mittel zum Zweck ist.

Damit soll nicht behauptet werden, dass so keine ästhetischen Erfahrungen gemacht werden können oder populäre Kultur geringeres Vergnügen bereitet, wenn spontan oder nebenbei rezipiert wird. Das Bemühen der Neil Diamond-Fans um eine intensive und konzentrierte Auseinandersetzung mit der Musik zeigt jedoch besonders deutlich, dass es ihnen um diese selbst und nicht nur um davon abgeleitete Funktionen geht.

Die Wahrnehmung Neil Diamonds durch seine Fans

Stars sind rezeptiv konstruierte Artefakte, bei denen die kulturelle Leistung einer realen Person – zum Beispiel der Gesang Neil Diamonds und seine Bühnenperformance – als Einheit mit ihrem Image wahrgenommen werden, die selbst Teil des ästhetischen Phänomens ist. Hinter einem Star stehen eine reale Person, die eine kulturelle Leistung erbringt, und eine Medienperson, die durch ein Image wahrgenommen wird – der Star selbst ist aber weder das eine noch das andere, sondern eine virtuelle Figur und integraler Bestandteil des ästhetischen Phänomens, in dem sich Werk und Image vereinen.

Images sind öffentliche Bilder, die weder durch die Leistungen der Medienperson noch durch Public Relations-Bemühungen oder die Massenmedien erzeugt, sondern durch diese nur vermittelt werden (Lowry 2003a). Images entstehen, indem sich durch die rezeptive Aufnahme und Umsetzung des Angebots an Bildern und Informationen ein in der Öffentlichkeit geteiltes

Bild einer Person bildet. Die Imageinformationen – das heißt, alle massenmedial und medial vermittelten Informationen über Personen des öffentlichen Interesses – sind stets mehrdeutig, und unser Bild von Medienpersonen erreicht daher niemals die Eindeutigkeit, um die wir uns in sozialen Beziehungen bemühen (ebd.: 260; Hügel 2004: 276 ff., 283 ff.). Images sind somit kollektiv erzeugte und vieldeutige Bilder, durch die die Imageträger – die Medienpersonen – in der Öffentlichkeit wahrgenommen werden und durch die sie eigene Bedeutung haben, weshalb sie in ihrer kulturellen Rolle nicht beliebig austauschbar sind.

Nicht das Image allein jedoch macht den Star aus, und theoretisch kann jede Person, die öffentliche Aufmerksamkeit auf sich zieht, zum Beispiel durch karitatives Verhalten, ein positives Image bekommen, das jedoch von ihrer Funktion und Leistung unabhängig bleibt (Hügel 2004: 266 ff.). Nur wenn das Image und die kulturelle Leistung als Einheit wahrgenommen werden, sie sich gegenseitig bedingen, entsteht die Starfigur, die als hochverdichtetes Bild die Bedeutung eines ästhetischen Phänomens in besonders konzentrierter Weise kommuniziert und gleichsam auf den Punkt bringt.

Neil Diamond und sein musikalisches Werk sind solch ein ästhetisches Phänomen populärer Musik, das sich um eine Starfigur zentriert. Die Songs Neil Diamonds lassen sich als persönliche Äußerungen des Sängers rezipieren und in den Songs wird immer wieder auf (Image-)Biographisches verwiesen, wodurch das Image Neil Diamonds und seine Musik als Einheit wahrgenommen werden können. Fast jeder Song Neil Diamonds lässt sich durch die Geschichten, die er bei Konzerten erzählt, oder Äußerungen aus Interviews einer Lebensphase oder einem Erlebnis zuordnen. Der *Solitary Man* besingt sich selbst in Songs wie *I am ... I said*, der gleichzeitig seine innere Zerrissenheit und sein Image als Optimist, der sich nicht unterkriegen lässt, unterstützt. Er singt in *Brooklyn Roads* über seine Kindheit und drückt sein Bedürfnis nach Gemeinschaft durch die Widmung von *Elijah's Song* an eins seiner Enkelkinder aus. Das lyrische Ich seiner Songs ist stets als das Ich Neil Diamonds verstehbar, der über sein Leben und vor allem seine Gefühle singt und dabei etwas von sich preisgibt. Die Möglichkeit, die Songs als Ausdruck und Mitteilung des Stars über sich selbst zu verstehen, gibt der Musik ihre Besonderheit und macht Neil Diamond zu dem, was er ist: der in sich gekehrte, sympathische Star, der in seinen Songs sein Innerstes offenbart und damit gleichzeitig die Gefühle anderer artikuliert.

»Der rote Faden [in Neil Diamonds Werk; M.K.-R.] ist für mich halt immer diese, ja, dieser Rückbezug auf seine eigenen biographischen Stationen sozusagen – mehr oder weniger, man weiß jetzt ja nicht, wie viel wirklich dann dahintersteckt und so.« (w, 27)

Den Fans ist es wichtig, die Songs als Verweise auf die Biographie Neil Diamonds zu verstehen – auch wenn sie nicht überprüfen können, ob diese biographischen Bezüge wirklich bestehen. Ihnen ist bewusst, dass die Informationen ihnen keine Hinweise auf die reale Person Neil Diamond geben können, aber sie sind ihnen wichtig, weil sie sich als Imageinformationen mit seinem Werk verbinden lassen.

»Also *Three Chord Opera* [ein Album Neil Diamonds; M.K.-R.] ist sehr schön – wohl auch angeblich von ihm allein geschrieben, was das Ganze noch aufwertet. […] Er scheint da ja irgendwie drin aufzugehen. Und dann, ich versuche immer, die Texte zu verbinden mit Empfindungen, die er hat, und mit Erlebnissen, die er hatte. Auch privater Art. […] Und ich möchte mir immer gerne vorstellen, wenn ich ihn singen höre, warum er das so schreibt und was er gerade dabei empfindet, das nun so zu schreiben und so zu singen und nicht anders. Das finde ich schön.« (w, 34)

Das deutlichste Beispiel, an dem die Fans immer wieder demonstrieren, wie sie Werk und Image Neil Diamonds als Einheit und in dieser die Bedeutung des ästhetischen Phänomens wahrnehmen, ist der Song *I am ... I said*.

»*I am ... I said*«

L.A.'s fine, the sun shines most the time
And the feeling is »lay back«
Palm trees grow and rents are low
But you know I keep thinking' about
Making my way back
Well I'm New York City born and raised
But nowadays,
I'm lost between two shores
L.A.'s fine, but it ain't home
New York's home,
But it ain't mine no more
»I am« ... I said
To no one there
And no one heard at all
Not even the chair
»I am« ... I cried »I am« ... said I
And I am lost and I can't
Even say why
Leavin' me lonely still
Did you ever read about a frog

Who dreamed of bein' a king
And then became one
Well except for the names
And a few other changes
If you talk about me
The story's the same one
But I got an emptiness deep inside
And I've tried
But it won't let me go
And I'm not a man who likes to swear
But I never cared
For the sound of being alone
»I am« ... I said
To no one there
And no one heard at all
Not even the chair
»I am« ... I cried
»I am« ... said I
And I am lost and I can't
Even say why
»I am« ... I said
»I am« ... I cried
»I am« ... I said
(Neil Diamond 1971)

Der Song handelt von innerem Zwiespalt, der auf die Hin- und Hergerissenheit zwischen der Geburtsstadt New York einerseits und dem Wohnort Los Angeles andererseits bezogen wird – ein Ortswechsel, der auch in Neil Diamonds Biographie zu finden ist.

»Aber irgendwo drückt es [der Song *I am ... I said*; M.K.-R.] seine eigene Zerrissenheit aus. Vielleicht lässt er die Leute in sich reingucken, in seine Seele: Guckt her, das bin ich. Und ich weiß eigentlich nicht, wo ich hingehöre: in den Osten oder in den Westen; mein altes Leben – mein neues Leben? Wer bin ich eigentlich? Weiß ich nicht, also ich denke, er will von sich selbst was preisgeben.« (w, 42)

Durch das Wissen um die biographischen Verweise in den Songs fühlen sich die Fans darin bestätigt, seine Musik als Äußerung des Stars über sich selbst zu deuten, weshalb ihnen diesbezügliche Informationen wichtig sind. Informationen, die sich nicht in seinem Werk bestätigen und sich daher nicht in das Starkonstrukt einfügen – zum Beispiel Informationen über intime Details oder Skandale –, bewerten die Fans dagegen als unwichtig und uninteressant, denn sie tragen nicht zum Verständnis des ästhetischen Phänomens Neil Diamond bei.

Interviewer: »Kannst du dir vorstellen, dass du irgendwann nicht mehr Fan von Neil Diamond bist?«

»Nee! Nee, nee. Nee, also das habe ich schon oft überlegt, aber – nein, das kommt nicht vor, nein! Das denke ich mir, da kann er sonst was anstellen, also ein Verbrecher werden oder sonst was [...] Nicht, jeder kann mal in bestimmte Situationen geraten, und ob er dieses eine Lied jetzt alleine gesungen hat oder ob da irgendjemand mitgewirkt hat, da gab es ja schon Gerichtsverfahren und alles drüber – was allerdings auch eben nur in dieser nicht-autorisierten Fassung [der Biographie Neil Diamonds; M.K.-R.] steht. Und ich denke mir ganz einfach, in einer autorisierten Fassung wird das auch nicht stehen, weil Neil Diamond bestimmt nicht will, dass so was weitergegeben wird! – aber es würde mich nicht stören.« (w, 42)

In der nicht autorisierten Neil Diamond-Biographie *Solitary Star* (Wiseman 1988) wird unter anderem davon berichtet, dass es um die Urheberschaft Neil Diamonds an bestimmten Songs Streitigkeiten und Gerichtsverfahren gegeben hat. Diese Informationen lassen sich nicht in das Starkonstrukt einfügen und haben daher für die Fans auch keine Bedeutung. Für den Star Neil Diamond ist seine Urheberschaft an den Songs entscheidend, denn diese bestätigt, dass die Songs als Mitteilung des Sängers über sich selbst verstanden werden können. Die Informationen, die die Urheberschaft Neil Diamonds in Frage stellen, führen dennoch nicht dazu, dass die durch vielfältige ›biographische‹ Verweise in den Songs stabilisierte Einheit von Image und Werk brüchig wird. Für die Fans ist letztlich nicht ausschlaggebend, was eine einzelne – und noch dazu als unzuverlässig bewertete – Quelle über Neil Diamond berichtet, solange die Informationen die Einheit von Image und Werk nicht auflösen, wie es bei großen Skandalen um Stars geschehen kann (Hügel 2004: 268–273); und es ist bei vielen Informationen, wie sie vor allem in der Boulevard-Presse über Prominente als Privatpersonen verbreitet werden, für die Fans nicht ausschlaggebend, dass sie sich tatsächlich auf die reale Person Neil Diamond beziehen – denn diese ist für sie unerreichbar und der Wahrheitsgehalt der Informationen daher nicht überprüfbar, wessen sie sich auch bewusst sind.

Interviewer: »Ist Neil Diamond der ›Solitary Man‹, von dem er singt?«

»Dafür kenne ich ihn, also die privaten Sachen, zu wenig. Ich weiß nicht, wie er privat ist.«

Interviewer: »Wie nimmst du ihn wahr?«
»Ich weiß nicht, wie er privat ist, um ein ›Solitary Man‹ zu sein – weiß ich nicht. Klar, im Inneren, ja, der neigt dazu. […] Also tief im Inneren ist er ein ›Solitary Man‹, ja!« (w, 39)

Solitary Man ist der Titel des Songs, mit dem die Karriere Neil Diamonds 1966 begann. Obwohl dem Fan bewusst ist, dass sie die reale Person Neil Diamond nicht kennt und sie über diese auch keine Aussage machen will, ist Neil Diamond für sie der ›Solitary Man‹: in sich gekehrt, melancholisch und allein mit sich. Privat kennt sie Neil Diamond nicht – sein Inneres aber, den Kern des ästhetischen Konstrukts, kennt sie genau, und dies begründet ihr Bild Neil Diamonds als Star.

Auch wenn die Fans durch zahlreiche Informationen und öffentliche Auftritte mit der Medienperson Neil Diamond in Kontakt kommen und sich Gedanken über seine reale Person machen, nehmen sie ihn dominant als Starfigur war, als ästhetisches Konstrukt, mit dem sie durch das Anhören der Musik ästhetische Beziehungen aufbauen, die keine Ähnlichkeit mit sozialen Beziehungen aufweisen und von den Fans mit solchen auch nicht verglichen werden (Krischke-Ramaswamy 2007: 90–93), sondern Teil ihrer Rezeptionserfahrungen und ästhetisch – das heißt, durch Wahrnehmung und Verständnis gestiftet – sind.

Fandom als dominant ästhetisch geprägte kulturelle Beziehung

Die Weise, wie die Fans rezipieren und mit ihrem Wissen über Neil Diamond umgehen, zeigt deutlich, dass ihr Interesse auf den Star und seine Musik gerichtet ist – was nicht ausschließt, dass sie diese auch funktionell, etwa zur Einflussnahme auf ihre Stimmung, nutzen. Dies ist jedoch keineswegs alleiniges oder dominantes Ziel ihres Umgangs mit populärer Kultur. Die größere Bedeutung des ästhetischen Phänomens an sich vor seiner Funktionalisierbarkeit wird insbesondere deutlich, wenn man sich vor Augen hält, dass das Interesse der Fans meist in der Jugend beginnt und viele Jahre andauern kann. Die Fans von Neil Diamond sind im Durchschnitt im Alter von 16 Jahren, über die Hälfte von ihnen jedoch schon vor dem 14. Lebensjahr Fan geworden. Bei mehr als 80 Prozent der Neil-Diamond-Fans begann die Fankarriere in den neunzehnhundertsiebziger Jahren während des Höhe-

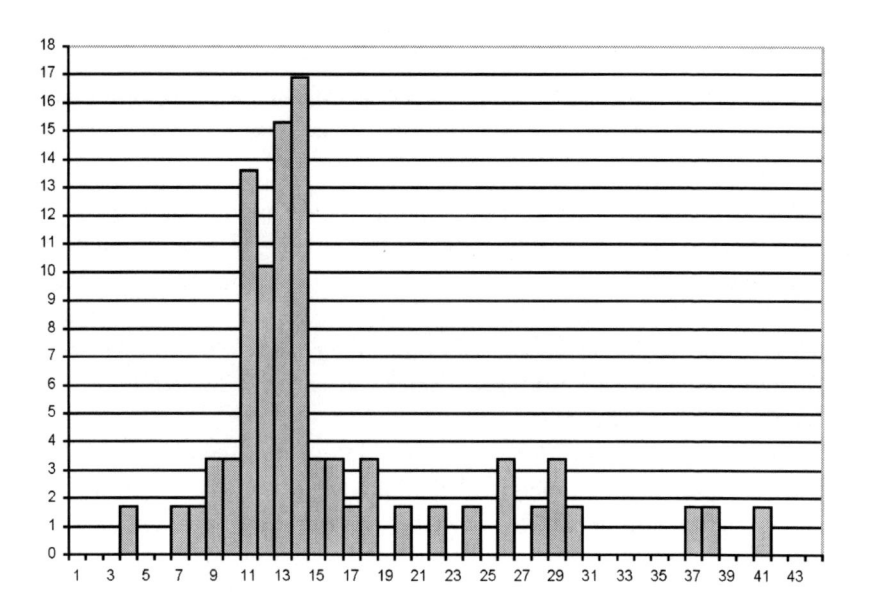

Diagramm 1: Alter bei der Initiation zum Neil Diamond-Fan in Jahren (N = 64)

punkts der Karriere Neil Diamonds, und die längsten Fankarrieren dauern wie die Karriere des Stars bereits 40 Jahre. Die jüngsten Neil Diamond-Fans sind knapp 30 Jahre, die ältesten von ihnen über 60 Jahre alt.

Während sich situativ und temporär begrenzte Rezeptionspräferenzen häufig einleuchtend durch verschiedene Funktionalisierungsweisen erklären lassen, sind die über viele Jahre und teilweise Jahrzehnte gleich bleibenden Präferenzen der Fans durch solche Erklärungen nur schwer zu begründen. Nicht zuletzt, weil unwahrscheinlich ist, dass Menschen über so lange Zeiträume stetig gleich bleibende Bedürfnisse haben und allein dies ihr anhaltendes Interesse begründet.

Bei Fans stehen – durch ihre häufige und intensive Beschäftigung – besonders viele alltägliche und außergewöhnliche Erlebnisse und Erfahrungen direkt oder indirekt mit den populärkulturellen Phänomenen in Zusammenhang. Ihre Biographie ist dadurch eng mit diesen Phänomenen verbunden, und die Rezeption der Musik, der Serie oder der Fußballspiele, aber auch die gedankliche Beschäftigung oder das Sprechen darüber lösen Erinnerungen an frühere Rezeptionserfahrungen und gleichzeitig an ihre damalige Situation und Lebensphase aus.

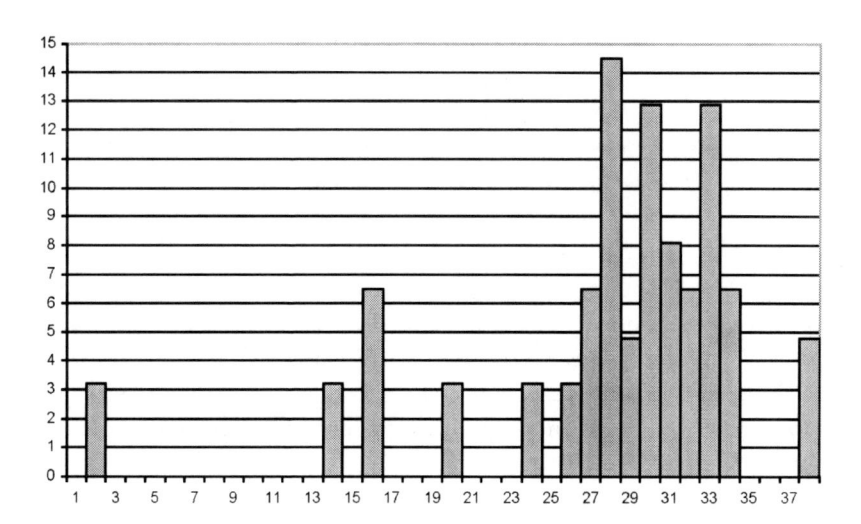

Diagramm 2: Dauer des Fandoms der Neil Diamond-Fans in Jahren (N = 64)

»Ich mag ja da ganz gerne die alten Sachen und so weiter. Und wenn man halt die Bilder von früher sieht: der [Neil Diamond; M.K.-R.] hat immer Schwarz getragen, hat fast nie gelächelt auf diesen Covern oder den Pressephotographien. Und da macht man sich halt so ein Bild, und das passt dann alles so schön rein. [...] Ich weiß auch nicht, warum einen das dann so fasziniert. Vielleicht auch, weil man dann so Teenager ist und so, da hat man ja sowieso schon immer ständig Liebeskummer oder was auch immer. Also man fühlt sich dann so verstanden. Und man merkt dann so: ›Ha ja, das passt jetzt auch so schön, wie ...‹. Ich meine, viele Sachen werden mit Musik dann untermalt im Leben, nee. Und das hing dann vielleicht sogar mit dieser Phase dann so im Leben zusammen, dass man das – gut, später ist es dann halt so diese Nostalgie (lacht), dass man denkt: Das erinnert mich daran ...« (w, 27)

Der Fan erklärt die große Bedeutung, die die Musik Neil Diamonds für sie hat damit, dass diese ihr in einer bestimmten Lebensphase etwas Wichtiges geboten hat. Durch die Untermalung ihrer Jugend mit der Musik Neil Diamonds hat sich eine enge Verbindung zwischen dieser und ihrem Leben entwickelt. Heute, wo ihr die Musik nicht länger wichtig ist, weil sie darin bestimmte Stimmungen wiederfindet, wird sie es durch die Erinnerungen daran, wie die Songs sie schon viele Jahre begleiten. Die Bedeutung der Musik bleibt so auch dann bestehen, wenn die Funktionen, die anfänglich oder zeitweilig das Interesse begründeten, nicht länger benötigt und genutzt werden.

Ein weiterer Grund für die Annahme, dass die Bedeutung populärer Kultur für die Fans nicht allein auf deren Potential zur Befriedigung psychischer und sozialer Bedürfnisse zurückzuführen ist, ist die Beobachtung, dass viele Fans schon bei der ersten, häufig zufälligen Begegnung die jeweiligen Phänomene als außergewöhnlich empfunden haben und Fans geworden sind. Bei 80 Prozent der Neil Diamond-Fans war dies der Fall. Zu diesem Zeitpunkt besaßen sie noch keinerlei Kennerschaft des Stars und seiner Musik, und eine positive Wirkung auf ihre Befindlichkeit kann nur durch ein spontanes passgenaues Zusammentreffen erklärt werden – was in so vielen Fällen unwahrscheinlich ist – oder durch ästhetische Erfahrungen.

Insbesondere bei der Beschreibung der Initiationserfahrungen wird oftmals deutlich, dass das Interesse durch die spontan erlebte und sofort zugängliche ästhetische Bedeutung der Musik geweckt wird. Dessen sind sich die Fans in diesem Augenblick nicht immer bewusst, aber die davon angeregte intensive und konzentrierte Beschäftigung bestätigt das Erlebte immer wieder von Neuem. Mit den folgenden Zitaten, die alle aus dem selben Interview stammen, soll demonstriert werden, wie ausgehend von einem spontanen Initiationserlebnis verschiedene ästhetische Erfahrungen im Laufe einer Fankarriere aufeinander aufbauen und dem Fan die Bedeutung Neil Diamonds und seiner Musik immer wieder bestätigen.

»[…] ich habe da haufenweise Musik von dem – das sind die, wo ich sagen würde: Gut, wenn du also eins behalten dürftest von Neil Diamond, dann wäre es *Holly Holy*.«

Interviewer: »Wieso gerade das?«

»Das ist eine völlig irrationale Geschichte: Ich war 15 Jahre alt, in einer schlaflosen Nacht – ich bin ja in Berlin aufgewachsen, und da gab es diesen amerikanischen Soldatensender AFN, American Forces Network, und ich habe das angemacht und bin also mitten in dieses Stück reingekommen und dachte: Oh Gott, was ist das? Ganz toll! […] Und da war also so eine Atmosphäre von Ehrfurcht vor Schöpfung drin, die mich total umgehauen hat.«

Interviewer: »Also das ist das Lied, mit dem du Neil Diamond kennen gelernt hast?«

»Das war das Allererste. Und ich bin also glücklicherweise irgendwie sechs Wochen später auf der Straße langgegangen und sah ein Schild an der Litfass-Säule, dass er in die Berliner Philharmonie zum Konzert kommt. Das war das einzige Stück, was ich von ihm kannte, und bin dann dahin gegangen und war also schwer angetan. Ist aber Zufall.« (m, 46)

Ohne Neil Diamond und seine Musik näher zu kennen und ohne dass sich dies durch eine funktionelle Wirkung begründen ließe, ist dieser Fan von einem einzelnen Song tief beeindruckt, und dies motiviert ihn, kurze Zeit später ein Konzert von Neil Diamond zu besuchen, wodurch dauerhaftes Fandom begründet wird. Der Song *Holly Holy* behält für den Fan durch das Initiationserlebnis herausragende Bedeutung, die sich durch später erworbenes Wissen über Neil Diamond und sein Werk bestätigt und vertieft.

»Bei *Holly Holy* weiß ich halt eben, dass er das jetzt [...], sein gerade frisch geborener Sohn eben neben ihm lag, eben nachts komponiert hat vor lauter Dankbarkeit über dieses Glück, dass ein Kind da ist, ja. Ja, aber gut, das wusste ich sicherlich, als ich das Stück zum ersten Mal gehört habe, eben überhaupt nicht, und trotzdem kam diese Kraft rüber.« (m, 46)

Die Möglichkeit, durch die Entstehungsgeschichte den Song direkt mit Erlebnissen und Empfindungen Neil Diamonds in Verbindung zu bringen, ist für den Fan von großer Bedeutung – denn in diesem Bezug wird die Einheit von Starimage und musikalischem Werk gleichsam manifest. Diese besondere ›Persönlichkeit‹, Innigkeit und gleichzeitige Offenheit, dadurch dass er seine Gefühle nach außen trägt, ist Neil Diamonds ästhetische Besonderheit – die sich auch ohne Hintergrundwissen durch seine Performance und seinen Gesang kommuniziert. Die erst später erworbene Kennerschaft darüber, wie der Song entstanden ist, bestätigt dem Fan die beim ersten Hören des Songs empfundene Besonderheit.

Ästhetische Erfahrungen

Konkretheit ästhetischer Erfahrungen

Nicht jede Performance oder jede Aufnahme eines Songs jedoch transportiert Neil Diamonds ästhetische Bedeutung in gleichermaßen deutlicher Weise, denn sie ist stets durch den Gesamteindruck aus Gesang, Lyrics, Arrangement und Performance vermittelt. Auch wenn der Song *Holly Holy* für den Fan von großer Bedeutung ist, erlebt er ihn nicht in jedem Konzert oder auf jeder CD-Aufnahme als gleichermaßen ästhetisch gelungen. Dass der Song ihm bei einem bestimmten Konzert besonders gut gefallen hat, begründet der Fan einerseits durch das Erinnerungspotential, das dieser Song durch das Initiationserlebnis und zahlreiche weitere Rezeptionserfahrungen für ihn hat, andererseits aber auch durch Neil Diamonds Performance bei diesem Konzert, durch die die Bedeutung des Songs besonders gut hervorgebracht wurde und ihm dadurch eine neue ästhetische Erfahrung vermittelt hat.

»Und er hat bei den neuen Konzerten, da hat er für mich auch wieder die alte Intensität gehabt. Endlich wie *Holly Holy* so eine religiöse Spiritualität wieder hat, die lange Zeit einfach verschlissen war. Also das war (,) im Earls Court war wieder ein Konzert, wo ich bei den wirklich guten Teilen wirklich wieder mit gesträubten Nackenhaaren dagesessen habe. Das war umwerfend gut […].«

Interviewer: »Bei was für Songs war das beispielsweise der Fall?«

»Das war gerade bei *Holly Holy* der Fall und zum Beispiel bei *I havn't played this song for years*, dieses Stück aus der neuen Platte, wo er da seine gescheiterte Ehe aufarbeitet.«

Interviewer: »Und wenn du jetzt im Konzert feststellst, dass *Holly Holy* so ein besonderes Lied war, liegt das daran, dass du es schon so lange kennst?«

»Ja, es ist beides: Zum einen ist es natürlich ein Lied, in dem ich also einfach eine ganze Biographie bei mir evozieren kann. Und ich finde, dass die Performance also extrem stärker geworden ist. Das Stück ist also wirklich auf einen kraftvollen Kern reduziert worden.« (m, 46)

Beim Hören des Songs *Holly Holy* kann sich der Fan fast seine ganze Biographie in Erinnerung rufen, da der Song ihn über viele Jahre seines Lebens begleitet hat. Gleichzeitig wird der Song aber immer wieder neu wahrgenommen und bewertet, und die neu erfahrene Bedeutung wird den früheren Erfahrungen hinzugefügt. Frühere und aktuelle Rezeptionserfahrungen greifen so ineinander, verbinden sich und bilden ein Netz aus Erinnerungen, das die Dauerhaftigkeit des Fandoms viel schlüssiger begründet als einzelne funktionelle Rezeptionserfahrungen.

Auch wenn vergangene ästhetische Erfahrungen als bedeutend erinnert werden und zu intensiver und wiederholter Auseinandersetzung mit den gleichen Songs führen, werden neue ästhetische Erfahrungen stets in einem konkreten Rezeptionsmoment gemacht: Durch eine Begegnung, in der der Rezipient die von dem Star und seiner Musik angebotene ästhetische Bedeutung realisiert. Und diese wird von Rezipienten unterschiedlicher Soziodemographie im Kern immer gleich wahrgenommen.[4]

---

[4] Die Autorin konnte in ihrer Studie weder bei den Neil Diamond-Fans noch bei einer der anderen Fangruppen signifikante Unterschiede hinsichtlich der Rezeptionserfahrungen

Verbalisierung ästhetischer Erfahrungen

Die rezeptive Realisierung der ästhetischen Bedeutung ist nur eine Möglichkeit dessen, was im Rezeptionsprozess geschehen kann, denn der Rezipient hat stets ebenso die Möglichkeit, den Rezeptionsgegenstand für seine psychischen und sozialen Bedürfnisse zu nutzen. Dabei kann der selbe Gegenstand auf unendlich viele unterschiedliche Weisen Bedeutung haben, denn was für den einen anregend wirkt, ist für den anderen beruhigend. Dennoch ist es nicht schwer, über funktionelle Rezeptionserfahrungen zu sprechen, denn diese hat jeder von uns irgendwann einmal in ähnlicher Weise gemacht.

Dagegen fällt es den Rezipienten oftmals schwer, ihre ästhetischen Rezeptionserfahrungen in Worte zu fassen – zum einen, weil sie stets in einem bestimmten Rezeptionsmoment gemacht werden, und zum anderen, weil es in unserer Kultur an eigenen Begrifflichkeiten zu ihrer Beschreibung fehlt. Dennoch lassen sich scheinbar konventionalisierte Umschreibungsweisen feststellen, die Rezipienten unterschiedlicher Gegenstände der populären Kultur zur Verbalisierung ihrer ästhetischen Erfahrungen nutzen. Eine sehr häufig zu beobachtende Verbalisierungsweise umschreibt die ästhetischen Erfahrungen als positiv erlebte, unwillkürliche körperliche Erregungszustände, beispielsweise als »Gänsehaut«, als »Schauer über dem Rücken«, als »innere Wärme« oder wie in dem vorangehenden Zitat als »gesträubte Nackenhaare«. Andere Verbalisierungsweisen vergleichen die ästhetischen Erfahrungen mit den Gefühlen von Verliebtheit, Liebe oder mit religiösen Erfahrungen. Oftmals ist es jedoch auch gerade der Hinweise auf ihre Unbeschreiblichkeit, der das Sprechen über ästhetische Erfahrungen kennzeichnet.

Um seiner Frau die Bedeutung, die Neil Diamond und seine Musik für ihn haben, verständlich zu machen, was ihm durch Erklärungen nicht zufriedenstellend gelingt, nimmt der Fan sie mit zu einem Konzert. Womit er zeigt, dass er – auch wenn ihm dies vielleicht nicht bewusst ist – erkannt hat, dass ästhetische Erfahrungen nur in einem konkreten Rezeptionsprozess gemacht werden können.

»Ich hatte diesmal [bei dem letzten Konzertbesuch; M.K.-R.] eigentlich das Bedürfnis, meiner Frau einfach mal zu zeigen, was mich daran fasziniert, und habe gefragt:

oder der Interpretationen feststellen, die sich auf die Variablen Geschlecht, Alter, Familienstand oder Bildungsstand zurückführen ließen (Krischke-Ramaswamy 2007).

Ich bezahle das; kommst du mit? Und sie kam mit, und sie meinte, jetzt hätte sie es begriffen, was ich dran gefunden hätte. [...] Diese enorme Kraft, die der ausstrahlt, hat sie auch wahrgenommen.«

Interviewer: »Woran nimmt man die wahr? Also woran wird sie deutlich, kannst du das beschreiben?«

»Nee! Das ist sicherlich ein Teil dieses Phänomens. Kann ich eben nicht! Ich merke nur einfach, dass ich also auf der Brust einen Druck kriege, dass sich meine Armhaare sträuben – ich kann es dir nicht sagen! [...] Im Prinzip hatte ich das Gefühl – also ich bin kein religiöser Mensch, überhaupt nicht, aber – ich hatte das Gefühl, als der die Gitarre nahm und dies Stück [*Holly Holy*; M.K.-R.] anspielte, da steht eigentlich ein Mann im Kontakt mit Gott auf der Bühne, ja. Das kann wie esoterischer Quatsch klingen. Ich hatte einfach das Gefühl, da ist eine enorme Kraftform drin. Unglaublich eindrucksvoll.« (m, 46)

Der Fan kann nicht beschreiben, wodurch die bedeutenden Rezeptionserfahrungen ausgelöst werden, und er hält das für ein Merkmal dieser Erfahrungen. Diesen ›Unaussprechlichkeitstopos‹ findet man in Erlebnisberichten mit populärer Kultur immer wieder. Mit seinen letzten Sätzen geht dieser Fan aber darüber hinaus, seine Rezeptionserfahrungen als unbeschreiblich zu erklären, sondern er umschreibt sie durch eine körperliche Empfindung, die sie auslösen beziehungsweise durch die sie sich bemerkbar machen: Als Druck auf der Brust und gesträubte Armhaare – andere hätten gesagt, eine Gänsehaut –, ausgelöst durch eine »Kraft«, die von dem ästhetischen Phänomen ausgeht. Durch diese und ähnliche Umschreibungen wird stets betont, dass die Rezeptionserfahrungen etwas Außergewöhnliches und nicht erklärbar sind. Obwohl sie als positive Erfahrungen gewertet werden, werden sie nicht mit einer Wirkung auf die Befindlichkeit oder der Befriedigung von sozialen oder psychischen Bedürfnissen in Verbindung gebracht.

Vergleiche zwischen ästhetischen und religiösen Erfahrungen, wie sie dieser Fan in der Bemühung um eine angemessene Beschreibung anstellt, findet man verhältnismäßig selten, und meist steht dabei im Vordergrund, die Unterschiede zu betonen. Wie seine Formulierung – »Das kann wie esoterischer Quatsch klingen« – zeigt, ist sich der Fan darüber bewusst, dass sein Vergleich leicht missverstanden werden kann. Dennoch – und obwohl er sich selbst als nicht-religiös bezeichnet – wählt er gerade diesen Vergleich, um zu betonen, dass die Erfahrung mit der Musik Neil Diamonds für ihn bedeutungsvoll ist, denn religiöse Erfahrungen gelten in unserer Kultur als bedeutungsvoll.

Zusammenhang ästhetischer und funktioneller Rezeptionserfahrungen

Fans – und wahrscheinlich auch alle anderen Rezipienten – tun in ihrem Umgang mit populärer Kultur stets beides: Sie funktionalisieren sie in ihrem Alltag und sie machen mit ihnen ästhetische Erfahrungen. Auch die Funktionalisierung populärer Kultur ist jedoch oftmals nur dann möglich, wenn der Rezipient den Rezeptionsgegenstand ästhetisch erfahren und erfasst hat, denn gerade Kennerschaft und Verständnis machen es möglich, einen populärkulturellen Gegenstand gezielt zur Befriedigung bestimmter, aktueller Bedürfnisse zu nutzen. Dies soll am Beispiel eines extremen – und daher auch sehr seltenen – Falls von funktioneller Nutzung demonstriert werden, der sich jedoch nur in seiner Deutlichkeit von mehreren Fällen funktioneller Nutzung, die in der Studie beobachtet wurden, unterscheidet: Ein Fan beschreibt darin, wie sie vor einer schweren Operation einen Song Neil Diamonds – den bereits erwähnten Song *I am ... I said* – als Unterstützung bei der Bewältigung ihrer Situation nutzt.

»92 habe ich eine Operation gehabt, da hab' ich also wirklich die große schwarze Kiste neben dem Bett gehabt! Das war hart an der Grenze! Und als ich die Diagnose gekriegt habe, habe ich eigentlich zuerst überhaupt nicht reagiert. Als wenn ich das nicht realisierte oder so. Und dann bin ich ... na, zwei Tage und eine Nacht so eigentlich innerlich Amok gelaufen ... und irgendwann kam' s plötzlich so: Mit mir nicht. Und dann habe ich meine Hände in die Taschen vom Bademantel gestopft und bin über den Krankenhausflur gebrettert, immer vor und zurück und vor und zurück und vor und zurück, und habe im Kopf immer gesagt immer gehabt: *I am ... I said*. [...] Ich habe keine Ahnung, wie lange ich da über den Flur gelaufen bin. Ich weiß nur, dass Neil also eine Rückenoperation gehabt hat, da hat er also wirklich kurz vor dem Rollstuhl gesessen; da wusste ein halbes Jahr keiner: Kann der überhaupt je wieder laufen? Ich bin mir jetzt nicht sicher, ob die Gerüchte stimmen oder auch nicht, eben viele haben geschrieben: Er hat einen Herzinfarkt gehabt; viele haben geschrieben: Das ist alles Quatsch! Ist mir auch letztendlich scheißegal! Aber er ist auch ein kleines Stehaufmännchen. Und ich habe, irgendwo hatte ich das immer so im Hintergrund. Und ich habe gedacht: Und was du kannst, das kann ich schon lange! Und wirklich – dieses (singt kraftvoll langgezogen) *I am ... I said*, das hab' ich so in meinem Innersten so vor mich hingeschrieen da immer ... tja!« (Ruhig) »Und jetzt ist alles in Ordnung.« (w, 57)

Das Lied *I am ... I said*, das davon handelt, wie der Sänger – beziehungsweise das lyrische Ich – sich innerlich zerrissen fühlt, dann aber Mut fasst, um mit seiner Situation zurecht zu kommen, wird für den Fan zum Aufhänger für einen anderen Umgang mit ihrer eigenen Situation, und sie empfindet, dass der Song ihr dazu Kraft gibt. Die in dem Song erzählte Geschichte gilt wegen der vielen biographischen Verweise als Äußerung Neil Diamonds über sich selbst – doch weder dies noch die Geschichten darüber, dass auch Neil Diamond schwere Krankheiten überstanden hat, sind für den Fan der Anlass für die Bewältigung ihrer Situation, indem sie den Star nachahmt. Es ist nicht das Beispiel des Stars, das sie bestärkt – denn seine Geschichte ist für den Fan nicht verifizierbar und daher unwichtig: »Ist mir letztendlich scheißegal«. Ebenso wenig ist es nur der auf Ebene des Textes vermittelte Inhalt, da kein Zusammenhang zwischen ihrer und der im Song beschriebenen Situation besteht. Entscheidend ist vielmehr das Bild Neil Diamonds als Optimist und Stehaufmännchen, der trotz Schicksalsschlägen und Melancholie nicht den Mut verliert und – weil das, was er sagt, als echte Erfahrung kommuniziert wird – auch anderen Mut machen kann. Diese ästhetische Bedeutung vermittelt sich in dem Gesamteindruck und dem Klang, der der Rezipientin in den Ohren hallt, während sie durch den Krankenhausgang läuft. Der Song *I am ... I said* wird für sie zur Unterstützung, indem sie sich Mut damit macht und bestärkt fühlt. Sie kann diesen Song jedoch nur zur Bestärkung nutzen, weil sie seine ästhetische Bedeutung versteht.

Fazit

Der Umgang mit populärer Kultur dient dazu, Bedeutung zu realisieren. Die Neil Diamond-Fans, ebenso wie andere Rezipienten, tun dies sowohl durch ästhetische wie durch funktionelle Rezeptionserfahrungen, und gerade dies scheint ein Merkmal der Rezeption populärer Kultur zu sein. Dadurch, dass beide Arten von Rezeptionserfahrungen miteinander einhergehen, bekommt weder die alltagsweltliche, funktionelle noch die ästhetische Bedeutung je absolute Gültigkeit, sondern bleibt zweideutig. Diese ästhetische wie funktionelle Zweideutigkeit führt dazu, dass wir uns mit populärer Kultur unterhalten – statt sie nur entweder ernst zu nehmen oder als völlig bedeutungslos abzutun –, denn durch das Ineinander funktioneller und ästhetischer Rezeptionserfahrungen bleibt stets offen, ob und inwiefern sie genutzt werden können. Wir können mit populärer Kultur soziale und psychische Bedürfnisse befriedigen und sie in unseren Alltag integrieren und wir können sie verstehen und durch sie unseren Horizont erweitern. Erst beide Weisen der Bedeutungsproduktion erklären im Zusammenhang, wieso wir uns mit populärer Kultur beschäftigen und dies als wichtig erachten.

Körper

Das Populäre und das Nicht-Populäre. Über den Geist des Sports und die Körperlichkeit der Hochkultur

Thomas Alkemeyer

Sport gehört zu den Kernbereichen populärer Kultur, als Freizeitaktivität wie als Fernseh-Spektakel. Überlegungen zu seiner Popularität setzen voraus, Klarheit darüber zu erlangen, was das Populäre auszeichnet. Mit dieser Frage werde ich mich in einem ersten Schritt auseinandersetzen (I). In ihrer Beantwortung wird die These vertreten, dass im Sport die in der legitimen, als besonders wertvoll akzeptierten Hochkultur (wie Kunst und Wissenschaft) weitgehend de-thematisierten körperlich-affektiven Seiten des Sozialen öffentlich ausgestellt und aufgewertet werden. An einigen empirischen Schlaglichtern wird deutlich gemacht, dass die sportliche Praxis mehr Intelligenz, Raffinesse und Kreativität einschließt, als es aus hochkultureller Sicht den Anschein haben mag (II). Im letzten Abschnitt wird schließlich dafür plädiert, eine an der populären Praxis des Sports gewonnene analytische Optik auch auf die Räume der Hochkultur zu richten und so deren nach wie vor dominantes Selbstverständnis als Sphäre scheinbar immaterieller Höhenflüge des Geistes auf den Prüfstand zu stellen (III).[1]

I. Das Populäre und das Nicht-Populäre

Seitdem das Wort ›populär‹ im 18. Jahrhundert aus dem Französischen ins Deutsche übernommen wurde, bezeichnete es jene Kommunikationsformen, die potenziell allen Bevölkerungskreisen und nicht nur den Gebildeten zugänglich waren. Populär zu sein bedeutete seither, gemeinverständlich und beliebt zu sein – und schloss damit nahezu folgerichtig die höheren Weihen bestimmter sozialer Universen wie der Wissenschaft und der Kunst aus. Aus

---

1 Diese Idee ist gemeinsam mit Robert Schmidt entwickelt worden.

deren Perspektive haftet dem Populären seither hartnäckig der Ruch des Geringwertigen, Defizitären an. Was eigentlich alle sozialen Barrieren überwinden und sich an alle richten sollte, war gerade deswegen nicht attraktiv für alle (Ruchatz 2005: 139). Wissenschaftler und Künstler als populär zu bezeichnen, ist meist ein sicherer Weg zur Beschädigung ihrer Reputation (Bourdieu 1992: 167; Stäheli 2005: 146). Wissenschaft und Kunst sind auf Gegen-Welten des Populären angewiesen, um sich von ihnen abheben zu können. Nur so lassen sich Distinktionsgewinne erwirtschaften.

Erst im 19. Jahrhundert tauchen vereinzelt positive Wertungen des Populären auf.[2] Das Populäre wird nun nicht mehr ausschließlich von oben aus der Perspektive der herrschenden Machtinstitutionen betrachtet, sondern als ein eigenes Feld wahrgenommen, auf dem die ›Leute‹ als aktive, widerständige Subjekte tätig werden (Stäheli 2005: 148 f.). In den britischen Cultural Studies wird dieser »andere Blick auf das Populäre« (Göttlich/Winter 2000: 7) ausdrücklich zum Programm. Er reproduziert die Dichotomie von *high* und *low*, bringt jedoch eine Umkehrung der Wertigkeit mit sich. Diese Rehabilitierung des Unteren ist von der Nobilitierung der Herkunftskultur ihrer überwiegend unterhalb der Mittelklasse aufgewachsenen Protagonisten nicht zu trennen: Das Populäre wird von der »Generation der Cultural Studies« (Lindner 2000: 15 ff.) als ein Feld aufgefasst, auf dem der Macht von oben durch eine Macht von unten begegnet wird, die sich im kreativ-widerspenstigen Gebrauch der von der ›Kulturindustrie‹ vorgegebenen kulturellen Signifikationsformen artikuliert, Identität gewinnt und Widerstand gegen hegemoniale Regimes leistet (Göttlich/Winter 2000: 10).[3]

Aufgrund ihrer gegenseitigen Konditionierung sind die Grenzen zwischen dem Populären und dem Nicht-Populären und somit die Merkmale beider Bereiche stets umkämpft. Konstitutiv für das Feld des Populären in Relation zum Nicht-Populären scheint zu sein, dass seine Bedeutungsmuster und Praktiken a) vergleichsweise allgemeinverständlich, b) gut zugänglich, und c) affektiv ›berührend‹ sind (Stäheli 2000: 325). Populäre Praktiken und Repräsentationen sprechen danach Menschen über soziale, regionale und

---

2 Bourdieu (1992: 168 f.) legt nahe, die Träger dieser Umwertung in den Kreisen jener Intellektuellen zu suchen, »die innerhalb des Feldes der Experten meistens selber zu den Beherrschten gehören«.

3 Diese Verkürzung des Positionenreichtums der sich jeder Festlegung auf *ein* Theorie- und Methodenprogramm widersetzenden Cultural Studies auf grundlegende programmatische Perspektivwechsel ist hier aufgrund der gebotenen Kürze unvermeidbar; vgl. auch Stäheli (2005: 148).

sogar nationale Grenzen hinweg an und ermöglichen ihnen die temporäre Zugehörigkeit zu einer (virtuellen) Gemeinschaft von Gleichgesinnten beziehungsweise Gleichfühlenden.[4]

II. Die Popularität des Sports

Im Sport sind die praktischen und die repräsentativen Dimensionen die zwei Seiten einer Medaille: Sportliche Wettkämpfe sind bewusst auf Beobachtung durch ein Publikum hin angelegt. Ihre Sonderräume – Hallen, Stadien, Arenen – sind stets auch Bühnen für die öffentliche Aufführung gesellschaftlicher Selbst- und Weltbilder (Alkemeyer 2004). Seit den Anfängen des modernen Leistungssports im 19. Jahrhundert ist die unmittelbare Teilhabe des Publikums an den Wettkämpfen durch mittelbare Partizipationsmöglichkeiten ergänzt worden. Heute garantieren insbesondere Fernsehkameras, Mikrofone und Satellitenübertragungen die Sicht- und Hörbarkeit für eine nicht anwesende, bei großen Sportveranstaltungen wie den Olympischen Spielen oder den Fußballweltmeisterschaften (nahezu) globale Öffentlichkeit.

Die massenmedial inszenierten Praktiken des Sports verkörpern die genannten Merkmale des Populären geradezu mustergültig. Für sie ist insbesondere konstitutiv, dass sie in den Medien der Körperlichkeit erzeugt werden. Die Aktiven koordinieren ihre Handlungen überwiegend im stummen Austausch von Körper zu Körper. Für die Zuschauer auf den Stadionrängen oder vor den Fernsehbildschirmen stellen sich diese ineinander verflochtenen Praktiken als bildhafte Figurationen bewegter Körper dar, die ihre Beziehungen bei »fortlaufender gegenseitiger Abhängigkeit voneinander ständig in Raum [und] Zeit […] ändern« (Elias/Dunning 2003: 339). Aufgrund seiner Körperlichkeit und Bildhaftigkeit ist das sportliche Geschehen über die Grenzen von Nationalsprachen, Kulturen und sozialen Klassen hinweg verständlich. Unter der Bedingung der Vertrautheit des Publikums mit diesem

---

4 In systemtheoretischer Perspektive ist das Populäre damit eine Antwort auf die Heimatlosigkeit des Individuums in der funktionell differenzierten Moderne: Wo kein Funktionssystem ein Heim mehr bieten kann, bietet das Populäre ein »imaginäres Zuhause« (Stäheli 2000: 332).

Geschehen ermöglicht es ein konkretes, in die Situation eingebundenes Verstehen und kinästhetisches Mitvollziehen.[5]

Allgemeinverständlichkeit

Allgemeinverständlichkeit setzt breite Interpretierbarkeit voraus. Ähnlich wie die Bilder des Films eignen sich die bildhaften Oberflächen des Sports als Projektionsflächen für verschiedenartige Vorstellungen, Wünsche und Weltbilder. Sport ist das Medium einer grenzüberschreitenden Kommunikation, die – wie jede Kommunikation – ihr Ziel jedoch nur erreicht, wenn sie einmalige, das heißt sozial und kulturell geprägte Erfahrungen und Erinnerungen aufleben lässt. Konkrete Existenz und Bedeutung haben sportliche Darbietungen allein eingebettet in spezifische soziale, kulturelle und politische Kontexte. Je nach Kontext führen sie unterschiedliche ›Nebenbedeutungen‹ mit sich. Von der Oberflächenebene der Erscheinungen ist deshalb die Tiefenebene der Konnotationen, der Assoziationen, Gefühle und Wertvorstellungen zu unterscheiden, die den formalisierten und kodifizierten Körper-Figurationen des Sports in verschiedenen Interpretationsgemeinschaften zugeschrieben werden: Alle beziehen sich auf die selben Erscheinungen, meinen damit aber nicht unbedingt das selbe; die Praktiken des Sports sind das Identische in divergierenden Deutungen.

Mehrdeutigkeit ist ein Kennzeichen aller möglichen kulturellen Praktiken und Werke. Deren Bedeutungen werden niemals ausschließlich von ihren Produzenten festgelegt, sondern stets auch von den Rezipienten, die das Werk auf der Basis ihrer sozial und kulturell geprägten Erfahrungen, Vorstellungen und Wünsche wahrnehmen, gebrauchen und bewerten. Aufgrund seiner konstitutiven Körperlichkeit und der Formalisierung seiner Bewegungsmuster sind die Interpretationsspielräume im Falle des Sports allerdings besonders groß. Identische Sportarten werden in verschiedenen (Teil-) Kulturen, sozialen Klassen und von Männern und Frauen nicht nur unterschiedlich ausgeübt, sondern auch wahrgenommen und eingeschätzt. Mag der Sport für die einen ein Symbol der Gleichheit der Menschen sein, so zeigt er für die anderen ihre natürliche Ungleichheit; interpretieren ihn die einen unter dem Aspekt des Miteinanders, so repräsentiert er für die anderen

---

5 Zu diesem Modus der Einbindung vgl. den Abschnitt »Kinästhetische Sympathie und ihre sozialen Grenzen«.

ein kämpferisches Gegeneinander. Diese große Polysemie macht den Sport für die Produktion eines imaginären Konsenses geeignet, in dem alle Unterschiede und Gegensätze, temporär sogar über national-sprachliche Grenzen hinweg, überbrückt werden. Dem Film vergleichbar, können die Aufführungen des Sports als eine »neutralisierte Sprache« (Bourdieu 1990: 15) betrachtet werden, die zu vielen verschiedenen sozialen Gruppen mit ihrem jeweiligen Hintergrundwissen, ihren Einstellungen und Interessen zu ›sprechen‹ und so die Trennungen zwischen ihnen zeitweilig zu leugnen vermag – um den Preis je unterschiedlicher Sinngebungen.

Die Darbietungen des Sports spitzen die für das Populäre konstitutive Allgemeinverständlichkeit mithin zu. Sie sind wie ein Container, der vielfältigen Stimmungen und Sinngebungen Platz bietet. Entscheidend für all jene, die an diese Darbietungen glauben (wollen), ist lediglich die Identifizierbarkeit ihrer sichtbaren Außenseite. Oder, in inklusionstheoretischer Terminologie: Sport steht für einen vergleichsweise unterscheidungslosen Raum mit geringen, jedoch nie vollständig eingerissenen Inklusionsbarrieren. Er verkörpert damit zumindest ansatzweise das, was das Populäre – vor allem in der Sicht der Cultural Studies – als Beschreibungskategorie wie als gesellschaftliches Ideal und politische Utopie auszeichnet (Stäheli 2005: 155).

Affektivität

Die breite Anschlussfähigkeit des Populären – Systemtheoretiker sprechen von »Hyper-Konnektivität« (Stäheli 2005: 160 f.) – wird durch affektiv berührende Kommunikationsmodi unterstützt. Ein ›Berühren‹ existiert nicht unabhängig von einem ›Berührt-Werden‹. Sinnesaffektion bezeichnet die Beziehung zwischen einem als erregend identifizierten ›Reiz‹ und einer auf diesen Stimulus ansprechenden Erregbarkeit des Wahrnehmenden. An empirischen Phänomenen sind Allgemeinverständlichkeit und Affektivität kaum voneinander zu trennen, analytisch betreffen sie jedoch unterschiedliche Kommunikationsebenen: Bezieht sich Allgemeinverständlichkeit auf die semantisch-hermeneutische Ebene, so Affektivität auf die somatische. So rufen spannende Filmszenen durch Spezialeffekte psycho-physische Reaktionen hervor, die zu einem jähen Erschrecken führen: Pupillen weiten sich, kalter Angstschweiß tritt auf die Stirn, unwillkürlich werden spitze Schreie ausgestoßen. Im Sport lösen sich derartige somatische Effekte tendenziell, aber wohl niemals vollständig, von der Bedeutungsvermittlung ab. Insbesondere in den diversen Spielarten des Risikosports, die seit einiger Zeit mit triumphierendem Getöse ans Licht der Öffentlichkeit drängen (*Bungee-Jumping, Canyon-Crossing, Rafting*), werden sie selbstzweckhaft, als *l'art pour l'art* von Affektivität, gesucht und erzeugt.

Auch die affektiven Dimensionen des Populären treten mithin im Sport besonders deutlich hervor. Ähnlich wie Rockkonzerte oder Discos gehören Sportveranstaltungen zu jenen Inseln der Oralität inmitten moderner, literaler Gesellschaften, die im Zivilisationsprozess zum Zwecke der Spannungserzeugung und des Auslebens von Leidenschaften gesellschaftlich eingerichtet worden sind.[6] Diese Veranstaltungen sind in der Hauptsache Selbstzweck. Ihr vielleicht wichtigstes Ziel ist das Zusammensein als solches, oft in möglichst großer Zahl auf einer begrenzten Fläche, so dass eine überdurchschnittliche körperliche Dichte, eine außergewöhnliche Intensität sinnlicher Eindrücke, entsteht. Affekte werden erzeugt, verstärkt, synchronisiert und im Rahmen der Veranstaltung nach Möglichkeit auch wieder abgebaut. Die Routinen und Konventionen des Alltags, Sitte und Anstand, können in diesem Rahmen zeitweilig außer Kraft gesetzt werden. Sonst gültige Emotionsregeln werden umdefiniert, die Hemmungen und Distanzen des normalen gesellschaftlichen Verkehrs in einer gesellschaftlich legitimierten, raum-zeitlich eingehegten Form überwunden: der reglementierte Exzess als Intensivierung eines zivilisatorisch ›verflachten‹ Lebens.[7]

Während das Verhältnis zum Körper in den zentralen Institutionen der bürgerlichen Hochkultur (Schule, Universität, Theater, Oper) durch eine klare Distanzierungsabsicht bestimmt ist – die Körper werden hier durch Maßnahmen wie geräuschabsorbierende Fußböden oder Sitzordnungen still gestellt und de-thematisiert –, ist Sport ein den Körper explizit betonender sozialer Raum[8] und damit geradezu prädestiniert für die Produktion sinnlicher Intensitäten und somatischer Effekte. Aufgrund seiner sinnlichen Prägnanz und Selbstevidenz erleichtert er auch ›gewöhnlichen‹ Leuten, die von

---

6 Zur medientheoretischen Unterscheidung oraler und literaler Gesellschaften vgl. Ong (1987). Zumthor (1990: 173) zufolge ist Oralität nicht »auf das Wirken der Stimme begrenzt«, sondern umfasst – da die Stimme selbst nur eine »Ausweitung des Körpers« sei – »alles, was sich in uns dem anderen zuwendet, sei es eine stumme Geste oder ein Blick«.
7 Elias und Dunning (1986) rechnen diese Praktiken der Spannungserzeugung der mimetischen Klasse der Freizeitaktivitäten zu. Sie bewirken danach ›ernsten‹ Affekten ähnliche Erregungen, die hier jedoch aufgrund ihrer institutionellen Rahmung weder die soziale Ordnung noch die personale Identität des selbstbeherrschten Subjekts gefährden.
8 Aus zivilisationstheoretischer Sicht vgl. Rittner (1983), aus systemtheoretischer Perspektive Bette (1989).

der formalen Gesuchtheit und Gespreiztheit vieler Veranstaltungen der Hochkultur (bewusst) abgestoßen werden, den Zugang. Einige Kulturwissenschaftler gehen sogar so weit, den Sport deshalb aus dem Universum der mimetischen Darstellung, das heißt der Erzeugung und Übermittlung von Sinn, zu eliminieren und seine Funktion ausschließlich in der Produktion von Präsenz zu sehen.[9]

Interkorporalität und praktische Intelligenz

Als privilegierter Ort des Populären scheint Sport das aus den Feldern und Institutionen der legitimen Hochkultur Verdrängte – Allgemeinverständlichkeit, Affektivität und Körperlichkeit – in sinnlich-sinnhafter Verdichtung ›wiederkehren‹ zu lassen. In diesem Sinne sieht Bourdieu (2001: 184 f.) das Universum des Sports (und verwandte Universen wie Musik und Tanz) durch eine Veränderung, ja sogar Umkehrung der in den »scholastischen Welten«[10] gültigen Hierarchien zwischen körperlich-praktischen und geistig-intellektuellen Fähigkeiten gekennzeichnet. Sport hebt, so lässt sich im Anschluss an Bourdieu formulieren, das aus den scholastischen, hochkulturellen Welten Verdrängte hervor, indem er dieses ausschneidet, von anderen kommunikativen – vor allem sprachlichen – Dimensionen bereinigt und zum Gegenstand eines Bühnengeschehens mit eigenen Orten, Akteuren und Regeln macht.

Allerdings führen die Bilder der Umkehrung und der Wiederkehr des Verdrängten auch in die Irre, indem sie die tief in der abendländischen Geschichte verwurzelte Dichotomie von Körper und Geist letztlich reproduzieren. Sie sind das Resultat einer makrosoziologischen, sich primär für die

---

9 So Gumbrecht (1998b, 2005). Zur Kritik an dieser, auf einem verkürzten Verständnis von Mimesis beruhenden Sichtweise vgl. Junghanns (1999) und Alkemeyer (2004).

10 Dies sind von der alltäglichen Praxis institutionell abgekoppelte Welten, wie die akademischen Universen. Ihre »soziale Schwerelosigkeit« (Bourdieu 2001: 23) bedingt und ermöglicht eine besondere Sicht auf die soziale Praxis, die Bourdieu (1998: 203) im Anschluss an John Austin als *scholastic view* bezeichnet. Damit ist eine Einstellung gemeint, die Handlungskontexte, Existenzzwänge, Zeitdruck sowie alle praktischen Ziele, Intentionen und Funktionen des Handelns und Sprechens neutralisiert. Die Welt wird aus der Perspektive eines unbeteiligten Zuschauers betrachtet wie eine Theateraufführung. Die Folge sind »intellektualistische Legenden« (Ryle 1969). Diese äußern sich unter anderem in der Affinität der Geistes- und Sozialwissenschaften zu den geistigen und sprachlichen Dimensionen des Sozialen, lassen sie jedoch allem gegenüber ›fremdeln‹, was sich – wie der Sport – wortlos, unartikuliert, gleichsam ›analphabetisch‹ vollzieht (Hirschauer 2001).

Beziehungen unterschiedlicher sozialer Felder interessierenden Perspektive, die durch einen mikrosoziologischen Blick auf deren jeweilige praktische Logik präzisiert und korrigiert werden kann. Einem solchen Blick stellt sich das sportliche Wettkampfgeschehen als eine »praktische Intersubjektivität« (Joas 1980) dar, an der die für jede Sozialität grundlegende Bedeutung des Leiblich-Körperlichen[11] prägnant zutage tritt. In diesem Sinne spricht der französische Philosoph Maurice Merleau-Ponty (1976) von Intersubjektivität als »Interkorporalität« (*intercorporéité*): So wie ich für andere nur existiere, weil ich einen Körper habe, mit dem ich mich einerseits wahrnehm- und interpretierbar mache und andererseits das körperliche (Ausdrucks-)Verhalten der Anderen wahrnehmen und deuten kann, so existieren auch diese für mich nur aufgrund ihrer Körperlichkeit. Voraussetzung für diese vor-bewusste Interkorporalität ist ein intuitives gegenseitiges Verstehen auf der Basis eines geteilten, überwiegend impliziten, praktischen Wissens. Wie Bourdieu als »soziologischer Erbe« (Wacquant 1996: 41) Merleau-Pontys gezeigt hat, ist diese vor-reflexive Sensibilität für die sinnlich erfahrbare soziale Welt nicht angeboren, sondern wird erlernt – im Sport in zumeist langwierigen und oft schmerzhaften Prozessen des Übens, Trainierens und Wettkämpfens: Es ist ein »sozialer Sinn« (Bourdieu 1987), dessen Genese durch historisch objektive Strukturen bedingt und ermöglicht wird. Sein Erwerb setzt ein dauerhaftes Eintauchen in die jeweilige soziale Welt voraus.

Wettkampfsportler sind auf einen solchen praktischen Spürsinn in besonderem Maße angewiesen. Sie müssen für Außenstehende unmerkliche physische Äußerungen wie Fuß- oder Handhaltungen oder auch nur ein leises Zucken des Bizeps als Hinweise auf Zukünftiges zu ›lesen‹ und adäquat zu beantworten lernen. Ihre Körper sind dabei weit mehr als bloße Befehlsempfänger eines planenden und kontrollierenden Geistes, wie es in den dominanten Konzepten soziologischer Handlungstheorie erscheint, sondern zugleich Zeichengeber, Zeicheninterpreten und ›intelligent‹ tätiges Wesen, das heißt *Agens*. Körper und Geist, Verstehen und Empfinden, Subjekt und Objekt – die klassischen Dualismen der cartesianischen Sozialontologie – sind in der sportlichen Praxis untrennbar miteinander verwoben. So müssen zum Beispiel Ringer im nahezu unmittelbaren Körperkontakt ohne einen möglichen Austausch der Blicke jede Muskelanspannung des Gegners gleich-

---

11 In phänomenologischer Perspektive wird analytisch zwischen dem ›Körper‹ als instrumentell und/oder expressiv einsetzbarer Größe und dem ›Leib‹ als wahrnehmender, spürender Erfahrung unterschieden. Empirisch ist jede leibliche Erfahrung durch den vergesellschafteten Körper geprägt (Gugutzer 2002: 85 ff.).

zeitig erspüren und interpretieren. Vor allem für Boxer ist es von geradezu existenzieller Bedeutung, den Schlägen des Gegners auszuweichen oder blitzschnell zu kontern. Jede Körperhaltung des Gegenübers muss hier »wie ein gewichtiges Zeichen einer Bedeutung behandelt« werden, die es bereits »in ihrem Entstehen zu erfassen gilt, um derart im Ansatz des Schlages oder des Ausweichens das darin Eingeschlossene, den zukünftigen Schlag oder die zukünftige Täuschung [...] zu erraten« (Bourdieu 1979: 146).[12] Weil der ins Kampfgeschehen unmittelbar Involvierte für jedes Zaudern praktisch bezahlen muss, bleibt ihm keine Zeit, den Vollzug einer Geste erst abzuwarten, um sie dann zu entschlüsseln und nach einer Antwort zu suchen. Diese muss vielmehr »reflexartig vor der Reflexion kommen, weil das Denken das Handeln nur verzögern würde« (Blamberger 2005). Infolge des enormen Zeitdrucks ist eine Beaufsichtigung des Handlungsverlaufs durch das reflektierende Bewusstsein nahezu unmöglich. Das empfindende Verstehen wird hier zusätzlich dadurch erschwert, dass die Sportler ihre Intentionen – im Unterschied etwa zu den Teilnehmern am Straßenverkehr – durch ihre körperlichen Äußerungen nicht verlässlich preisgeben, sondern ihre ausgeprägten Fähigkeiten zum physischen Ausdruck von Bewegungsabsichten nutzen, um »vorsätzliche Fehlinterpretationen« (Goffman 1974: 33) zu bewirken, das heißt zu fintieren. Sportler stehen also stets auch vor der Aufgabe, in der Wettkampfsituation augenblicklich zwischen wirklichen und nur vorgetäuschten Absichten zu unterscheiden.

Noch vielschichtiger ist das Geschehen in Mannschaftsspielen.[13] So konstituiert sich ein Fußballspiel als praktischer Vollzug einer hoch komplexen und damit prinzipiell vom Scheitern bedrohten Gesamthandlung. Ständig müssen die Spieler ihre Beziehungen bei fortlaufender gegenseitiger Abhängigkeit voneinander in Raum und Zeit koordinieren. In den wenigen wirklich glückenden Momenten verschränken sich ihre Einzelaktionen zu noch nie gesehenen Spielbewegungen – bis hin zum Spielrausch, jenem plötzlichen Auftauchen und verblüffenden Funktionieren verschiedener Spielmuster über alle im Training einzuübenden Situationen hinaus (Brunner 1987). Eine solche Choreographie ohne planenden Choreographen ist auf ›blindes

---

12 Bourdieu bezieht sich in dieser Passage auf Mead (1973), der bereits die Zeigequalitäten sportlicher Praktiken für die Ausarbeitung eines Modells praktisch-körperlicher Intersubjektivität genutzt hat; vgl. auch Meuser (2004), Schmidt (2006: 299 ff.)

13 Die folgende, bereits in anderem Zusammenhang verwendete Passage über das Fußballspiel (Alkemeyer 2006a) habe ich für diesen Beitrag überarbeitet und gekürzt.

Verständnis‹ angewiesen (Gebauer 1998a: 226). Spielfluss entwickelt sich, wenn ein Pass nicht nur angenommen wird, sondern sich sein Adressat bereits vor und während der Annahme so positioniert, dass er den Ball entweder an den nächsten Mitspieler weiterleiten, zum Dribbling ansetzen oder eine Finte vollziehen kann. Verständig mitspielen kann nur, wer in einer gegebenen Spielstellung die kommende, in ihr bereits enthaltene, antizipieren kann, wer in der Lage ist, sich motorisch und gedanklich in die Bewegungslinien des Balles auf dem Feld einzuschalten. In gelingenden Aktionen fallen Vergangenheit, Gegenwart und Zukunft zusammen. In ihnen zeigt sich erstens das kognitive wie körperliche Vermögen zu einem praktischen Verstehen *in actu* in Gestalt einer ›synthetischen Intuition‹, die es ermöglicht, permanent sich verändernde Umrisse von Körpern im Raum wie instinktiv zu erfassen, und zweitens die Fähigkeit, im Training erworbene Körpertechniken den permanent sich verändernden Anforderungen des Wettkampfgeschehens kreativ anzupassen.

Es sind dies Fähigkeiten von Experten, denen erlernte Körpertechniken so tief in Fleisch und Blut übergegangen sind, dass sie im Augenblick von antrainierten Spielweisen abzuweichen vermögen, um den Gegner zu überraschen, zu verunsichern und zu täuschen. Zwar wird die unerwartete, alles Schematische durchkreuzende Aktion in den gängigen Helden-Mythologien der Sportberichterstattung dem Genie des überragenden Einzelspielers zugeschrieben, genauere Spielanalysen belegen jedoch ihren kollektiven und relationalen Charakter: Aufbewahrt in den vorbewussten Tiefenschichten des Akteurs, tritt das Vermögen zur verblüffenden Variation des Erworbenen aus den Kulissen auf die offene Bühne, wenn es auf (Spiel-)Bedingungen trifft, die ein Spieler auf der Grundlage seiner Erfahrung als Stimuli wahrnimmt. Jede Aktion ist insofern systematischer Natur, als sie Übung voraussetzt. Gleichzeitig ist sie aber auch ein Ad-hoc-Produkt in dem Sinne, dass sie durch die besondere Konstellation einer Spielsituation ausgelöst, ja geradezu heraufbeschworen wird.

Die Fähigkeit zum Anpassen antrainierter Bewegungsmuster an das augenblicklich Erforderliche ist mithin nicht nur ein subjektiver Besitz, sondern entfaltet sich zwischen Umweltbedingungen (Rasenzustand, Wetter), Gegnern, Mitspielern und Spielgeräten. Zwar können uns auch Standardsituationen wie genial gezirkelte Freistöße begeistern, noch stärker allerdings faszinieren scheinbar spontan sich ergebende Spielgestalten, wie überraschende Stafetten von Doppelpässen, die mehr sind als eine routinierte Wiederholung eingeübter Spielmuster. Im Unterschied zur künstlerischen Kreativität als einem Gestaltungsprozess, der in einem fertigen Werk sich abschließen soll, zeigt sich in solchen Momenten eine spielerische Kreativität, die unter der Regentschaft des Zufalls, ohne Überlegungssicherheit und oft aus der Not heraus, geboren wird (Blamberger 2005). Sie führt zu flüchtigen »Kunstwerken des Augenblicks« (Bausenwein 1995: 60), die so rasch vergehen wie sie entstanden sind. Es sind ›Wolken‹ von Kunstwerken, die ihren Vollzug nicht überdauern können.

Solche Kunstwerke sind keine Kreationen aus dem Nichts, sondern kommen nur zustande, wenn Spieler mit einem ausgeprägten Raum- und Ballgefühl, ausgezeichneten technischen Fertigkeiten und einem fein abgestimmten taktischen Spielsinn zusammenspielen, der es erlaubt, traumwandlerisch bereits in der Gegenwart das Zukünftige vorzubereiten. ›Große‹ Spieler wissen bereits vor oder während der Ballannahme die nächsten Schritte voraus. Sie werden in der Fußballberichterstattung und von den Fans naturalisierend gern als Instinktfußballer bezeichnet. Aber ihr Instinkt ist nicht angeboren, sondern wird eingeübt. In der Praxis selbst wird der Körper nach und nach zum Träger einer eigentümlichen »generativ-kreativen Verstehensfähigkeit«, die »strukturierende Kraft« besitzt (Wacquant 1996: 41 f.): Er ist sowohl Medium, vielleicht sogar Subjekt der Erkenntnis (Gebauer 1998b, 2003), das das Spiel im Vollzug vor-reflexiv erschließt, als auch kreativer Produzent von Tricks und Spielzügen, die den Spielverlauf ebenso beeinflussen wie ihre Produktion durch den Spielverlauf veranlasst wird. Ein geübter Spieler erfasst das Spiel deshalb intuitiv, weil die Wahrnehmungsmuster, die er dazu verwendet, aus der praktischen Einverleibung der Strukturen des Spiels selbst resultieren.

Eine materielle Existenz haben diese Strukturen in den gegliederten, von Kraftlinien und Markierungen (Mittel- und Seitenlinien, Strafraumbegrenzungen) durchzogenen Räumen und den Geräten des Spiels. Räume und Dinge bilden gleichsam dessen Schale. Sie treten den Spielern nicht als indifferente ›Objekte‹ gegenüber, die als ideelle Ziele potenziellen Handelns eine unendliche Mannigfaltigkeit gleichwertiger Perspektiven zulassen, sondern sind ihnen im Spiel als Anlässe und immanente Zielpunkte *praktischer* Intentionen gegenwärtig. Im Unterschied zu bewussten Absichten geht diesen Intentionen kein kalkulierendes Abwägen und kognitiv-rationales Entscheiden voraus, sondern sie entstehen in der Aktion selbst. Räumlich-dingliche Konstellationen lösen sie aus und tragen die mit ihnen verflochtenen Praktiken mit. In diesem Sinne sind Räume und Dinge »Ko-Akteure« (Latour 2002) des Sozialen. Die Spieler beziehen sie scheinbar unmittelbar-körperlich in ihre Aktionen ein. Sie erfassen die Richtung zum Tor oder die Wege des Balles ebenso wie die eigene, flüchtige Position in der augenblicklichen Figuration des Spiels in aller Regel, ohne sich der ›objektiven‹ Strukturen des Spiels bewusst zu werden. In seinen gelingenden Momenten ist das Fußballspiel damit anschauliches Exempel für den unwahrscheinlichen, ja utopischen Grenzfall einer »›begriffslosen Kohäsion‹, die unsere geglückte Begegnung mit der Welt immer dann leitet, wenn unser Habitus zu dem Feld passt, in dem wir uns bewegen« (Wacquant 1996: 42).

Regeln, Markierungen und Geräte konstituieren das Spiel mit, machen sein Gelingen allerdings auch schwer.[14] Die »geglückte Begegnung mit der Welt« ist deshalb die große, um so stärker begeisternde Ausnahme. Das Prinzip, Alltagspraktiken durch Formen, Kodifizierungen oder Objekte künstlich so zu erschweren, dass Könner herausgefordert und Dilettanten bloßgestellt werden, zeichnet auch die ›hohe‹ Kunst aus. So spornen in der Dichtung Vers- und Reimschemata zu neuen Formen des künstlerischen Sprechens an und führen im klassischen Ballett streng reglementierte Bewegungscodes und Ballettschuhe zur Kreation hoch artifizieller Tanzfiguren. Der Sport transponiert diese Mechanismen auf die Ebene des Populären und nutzt sie zur Intensivierung seiner affektiven Energien (Gebauer 2006: 17 f.)

Als ein populärer Erbe des bürgerlichen Theaters des 18. und 19. Jahrhunderts, das die gewöhnliche Praxis des Bürgers zum Gegenstand einer Bühnenwelt machte, um sie ästhetisch zu transzendieren, ihr universelle Geltung zu verleihen und die Zuschauer moralisch zu erziehen (Gebauer/Wulf 1992: 233 ff.), verbindet Sport die Schauspielfunktion mit zwei weiteren Funktionen, die im bürgerlichen Theater aufgegeben wurden: dem Fest und dem Ritus. Anders als auf den Bühnen des klassischen bürgerlichen Theaters werden im Sport keine schriftlich ausgearbeiteten Konflikte dargestellt, sondern konkret-gegenwärtige Wirklichkeiten erzeugt, die die Teilnehmer mit großer Intensität zu erfassen und zu verbinden vermögen. Im traditionellen Theater haben die Lust am Eingreifen, das Erregende und Auffällige keinen Platz. Sie werden hier vom Standpunkt des legitimen Geschmacks, des Reflektierten

---

14 Der Ball darf die Außenlinien nicht überschreiten; die Spieler dürfen nicht ins Abseits laufen, und so weiter. Insbesondere aus der Vorschrift, den Ball nur mit dem vergleichsweise ungeschickten Fuß zu spielen, folgt im Fußballspiel ein Handeln in permanenten Krisensituationen (Paris 2004; Gebauer 2006: 17 ff.). Systematisch steuern Sportspiele auf einen Punkt hin, der das individuelle Können transzendiert, so dass Unvorhersehbares eintritt. Es werden »Grenzsituationen der Körperbeherrschung« vorgeführt, an denen im Grenzfall zugleich das Problems des Umschlags in die Nichtbeherrschung sichtbar wird (Luhmann 1996: 110).

und Ernsthaften, herabgesetzt und verurteilt. Im Sport tritt das ausgesprochen Dramatische und Sensationelle hingegen plastisch hervor und kann zu einer temporären Kommunion der Beteiligten führen. Die künstliche Erschwernis der Handlungsvollzüge ist ein Motor dieser sinnlichen Vergemeinschaftung. Denn sie erst erfordert und fördert die Ausbildung jener phänomenalen, Aufmerksamkeit heischenden körperlichen Begabungen der Athleten, ihrer Muskeln, Leistungsfähigkeiten und Geschicklichkeiten, die den Aufführungen des Sports ihre affektive Wucht und Lebendigkeit verleihen. Auch die vom Sport dargestellten modernen Utopien (der fairen Konkurrenz, der unbegrenzten Verbesserung körperlichen Leistungsfähigkeit) profitieren von seiner Körperlichkeit: Sie ist das »Siegel auf ihre Wahrheit« (Boschert 2003: 292) und verhilft ihnen zu »performativer Evidenz« (Bourdieu 1987: 131).

Kinästhetische Sympathie und ihre sozialen Grenzen

Wenn das Spielgeschehen die Zuschauer affektiv berührt, werden auch diese trotz räumlicher Trennung in die Dynamik des Spiels hineingezogen. Als »eingeschlossene ausgeschlossene Dritte« (Werber 2001) nehmen sie nicht nur über den distanzierenden Seh-Sinn am Spielgeschehen teil, sondern vollziehen es im Modus »kinästhetischer Sympathie« mit. Mit diesem Begriff bezeichnet der Ethnologe Clifford Geertz (1987: 209 ff.) das von ihm bei balinesischen Hahnenkämpfen beobachtete Phänomen, dass die Köpfe der männlichen Zuschauer den Bewegungen der Hähne folgen, weil sich die Männer tiefgehend mit ihren Hähnen identifizieren. Ein vergleichbares Verhalten kann man bei Kinobesuchern beobachten, die sich im Anblick einer Autoverfolgungsjagd auf der Leinwand mit in die Kurve legen. Im Fußballstadion greifen die Bewegungen und lautlichen Skandierungen der Zuschauer Rhythmus und Tempo des Spiels auf und beeinflussen es eventuell ihrerseits. Die Zuschauer sind dabei ebenfalls in ständiger Bewegung: Beine zucken, als würden sie selbst den erhofften Schuss ausführen wollen, Körper schnellen zum Kopfball hoch und lassen sich dann – viel zu oft – enttäuscht und erschöpft auf den Tribünensitz zurückfallen, Gesichter verziehen sich zu erbarmungswürdigen Grimassen der Verzweiflung (Brunner 1987: 452 ff.).

Die ästhetische Erfahrung im Stadion überwindet mithin die Grenzen zwischen dem Hermeneutischen und dem Somatischen: Sie beruht auf einem Verstehen mit dem Körper. Zwar scheint dieses Verstehen unmittelbar zu sein, aber es ist gesellschaftlich vermittelt: Insofern das Wahrgenommene eine Objektivierung von Geschichte, Kultur und Gesellschaft ist, ist auch der Wahrnehmende nur aufgrund biographisch erworbener, also ebenfalls geschichtlich, kulturell und gesellschaftlich geprägter Empfindungs- und Wahrnehmungsmuster in der Lage, diese Objektivierungen zu differenzieren und zu deuten. Die vermeintlich unmittelbaren Phänomene der ›Berührung‹ und ›Ansteckung‹ setzen Kopplungen von objektivierter und inkorporierter Geschichte voraus. Wie ein Spieler die Aktion eines anderen Spielers nur dann als einen Sinnvorschlag praktisch aufgreifen kann, wenn er entsprechend trainiert ist, so müssen auch die Zuschauer eine Fähigkeit zum Antwortenkönnen entwickelt haben, um vom Spiel ›angesteckt‹ zu werden. Es geht nur ›ins Blut‹, wenn eine Empfänglichkeit vorhanden ist, wenn das Spiel also Erinnerungen, Gefühle und Gedanken wachzurufen vermag, die im Körpergedächtnis aufbewahrt werden.[15] Aktive und Zuschauer haben dann gemeinsam Teil an einer flüchtigen, körperlich-sinnlichen Sozialität.[16]

Aus der gesellschaftlichen Vermitteltheit dieser Sozialität folgt nun erstens, dass die Anschlussfähigkeit des Sports zwar groß, aber nicht grenzenlos ist, und zweitens, dass innerhalb des Sportpublikums disparate Gruppen mit unterschiedlichen Intensitätsgraden und Modi der Partizipation unterschieden werden müssen. So steht einer durch tiefe Vertrautheit und Kennerschaft sich auszeichnenden Gemeinde ›echter‹ Fans eine weit größere Gruppe eher locker mit dem Spiel verbundener Menschen gegenüber. Aus dem *inner circle* der die Feinheiten, Nuancen und Subtilitäten des sportlichen Spiels erschöpfend realisierenden Kenner, die am zunächst unwahrscheinlichen, aber dann doch zwingenden Gelingen einer Kombination harmonisch aufeinander abgestimmter Bewegungen »ein nicht weniger intensives und zugleich versiertes Vergnügen [haben] als der Melomane beim Anhören eines brillant gespielten, vertrauten Musikstücks« (Bourdieu 1992: 175), bleiben die mit dem Spiel weniger Vertrauten ausgeschlossen.[17] Deren Interesse richtet sich eventuell auf andere Seiten des Spiels: das Stadionerlebnis, die Spannung, das Drumherum. ›Tiefe‹ Teilhabe an den sozialen Spielen des Sports ist Teilhabe an einer Lebensform. Nur wer sich in diesen Spielen mit

---

15 Zum Körper als »Speicher für bereitgehaltene Gedanken« vgl. Bourdieu (1987: 127 f.).
16 Dies setzt nicht unbedingt eigene Spielpraxis voraus. Ein Sinn für das Spiel lässt sich auch durch regelmäßiges Zuschauen erwerben.
17 Allen Veränderungen zum Trotz sind dies im Falle des Fußballspiels nach wie vor überwiegend Frauen. Zum Fußball als homo-soziales Universum vgl. Krais (2003), Kreisky/Spitaler (2006).

seinen im Laufe des Lebens erworbenen Vorlieben, Neigungen und Wertvorstellungen wieder erkennt, kann vollkommen in das Spiel eintreten. Die Kehrseite der im Spiel erzeugten Konjunktion ist mithin die Distinktion, der Inklusion korrespondiert die Exklusion; die Interkorporalität des Spiels hat ihre kulturellen und sozialen Grenzen, die als Habitus die Körper der Menschen selbst durchziehen.

Ökonomische Interessen und die Überbietungsimperative des modernen Sports drängen allerdings zu einer Ausdehnung dieser Grenzen. Die Geschichte des Zuschauersports ist auch eine Geschichte der Bestrebungen, seine Konnektivität durch Spektakularisierung zu erhöhen. Deren Prinzip ist es, die Ereignisse in den Hallen, Stadien und Arenen so zu inszenieren, dass sie den Wahrnehmungsgewohnheiten und Sehwünschen eines fernsehsozialisierten Massen-Publikums entgegenkommen. Das Verhältnis von medialem Bilderschein und medialisierten Ereignissen beruht dann nicht mehr auf dem Unterschied, sondern auf Vermischung und zirkulärer Bestätigung: Die Ereignisse werden fernsehähnlich, das Fernsehen beglaubigt umgekehrt ein Geschehen, das bereits seiner Dramaturgie gehorcht. Stadionsprecher, Bildwände und akustische Signale lenken die Aufmerksamkeit auf die spektakulären Dimensionen des Profi-Sports: auf die sichtbare Leistung, die Spannung, das Bangen ums Resultat. Neue, hermetisch geschlossene Stadionarchitekturen, die Töne und Geräusche bis über das Erträgliche hinaus verstärken – der Architekt Volkwin Marg spricht von »Hysterienschüsseln« (Herzog 2002: 36) –, tun ein Übriges, um die affektive Wucht der Gemeinschaftserfahrung zu intensivieren. So sollen auch jene ins Geschehen hineingezogen werden, die für die Finessen des Spiels eher blind sind. Die somatischen und die hermeneutischen Dimensionen der Teilhabe fallen dann tendenziell auseinander; das Publikum differenziert sich in Teilöffentlichkeiten, die unterschiedlich tief ins Geschehen involviert sind.

III. Das Sportliche der Hochkultur

Der genaue Blick auf die Praktiken des Sports hat gezeigt, dass diese keineswegs ein geistloses Geschehen sind: Wenn ein Kunstturner nach spektakulärer Flugeinlage auf die Tausendstel Sekunde genau die Reckstange packt, eine Weitspringerin punktgenau den Balken trifft oder sich ein Fußballspieler exakt in die Flugbahn des Balles einschaltet, dann führt dabei eine praktische Klugheit Regie, die ohne Überlegung Tempo, Rhythmus, Dynamik und Muskelanspannung kreiert (GEO 1999: 14). Der sozialisierte Körper ist in diesen Aktionen weder bloßes Vollzugsorgan bewusster Entscheidungen noch nur Medium eines automatisierten Routinehandelns, sondern Agens mit einer eigenen Intelligenz, die zum situationsgerechten Variieren erlernter Körpertechniken ebenso befähigt wie zur Korrektur des eigenen Verhaltens noch in seinem Vollzug; fehlersensitives Verhalten ist eben das, was in üblichen Intelligenztheorien als intelligent bezeichnet wird (Wingert 2007). Ohne dieses Potenzial zu praktischer Gestaltung, Korrektur und Improvisation ist insbesondere die für das Sportspiel charakteristische Unsicherheit des Geschehens nicht zu bewältigen.

Es reicht mithin nicht aus, das Populäre des Sports in seiner Allgemeinverständlichkeit, seiner Affektivität oder darin zu sehen, dass er den aus anderen gesellschaftlichen Bereichen verdrängten Körper kompensatorisch wieder aufwertet. Er lässt das Verdrängte nicht wiederkehren, sondern hat *Zeigefunktion*: Seine Popularität beruht – unter anderem – darauf, dass er ostentativ eine verkörperte praktische Intelligenz zur Geltung bringt, die in den Räumen der Hochkultur und der legitimen Bildung zugunsten einer Privilegierung von Geist, Sprache und Sinn de-thematisiert und entwertet wird. Nur durch diese ›Entnennung‹ und Entwertung gelingt es, die auf Distinktion angelegte Selbsttäuschung aufrecht zu erhalten, diese Räume seien Orte geistiger Höhenflüge, in denen die Schwerfälligkeit des Leibes und die Materialität der Handlungsbedingungen ohne Einfluss wären.

Paradoxerweise führt diese ›hochkulturelle‹ De-Thematisierung des Körpers aber auch dazu, die Aufmerksamkeit für Körperliches enorm zu steigern. So konstituiert zum Beispiel die traditionelle Stillsitzschule die Schüler-Körper geradezu als Objekte eines besonderen Interesses, das deren Äußerungen sensibel registriert: Der Einschränkung ganzkörperlicher Bewegungen korrespondiert das Entstehen eines ›mikropolitischen‹ (Kontroll-) Blicks für einzelne Bewegungen, Haltungen und Gesten, der sich beispielsweise in ständigen Ermahnungen äußert, nicht ›herumzuzappeln‹ oder sich zum Schreiben ›anständig‹ hinzusetzen (Alkemeyer 2006b). Vergleichbares lässt sich in jedem Theater-, Opern- oder Hörsaal beobachten: Wo immer eine Ordnung der Geräusch- und der Bewegungslosigkeit angestrebt wird, fallen jedes Räuspern und jede Bewegung unangenehm auf.

Sport sammelt die aus den Räumen der Hochkultur ›offiziell‹ verbannten und dort nicht zuletzt als Störfaktor in Erscheinung tretenden Dimensionen des Sozialen gleichsam auf, verdichtet sie und rückt sie auf seinen Bühnen in ein positives Licht. Zugespitzt formuliert: Er ist eine gesellschaftliche Institution, die der Vergegenwärtigung, Beobachtung und Würdigung der in den Evidenzen des täglichen Lebens verborgenen und von der legitimen Hochkultur gering geschätzten Seiten der sozialen Praxis dient. Er zeigt andernorts Verdrängtes und Störendes als Produzent von Sozialität, verblüffenden Leistungen und Erfindungsreichtum. Wie das klassische bürgerliche Theater das gewöhnliche Leben des Bürgers verzaubert hatte, so heben die Veranstaltungen des Sports die Körperlichkeit des Sozialen hervor. Sie demonstrieren mit sinnlicher Prägnanz, dass soziale Ordnungen nicht nur das Produkt des rein geistigen Handelns autonomer Individuen sind, sondern in »verteilter Handlungsträgerschaft« (Rammert 2001) unter der Mitwirkung ›intelligenter‹ Körper entstehen.

Dies macht Sport nicht zuletzt in *methodologischer Perspektive* als heuristisches Werkzeug interessant. Der genaue Blick auf die sportliche Praxis sensibilisiert für die grundlegende Bedeutung des Körpers als Träger, Vollzugsorgan und Produzent des Sozialen. Er korrigiert damit die »quasi-mentalistischen Borniertheiten« (Lindemann 2005: 115) gängiger sozialwissenschaftlicher Handlungskonzepte. Richtet man einen am Sport geschulten analytischen Blick auf andere gesellschaftliche Bereiche, dann enthüllt er auch dort die Relevanz des sozialisierten Körpers als Zeichengeber und -interpret in sozialen Interaktionen.

Der Soziologe Erving Goffman (1974: 26 ff.) hat diese Funktionen des Körpers überzeugend, etwa in seiner ethnographischen Analyse der sozialen Choreographien von Fußgängern auf dicht belebten Straßen, herausgearbeitet. Was für den Sport und die Straße gilt, betrifft bei näherem Hinsehen auch die diesen Stätten des Populären scheinbar entgegen gesetzten Orte der Hochkultur. Ähnlich wie ein Boxer jeder Körperstellung des Gegners bereits in ihrem Entstehungszustand Hinweise auf dessen Absichten entnehmen muss, um adäquat reagieren zu können, bedarf es zum Beispiel auch bei wissenschaftlichen Schlagabtäuschen einer »permanenten Wachsamkeit« für alle sprachlichen und körperlich-gestischen Zeichen der anderen Diskursteilnehmer,»um beim Spiel mitgehen zu können, ohne sich davon hinreißen zu lassen« (Bourdieu 1987: 148). Und wie das praktische Vermögen zur augenblicklichen Entschlüsselung der körperlichen Kundgaben der anderen Spieler im Sport hartes Training und Spielerfahrung voraussetzt, so muss man die praktische »Kunst der Zweideutigkeiten, Unterschwelligkeiten und Doppeldeutigkeiten beim Umgang mit körperlichen oder sprachlichen Symbolen« auch für die Teilnahme an akademischen Spielen durch ein tiefes und dauerhaftes Eintauchen zu beherrschen lernen. Nur dann ist es möglich, stets die »objektiv richtige Distanz [zu] wahren« und uneindeutig, »beim geringsten Anzeichen von Ablehnung oder Zurückweisung« widerrufbare Verhaltensweisen zu zeigen (ebd.). Schließlich wird auch Wissenschaft in aller Regel nicht von überragenden Einzelnen, sondern – ähnlich wie ein Sportspiel – im Zusammenspiel unterschiedlicher Teilnehmer ›gemacht‹. Menschen, Räume und Dinge (Computer, Laborinventar) müssen aufeinander abgestimmt sein, damit alles ›läuft‹ und oft plötzlich auftretende Probleme erfolgreich bewältigt werden können. Bei genauer Betrachtung ist der Körper auch in »scholastischen« Räumen eine entscheidende Schnittstelle: Der körperliche Habitus der Akteure muss an die materiell-symbolische Kultur der Wissenschaftsinstitutionen – ihr Habitat – angepasst sein, zum adäquaten Umgang mit ihr befähigen, für die anderen Teilnehmer am wissenschaftlichen Spiel verständliche Zeichen abgeben und ein Verstehen deren körperlichen Ausdrucksverhaltens garantieren, das mehr intuitives Spüren denn bewusstes Interpretieren ist.[18]

Am Sport tritt mithin besonders deutlich zutage, was unbemerkt (und deshalb mit um so nachhaltigeren Wirkungen) auch andere soziale Universen auszeichnet und das spezifisch Menschliche der sozialen Praxis ausmacht: der Erwerb und das Prozessieren einer präreflexiven Beherrschung der sozialen Welt. Eben dies macht ihn auch theoretisch so interessant (Bourdieu 1992: 193 ff.). Ein am Sport geübter Blick auf soziale Praktiken lässt die Unzulänglichkeit der klaren Trennung von *high* und *low* offenbar werden. Er zeigt, wie viel ›Niederes‹, Körperliches noch in jenen Welten steckt, die sich vom Populären am weitesten entfernt glauben und allein den immateriellen Höhenflügen eines körperlosen Geistes vorbehalten zu sein scheinen. Wissenschaftliche Reflexivität setzt voraus, sich auch dieser verdrängten, körperlich-materiellen Fundamente und Bedingungen der eigenen, wissenschaftlichen Praxis bewusst zu werden – um den Preis der Kränkung, die aus der Einsicht darin folgen mag, dass die Welten der Hochkultur offenbar mehr Elemente der ›niederen‹ Welten enthalten, als ihren Bewohnern wohl lieb ist.

Sport ist unter anderem deshalb so populär, weil er das in der Hochkultur Abgespaltene im Medium körperlicher Praxis vergegenwärtigt, durch künstliche Erschwernis zur Meisterschaft steigert und damit unmissverständ-

---

18 Zu solchen praktischen Kopplungen im naturwissenschaftlichen Labor und in der Büroarbeit vgl. Knorr-Cetina (1988) und R. Schmidt (2007).

lich aufwertet: Seine Attraktion resultiert aus der Zelebration des in der Hochkultur Verschwiegenen und Entwerteten.

Ars erotica – eine populäre Kunst?

Richard Shusterman

I.

Wenn Sexualität zum Menschen gehört und die Erfahrungen körperlicher Liebe in allen sozialen Schichten geteilt werden – könnten dann vielleicht die erotischen Künste ein Feld populärer Kunstausübung darstellen, frei von der Unterordnung unter ein repressives Konzept hoher Kunst und eine blutleere Ästhetik distanzierter Betrachtung? Die anschließenden Überlegungen werden zeigen, dass dem Verfolgen dieses Gedankens zwei Schwierigkeiten entgegenstehen: der grundlegende Ausschluss erotischer Kunst aus der westlichen Ästhetik und unübersehbare Hinweise auf eine hierarchische Struktur in der erotischen Kunst Asiens.

Westliches ästhetisches Denken zeigt eine erstaunliche Missachtung der erotischen Künste (worunter ich die Künste des körperlichen Liebesspiels verstehe, nicht die Beschäftigung klassischer Künste mit erotischen Themen). Die Feindschaft der Philosophen beginnt schon mit Sokrates' Verdammung des Eros als »toller und wilder Herr« (Platon 1971: 329c) (trotz seiner provokativen Selbstbeschreibung als »gewaltig in Liebessachen«; Platon 1957: 198d). Und seit der Geburt der Ästhetik im 18. Jahrhundert ist ästhetische Erfahrung weithin durch den Gegensatz zur sexuellen Erfahrung definiert worden (Shusterman 2006). Dazu ein ganz knapper Überblick.

Shaftesbury (1990: 180 f.) charakterisierte die Betrachtung des Schönen als interesselos und distanziert, indem er sie ausdrücklich den sexuellen Empfindungen gegenüber stellte, die von (und in) menschlichen Körpern erregt würden: »ein Heer von heftigen Begierden, Wünschen und Hoffnungen«, die sich mit einem »vernünftigen, geläuterten Anschauen der Schönheit nicht sonderlich reimen«. Obwohl sie »bewunderungswürdig« seien, flöße »das Ebenmaß« sexuell attraktiver Körper »doch nichts weniger ein als Neigung zum Seelengenuss und zur Betrachtung. Je mehr wir es betrachten, desto weniger werden wir durch bloßes Anschauen befriedigt.« Kant machte den Gedanken der Interesselosigkeit zum Grundpfeiler seiner Definition ästhetischen Wohlgefallens (und Urteils) im Gegensatz zum Vergnügen an den angenehmen Gefühlen, die Sinneseindrücke und die Befriedigung von Begierden hervorrufen. Schopenhauer (1960: 285) führte den Gedanken der ästhetischen Interesselosigkeit weiter und verband ihn mit Ideen Platons; so zeichnete er den Kontrast zwischen sexueller und ästhetischer Erfahrung noch schärfer. Im »ästhetischen Genuss« finden wir unser Vergnügen in der interesselosen Erfahrung der »Freude über das bloße, anschauliche Erkennen als solches im Gegensatz des Willens«; »ästhetische Kontemplation« (ebd.: 287) bedeutet »reines willensfreies Erkennen und die mit demselben notwendig eintretende Erkenntnis der [...] Ideen« (ebd.: 288). Die sexuelle Erfahrung hingegen schließt das »stärkste« Interesse am Leben ein: den »Willen zum Leben«; dieser beharrliche Wille verzerrt sie und macht sie untauglich zur Erkenntnis. Für Schopenhauer sind »die Genitalien der eigentliche *Brennpunkt* des Willens und folglich der entgegengesetzte Pol des Gehirns, des Repräsentanten der Erkenntnis« (ebd.: 452; Hervorh. im Orig.).

Nietzsche (1968: 365; Hervorh. im Orig.) macht sich über die Prüderie der anti-sexuellen ästhetischen Tradition lustig.

»Wenn freilich unsere Aesthetiker nicht müde werden, zu Gunsten Kant's in die Waagschale zu werfen, dass man unter dem Zauber der Schönheit *sogar* gewandlose weibliche Statuen ›ohne Interesse‹ anschauen könne, so darf man wohl ein wenig auf ihre Unkosten lachen: – die Erfahrungen der *Künstler* sind in Bezug auf diesen heiklen Punkt ›interessanter‹, und Pygmalion war jedenfalls *nicht* nothwendig ein ›unästhetischer Mensch‹.«

Aber wenngleich Nietzsche (ebd.: 374) scharfsinnig zugesteht, »dass jene eigentümliche Süssigkeit und Fülle, die dem ästhetischen Zustande eigen ist, gerade von der Ingredienz ›Sinnlichkeit‹ ihre Herkunft nehmen könnte«, so weigert er sich doch anzuerkennen, dass die erotische Erfahrung sexueller Aktivität ästhetisch sein kann. Er beharrt darauf, dass »die Sinnlichkeit beim Eintritt des ästhetischen Zustandes [...] sich [...] transfiguriert und nicht als Geschlechtsreiz mehr in's Bewusstsein tritt.« Er folgt der antisexuellen Tradition der Ästhetik auch mit seiner Warnung, sexuelle Praxis sei dem künstlerischen Schaffen abträglich, und der Empfehlung von Enthaltsamkeit.

»Jeder Artist weiß, wie schädlich in Zeiten großer geistiger Spannung und Vorbereitung der Beischlaf wirkt; für die mächtigsten und instinktsichersten unter ihnen gehört dazu nicht erst [...] die schlimme Erfahrung, – sondern eben ihr ›mütterlicher‹

Instinkt ist es, der hier zum Vortheil des werdenden Werkes rücksichtslos über alle sonstigen Vorräthe und Zuschüsse von Kraft, von vigor des animalen Lebens verfügt: die größere Kraft *verbraucht* dann die kleinere« (ebd.: 373; Hervorh. im Orig.). Dem erotischen Spiel menschlichen Sexualverhaltens wird so jegliche ästhetische Anerkennung verweigert, es wird in das Gebiet rein tierischer Instinkte verwiesen.

Sexuelle und ästhetische Erfahrung einander entgegenzusetzen, ist so fest verwurzelt in unserer westlichen Philosophietradition, dass das *Oxford Handbook of Aesthetics* mit seiner Autorität sogar darauf besteht, eines der vier Hauptdesiderata für eine Theorie ästhetischer Erfahrung sei die Klärung der Differenz zwischen solcher Erfahrung und der von Sex und Drogen (Iseminger 2003). Doch eine sorgfältige Analyse des Konzepts der ästhetischen Erfahrung zeigt, dass die wichtigsten Züge, die ihr zugeschrieben werden, auch gewissen sexuellen Erfahrungen zugeschrieben werden können (Shusterman 2006). Wenn wir das Vorurteil der Philosophie überwinden und uns unsere befriedigendsten sexuellen Erlebnisse vergegenwärtigen – sehen wir dann nicht ein, dass einige solcher Erfahrungen wahrhaft ästhetisch sein können? Ich hoffe aufrichtig, dass viele von uns Erfahrungen in der körperlichen Liebe gemacht haben, die reich an Schönheit, Intensität, Genuss und Bedeutung sind, die Harmonien von Struktur und sich entwickelnder Form zeigen und die unser Denken und Fühlen tief bewegt haben, indem sie Körper, Geist und Seele anregten.

Wenn menschliche Sexualpraxis ernstlich ästhetisch sein kann, dann können wir von erotischen *Künsten* in einem wirklich ästhetischen Sinn sprechen, nicht nur in der allgemeinen (nicht ästhetischen) Bedeutung des Wortes ›Kunst‹ als hochgradige Kompetenz, Können oder Entfaltung von Wissen. Der Wert eines solchen Umdenkens liegt nicht nur darin, dass es unseren theoretischen Horizont in Fragen von Ästhetik und Erotik ausweitet und die Annahme herausfordert, Kunst müsse grundsätzlich von Ereignissen im wirklichen Leben unterschieden werden. Es könnte auch, auf höchst praktische und genussvolle Weise, unsere faktische ästhetische Lebenserfahrung bereichern: indem wir die Kunstfertigkeit unserer erotischen Praxis vervollkommnen und sie höher zu schätzen lernen. Das wiederum könnte dazu führen, dass wir das ästhetische Potenzial auch anderer körperlicher Aktivitäten anerkennen und zu weiteren Erkundungen im neuen Feld der Somästhetik¹ bereit sind. Da die westliche Denktradition offenbar wenig Orientierung und Ermutigung für eine Ästhetik des Sexuellen bietet, scheint es sinnvoll, die asiatische Tradition der *ars erotica* zu erkunden. Die erotischen Künste im alten China und vor allem in Indien stehen im Mittelpunkt dieses Aufsatzes. Ihr spezifischer Charakter tritt besonders deutlich hervor, wenn wir sie vor dem Hintergrund eines Ansatzes betrachten, der heute eine einflussreiche Ausnahme vom antisexuellen Hauptstrom der westlichen Ästhetik darstellt; darauf werde ich zunächst kurz eingehen. Michel Foucaults Arbeiten zur Sexualität und ihrer ästhetischen Bedeutung für schöpferische Lust und Techniken des Selbst haben ein breites Echo gefunden. Besonders markant hat er sein positives Verständnis erotischer Künstlerschaft mit Bezug auf schwulen Sex und insbesondere einvernehmliche homosexuelle S/M-Praktiken entwickelt. Er feiert sie als »eine ganz neue Kunst sexueller Praxis, die die diversen inneren Möglichkeiten des Sexualverhaltens zu erkunden versucht.« Diese Kunst, »ein Gemisch aus Regeln und Offenheit«, verbindet einvernehmliche Muster (die weithin das ›Drehbuch‹ sexuellen Handelns festlegen) mit Experimenten, die »erneuern und Variationen [einführen], die die Lust des Aktes vergrößern«, indem sie Neuheiten, Abwechslung und Ungewissheiten hinein bringen, die sonst fehlen würden (Foucault 2005a: 396, 397).² Obwohl derartige Aktivität Gebrauch macht von ›Drehbüchern‹ und besonderen fiktionalen Inszenierungen (z.B. dem sexuellen Kerker), stellt Foucault (1986: 20) sie doch nicht als isoliert vom sonstigen Leben und der Subjektivität der Akteure dar. Wie man sich als se-

---

1 Dazu Shusterman (2001; 2005). Zur kritischen Diskussion und Anwendung des Konzepts vgl. etwa Jay (2002), Guerra (2002), Abrams (2004), Mullis (2006) und Böhme (2002).
2 Bei seiner Argumentation zugunsten der »ästhetischen Würdigung des sexuellen Akts als solchem« hebt Foucault (2005a: 396 f.) schwule S/M-Praktiken heraus, weil »die gesamte Energie und die Einbildungskraft, die beide in der heterosexuellen Beziehung so trefflich auf das Hofieren kanalisiert wurden, hier nun darauf verwandt werden, den Sexualakt selbst zu intensivieren.« Er charakterisiert die schwule Leder-Szene in San Francisco und New York als »Laboratorien sexueller Erprobung« und behauptet, dieses Experimentieren sei strikt begrenzt durch konsensuelle Regeln – wie an den mittelalterlichen Ritterhöfen, »die im höfischen Ritual sehr strenge Eigentumsregeln definierten.« Experimentieren sei notwendig, erläutert Foucault. »Weil der Sexualakt so einfach und so erreichbar geworden ist, läuft er Gefahr, schnell langweilig zu werden«; deswegen müsse jede Anstrengung zur Erneuerung und Abwechslung unternommen werden. So würden sexuelle Beziehungen intensiviert durch Einführung »einer Neuheit, eine fortwährende Spannung und Unsicherheit [...], wovon der einfache Vollzug des Aktes ausgenommen ist. Das Ziel ist auch, jeden Teil des Körpers als sexuelles Instrument zu verwenden.« Für eine kritische Diskussion von Foucaults sexueller Körperästhetik als Teil seiner Idee von Philosophie als Lebenskunst vgl. Shusterman (2000, 2008).

xuelles Subjekt entwickelt, ist ein wichtiger Teil der bewussten Selbstformung im Sinne einer »›Ästhetik der Existenz‹«.

Foucaults Sexualtheorie ist nicht wesentlich angeregt worden von den erotischen Künsten Asiens, sondern durch seine Beschäftigung mit klassischen griechischen und römischen Texten sowie durch seine eigenen erotischen Wünsche und Praktiken. Doch beruft er sich auf die asiatische *ars erotica*, um die Bedeutung einer Alternative zur modernen »*scientia sexualis*« des Westens (Foucault 1977: 67–93) zu demonstrieren. Im Gegensatz zu unserer Sexualwissenschaft, deren Diskurs das alte Instrument des Geständnisses mit dem modernen Imperativ der »Medizinisierung« (ebd.: 86) sexuellen Verhaltens kombiniert, bezieht die erotische Kunst ihr Wissen »aus der Lust selber […], sie wird als Praktik begriffen und als Erfahrung gesammelt« (ebd.: 74). In diesen Künsten dient das Wissen dem Vergnügen und ist als Vergnügen anerkannt, mit Blick auf alle Dimensionen sexueller Praxis:

»[…] in ihrer Intensität, ihrer spezifischen Qualität, ihrer Dauer und ihren Ausstrahlungen im Körper und in der Seele. Besser: Dieses Wissen muss mit Gleichmaß wieder in die sexuelle Praktik eingegossen werden, um sie gleichsam von innen zu gestalten und ihre Wirkungen auszudehnen. Auf diese Weise konstituiert sich ein Wissen, das geheim bleiben muss, nicht weil sein Gegenstand irgendeiner Schändlichkeit verdächtig wäre, sondern weil es mit größter Behutsamkeit aufbewahrt werden muss, verlöre es doch, wie die Überlieferung lehrt, bei leichtfertiger Ausbreitung seine Wirksamkeit und Tugendkraft« (ebd.).

In einem späten Interview hat Foucault (2005b) sein Verständnis der *ars erotica* ausgeführt und die Unterschiede in den Einstellungen der Griechen, Christen und Chinesen zur sexuellen Praxis mit Blick auf drei Elemente zusammengefasst: »die Akte, die Lust und das Begehren« (ebd.: 483). Während die Griechen den Akt und seine Kontrolle in den Mittelpunkt rückten, indem sie Häufigkeit, Rhythmus, Gelegenheit und Umstände des Vollzugs fokussierten, beschäftigten sich die Christen vor allem mit dem Begehren und fragten, wie man es niederringen und noch seine letzten Wurzeln ausrotten könne; beim Vollzug des Aktes versuchten sie die Lust einzuschränken oder ganz zu vermeiden. Die Chinesen hingegen erhoben die Lust zum wichtigsten und wertvollsten Element.

II.

Leider greift Foucaults Verständnis der asiatischen *ars erotica* um einiges zu kurz; er missversteht sogar Texte und Kommentare in Robert van Guliks (2003) bahnbrechender, mittlerweile klassischer Studie *Sexual Life in Ancient China*, auf die er seine Darstellung weitgehend stützt. Zunächst führt es in die Irre, die klassischen chinesischen Schriften der *ars erotica* als absoluten Gegenpol zur Sexualwissenschaft und zum medizinischen Herangehen an Sexualität zu lesen.[3] Vielmehr waren diese Schriften (im Chinesischen oft als Abhandlungen zur »Schlafzimmerkunst« oder als »Handbücher des Liebeslebens« charakterisiert) in hohem Maße befasst mit und motiviert von Fragen der Gesundheit. Das geht so weit, dass sie in den bibliographischen Anhängen der zeitgenössischen Darstellungen zur Geschichte der verschiedenen Dynastien oft direkt unter der medizinischen Literatur oder direkt im Anschluss an diese aufgeführt werden (ebd.: 71, 121, 193). Van Gulik selbst bekräftigt mehrfach, dass die »Handbücher des Liebeslebens […] ein spezielles Genre der medizinischen Literatur darstellten«; beide Hauptziele des Geschlechtsverkehrs, die sie benannten, sollten nämlich der Gesundheit – des Mannes, seiner Ehefrau und des zu zeugenden Kindes – dienen (ebd.: 72). »In erster Linie«, so van Gulik, »zielte der Akt auf die Empfängnis der Frau«; das (vorzugsweise männliche) Kind sollte die Familie fortführen. »Zweitens diente der Geschlechtsakt der Lebenskraft des Mannes, indem er die Potenzen des weiblichen *Yin* (die als stärkend galten) aufnahm, während zugleich die Frau körperlich von der Erregung ihrer latenten *Yin*-Natur profitierte« (ebd.: 46).

Daraus ergab sich folgende zweifache Ökonomie der Sexualität. Da »der Samen des Mannes (in dem seine *Yang*-Kraft konzentriert ist) seinen wertvollsten Besitz darstellt, wird jeder Samenerguss seine Lebenskraft verringern, wenn der Verlust nicht ausgeglichen wird durch die Aufnahme einer gleichen Menge *Yin*-Essenz von der Frau« (ebd.: 47). Deswegen sollte die Sexualaktivität des Mannes darauf zielen, den weiblichen Partnerinnen volle Befriedigung zu verschaffen, so dass er die *Yin*-Kraft aneignen kann, die aus ihren Mehrfachorgasmen fließt. Der Mann selbst aber sollte nur bei ausgewählten Gelegenheiten zum Orgasmus kommen, »insbesondere zur Zeu-

---

3 Hier ist anzumerken, dass die chinesischen Schriften zur Liebeskunst keinen einheitlichen Korpus darstellen. Vielmehr unterscheiden sie sich nach den historischen Perioden und nach den jeweiligen philosophischen Schulen, an denen die Autoren sich orientierten; so war der Taoismus sexuell liberaler im Vergleich zum eher sittenstrengen Konfuzianismus.

gung eines Kindes mit der Ehefrau« (ebd.). Entsprechend wurde eine große Zahl von Ehefrauen und Konkubinen empfohlen, um genügend *Yin* zu sichern; denn die multiplen Orgasmen einer einzelnen Frau würden ihr die *Yin*-Essenz entziehen, die sie für ihre eigene Gesundheit (und damit auch für die Empfängnisfähigkeit) und zur Stärkung der Gesundheit ihres Partners brauchte. Indem ein Mann jede Nacht mit mehreren Frauen verkehrte, ohne den Orgasmus zu erreichen, und damit seinen Samen für ausgewählte Gelegenheiten zurückhielt, vergrößerte er nicht nur seine Vitalität und die männliche *Yang*-Kraft; er erhöhte so auch die Aussichten, ein männliches Kind zu zeugen und damit den Familiennamen weiterzugeben.

Diese Prinzipien der sexuellen Ordnung, erläutert van Gulik, »verlangten, dass der Mann lernte, den Koitus ohne Erreichen des Orgasmus möglichst zu verlängern; denn je länger das Glied in der Frau blieb, desto mehr *Yin* würde der Mann aufnehmen und so seine Lebenskraft vermehren und stärken« (ebd.: 46). Die Handbücher empfehlen daher Methoden, »die Ejakulation entweder durch mentale Disziplin zu verhindern oder durch physische Mittel wie das Blockieren des Samenleiters mit dem Finger« (ebd.: 96). Dann wird seine *Yang*-Essenz, intensiviert durch den Kontakt mit dem weiblichen *Yin*, entlang des Rückgrats aufsteigen und sein Hirn wie den gesamten Körper stärken. Obwohl der belebende Fluss des *Yin* aus den Genitalien der Frau am kräftigsten ist, kann er sich auch aus den Sekreten von Mund und Brust speisen, während des Vorspiels wie im Geschlechtsakt selbst. Diese Absonderungen werden oft als »Medizin der drei Gipfel« bezeichnet (ebd.: 283).

Schon nach dieser kurzen Darlegung (und es gibt eine Fülle weiterer Belege bei van Gulik und anderen) dürfte klar sein, dass (ohne Foucault nahe treten zu wollen) die chinesische *ars erotica* in hohem Maße medizinisch und von Gesundheitsinteressen motiviert war und dass sie grundlegend mit Sexualwissenschaft verknüpft ist – wenngleich nicht in den Formen, die in der modernen westlichen Medizin dominant geworden sind.[4] Foucault irrt also, wenn er Lust zum wichtigsten Bezugspunkt der erotischen Künste in China erklärt, denn Fragen der Gesundheit rangieren eindeutig höher. Er liegt auch falsch mit dem Gedanken, dass dort Lust wichtiger sei als der Geschlechtsakt, weil man die Lust zu verlängern sucht durch Hinauszögern des Aktes oder gar gänzlichen Verzicht darauf. Vielmehr sucht der chinesische Mann gerade den Akt zu verlängern, um so den Gewinn von *Yin*- und *Yang*-Kraft

---

4 Vgl. etwa Harper (1987: 539, 584), nach dem die sexuellen Künste auf Ziele wie »Pflege des Lebens« und »körperliche Bildung« ausgerichtet waren – zusammen mit »Kultivierung des Atmens, leichten physischen Übungen und Diätetik«. Vgl. auch Wile (1992).

und den damit verbundenen gesundheitlichen Nutzen zu vergrößern. Lust ist durchaus bedeutsam in der chinesischen Sexualtheorie, aber sie ist integraler Teil des Aktes und kann nicht vergrößert werden, indem man sie davon trennt. Foucaults Irrtum scheint darin begründet, dass er den Geschlechtsakt mit dem Orgasmus gleichsetzt, statt mit dem Verkehr im engeren Sinn oder mit dem gesamten erotischen Geschehen, das Vorspiel, Koitus und gegebenenfalls auch das Nachspiel umfasst.

Obwohl das sexuelle Vergnügen manchmal als »höchste Freude« und »Höhepunkt menschlicher Gefühle« gefeiert und als Verkörperung des »Höchsten Weges« gedeutet wird (ebd.: 70, 203), war es in der klassischen chinesischen Sexualtheorie fraglos eingebunden in die übergeordneten Ziele der Gesundheit und guter Leitung des Selbst und des Haushalts. Sexueller Genuss sollte genutzt werden, um Körper, Geist und Charakter zu kultivieren mithilfe rituellen Vollzugs der Regeln der *ars erotica*. Ein Dokument aus der Han-Dynastie formuliert das so:

»›Unsere Vorfahren gestalteten das erotische Vergnügen so, dass damit das gesamte menschliche Leben geordnet wird.‹ Wer seine Lust reguliert, wird mit sich in Frieden sein und ein hohes Alter erreichen. Wer sich jedoch der Lust hingibt und die Regeln missachtet, die in den erwähnten Schriften [den Handbüchern des Liebeslebens; R.S.] aufgestellt werden, der wird erkranken und dem eigenen Leben schaden« (van Gulik 2003: 70–71).

Wenn also die klassischen Liebeskünste der Chinesen weitgehend auf praktische Ziele wie die Gesundheit ausgerichtet waren, folgt dann daraus, dass wir ihnen ästhetische Qualitäten absprechen müssen? Ein solcher Fehlschluss würde auf dem verbreiteten Irrtum – dem Dogma der Interesselosigkeit – beruhen, dass Zweckmäßigkeit und ästhetischer Charakter unvereinbar seien. Die Tatsache, dass religiöse Bilder und Plastiken einen spirituellen Zweck und Protestsongs ein politisches Ziel haben, nimmt ihnen nicht den ästhetischen Wert; sie werden wegen ihrer ästhetischen Qualität geschätzt, auch wenn wir gleichzeitig ihre anderen Funktionen anerkennen. Die Anerkennung der Zweckmäßigkeit kann sogar in unser ästhetisches Wohlgefallen einfließen, indem sie der ästhetischen Erfahrung weitere Bedeutungsdimensionen hinzufügt. Intrinsischer Wert ist durchaus vereinbar mit Funktionswert. Wir können den reinen Geschmack einer Mahlzeit goutieren, auch wenn wir wissen, dass sie uns nährt; und ebenso leidet unser Vergnügen beim guten Sex nicht unter dem Wissen, dass das auch gut tut.

Daher kann man durchaus mit ernsthaften Argumenten von der ästhetischen Dimension der klassischen chinesischen Liebeskünste sprechen, die in den von van Gulik und anderen edierten Schriften dargestellt sind. Wir finden sie in Ausführungen, die sich auf die kosmische Bedeutung der sexuellen Beziehung von Mann und Frau beziehen, auf die Harmonisierung der Energien des Paars im Vorspiel, auf das ästhetische Herrichten »der Bettstatt« als Bühne der erotischen Begegnung und auf das Verschmelzen verschiedener erotischer Bewegungen und Genüsse, eingeschlossen die Orchestrierung der penetrierenden Stöße des Penis durch unterschiedliche Stile, Tiefe, Tempi und Rhythmen. Doch stehen diese ästhetischen Dimensionen ganz klar zurück hinter dem Fokus auf Gesundheitsfragen.

Darüber hinaus steht ernsthaft in Frage, ob die klassische chinesische *ars erotica* eine populäre Kunst sein kann oder ob nur die Reichen und Mächtigen sie erfolgreich praktizieren können. Der Mann wird immerhin aufgefordert, jede Nacht mit vielen Frauen zu kopulieren, ohne den Orgasmus zu erreichen. Ein taoistisch ausgerichteter Text sagt: »Wer mit zwölf Frauen ohne Samenerguss kopulieren kann, der wird ewig jung und schön bleiben. Wenn ein Mann mit 93 Frauen schläft und sich dabei noch zurückhalten kann, wird er unsterblich werden« (ebd.: 194). Übergehen wir die Fragwürdigkeit der Versprechungen; aber wie soll ein armer oder in bescheidenen Verhältnissen lebender Mann solch eine Anzahl vielversprechend *Yin*-reicher Frauen um sich versammeln, um diese Olympischen Nachtspiele der Erotik durchzuführen? Der ästhetische Charakter der Liebeskünste kann wirklich viel überzeugender herausgearbeitet werden, wenn man von der chinesischen zur indischen Sexualtheorie übergeht; dort wird die *ars erotica* teilweise im Rahmen der Monogamie ausgearbeitet und empfohlen, und das könnte besser zur Praxis einer populären Kunst passen.

III.

Die folgenden Ausführungen zur indischen Liebeskunst beruhen auf klassischen Texten aus drei verschiedenen Perioden: *Kama Sutra* (zitiert KS), *Koka Shastra* (KKS) und *Ananga Ranga* (AR) aus dem dritten, zwölften und sechzehnten Jahrhundert.[5] Das begründende und einflussreichste Werk die-

---

5 Die Datierung des *Kama Sutra* ist besonders unsicher, sie reicht von 300 v.u.Z. bis 400 u.Z. *Koka Shastra* (der exakte Titel ist *Ratirahasya* oder *Geheimnisse des Rati*) wird ins elfte bis zwölfte Jahrhundert eingeordnet, *Ananga Ranga* ins sechzehnte bis siebzehnte. Außer den Kommentaren der Übersetzungen von Burton/Arbuthnot (1988), Upadya (1963),

ser Tradition, das *Kama Sutra*, wurde in Prosa von einem religiösen Autor verfasst, Vatsyayana, und zwar auf der Grundlage älterer Texte, die verloren sind. *Koka Shastra* und *Ananga Ranga* hingegen sind kürzere Werke in Versform; da sie deutlich später geschrieben wurden, als die indische Gesellschaft zunehmend streng und moralisch restriktiv wurde, unterscheiden sich einige sexuelle Einstellungen vom *Kama Sutra*. Da aber die späteren Texte wesentlich auf das *Kama Sutra* zurückgehen, stimmen sie dennoch grundlegend mit seinen Prinzipien überein; dazu gehört die Auffassung, wonach der ästhetische Charakter der Liebeskünste unverzichtbar ist zur rechten Verwirklichung von *Kama*. *Kama* bezeichnet nicht nur die sexuelle Liebe, sondern Sinnlichkeit überhaupt, und zählt zusammen mit *Dharma* (Pflicht oder richtiges Verhalten) und *Artha* (praktisches Handeln) zu den traditionellen drei Bestandteilen jener Lebensgestaltung, die zum Ziel der *Moksha* oder Befreiung führt (KS 102).

Wenn es um den ästhetischen Charakter der indischen Liebeskünste geht, ist als erstes herauszustellen, dass Können in der Gestaltung der Sexualität Kompetenz im Bereich der Künste insgesamt einschließt. Das *Kama Sutra* besteht darauf, dass menschliche Sexualität vor allem durch Anziehungskraft und Vergnügen motiviert ist und nicht vom Brunftrhythmus tierischer Instinkte. Daher kann und soll menschliche Sexualpraxis genussvoller und befriedigender gestaltet werden, durch Anwendung von Wissen, Methoden und Verfeinerungen, die durch Lernen, Überlegung und ästhetische Sensibilität erworben werden – denn hier geht es um genau jene Beherrschung »der rechten Mittel«, die die erotischen Texte befördern wollen (KS 103).

Zum Übungsprogramm, das als grundlegend für die Beherrschung der erotischen Künste und für die Vollendung des sexuellen Spiels gilt, zählen ausdrücklich und mit starker Betonung jene Künste, die in der Kultur des Westens definitiv als schöne Künste verstanden werden – ohne sich allerdings darin zu erschöpfen. Wenn Vatsyayana von Männern und Frauen verlangt, sie »sollten das *Kama Sutra* und die dazu gehörigen Künste und Wissenschaften studieren«, führt er 64 Künste auf, in denen die entsprechenden Fertigkeiten zu erwerben sind. »Singen, das Spielen von Musikinstrumenten, Tanzen, die Kombination von Tanz, Gesang und Instrumentalmusik, Schreiben und Zeichnen« werden als erste angeführt. Auf der Liste stehen dann

---

Comfort (1965) und Arbuthnot/Burton (1964) stütze ich mich im Folgenden auch auf Meyer (2003) und Banerji (1980).

weitere Übungen aus dem Zentrum westlichen Kunstverständnisses wie »Bildermalen«, »szenische Aufführung« (oder »Bühnenspiel«), »Architektur«, das »Verfassen von Gedichten« und das »Formen von Figuren und Bildern aus Ton«. Weitere der 64 Künste haben fraglos ästhetischen Charakter, vom Tätowieren, der Arbeit mit farbigem Glas, dem Arrangieren von Betten und Blüten, dem Herstellen und Arrangieren künstlicher Blumen bis zur Goldschmiedekunst und weiteren kosmetischen und kulinarischen Künsten (KS 108–111).

Wenn diese verschiedenen Künste als Beiträge zur *ars erotica* betrachtet werden, dann meint das nicht, dass ihr höchster Zweck sexuell oder sinnlich sei; das ausdrückliche Ziel des *Kama Sutra* selbst erschöpft sich nicht in der Befriedigung sexuellen oder umfassenderen sinnlichen Begehrens. Es besteht vielmehr im Entwickeln und Kultivieren der eigenen Begierden, um die Beherrschung der Sinne so zu zivilisieren und zu verfeinern, dass man eine vollendetere und fähigere Persönlichkeit wird. Vatsyayana beschließt sein Buch mit dem nachdrücklichen Hinweis, es sei »nicht gedacht, es nur als Instrument zur Befriedigung unserer Begierden zu nutzen«; vielmehr solle der Leser befähigt werden, »zum Herren seiner Sinne zu werden« und so »Erfolg zu haben bei allen seinen Unternehmungen« (KS 292).

Künste spielen nicht nur eine Rolle beim empfohlenen Training der indischen Erotik; sie tragen auch erheblich bei zum erotischen Geschehen selbst. Das ist nämlich nicht auf den Koitus selbst beschränkt, sondern schließt eine elaborierte Ästhetik des Vorspiels und des postkoitalen Amüsements ein. Laut Vatsyayana gehört zur »Eröffnung der sexuellen Vereinigung«, dass der Kavalier die geliebte Dame in einem ästhetisch gestalteten »Raum des Vergnügens empfängt, der mit Blumen geschmückt und von Düften erfüllt« ist; dort werden er und seine Geliebte »von seinen Freunden und Hauspersonal bedient«.

»Er sollte sie dann zu seiner Linken platzieren und mit dem rechten Arm umfassen, während er ihr Haar fasst und Ende und Knoten ihres Gewandes berührt [...] Sie können dann singen [...] und auf Instrumenten spielen, über die Künste sprechen und einander zum Trinken animieren«,

bis ihre Liebesgefühle und das Verlangen nach dem Beischlaf in voller Stärke erregt sind (KS 167).

Dann werden die Anwesenden fortgeschickt, und es folgt das intimere Vorspiel, das zum Vollzug des »Zusammenkommens« führt. Aber mit dem Koitus endet das sexuelle Spiel nicht; es wird fortgeführt mit postkoitalen Umarmungen, Massage, süßen Erfrischungen und heiterer Unterhaltung, zu der auch gehört, dass der Kavalier die Schönheiten des Nachthimmels erläutert, den die Geliebte betrachtet, »in seinem Schoß liegend, das Gesicht zum Mond gewandt«. Erst hier setzt Vatsyayana »das Ende der sexuellen Vereinigung« an (KS 168). Das ausgeprägte Bewusstsein für eine choreographierte Aufführung mit Eröffnung, Mitte und Ende des sexuellen Geschehens verweist auf ein dramatisches, stilisiertes *mise-en-scène* mit ästhetischer Intention.

Am ausführlichsten wird die ästhetische Inszenierung der Bühne für das erotische Geschehen im *Ananga Ranga* dargestellt. Zur künstlerischen Ausstattung zählen nicht nur Musikinstrumente, sondern auch »Bücher, die Liebeslieder enthalten und den Blick mit Bildern von Liebesstellungen erfreuen«, weiter »hohe und schöne Wände mit Bildern, auf denen das Auge mit Freude ruhen kann«. Die ästhetischen Vergnügungen steigern die sexuellen, indem sie die sinnlichen Vorstellungen und Genüsse beflügeln (AR 96 f.).

Die Inszenierung des sexuellen Geschehens beschränkt sich nicht auf ästhetische Überlegungen zur Gestaltung des Raums sowie künstlerische Darbietungen; auch zeitliche Faktoren müssen mit der erotischen Aufführung abgestimmt werden. Abhängig von ihrem Typ und vom Tag des Mondmonats wird die Geliebte am besten an unterschiedlichen Stellen des Körpers und mit verschiedenen Formen des Vorspiels erregt; ebenso werden unterschiedliche Arten von Frauen die Liebe zu verschiedenen Tageszeiten genießen. Die verschiedenen Zeitpunkte, Tage, Körperteile und Formen des Vorspiels (zu denen verschiedene Weisen der Umarmung, des Küssens, Beißens, Kratzens, Reibens, Saugens, Streichelns, Drückens sowie erotischer Laute gehören) werden ganz detailliert aufgeführt; der Liebhaber wird instruiert: »[…] wenn du sie dort liebkost, wo es der Kalender empfiehlt, wirst du sie an wechselnden Stellen aufleuchten sehen wie eine Figur aus Mondstein, wenn der Mond sein Licht auf sie wirft« (AR 6–14; KKS 105–110, Zit. 107). Das heißt, nicht nur die Akte sexueller Erregung und ihr Rahmen werden deutlich ästhetisiert, sondern auch das Zeigen des Erregtseins selbst.

Musik, choreographierte Bewegung, kunstvolle Ausstattung der erotischen Bühne und das schönheitsbezogene Gespräch sind also Bestandteile des indischen Verständnisses vom sexuellen Erlebnis; ebenso jedoch gibt es klar erkennbare ästhetische Dimensionen in den Zielen, Methoden und Prinzipien des erotischen Vorspiels und des Koitus. Viele davon sollen die Energien der Liebenden anregen und harmonisieren und zugleich garantieren, dass der Akt dem Mann wie der Frau vollen Genuss bringt. Daher die intensive Bemühung, Männer und Frauen Typen zuzuordnen, die sich nach der Größe (teilweise auch Beschaffenheit) der Genitalien, der Stärke des Verlangens und der Zeit, die für seine Befriedigung nötig ist, unterscheiden. Die verschiedenen Voraussetzungen sollen bedacht werden, damit man ihnen Rechnung trägt durch entsprechendes Vorspiel und Koituspositionen, die die Hindernisse für ästhetische Harmonie, anmutige Balance und genussvolle Leichtigkeit der Vereinigung überwinden. Wohlabgestimmte Vereinigung gilt als die beste, wobei das Optimum nicht im stärksten Verlangen gesehen wird; extreme Intensität des Begehrens würde die Liebenden so überwältigen, dass sie die Wünsche des Partners weder wahrnehmen noch berücksichtigen könnten und auch nicht genügend Selbstkontrolle hätten, um das sexuelle Ereignis so zu gestalten, dass seine Schönheiten maximiert und seine Genussmöglichkeiten voll ausgekostet werden (AR 21–24; KS 127–130).[6]

Ästhetische Absichten äußern sich offen im Erzeugen von Zeichnungen auf dem Körper des Partners durch Bisse und Kratzen mit den Nägeln, so dass das sexuelle Ereignis auch eines der bildenden Kunst wird. Abgesehen von den taktilen Reizen für die Liebenden werden solche erotischen Figuren auch ästhetisch geschätzt, als kunstvolle Bilder.[7] Eine Art der Nagelspuren auf Nacken und Brüsten »ähnelt dem Halbmond« (AR 105); eine andere, »erzeugt mittels der fünf Nägel auf der Brust [...], heißt Pfauenfuß« und »soll Lob einbringen, denn man braucht großes Können, um sie richtig zu machen« (KS 143). Zu den verschiedenen Bissmarken gehört eine spezielle Anordnung von Eindrücken auf Braue, Wange, Nacken und Brust der Frau, die die verschiedenen Möglichkeiten des Bisses vereint und zusammen die »mundförmige Ellipse« der Mandala ergibt; das trägt, wie es heißt, »sehr zu ihrer Schönheit bei« (AR 108). Derartige Biss- und Kratzspuren dienen auch als Zeichen der Liebe über das sexuelle Ereignis hinaus; sie dokumentieren es ästhetisch und dienen als tröstendes »Erinnerungszeichen«, das Liebe und Begehren wieder aufleben lässt (Zit. AR 106; KS 144). Solche Zeichen spre-

---

6 Doch darf das Verlangen auch nicht zu schwach sein. Denn es sind die richtige Passung der Organe und die Erzeugung von ausreichend Lust und Begehren, die »den Gatten befähigen, sein Bemühen [von den mechanischen Problemen der Penetration ab- und; R.S.] den üblichen Künsten zuzuwenden, denen die Frauen erliegen« (AR 22), den überwältigenden Genüssen der körperlichen Liebe.

7 Einige Stile des Kratzens und Beißens sollen gar keine sichtbaren Spuren hinterlassen, sondern einfach den taktilen Genuss steigern (vgl. AR 105, 107; KS 143, 146). Für eine weitere Erörterung der ästhetischen Bedeutung derartiger Liebespraktiken vgl. Shusterman (2007).

chen auch Außenstehende an; wenn sie sie sehen (am Mann oder an der Frau), erfüllt sie das mit »Liebe und Respekt« (AR 144).

Die Variationen des Beißens und des Einsatzes der Nägel werden ergänzt durch eine Vielfalt von Umarmungen, Küssen, Liebeslauten, erotischen Schlägen auf den Körper und Griffen ins Haar. Doch ist die indische *ars erotica* vermutlich besonders berühmt wegen der detaillierten Beschreibung, Klassifizierung und farbigen Bezeichnung eines weiten Spektrums von Koituspositionen. Die Vielfalt hier entspringt, wie auch sonst, dem ästhetischen Impuls, mit ausgeprägter Mannigfaltigkeit das Interesse lebendig zu halten, das Vergnügen zu steigern und so die Langeweile der Monotonie zu vermeiden. Wie Vatsyayana ausführt: »[...] wenn es Abwechslung ist, was wir in allen Künsten und Vergnügungen suchen, [...] wie viel mehr sollte sie dann in diesem Fall gesucht werden«; denn so wie »Abwechslung notwendig ist in der Liebe, so muss Liebe mit dem Mittel der Abwechslung erzeugt werden« (KS 144).

Viele dieser Koituspositionen (*bandhas*) scheinen sich zu überschneiden oder ineinander überzugehen; das legt nahe, dass man sich innerhalb eines Geschlechtsakts nicht auf eine Position beschränken, sondern deren Mannigfaltigkeit nutzen soll. Mit anderen Worten: In jedem konkreten Akt kann eine Reihe von *bandhas* ästhetisch arrangiert werden als Abfolge von tänzerischen Schritten in einer Choreographie des sexuellen Ereignisses. Der Wechsel der Stellungen bringt Abwechslung und hilft den Akt zu verlängern durch Verzögerung des männlichen Samenergusses; zugleich hat er eine symbolische Ebene durch die Namen der Positionen und die damit verknüpften Assoziationen. Indem man zum Beispiel »nacheinander die« ›Fisch‹-, ›Schildkröten‹-, ›Rad‹- und ›Muschel‹-Stellung (*mātsya, kaurma, cakra, śankhabanda*) einnimmt, identifiziert man sich mit den ersten vier Verkörperungen Vishnus« (Comfort 1965: 63). Solche nach Tieren benannten Positionen ermuntern die Liebenden darüber hinaus, »die Eigenschaften der verschiedenen Tiere« nachzuspielen, »indem man sich wie sie verhält« (KS 152) und so dem sexuellen Ereignis eine weitere Dimension kunstvoller Darstellung hinzufügt.

Es ist eine zentrale Erkenntnis der asiatischen Kulturen, dass derartige ästhetische Ritualisierung auf kunstvolle Weise die grundlegenden Lebensfunktionen verwandelt; dies anzuerkennen, könnte keine schlechte Therapie darstellen für unsere ausgeprägt platonisch-kantianische Tradition, die auf den Entgegensetzungen von Kunst und Leben, Schönem und Zweckmäßigem beruht. Die Transfiguration des Alltäglichen durch Kunst verlangt nicht notwendig die Erzeugung fiktionaler Gegenstücke zur realen Welt; es genügen die intensivierte Erfahrung und der bewusst stilisierte Vollzug der gewöhnlichen Lebenspraktiken (Liebe machen ebenso wie Tee trinken), um solche Handlungen mit eigenartiger Schönheit, Lebendigkeit und Bedeutung zu erfüllen. Umgekehrt kann solche Veränderung des realen Handelns die fiktionalen Welten der Kunst inspirieren.

Einheit in der Mannigfaltigkeit ist eine der bekanntesten Definitionen von Schönheit in unserer Tradition. In den erotischen Künsten Indiens findet sich die Einheit der Vielfalt nicht nur in der Unterschiedlichkeit der Umarmungen, Küsse, Zeitbezüge, Liebeslaute und Koitalpositionen (die oralen und analen Verkehr einschließen) sowie der Weisen zu beißen, kratzen und das Haar zu streicheln, sogar in wechselnden Arten, den Penis in der Vagina zu bewegen; das Prinzip regiert auch die Form, wie diese verschiedenen Muster der Vielfalt zu einer ästhetischen Gesamtheit zusammengefügt werden und so, mit den Worten eines Interpreten, eindeutig »eine elaborierte sexuelle Gefühlserfahrung als Kunstwerk« schaffen (Comfort 1965: 49). Sexuelles Handeln wird gesteigert und harmonisiert, indem man genau darauf achtet, welche Elemente der unterschiedlichen Muster am besten zusammen passen, um das Begehren gleichermaßen anzuregen und zu befriedigen. Dabei ist Abwechslung zur Intensivierung des Vergnügens besonders wichtig, wenn man nur einen Partner hat; daher empfiehlt das *Ananga Ranga* seine Liebesregeln ausdrücklich, um die eheliche Treue zu halten.

Kognitiv und ethisch zielt die erotische Tradition Indiens auf deutlich mehr als eheliches Glück, das auf den Freuden der Liebe und dabei entstehenden intimen persönlichen Bindungen beruht. Weit über sexuelles und sinnliches Wohlgefühl hinaus bezieht sich *Kama* auf das ganze Gebiet der sinnlichen Wahrnehmung. Die vielseitige Anregung und Schärfung der Sinne durch die Liebeskunst, verbunden mit der Beherrschung und Verfeinerung einer ganzen Reihe komplexer Körperbewegungen und Stellungen, hat kognitive Folgen und verbessert notwendig die sensorischen und motorischen Fähigkeiten. Die Kultivierung der Wahrnehmung lehrt, dauerhafte Einstellungen wie wechselnde Gedanken und Gefühle anderer zu erkennen, um sie als Liebender angemessen zu beantworten. Beträchtliche Aufmerksamkeit gilt den Bewegungen und Expressionen, die den Charakter, die erotische Zugänglichkeit, Interessen, Neigungen, wechselnde Stimmungen und sexuelles Begehren einer Frau wie das Maß, in dem ihre Interessen und Leidenschaften befriedigt werden, anzeigen. Solches Wahrnehmungstraining fördert die Ausbildung ethischer Empfindsamkeit gegen andere in ihrer ganzen Verschiedenheit; das spiegelt sich wieder in den komplexen, vielschichtigen Klassifikationen unterschiedlicher Typen von Geliebten, aber auch von Vermittlern und Kurtisanen.[8] Umgekehrt werden Selbsterkenntnis und Selbstdisziplin auf ähnliche Weise vertieft und verfeinert durch erotische Praktiken, die unsere Begierden und Hemmungen prüfen, indem sie sie umformen; dabei wird unsere Selbstkontrolle getestet und ausdifferenziert durch die kunst- und genussvolle Beherrschung unserer Sinne und unserer Sinnlichkeit. Da »*Kama* das Vergnügen an angemessenen Objekten mittels der fünf Sinne – Hören, Fühlen, Sehen, Schmecken und Riechen –, unterstützt vom Geist zusammen mit der Seele, ist«, zielt seine Praxis in der Liebeskunst auf die differenzierte »Beherrschung der Sinne« (KS 102 f., 222). Welchen praktischen Wert diese Ziele kontrollierten sinnlichen Genießens auch haben mögen, sie sind ästhetischer Art.

Geprägt vom Modell der *scientia sexualis* mit der kartesianischen Idee des Körpers als Maschine, beschäftigt sich die westliche Kultur geradezu zwanghaft mit der Verbesserung des Sex durch mechanische, wahrnehmungsunabhängige Mittel (wie Tabletten, Gleitgels, Penisvergrößerung) und verschließt sich gegenüber den kunstvollen Techniken zur Verbesserung erotischer Erfahrung. Die indische erotische Theorie (zu der die drei hier diskutierten exemplarischen Texte gehören) kennt ebenfalls eine Fülle mechanischer Hilfsmittel (pharmakologische, prothetische und sogar magische) zur Erhöhung der sexuellen Leistungs- und Anziehungskraft; es dominiert jedoch die Kultivierung erotischer Kunstfertigkeit durch ästhetische Kompetenz und die Perfektionierung sensumotorischer Fähigkeiten für den Liebesakt. Es bleibt die Frage, ob sie auch als populäre Kunst ausgeübt werden kann.

Zweifellos repräsentiert der *nayaka* – der Gentleman oder wohlhabende Mann von Lebensart, an den sich das *Kama Sutra* in erster Linie wendet – nicht den Markt für populäre Künste, wenn man letztere eng auf die mittleren und unteren Sozialschichten bezieht. Der Tageslauf des *nayaka* ist bestimmt von den Aufgaben, sich zu pflegen, zu essen, zu ruhen, sich zu

---

8 Das *Kama Sutra* enthält auch ausführliche Empfehlungen zur ästhetischen Stilisierung des gesamten Lebens, nicht nur im erotischen Kontext. So enthält das Kapitel »Über die Hauseinrichtung und die Möblierung des Haushalts; und über das tägliche Leben eines Bürgers, seine Freunde, Vergnügungen usw.« Vorschläge, die Lebensverhältnisse und täglichen Routinen eines Gentleman oder wohlhabenden Mannes von Lebensart (so scheint mir der Sanskritausdruck *nayaka* besser übersetzt als mit ›Bürger‹) ästhetisch zu organisieren. Diese Lebensstilempfehlungen reichen von Waschungen, Kosmetik, Mahl- und Ruhezeiten bis zu Vergnügungen wie Festen, Trinkgelagen, Kunstdebatten und ästhetischem Zeitvertreib (Versspiele, sich mit Blumen schmücken).

erbauen und zu unterhalten – weit entfernt von jedem Gedanken an ermüdende Arbeit, um den Lebensunterhalt zu verdienen. Hätte ein gewöhnlicher Arbeiter genügend Zeit, Energie und weitere Ressourcen, um sich in den wohlgepflegten, entspannten, geduldigen und unterhaltsamen Liebhaber zu verwandeln, der der indischen *ars erotica* vorschwebt? Ihre Anforderungen an die Kenntnis der klassischen Künste und an weitere ästhetische Fähigkeiten stellen eine Hürde dar für große Teile der Bevölkerung, die aus ökonomischen und anderen sozialen Gründen vermutlich nicht die Bildungsmöglichkeit haben, diese Kennerschaft zu entwickeln. Auf ähnliche Weise könnten begrenzte ökonomische und kulturelle Mittel die Ausschmückung des ›Vergnügungsraums‹ verhindern, wo das Theater der Liebe stattfinden soll. Entstanden in einer höchst klassenbewussten Gesellschaft, bekennt sich das *Kama Sutra* unverhohlen dazu, dass Klassenunterschiede Grenzen für die Gestaltung der Liebe ziehen. Beispielsweise soll ein Mann beim Geschlechtsverkehr mit »einem weiblichen Dienstboten aus einer niedrigeren Kaste als der eigenen […] äußerliche Berührungen, Küsse und Zärtlichkeiten« vermeiden; er sollte nur bleiben, »bis das Begehren befriedigt ist«, und nicht mit postkoitalen Vergnügungen fortfahren (KS 169). Mehr noch: »Praktizieren des *Kama* mit Frauen höherer Kasten [als die des Mannes; R.S.] ist verboten« (KS 119), ebenso wie Oralverkehr für Brahmanen (KS 165).

Andererseits kennt zwar das *Kama Sutra* Sex mit mehreren Partnern (auch gleichzeitig), es gibt dem aber nicht solches Gewicht wie die klassischen chinesischen Texte es tun. Darüber hinaus haben sich die indischen Liebeskünste, wie bereits erwähnt, im Lauf der Zeit verändert; im *Ananga Ranga* dienen sie im Rahmen der Monogamie als Methode, um die Einehe mit erotischer Abwechslung zu würzen – das konnte sich auch ein einfacher Mann leisten.

Noch zwei weitere Argumente sprechen für die Möglichkeit, dass die indische Liebeskunst als Grundlage einer populären Kunst des Liebemachens dient. Erstens: Was die Probleme von künstlerischer Kompetenz, Freizeit und Ressourcen für die Gestaltung eines attraktiven Ambientes für die Liebe betrifft, so sollten wir uns bewusst machen, dass solche Bedingungen der Inszenierung keine Alles-oder-Nichts-Fragen sind; hier geht es um graduelle Unterschiede. Wo man an einfachste Verhältnisse gewohnt ist, kann das ärmste nackte Zimmer durch Blumenschmuck oder andere simple Ausschmückungen, die keine Reichtümer verlangen, besonders und reizvoll gemacht werden. Wenn nichts anderes zugänglich ist, kann die eigene Stimme als elementares Musikinstrument dienen; und ernst gemeinte Worte der Leidenschaft können poetisch klingen. Der menschliche Impuls, sein Leben und seine Umwelt anziehend zu gestalten, drängt zum Ausdruck, wie begrenzt die Mittel dafür auch sein mögen.

Zweitens: Es ist fragwürdig, populäre Kunst im Sinne einer bestimmten Unterschicht zu definieren, die das Volk ausmache. Wie Gramsci (1991: 195) bemerkt, ist »das Volk selbst kein homogenes kulturelles Kollektiv«. Vielmehr versteht er wie Bachtin das Populäre vor allem durch seinen Gegensatz zur offiziellen Kultur – ein Gegensatz, der oft mit einer derb verkörperten, belebenden Kraft ausgedrückt wird, deren karnevalesker Charakter uns die Grenzen offizieller Rollen vergessen lässt und uns durch sein Glücksversprechen für utopische Ideale öffnet. Aus der Sicht dieser Theoretiker sprechen populäre Vergnügungen alle Schichten der Gesellschaft an. Das gilt, so denke ich, auch für die Erotik.

Übersetzung: Kaspar Maase

Anhang

Literaturverzeichnis

Abrams, Jerold J. (2004), »Pragmatism, Artificial Intelligence, and Posthuman Bioethics. Shusterman, Rorty, Foucault«, *Human Studies*, Jg. 27, S. 241–258.
Adorno, Theodor W. (1967), »Résümé über Kulturindustrie«, in: Ders., *Ohne Leitbild*, Frankfurt/M., S. 60–70.
Alkemeyer, Thomas (2004), »Verkörperte Weltbilder. Sport als aufgeführte Mythologie«, in: Erika Fischer-Lichte/Clemens Risi/Jens Roselt (Hg.), *Kunst der Aufführung – Aufführung der Kunst*, Berlin, S. 210–225.
– (2006a), »Rhythmen, Resonanzen und Missklänge. Über die Körperlichkeit der Produktion des Sozialen im Spiel«, in: Robert Gugutzer (Hg.), *body turn. Perspektiven der Soziologie des Körpers und des Sports*, Bielefeld, S. 265–296.
– (2006b), »Lernen und seine Körper. Habitusformungen und -umformungen in Bildungspraktiken«, in: Barbara Friebertshäuser/Markus Rieger-Ladich/Lothar Wigger (Hg.), *Reflexive Erziehungswissenschaft. Forschungsperspektiven im Anschluss an Pierre Bourdieu*, Wiesbaden, S. 119–142.
Amann, Klaus/Hirschauer, Stefan (1997), »Die Befremdung der eigenen Kultur. Ein Programm«, in: Dies. (Hg.), *Die Befremdung der eigenen Kultur. Zur ethnographischen Herausforderung soziologischer Empirie*, Frankfurt/M., S. 7–52.
Anthony, David (1997), »The Helen Jewett Panic: Tabloids, Men, and the Sensational Public Sphere in Antebellum New York«, *American Literature*, Jg. 69, S. 487–514.
Arbuthnot, F.F./Burton, Richard (Hg.) (1964), *Ananga Ranga*, New York (= AR).
Arnheim, Rudolf (1978), *Kunst und Sehen. Eine Psychologie des schöpferischen Auges*, Neufassung, Berlin u.a.

Bacon-Smith, Camille (1992), *Enterprising Women. Television Fandom and the Creation of Popular Myth*, Philadelphia.
Banerji, S.C. (1980), *Crime and Sex in Ancient India*, Calcutta.
Barthelmes, Barbara (2006), »Sound Art – Klangkunst im musikwissenschaftlichen Diskurs«, in: Anne Thurmann-Jajes/Sabine Breitsameter/Winfried Pauleit (Hg.), *Sound Art. Zwischen Avantgarde und Popkultur*, Bremen, S. 37–50.
Bataille, Georges (1985), *Die Aufhebung der Ökonomie*, 2. Aufl. München
Baudrillard, Jean (1970), *La société de consommation, ses mythes, ses structures*, Paris.
– (1972), *Pour une critique de l'économie politique du signe*, Paris.

– (1978), *Kool Killer oder Der Aufstand der Zeichen*, Berlin.
Baumgärtner, Alfred Clemens (1965), *Die Welt der Comics. Probleme einer primitiven Literaturform*, Bochum.
Bausenwein, Christoph (1995), *Geheimnis Fußball. Auf den Spuren eines Phänomens*, Göttingen.
Bellebaum, Alfred/Muth, Ludwig (Hg.) (1996), *Leseglück. Eine vergessene Erfahrung?* Opladen.
Benatzky, Ralph (1926), »Das Geheimnis des Schlagers«, in: *Die Bühne*, Jg. 3, 100, S. 29.
Benjamin, Walter (1979), *Das Kunstwerk im Zeitalter seiner technischen Reproduzierbarkeit*, 11. Aufl. Frankfurt/M. [EA 1936].
Benthien, Claudia (2003), »Das Maskerade-Konzept in der psychoanalytischen und kulturwissenschaftlichen Theoriebildung«, in: Claudia Benthien/Inge Stephan (Hg.), *Männlichkeit als Maskerade. Kulturelle Inszenierungen vom Mittelalter bis zur Gegenwart*, Köln, S. 36–59.
Berger, John (1972), *Ways of Seeing*, London.
Berger, Peter (1967), *The Social Reality of Religion*, Harmondsworth.
Berlyne, Daniel E. (1971), *Aesthetics and psychology*, New York.
– (1974), *Konflikt, Erregung, Neugier. Zur Psychologie der kognitiven Motivation*, Stuttgart.
Bette, Karl-Heinrich (1989), *Körperspuren. Zur Semantik und Paradoxie moderner Körperlichkeit*, Berlin/New York.
Bill, Max (1957), *Die gute Form*, Winterthur.
Binas, Susanne (2000), *Sounds like Berlin*, http://www2.hu-berlin.de/fpm/popscrip/themen/7psto4/index.htm, [17.05.2007].
– (2002), »Sounds like Berlin: Organisationsformen und Binnenstrukturen des aktuellen lokalen Musikprozesses«, in: Christian Kaden/Volker Kalisch (Hg.), *Musik und Urbanität*, Essen, S. 198–206.
Binder, Beate u.a. (Hg.) (2005), *Ort. Arbeit. Körper. Ethnographie europäischer Modernen*, Münster.
Blamberger, Günter (2005), *Der Fußballer, ein antiparastatisches Genie: Über die Faszination riskanter Bewegungen* (unveröffentlichtes Vortragsmanuskript).
Bloch, Ernst (1977), *Das Prinzip Hoffnung*, Frankfurt/M.
Boehm, Gottfried (2008), Interview geführt von Birgit Richard für »Denken 3000«, in: Dies./Sven Drühl (Hg.), *Kunstforum International*, im Erscheinen.
Böhme, Gernot (1992), »Atmosphäre als Grundbegriff einer neuen Ästhetik«, *Kunstforum International*, 20. Jg., Nr. 120, S. 237–255.
– (1994), *Anthropologie in pragmatischer Hinsicht*, 4. Aufl. Frankfurt/M.
– (1995), *Atmosphäre. Essays zur neuen Ästhetik*, Frankfurt/M.
– (1998), »Das Ende der Üblichkeiten. 30 Jahre danach. Eine ethische Revolution als Umbruch der Sitten«, *Freitag*, Nr. 48, 20. November.
– (2001a), »Zur Kritik der ästhetischen Ökonomie«, *Zeitschrift für kritische Theorie*, Nr. 12, S. 69–82.

– (2001b), *Aisthetik. Vorlesungen über Ästhetik als allgemeine Wahrnehmungslehre*, München.
– (2002), »Somästhetik – sanft oder mit Gewalt?«, *Deutsche Zeitschrift für Philosophie*, Jg. 50, 5, S. 797–800.
Böhme, Hartmut/Böhme, Gernot (1985), *Das Andere der Vernunft. Zur Entwicklung von Rationalitätsstrukturen am Beispiel Kants*, Frankfurt/M.
Bohrer, Karl Heinz (1993), »Die Grenzen des Ästhetischen«, in: Wolfgang Welsch (Hg.), *Die Aktualität des Ästhetischen*, München, S. 48–64.
Bonz, Jochen (Hg.) (2001), *Sound Signatures. Pop Splitter*, Frankfurt/M.
Bordo, Susan (1999), *The Male Body*, New York.
Boschert, Bernhard (2003), »Körpergewissheit und performative Wende«, in: Thomas Alkemeyer u.a. (Hg.), *Aufs Spiel gesetzte Körper. Aufführungen des Sozialen in Sport und populärer Kultur*, Konstanz, S. 281–294.
Bourdieu, Pierre (1979), *Entwurf einer Theorie der Praxis*, Frankfurt/M.
– (1981), *Eine illegitime Kunst. Die sozialen Gebrauchsweisen der Photographie*, Frankfurt/M.
– (1982), *Die feinen Unterschiede. Kritik der gesellschaftlichen Urteilskraft*, Frankfurt/M.
– (1983), »Ökonomisches Kapital, kulturelles Kapital, soziales Kapital«, in: Reinhard Kreckel (Hg.), *Soziale Ungleichheiten*, Göttingen, S. 183–198.
– (1987), *Sozialer Sinn*, Frankfurt/M.
– (1990), *Was heißt sprechen? Die Ökonomie des sprachlichen Tausches*, Wien.
– (1992), *Rede und Antwort*, Frankfurt/M.
– (1998), *Praktische Vernunft*, Frankfurt/M.
– (2001), *Meditationen. Zur Kritik der scholastischen Vernunft*, Frankfurt/M.
Brunner, Karl-Michael (1987), »Körperspiel. Zum Phänomen der Fußballbegeisterung«, in: Jeff Bernard (Hg.), *Semiotica Austriaca. Angewandte Semiotik 9/10*, Wien, S. 447–456.
Bruns, Albert (2005), *Interview mit dem 1921 Geborenen am 5.12.2005 in Delmenhorst*.
Bubner, Rüdiger (1989), »Ästhetisierung der Lebenswelt«, in: Walter Haug/Rainer Warning (Hg.), *Das Fest*, München, S. 651–662.
Burton, Richard/Arbuthnot, F.F. (Hg.) (1988), *The Kama Sutra of Vatsyayana*, m.e. Vorwort v. W.G. Archer und einer Einführung von K.M. Panikkar, London (= KS).

Carroll, Noël (1998), *A Philosophy of Mass Art*, Oxford.
Clavier-Hamaide, Chantal (1996), »Gespräch mit Starck«, *Driade Edizioni,* Januar.
Cohen, Patricia Cline (1990), »The Helen Jewett Murder: Violence, Gender, and Sexual Licentiousness in Antebellum America«, *NWSA Journal* 2, S. 374–89.
– (1992), »Unregulated Youth: Masculinity and Murder in the 1830s City«, *Radical History Review*, Jg. 52, S. 33–52.

– (1998), *The Murder of Helen Jewett: The Life and Death of a Prostitute in Nineteenth-Century New York*, New York.

Cole, Shaun (2000), »Macho Man: Clones and the Development of a Stereotype«, *Fashion Theory*, Jg. 4, 2, S. 125–140.

Colin, Christine (1989*)*, *Starck*, Tübingen.

Comfort, Alex (Hg.) (1965), *The Koka Shastra* m.e. Vorwort v. W.G. Archer, New York (= KKS).

Conrads, Ulrich (Hg.) (1975), *Programme und Manifeste zur Architektur des 20. Jahrhunderts*, Braunschweig.

Corinth, Ernst (2006), »Kauf Dir eine Freundin! Fakeyourspace sorgt für mehr Beliebtheit im Netz«, in: Telepolis, 12.12.2006, http://www.heise.de/tp/r4/artikel/24/24183/1.html [23.12.2006].

Dettmar, Ute/Küpper, Thomas (Hg.) (2007), *Kitsch. Texte und Theorien*, Stuttgart.

Dewey, John (1987), *Art as Experience. The Later Works, 1925–1953. Vol. 10*, Carbondale [EA 1934].

Diederichsen, Diedrich (1999), *Der lange Weg nach Mitte. Der Sound und die Stadt*, Köln.

Dorschel, Andreas (2002), *Gestaltung. Zur Ästhetik des Brauchbaren*, Heidelberg.

Duden (2001), *Das Fremdwörterbuch*, 7. Aufl. Mannheim u.a.

Dunbar, Robin/Knight, Chris/Power, Camilla (Hg.) (1999), *The Evolution of Culture. An Interdisciplinary View*, Edinburgh.

Dyer, Richard (1977), »Entertainment and Utopia«, *Movie*, Jg.24, S. 2–13.

Eco, Umberto (1985), »*Casablanca*, or the Clichés Are Having a Ball«, in: Marshall Blonsky (Hg.), *On Signs*, Baltimore, S. 35–38.

– (1992), *Die Grenzen der Interpretation*, München.

– (Hg.) (2004), *Die Geschichte der Schönheit*, München/Wien.

Eisenstein, Sergej (1988), *Das dynamische Quadrat. Schriften zum Film*, Köln.

Elias, Norbert/Dunning, Eric (1986), *Quest for Excitement. Sport and Leisure in the Civilizing Process*, Oxford.

– (2003): »Zur Dynamik von Sportgruppen – unter besonderer Berücksichtigung von Fußballgruppen«, in: Dies., *Sport und Spannung im Zivilisationsprozess*, Frankfurt/M., S. 338–362.

Elmer, Jonathan (1995), *Reading at the Social Limit: Affect, Mass Culture, and Edgar Allan Poe*, Stanford.

Ernst, Wolfgang (2008), »Ästhetik der Datenbank«, Interview geführt von Birgit Richard für »Denken 3000«, in: Dies./Sven Drühl (Hg.), *Kunstforum International*, im Erscheinen.

Featherstone, Mike (1991), »Postmodernism and the aestheticization of everyday life«, in: Scott Lash/Jonathan Friedman (Hg.), *Modernity and Identity*, Oxford, S. 265–290.

Fechner, Gustav Theodor (1876), *Vorschule der Ästhetik*, 2 Teile, Leipzig.

Fischer-Lichte, Erika (2001), *Ästhetische Erfahrung*, Tübingen/Basel.
Fiske, John (1992), »The Cultural Economy of Fandom«, in: Lisa A. Lewis (Hg.), *The Adoring Audience. Fan Culture and Popular Media*, London/New York, S. 30-49.
Fluck, Winfried (1997), *Das kulturelle Imaginäre: Funktionsgeschichte des amerikanischen Romans, 1790–1900*, Frankfurt/M.
– (2003), » ›California Blue‹. Amerikanisierung als Selbst-Amerikanisierung«, in: Marcus S. Kleiner/Hermann Strasser (Hg.), *Globalisierungswelten. Kultur und Gesellschaft in einer entfesselten Welt*, Köln, S. 102–123.
– (2004), »Ästhetische Erfahrung und Identität«, *Zeitschrift für Ästhetik und Allgemeine Kunstwissenschaft*, Jg. 49, H. 1, S. 9–28.
– (2007), »The Search for an ›Artless Art‹: Aesthetics and American Culture«, in: Klaus Benesch/Ulla Haselstein (Hg.), *The Power and Politics of the Aesthetic in American Culture*, Heidelberg, S. 29–44.
Flusser, Vilém (2000), *Ins Universum der technischen Bilder*, Göttingen.
Foucault, Michel (1977), *Sexualität und Wahrheit. Erster Band: Der Wille zum Wissen*, Frankfurt/M.
– (1986), *Sexualität und Wahrheit. Zweiter Band: Der Gebrauch der Lüste*, Frankfurt/M.
– (2005a), »Sexuelle Wahl, sexueller Akt«, in: Ders., *Schriften in vier Bänden. Dits et Ecrits, Bd. IV 1980–1988*, hg. v. Daniel Defert und François Ewald, Frankfurt/M. 2005, S. 382–402.
– (2005b), »Zur Genealogie der Ethik: Ein Überblick über die laufende Arbeit«, in: Ders., *Schriften in vier Bänden. Dits et Ecrits, Bd. IV 1980–1988*, hg. v. Daniel Defert und François Ewald, Frankfurt/M. 2005, S. 461–498.
Frith, Simon (1992), »Zur Ästhetik der Populären Musik«, *Popscriptum*, 1/92, S. 68–88.
Frith, Simon/Goodwin, Andrew/Grossberg, Lawrence (Hg.) (1993), *Sound & Vision. The Music Video Reader*, London/New York.
Fromm, Erich (2007), *Die Kunst des Liebens*, 65. Aufl., Berlin.
FSB – Franz Schneider Brakel (Hg.) (1987), *Türklinken. Workshop in Brakel*, Köln.
Fuchs, Wolfgang J./Reitberger, Reinhold (1978), *Comics-Handbuch*, Reinbek.
Fuhr, Michael (2007), *Populäre Musik und Ästhetik. Die historisch-philosophische Rekonstruktion einer Geringschätzung*, Bielefeld.

Gapp, Christian (2006), »Von Hobby-Knipsern und Profi-Kriegern«, in: Telepolis, 19.08.2006, http://www.heise.de/tp/r4/artikel/23/23362/1.html [23.12.2006].
Gassner, Hubertus (2006), *Der Tagesspiegel*, 7. Okt., S. 23.
Gebauer, Gunter (1998a), »Sport – die dargestellte Gesellschaft«, *Paragrana. Internationale Zeitschrift für Historische Anthropologie*, Bd. 7, H. 1, S. 223–240.
– (1998b), »Hand und Gewissheit«, in: Ders. (Hg.), *Anthropologie*, Leipzig, S. 250–274.

– (2003), »Der Körper als Medium von Erkenntnis«, in: Thomas Alkemeyer u.a. (Hg.), *Aufs Spiel gesetzte Körper. Aufführungen des Sozialen in Sport und populärer Kultur*, Konstanz, S. 229–234.

– (2006), *Poetik des Fußballs*, Frankfurt/M./New York.

Gebauer, Gunter/Wulf, Christoph (1992), *Mimesis. Kultur, Kunst, Gesellschaft*, Reinbek.

Gebhardt, Winfried/Hitzler, Ronald/Pfadenhauer, Michaela (Hg.) (2000), *Events. Soziologie des Außergewöhnlichen*, Opladen.

Geertz, Clifford (1987), *Dichte Beschreibung. Beiträge zum Verstehen kultureller Systeme*, Frankfurt/M.

Gell, Alfred (1999), »The technology of enchantment and the enchantment of technology«, in: Ders., *The Art of Anthropology. Essays and Diagrams*, ed. by Eric Hirsch, London, S. 159–186.

GEO (1999), *Bewegungs-Genie Mensch. Wie klug unser Körper ist*, H. 8.

Gerritzen, Mieke (Hg.) (2001), *Everyone is a Designer! Manifest for the Design Economy*, Amsterdam.

Gillett, Charlie (1970), *The Sound of the City*, Frankfurt/M.

Giraud, Jean (1999), *Histoire de mon double*, Paris.

– (2005), *Inside Moebius. Tome 1*, Paris.

Göttlich, Udo/Winter, Rainer (2000): »Die Politik des Vergnügens. Aspekte der Populärkulturanalyse in den Cultural Studies«, in: Dies. (Hg.), *Politik des Vergnügens. Zur Diskussion der Populärkultur in den Cultural Studies*, Köln, S. 7–19.

Goffman, Erving (1974), *Das Individuum im öffentlichen Austausch*, Frankfurt/M.

Gramsci, Antonio (1995), *Selections from Cultural Writings*, Cambridge, Mass.

Grassi, Ernesto (1980), *Die Theorie des Schönen in der Antike*, Köln.

Grathoff, Richard (1989), *Milieu und Lebenswelt. Einführung in die phänomenologische Soziologie und die sozialphänomenologische Forschung*, Frankfurt/M.

Gross, Sabine (2001), »Das Buch in der Hand. Zum situativ-affektiven Umgang mit Texten«, in: Stiftung Lesen/DER SPIEGEL (Hg.), *Leseverhalten in Deutschland im neuen Jahrtausend*, Mainz/Hamburg, S. 175–197.

Grünewald, Dietrich (2000), *Comics*, Tübingen.

Guerra, Gustavo (2002), »Practicing Pragmatism. Richard Shusterman's Unbound Philosophy«, *Journal of Aesthetic Education*, Jg. 36, 4, S. 70–83.

Gugutzer, Robert (2002), *Leib, Körper und Identität. Eine phänomenologisch-soziologische Untersuchung zur personalen Identität*, Wiesbaden.

Gumbrecht, Hans Ulrich (1998a), »Kaskaden der Modernisierung«, in: Johannes Weiß (Hg.), *Mehrdeutigkeiten der Moderne*, Kassel, S. 17–41.

– (1998b), »Die Schönheit des Mannschaftssports: American Football – im Stadion und im Fernsehen«, in: Gianni Vattimo/ Wolfgang Welsch (Hg.), *Medien – Welten –Wirklichkeiten*, S. 201–228.

– (2005), *Lob des Sports*, Frankfurt/M.

Gyr, Ueli (2005), »Festivalisierung und Eventisierung als urbane Identitätsleistungen«, in: Binder u.a. (Hg.), S. 243–249.

Halttunen, Karen (1998), *Murder Most Foul. The Killer and the American Gothic Imagination*, Cambridge, Mass.

Harper, Donald (1987), »The Sexual Arts of Ancient China as Described in a Manuscript of the Second Century B.C.«, *Harvard Journal of Asian Studies*, Jg. 47, 2, S. 539–593.

Haug, Wolfgang Fritz (1971), *Kritik der Warenästhetik*, Frankfurt/M.

Hayes, Kevin J. (2000), *Poe and the Printed Word*, Cambridge.

Hayward, Philip (Hg.) (1998), *Sound Alliances. Indigenous Peoples, Cultural Politics and Popular Music*, London/New York.

Hein, Jakob (2006), *Herr Jensen steigt aus*. München/Zürich.

Hein, Michael/Hüners, Michael/Michaelsen, Torsten (Hg.) (2002), *Ästhetik des Comics*, Berlin.

Herzog, Markwart (2002), »Von der ›Fußlümmelei‹ zur ›Kunst am Ball‹. Über die kulturgeschichtliche Karriere des Fußballsports«, in: Ders. (Hg.), *Fußball als Kulturphänomen. Kunst – Kult – Kommerz*, Stuttgart, S. 11–43.

Hickethier, Knut (1998), »Theatervirtuosinnen und Leinwandmimen. Zum Entstehen des Stars im deutschen Film«, in Corinna Müller/Harro Segeberg (Hg.), *Mediengeschichte des deutschen Films*, Bd. 2, München, S. 333–358.

– (1999), »Orientierungsvermittlung, Verhaltensmodellierung, Sinnstiftung – Zu den gesellschaftlichen Funktionen der Medien«, *Medien + Erziehung*, Jg. 43, H. 6, S. 348–351.

– (2006), »Religion und Medien«, in: Wilhelm Gräb/Birgit Weyel (Hg.), *Religion in der modernen Lebenswelt. Erscheinungsformen und Reflexionsperspektiven*, Göttingen, S. 61–83.

– (2007), *Film- und Fernsehanalyse*, 4. überarb. Aufl., Stuttgart/Weimar.

Hiebler, Heinz (2005), »Der Sound zwischen technischen Möglichkeiten und kulturellen Ansprüchen – Eine Medienkulturgeschichte der Tonträger«, in: Harro Segeberg/Frank Schätzlein (Hg.), *Sound. Zur Technologie und Ästhetik des Akustischen in den Medien*, Marburg, S. 206–228.

Hirschauer, Stefan (2001), »Ethnografisches Schreiben und die Schweigsamkeit des Sozialen. Zu einer Methodologie der Beschreibung«, *Zeitschrift für Soziologie*, Jg. 30, H. 6, S. 429–451.

Hobsbawm, Eric (1995), *Das Zeitalter der Extreme*, München.

Horkheimer, Max/Adorno, Theodor W. (1969), *Dialektik der Aufklärung*, Frankfurt/M. [EA 1944].

Hornung, Maren (2006), *Telenovelas und Werbung – Verliebt in Berlin*. Unveröff. Magisterarbeit, Hamburg.

Hügel, Hans-Otto (1993), »Ästhetische Zweideutigkeit der Unterhaltung. Eine Skizze ihrer Theorie«, *montage/av*, Jg. 2, H. 1, S. 119–141.

– (2003a), Art. »Unterhaltung«, in: Ders. (Hg.), *Handbuch Populäre Kultur*, Stuttgart, S. 73–82.

– (2003b), »Einführung«, in: Ders. (Hg.), *Handbuch Populäre Kultur*, Stuttgart, S. 1–22.
– (2004), »Weißt Du wie viel Sterne stehen? Zu Begriff, Funktion und Geschichte des Stars«, in: Claudia Bullerjahn/Wolfgang Löffler (Hg.), *Musikermythen: Alltagstheorien, Legenden und Medieninszenierungen*, Hildesheim u.a., S. 265–293.

Iseminger, Gary (2003), »Aesthetic Experience«, in: Jerrold Levinson (Hg.), *The Oxford Handbook of Aesthetics*, Oxford, S. 99–116.

Jay, Martin (2002), »Somaesthetics and Democracy. Dewey and Contemporary Body Art«, *Journal of Aesthetic Education*, Jg. 36, 4, S. 55–69.

Jenkins, Henry (1992), *Textual Poachers. Television Fans and Participating Culture*, New York/London.

Joas, Hans (1980), *Die Kreativität des Handelns*, Frankfurt/M.

Joop, Wolfgang (2001), „Lesben sind die letzten Männer", *Der Spiegel*, Nr. 13.

Junghanns, Wolf Dietrich (1999), »Körpergegenwart: Sinnlicher Eindruck und symbolischer Ausdruck im Sport«, *Berliner Debatte INITIAL*, Jg. 10, H. 6, S. 3–21.

Juretzka, Christa (1990), »Ästhetik und Standardbildung. Nachdenken über eine Annäherung an moderne massenkünstlerische Prozesse«, *Beiträge zur Film- und Fernsehwissenschaft*, Jg. 31, H. 37, S. 30–49.

Kant, Immanuel (1974), *Kritik der Urteilskraft* [= Werke, Bd. X, ed. Weischedel], Frankfurt/M.

Kleimann, Bernd (2002), *Das ästhetische Weltverhältnis. Eine Untersuchung zu den grundlegenden Dimensionen des Ästhetischen*, München.

Klein, Gabriele (1999), *Electronic Vibration. Pop Kultur Theorie*, Hamburg.

Kleiner, Marcus S./Szepanski, Achim (Hg.) (2003), *Soundcultures. Über elektronische und digitale Musik*, Frankfurt/M.

Knieper, Thomas (2005), »Krieg ohne Bilder«, in: Ders./Marion G. Müller (Hg.), *War Visions. Bildkommunikation und Krieg*, Köln, S. 7–21.

Knigge, Andreas (1996), *Comics. Vom Massenblatt ins multimediale Abenteuer*, Reinbek.

Knorr-Cetina, Karin (unter Mitarbeit von K. Amann, S. Hirschauer, K.-H. Schmidt) (1988), »Das naturwissenschaftliche Labor als Ort der ›Verdichtung‹ von Gesellschaft«, *Zeitschrift für Soziologie*, Jg. 17, H. 2, S. 85–101.

Köhler, Wolfgang (1971), *Die Aufgabe der Gestaltpsychologie*, Berlin u.a.

Komar & Melamid (1997), *The Most Wanted – The Most Unwanted Painting*, hg. v. Evelyn Weiss, Köln.

Korff, Gottfried (1992), »Notizen zur Dingbedeutsamkeit«, in: *13 Dinge. Form Funktion Bedeutung. Katalog zur gleichnamigen Ausstellung im Museum für Volkskultur in Württemberg*, Stuttgart, S. 8–17.

Kosch, Günter/Nagl, Manfred (1993), *Der Kolportageroman. Bibliographie 1850 bis 1960*, Stuttgart/Weimar.

Kracauer, Siegfried (1976), *Jacques Offenbach und das Paris seiner Zeit*. Schriften, hg. v. Karsten Witte, Bd. 8, Frankfurt/M.

Krais, Beate (2003), »Male Passions: Soccer as Performance of Masculinity«, in: Organizing Committee of the Symposium of Sendai College (Hg.), *Proceedings of the International Symposium on Soccer and Society, May 24th and 25th 2002*, Sendai, S. 71–77.

Kramer, Karl-S. (1955), »Dingbedeutsamkeit. Zur Geschichte des Begriffs und seines Inhaltes«, *Anzeiger des Germanischen Nationalmuseums*, S. 22–35.

Kramer, Susanne (1996), *Lesen im Alltag. Persönliche Mitteilungen über Erlebnisse und Erfahrungen mit Literatur*, Diss. Univ. Hamburg.

Kreisky, Eva/Spitaler, Georg (Hg.) (2006), *Arena der Männlichkeit. Über das Verhältnis von Fußball und Geschlecht*, Frankfurt/M.

Krischke-Ramaswamy, Mohini (2007), *Populäre Kultur und Alltagskultur. Funktionelle und ästhetische Rezeptionserfahrungen von Fans und Szenegängern*, Konstanz.

Lakoff, George/Johnson, Mark (2000), *Leben in Metaphern. Konstruktion und Gebrauch von Sprachbildern*, Heidelberg.

Latour, Bruno (2002), *Die Hoffnung der Pandora*, Frankfurt/M.

Lehuu, Isabelle (2000), *Carnival on the Page. Popular Print Media in Antebellum America*, Chapel Hill.

Levine, Lawrence (1988), *Highbrow/Lowbrow. The Emergence of Cultural Hierarchy in America*, Cambridge, MA.

Lewis, Paul (2003), »A Wild and Homely Narrative: Resisting Argument in ›The Black Cat‹«, in, Hermann Josef Schnackertz (Hg.), *POEtic Effect and Cultural Discourses*, Heidelberg, S. 61–84.

Liebman, Sheldon W. (1970), »Poe's Tales and his Theory of the Poetic Experience«, *Studies in Short Fiction*, Jg. 7, Nr. 1, S. 582–596.

Light, Andrew M./Smith, Jonathan (Hg.) (2005), *The Aesthetics of Everyday Life*, New York.

Lindemann, Gesa (2005), »Die Verkörperung des Sozialen. Theoriekonstruktionen und empirische Forschungsperspektiven«, in: Markus Schroer (Hg.), *Soziologie des Körpers*, Frankfurt/M., S. 114–138.

Lindner, Rolf (2000), *Die Stunde der Cultural Studies*, Wien.

– (2002), »Klänge der Stadt«, in: Christian Kaden/Volker Kalisch (Hg.), *Musik und Urbanität*, Essen, S. 171–176.

Lippard, George (1845), *The Monks of Monk Hall*, New York (ND 1970).

Lowry, Stephen (2003a), »Image«, in: Hans-Otto Hügel (Hg.), *Handbuch Populäre Kultur*, Stuttgart/Weimar, S. 259–262.

Lowry, Stephen (2003b), »Star«, in: Hans-Otto Hügel (Hg.), *Handbuch Populäre Kultur*, Stuttgart/Weimar, S. 441–445.

Luhmann, Niklas (1996), *Die Realität der Massenmedien*, 2. erweiterte Auflage, Opladen.

Lyotard, Jean-François (1986), »Grundlagenkrise«, *Neue Hefte für Philosophie*, Jg. 26, S. 1–33.

Maase, Kaspar (1992), *BRAVO Amerika. Erkundungen zur Jugendkultur der Bundesrepublik in den fünfziger Jahren*, Hamburg.

– (1997), *Grenzenloses Vergnügen. Der Aufstieg der Massenkultur 1850–1970*, Frankfurt/M.

– (2000), »›... ein unwiderstehlicher Drang nach Freude‹ – Ästhetische Erfahrung als Gegenstand historischer Kulturforschung«, *Historische Anthropologie*, Jg. 8, H. 3, S. 432–444.

– (2001), »Einleitung: Schund und Schönheit. Ordnungen des Vergnügens um 1900«, in: Ders./Wolfgang Kaschuba (Hg.), *Schund und Schönheit. Populäre Kultur um 1900*, Köln, S. 9–28.

– (2004), »Der Banause und das Projekt schönen Lebens. Überlegungen zu Bedeutung und Qualitäten alltäglicher ästhtetischer Erfahrung«, *Kulturation*, http://www.kulturation.de [26.11.2007].

– (2005), »Hunger nach Schönheit. Überlegungen zur Ästhetik des Alltags«, in: Binder u.a. (Hg.), S. 283–290.

– (2006), »Reiz der Alltagsdinge. Zur Ästhetisierung der Lebenswelt in den Nachkriegsjahren«, in: Dirck Linck/Gert Mattenklott (Hg.), *Abfälle. Stoff- und Materialpräsentation in der deutschen Pop-Literatur der 60er Jahre*, Hannover-Laatzen, S. 91–106.

– (2007), »Nützlich? Angenehm? Schön? Überlegungen zur Ästhetik im Alltag«, in: Karl Eibl/Katja Mellmann/Rüdiger Zymner (Hg.), *Im Rücken der Kulturen*, Paderborn, S. 89–111.

Maase, Kaspar/Kaschuba, Wolfgang (Hg.) (2001), *Schund und Schönheit. Populäre Kultur um 1900*, Köln.

Maeda, John (2006), *The Laws of Simplicity*, Cambridge, Mass.

Marcuse, Herbert (1978), *Triebstruktur und Gesellschaft*, Frankfurt/M. [EA: Eros and Civilisation, 1955].

Martindale, Colin (1984), »The Pleasures of Thought: A Theory of Cognitive Hedonics«, *The Journal of Mind and Behavior*, Jg. 5, H. 1, S. 49–80.

Marx, Karl (1962), *Das Kapital. Erster Band*. Marx-Engels-Werke, Bd. 23, Berlin/DDR.

May, Karl (1894), *In den Cordilleren. Gesammelte Reiseerzählungen*, Bd. 13, Freiburg.

McCloud, Scott (1993), *Understanding Comics. An Invisible Art*, Northampton, MA.

Mead, George Herbert (1973), *Geist, Identität und Gesellschaft aus der Sicht des Sozialbehaviorismus*, Frankfurt/M.

Merleau-Ponty, Maurice (1976), *Phänomenologie der Wahrnehmung*, Berlin.

Meuser, Michael (2004), »Zwischen ›Leibvergessenheit‹ und ›Körperboom‹. Die Soziologie und der Körper«, *Sport und Gesellschaft*, Jg. 1, H. 3, S. 197–218.

Meyer, Johann Jakob (2003), *Sexual Life in Ancient China*, 2 Bde, London.

Mitchell, William J. (1990), »Was ist ein Bild?«, in: Volker Bohn (Hg.), *Bildlichkeit*, Frankfurt/M.

Moore, R. Laurence (1994), *Selling God. American Religion in the Marketplace of Culture*, New York.

Moorstedt, Tobias (2006), »New Blogs On The Kids. Neun Thesen zur Blogosphäre«, *Süddeutsche Zeitung*, Nr. 279, S. 33, http://jetzt.sueddeutsche.de/texte/anzeigen/349449 [23.12.2006].

Müller-Seidel, Walther (1969), *Probleme der literarischen Wertung*, 2. Aufl., Stuttgart.

Mullis, E. (2006), »Performative Somaesthetics«, *Journal of Aesthetic Education*, Jg. 36, 4, S. 104–117.

Neumann, Eckhard (1996), *Funktionshistorische Anthropologie der ästhetischen Produktivität*, Berlin.

Nietzsche, Friedrich (1968), »Zur Genealogie der Moral«, in: Ders., *Werke, Kritische Gesamtausgabe*, hg. v. Giorgio Colli und Mazzino Montinari, sechste Abteilung, zweiter Band, Berlin, S. 259–430.

Ong, Walter J. (1987), *Oralität und Literalität. Technologisierung des Wortes*, Opladen.

O'Reilly, Tim (2005), »What is Web 2.0. Design Patterns and Business Models for the Next Generation of Software«, in: Oreillynet, 22.12.2005, http://www.oreillynet.com/pub/a/oreilly/tim/news/2005/09/30/what-isweb-20.html

Paál, Gabor (2003), *Was ist schön? Ästhetik und Erkenntnis*, Würzburg.

Pallowski, Katrin (2005), »Der populare Luxusgeschmack«, in: Binder u.a. (Hg.), S. 291–299.

Paris, Rainer (2004), »Ein Ball«, *Merkur. Zeitschrift für europäisches Denken*, H. 668, S. 1020–1025.

Peper, Jürgen (2002), *Ästhetisierung als Aufklärung. Unterwegs zur demokratischen Privatkultur*, Berlin.

Pfleiderer, Martin (2003), »Sound. Anmerkungen zu einem populären Begriff«, in: Thomas Phleps/Ralf von Appen (Hg.), *Pop Sounds. Klangtexturen in der Pop- und Rockmusik*, Bielefeld, S. 19–29.

Phleps, Thomas/von Appen, Ralf (Hg.) (2003), *Pop Sounds. Klangtexturen in der Pop- und Rockmusik*, Bielefeld.

Platon (1957), »Symposion«, in: *Sämtliche Werke* 2, Übersetzung von Friedrich Schleiermacher, hg. v. Walter F. Otto, Ernesto Grassi, Gert Plamböck, Reinbek, S. 203–250.

– (1971), *Der Staat*. Übersetzung von Friedrich Schleiermacher, bearb. v. Dietrich Kurz, Darmstadt.

Platthaus, Andreas (1998), *Im Comic vereint. Eine Geschichte der Bildgeschichte*, Berlin.

– (Hg.) (2003), *Moebius Zeichenwelt*, Frankfurt/M.

Poe, Edgar Allan (1984), »How to Write a Blackwood Article«, in: *Edgar Allan Poe. Poetry and Tales,* New York, S. 278–297.
- (1958), »The Mystery of Marie Roget. A Sequel to ›The Murders in the Rue Morgue‹«, in: *The Complete Poems and Stories of Edgar Allan Poe, Vol. 1,* Hg. Arthur Hobson Quinn, New York, S. 396–433.

Proust, Marcel (1987), *A la recherche du temps perdu, I. Edition publiée sous la direction de Jean-Yves Tadié,* Paris.

Rammert, Werner (2001), *Technik in Aktion: Verteiltes Handeln in soziotechnischen Konstellationen,* Opladen.

Reckziegel, Ina (2003), »Die Nase entscheidet mit. Geruch und Haptik als verkaufsfördernde Elemente«, *Frankfurter Allgemeine Zeitung,* 12. August.

Rexroth, Tillman (1974), *Warenästhetik-Produkte und -Produzenten. Zur Kritik einer Theorie W. F. Haugs,* Kronberg/Ts.

Reynolds, David (1982), *George Lippard,* Boston.
- (1989), *Beneath the American Renaissance. The Subversive Imagination in the Age of Emerson and Melville,* Cambridge.
- (1997), »Black Cats and Delirium Tremens: Temperance and the American Renaissance«, in: Ders./Debra Rosenthal (Hg.) *The Serpent in the Cup. Temperance in American Literature,* Amherst, Mass., S. 22–59.
- (Hg.) (1986), *George Lippard. Prophet of Protest. Writings of an American Radical, 1822–1854,* New York.

Reynolds, David/Gladman, Kimberly R., (2002), »Introduction«, in: George Thompson, *Venus in Boston and Other Tales of Nineteenth-Century City Life,* Amherst, Mass., S. IX–LIV.

Richard, Birgit (2005), »Beckham's Style Kicks! Die metrosexuellen Körperbilder der Jugendidole«, in: Klaus Neumann-Braun/Birgit Richard (Hg.), *Coolhunters. Jugendkulturen zwischen Medien und Markt,* Frankfurt/M., S. 244–258.

Richard, Birgit/Grünwald, Jan/Betten, Inga (2007), »Uniformität ist bilderfreundlich! Vestimentäre und choreographische Strategien als Aneignung von Nicht-Orten im Musikvideo«, in: Gabriele Mentges/Dagmar Neuland/Birgit Richard (Hg.), *Unifomierung, Kostümierung und Maskerade,* Münster.

Richard, Birgit/Zaremba, Jutta (2007), *Hülle und Container,* München.

Richter, Klaus (1999), *Die Herkunft des Schönen. Grundzüge der evolutionären Ästhetik,* Mainz.

Riha, Karl (1970), *Zok roarr wumm. Zur Geschichte der Comics-Literatur,* Steinbach.

Rittner, Volker (1983), »Zur Soziologie körperbetonter sozialer Systeme«, *Kölner Zeitschrift für Soziologie und Sozialpsychologie,* Sonderheft 25, S. 233–255.

Rösing, Helmut (1996), »Klangfarbe III.2: Sound in der Populären Musik«, in: *Die Musik in Geschichte und Gegenwart,* Sachteil, Bd. 5, hg. v. Ludwig Finscher, 2. Aufl.,Kassel, Sp. 158/159.

– (2005), »›Das klingt so schön hässlich‹. Anmerkungen zur Relativität des Schönheitsbegriffs aus musiksoziologischer Sicht«, in: Ders. (Hg.), *Das klingt so schön hässlich. Gedanken zum Bezugssystem Musik*, Bielefeld, S. 195–206.

Ruchatz, Jens (2005), »Der Ort des Populären«, in: Gereon Blaseio/Hedwig Pompe/Jens Ruchatz (Hg.), *Popularisierung und Popularität*, Köln, S. 139–145.

Ryle, Gilbert (1969), *Der Begriff des Geistes*, Stuttgart.

Sachs-Hombach, Klaus (Hg.) (2005), *Bildwissenschaft. Disziplinen, Themen, Methoden*, Frankfurt/M.

Sandbothe, Mike (1997), »Interaktivität – Hypertextualität – Transversalität. Eine medienphilosophische Analyse des Internet«, in: Stefan Münker/Alexander Roesler (Hg.), *Mythos Internet*, Frankfurt/M., S. 56–82.

Schlaffer, Hannelore (1996), *Schönheit. Über Sitten und Unsitten unserer Zeit*, München.

Schmidt, Petra (2007), »Der neue Markt«, *Art. Das Kunstmagazin*, Nr. 4, S. 60/61.

Schmidt, Robert (2006), »›Geistige Arbeit‹ als körperlicher Vollzug. Zur Perspektive einer vom Sport ausgehenden praxeologischen Sozialanalyse«, in: Robert Gugutzer (Hg.), *body turn. Perspektiven einer vom Sport ausgehenden Soziologie des Körpers und des Sports*, Bielefeld, S. 297–319.

– (2007), »Die Verheißungen eines sauberen Kragens. Zur materiellen und symbolischen Ordnung des Büros«, in: Evamaria Heisler/Elke Koch/Thomas Scheffer (Hg.), *Drohung und Verheißung. Mikroprozesse in Verhältnissen von Macht und Subjekt*, Freiburg, S. 111–135.

Schmiedke-Rindt, Carina (1998), »*Express Yourself – Madonna Be With You*«. *Madonna-Fans und ihre Lebenswelt*, Augsburg.

Schmiedt, Helmut (1996), *Ringo in Weimar. Begegnungen zwischen Hochliteratur und Popularkultur*, Würzburg.

Schmitt, Caspar (2007), »Referenz: Rosenkranz, Karl (1853)«, http://www.nadir.org/nadir/periodika/jungle_world/_98/37/04a.htm [29.04.2007].

Schmitz, Hermann (1998), *Der Leib, der Raum und die Gefühle*, Ostfildern.

Schneider, Albrecht (2002), »Klanganalyse als Methodik der Popularmusikforschung« in: Helmut Rösing/Albrecht Schneider/Martin Pfleiderer (Hg.), *Musikwissenschaft und populäre Musik. Versuch einer Bestandsaufnahme*, Frankfurt/M., S. 107–129.

Schneider, Norbert (1996), *Geschichte der Ästhetik von der Aufklärung bis zur Postmoderne. Eine paradigmatische Einführung*, Stuttgart.

Schnell, Ralf (2000), *Medienästhetik. Zur Geschichte und Theorie audiovisueller Wahrnehmungsformen*, Stuttgart/Weimar.

Schön, Erich (1997), »Publikum und Roman im 18. Jahrhundert«, in: Hans-Wolf Jäger (Hg.), *›Öffentlichkeit‹ im 18. Jahrhundert*, Göttingen, S. 295–326.

Scholz, Gudrun (1984), »Aus der Designgeschichte der Übergänge«, *Zeitschrift für Kunstpädagogik*, 13. Jg., H. 3, S. 24 f.

Schopenhauer, Arthur (1960), *Die Welt als Wille und Vorstellung* I (= Sämtliche Werke, hg. v. Wolfgang Frhr. v. Löhneysen, Bd. I), Stuttgart/Frankfurt/M.

Schütz, Alfred/Luckmann, Thomas (1979), *Strukturen der Lebenswelt*, Frankfurt/M.

Schulte-Sasse, Jochen (1976), *Literarische Wertung*. 2. Aufl., Stuttgart.

Schultze, Ernst (1911), *Die Schundliteratur. Ihr Wesen, ihre Folgen, ihre Bekämpfung*, 2. Aufl., Halle.

Schulze, Gerhard (1992), *Die Erlebnisgesellschaft. Kultursoziologie der Gegenwart*, Frankfurt/New York.

– (1999), *Kulissen des Glücks. Streifzüge durch die Eventkultur*, Frankfurt/New York.

Schutte, Sabine (1987), »Untersuchungen zur Entstehung und Funktion ›populärer‹ Musikformen vom ausgehenden 18. Jahrhundert bis zum Ende der Weimarer Republik«, in: Dies. (Hg.), *Ich will aber gerade vom Leben singen ... Über populäre Musik vom ausgehenden 18. Jahrhundert bis zum Ende der Weimarer Republik*, Reinbek, S. 10–57.

Seel, Martin (2000), *Ästhetik des Erscheinens*, München/Wien.

Segeberg, Harro/Schätzlein, Frank (Hg.) (2005), *Sound. Zur Technologie und Ästhetik des Akustischen in den Medien*, Marburg.

Shaftesbury, Anthony Earl of (1990), »Die Moralisten. Eine philosophische Rhapsodie oder Unterredungen über Gegenstände der Natur und Moral«, in: Ders., *Der gesellige Enthusiast. Philosophische Essays*, hg. v. Karl-Heinz Schwabe, München/Leipzig/Weimar, S. 41–209.

Shepherd, John (1992), *Warum Popmusikforschung?*, in: Pop Scriptum 1/92, S. 43–67, http://www2.hu-berlin.de/fpm/texte/shepherd.htm

Shusterman, Richard (1994), *Kunst leben. Die Ästhetik des Pragmatismus*, Frankfurt/M.

– (2000), »Somaesthetics and Care of the Self. The Case of Foucault«, *Monist*, Jg. 83, S. 530–551.

– (2001), *Philosophie als Lebenspraxis*, Berlin.

– (2005), *Leibliche Erfahrung in Kunst und Lebensstil*, Berlin.

– (2006), »Auf der Suche nach der ästhetischen Erfahrung. Von Analyse zum Eros«, *Deutsche Zeitschrift für Philosophie*, Jg. 54, 1, S. 3–20.

– (2007), »Asian *Ars Erotica* and the Question of Sexual Aesthetics«, *Journal of Aesthetics and Art Criticism* Jg. 65, S. 55–68.

– (2008), *Body Consciousness: A Philosophy of Mindfulness and Somaesthetics*, Cambridge.

Smuda, Manfred (1970), »Variation und Innovation. Modelle literarischer Möglichkeiten der Prosa in der Nachfolge Edgar Allan Poes«, *Poetica* 3, S. 165–187.

Smudits, Alfred (2002), *Mediamorphosen des Kulturschaffens. Kunst und Kommunikationstechnologien im Wandel*, Wien.

Sobchak, Vivian (1992), *The Address of the Eye. A Phenomenology of Film Experience*, Princeton.

Sombart, Werner (1983), *Liebe, Luxus und Kapitalismus. Über die Entstehung der modernen Welt aus dem Geist der Verschwendung*, Berlin [EA: Luxus und Kapitalismus, 1913].

Sontag, Susan (1969), *Against Interpretation*, New York.

Spiegel 2006: »Fußball ist manchmal brutal« (Spiegel-Gespräch mit Herbert Hainer), *Der Spiegel*, Nr. 25, S. 88–90.

Stadler, Siegfried (2002), »Klingt nach Maiglöckchen. Der Geruch weckt die alten Bilder: In Halle wird multisensuelles Design gelehrt«, *Frankfurter Allgemeine Zeitung*, 9. August.

Stäheli, Urs (2000), »Die Politik des Vergnügens. Aspekte der Populärkulturanalyse in den Cultural Studies«, in: Udo Göttlich/Rainer Winter (Hg.), *Politik des Vergnügens. Zur Diskussion der Populärkultur in den Cultural Studies*, Köln, S. 321–336.

Stäheli, Urs (2005), »Das Populäre als Unterscheidung – Eine theoretische Skizze«, in: Gereon Blaseio/Hedwig Pompe/Jens Ruchatz (Hg.), *Popularisierung und Popularität*, Köln, S. 146–167.

Starck, Philippe (1991), *Starck in Wien*, Auszug aus dem Vortrag im Museum für Moderne Kunst in Bordeaux, März 1991.

Starck, Philippe (1996), Köln.

Starck, Philippe (2003a), Köln.

Starck, Philippe (2003b), »Möbel mit viel Moral«, *Die Zeit online*, Nr. 10, März.

Stashower, Daniel (2006), *The Beautiful Cigar Girl. Mary Rogers, Edgar Allan Poe and the Invention of Murder*, New York.

Streeby, Shelley (2002), *American Sensations. Class, Empire, and the Production of Popular Culture*, Berkeley.

Sturm, Hermann (Hg.)(1987), *Artistik. Jahrbuch für Ästhetik*, Bd. 2, Aachen.

Sütterlin, Christa (1994), »Kunst und Ästhetik«, in: Wulf Schiefenhövel u.a. (Hg.), *Gemachte und gedachte Welten. Der Mensch und seine Ideen*, Stuttgart, S. 95–119.

Sütterlin, Christa (2003), »From Sign and Schema to Iconic Representation. Evolutionary Aesthetics of Pictorial Art«, in: Eckart Voland/Karl Grammer (Hg.), *Evolutionary Aesthetics*, Berlin u.a., S. 131–169.

Texas Jack (1906), *Der berühmteste Indianer Kämpfer* (Nr 1: Serientitel: Mit Büchse und Lasso), Nr. 1 Ein Held von 16 Jahren; Nr. 6 Die Goldgräber von Arizona; Nr. 8 Das geheimnisvolle Schloß in Mexiko, Berlin.

Texas Jack (1930), *Der große Kundschafter*, Nr. 1 Ein Held von 16 Jahren; Nr. 2 Die Goldgräber von Arizona; Nr. 3 Das geheimnisvolle Schloß in Mexiko, Berlin.

Texas Jack (1932), *Der große Kundschafter*. Neue Folge; Nr. 1 Die Schlacht bei Fair Oaks, Berlin.

Théberge, Paul (1997), *Any Sound You Can Imagine. Making Music – Consuming Technology*, Hannover/London.

Thornhill, Randy (2003), »Darwinian Aesthetics Informs Traditional Aesthetics«, in: Eckart Voland/Karl Grammer (Hg.), *Evolutionary Aesthetics*, Berlin u.a., S. 9–35.

Thurmann-Jajes, Anne/Breitsameter, Sabine/Pauleit, Winfried (2006), *Sound Art. Zwischen Avantgarde und Popkultur*, Bremen.

Toffler, Alvin (1970), *Der Zukunftsschock. Strategien für die Welt von morgen*, München.

– (1980), *Die dritte Welle. Zukunftschance. Perspektiven für die Gesellschaft im 21. Jahrhundert*, München.

Toll, Robert C. (1976), *On With the Show. The First Century of Show Business in America*, Oxford.

Trondheim, Lewis (2001), *Approximativement*, Paris.

Ueding, Gert (1973), *Glanzvolles Elend. Versuch über Kitsch und Kolportage*, Frankfurt/M.

Upadya, S.C. (1963), *The Kama Sutra of Vatsyayana*, New York.

Van Gulik, Robert H. (2003), *Sexual Life in Ancient China. A Preliminary Survey of Chinese Sex and Society from ca. 1500 B.C. till 1644 A.D.*, Leiden.

Varnedoe, Kirk/Gopnik, Adam (Hg.) (1990), *Modern Art and Popular Culture. Readings in High and Low*, New York.

Veblen, Thorstein (1971), *Theorie der feinen Leute. Eine ökonomische Untersuchung der Institutionen*, München [EA: The Theory of the Leisure Class, 1898].

Vetemaa, Enn/Menschik, Kat (2001), *Die Nixen von Estland*, Frankfurt/M.

Von Appen, Ralf (2007), *Der Wert der Musik. Zur Ästhetik des Populären*, Bielefeld.

– Wacquant, Loïc (1996), »Auf dem Weg zu einer Sozialpraxeologie. Struktur und Logik der Soziologie Pierre Bourdieus«, in: Pierre Bourdieu/Loïc Wacquant (Hg.), *Reflexive Anthropologie*, Frankfurt/M., S. 95–249.

Wacquant, Loïc (2003), *Leben für den Ring. Boxen im amerikanischen Ghetto*, Konstanz.

Walker, Jill (2005), »Mirrors and Shadows: The Digital Aestheticisation of Oneself. Proceedings, Digital Arts and Culture«, in: Hdl-Handle, 23. 12. 2005, http://hdl. handle.net/1956/1136

Warshow, Robert (2001), *The Immediate Experience*, Cambridge, Mass.

Welsch, Wolfgang (1990a), »Ästhetik und Anästhetik«, in: Ders., *Ästhetisches Denken*, Stuttgart, S. 9–40.

– (1990b), *Ästhetisches Denken*, Stuttgart.

– (1993), »Das Ästhetische – eine Schlüsselkategorie unserer Zeit?«, in: Ders. (Hg.), *Die Aktualität des Ästhetischen*, München, S. 13–47.

– (1994), »Ästhet/hik. Ethische Implikationen und Konsequenzen der Ästhetik« in: Christoph Wulf/Dietmar Kamper/Hans Ulrich Gumbrecht (Hg.), *Ethik des Ästhetik*, Berlin, S. 3–22.

Werber, Niels (2001): »Der eingeschlossene ausgeschlossene Dritte der Systemtheorie«, http://homepage.ruhr-uni-bochum.de/niels.werber/Konstanz-Dritter.htm

Wex, Thomas (1999), »Ökonomik der Verschwendung. Batailles ›Allgemeine Ökonomie‹ und die Wirtschaftswissenschaft«, in: Andreas Hetzel/Peter Wichens (Hg.), *George Bataille. Vorreden zur Überschreitung*, Würzburg, S. 187–210.

Wicke, Peter (1992), »›Populäre Musik‹ als theoretisches Konzept«, *PopScriptum 1/92 – Begriffe und Konzepte*, S. 6–42, http://www2.hu-berlin.de/fpm/popscrip/themen/pst01/pst01010.htm [29.10.2007].

– (1993), *Vom Umgang mit Popmusik*, Berlin.

– (2001), »Klang-Konfigurationen und Soundtechnologien«, in: Ders. (Hg.), *Rock- und Popmusik. Handbuch der Musik im 20. Jahrhundert. Bd. 8*, Laaber, S. 23–41.

– (2003), »Popmusik in der Analyse«, in: http://www2.hu-berlin.de/fpm/texte/Analyse.htm [17.05.2007].

Wicke, Peter/Ziegenrücker, Kai-Erik und Wieland (1997), *Handbuch der populären Musik*, 3. überarbeitete und erweiterte Auflage, Mainz.

Wile, Douglas (1992), *Art of the Bedchamber. The Chinese Sexual Yoga Classics Including Women's Solo Meditation Texts*, Albany.

Williams, Raymond (1958), *Culture & Society 1780–1950*, New York.

Wingert, Lutz (2007), »Der Geist bleibt unfassbar«, *Die Zeit*, Nr. 36, 30. August.

Winter, Rainer (1995), *Der produktive Zuschauer. Medienaneignung als kultureller und ästhetischer Prozess*, München.

Wiseman, Rich (1988), *Neil Diamond: Solitary Star*, Toronto u.a.

Wittgenstein, Ludwig (2001), *Philosophische Untersuchungen. Kritisch-genetische Edition. Spätfassung*, Frankfurt/M.

Wolgast, Heinrich (1903), *Die Bedeutung der Kunst für die Erziehung*, Leipzig.

Zumthor, Paul (1990), *Einführung in die mündliche Dichtung*, Berlin.

Glossar

Affektivität: A. entsteht in der Beziehung zwischen einem als erregend identifizierten ›Reiz‹ und der auf diesen Stimulus ansprechenden Erregbarkeit des Adressaten. Sie steigert die Anschlussfähigkeit kultureller Phänomene. Empirisch sind →Allgemeinverständlichkeit und A. kaum zu trennen, analytisch betreffen sie unterschiedliche Kommunikationsebenen: Bezieht sich Allgemeinverständlichkeit auf die semantisch-hermeneutische Ebene, so A. auf die somatische: Pupillen weiten sich, kalter Angstschweiß tritt auf die Stirn. Im Sport lösen sich derartige somatische Effekte tendenziell, aber wohl niemals vollständig von der Bedeutungsvermittlung ab. Insbesondere in den diversen Spielarten des Risikosports (*Bungee-Jumping, Canyon-Crossing* und Ähnliches) werden sie selbstzweckhaft gesucht und erzeugt. (T.A.)

Allgemeinverständlichkeit: A. ist eine Säule der Anschlussfähigkeit kultureller Phänomene. Sie setzt breite Interpretierbarkeit voraus. Allgemeinverständlich ist, was sich – wie etwa der Sport – als Projektionsfläche für verschiedenartige Vorstellungen, Wünsche und Weltbilder eignet. Alle beziehen sich auf die selben Erscheinungen, meinen damit aber nicht unbedingt das selbe. Mehrdeutigkeit zeichnet alle möglichen Kulturphänomene aus. Im Fall der populären Kultur sind die Interpretationsspielräume jedoch besonders groß. (T.A)

Alltag: Gemeinhin wird darunter der Bereich menschlicher Tätigkeiten verstanden, der von Gewohnheiten und Routinen bestimmt ist, eher fraglos vollzogen wird und vor allem reproduktiven Zwecken dient. Gegenpole sind Fest und Feier auf der einen, kreative Arbeit auf der anderen Seite. Im Blick auf ästhetische →Erfahrung scheint es sinnvoll, *alltäglichen* Umgang mit →Schönheit typisierend von der *professionellen* Beschäftigung mit dem Schönen zu unterscheiden. Letztere ist charakterisiert durch Konzentration auf einzelne Werke, Fachwissen, hohen intellektuellen Anteil und Arbeitsförmigkeit, ersterer durch wechselnde Aufmerksamkeit, Suche nach starken Eindrücken und angenehmen Empfindungen, hohen Anteil der Körpers und der konkreten Situation am ästhetischen Vergnügen. (K.M.)

Ästhetik des Überschusses: In der klassischen ästhetischen Theorie gilt die Ökonomie der Mittel als ein Grundprinzip: Mit knappen Mitteln soll ein Optimum an Wirkung und Effekt erzielt werden. Gotthold Ephraim Lessing spricht deshalb auch davon, dass bei jedem künstlerischen Medium die für dieses Medium spezifischen Mittel verwendet werden sollen. Die populäre Kultur lebt dagegen von der Mischung der Formen, vom Mix der Genres, der Gestaltungsmittel, mischt die Traditionen der proletarischen und bäuerlichen Formen mit denen der Hochkultur. In der *Camp*-Version des Populären (Susan Sontag) wird der Kitsch als Form gefeiert. Die populären Medien spielen heute mit der daraus entstehenden Mehrdeutigkeit, den Zitaten und Anspielungen, von denen nicht alle verstanden werden müssen, die Witz, Reichtum und Genuss des Populären ausmachen. (K.H.)

Ästhetische Ökonomie: Durch diesen Begriff charakterisiert Gernot Böhme den aktuellen Zustand des fortgeschrittenen Kapitalismus. Nachdem die Befriedigung der elementaren Bedürfnisse geleistet ist oder jederzeit leicht zu bewerkstelligen ist, setzt der Kapitalismus auf einen bestimmten Typ von Bedürfnissen, die Böhme Begehrnisse oder Begierden nennt. Es sind solche, die dadurch, dass man ihnen entspricht, nicht zur Ruhe kommen, sondern vielmehr gesteigert werden. Sie sind es, die eine Marktsättigung verhindern und ein dauerndes Wirtschaftswachstum und damit den Fortbestand der kapitalistischen Wirtschaftsform ermöglichen. (G.B.)

Ästhetisierung: Unter Ästhetisierung wird landläufig Verschönerung verstanden. Als »Ästhetisierung der Lebenswelt« hat Rüdiger Bubner die allgemeine Verhübschung des Alltags bezeichnet. Heute ist darunter die Herrschaft des Design in allen Lebensbereichen zu verstehen. (G.B.)

Asubjektive Musik: Techno und andere Formen digitaler elektronischer Pop-Musik teilen mit Spielarten der Minimal Music das Ideal einer Musik, der man künstlerische Intentionen, ja alle subjektiven Entscheidungen und deren Spuren in der Dynamik der Musikperformance nicht (mehr) anhört. Ob ästhetische oder religiöse (wie bei manchen Minimal-Leuten) Gründe oder ob partytechnische, Drogenwirkungen verstärkende oder nachahmende Effektabsichten für dieses Ideal verantwortlich sind, verschwimmt bei den meisten Resultaten. In der Techno-Epoche hatte zudem eine poststrukturalistisch, zuweilen feministisch inspirierte Subjektkritik in der neuen digitalen Musik ihr ästhetisches Pendant zu finden geglaubt. (D.D.)

Beziehungsqualität, emotionale: Eigenschaft populärer Texte. Sie ermöglicht bei aller Fremdheit oder Exotik, die dargestellte Welt zwar nicht als eigene, aber als eine zu erleben, in der vom Leser gehandelt wird, seine Erfahrungen verhandelt werden. Insofern ist sie Voraussetzung für die aktive Beteiligung des Lesers am erzählten Geschehen. Die B. verlangt keine realistische Darstellung. Im Gegenteil. Je mehr die Darstellung ihren eigenen (Genre-)Gesetzen folgt, desto mehr bestätigende Welterfahrung ermöglicht sie. Dadurch macht sie die Lektüre beziehungsweise den Text leicht zugänglich und →unterhaltend, ohne dass beides leer oder nichtsagend wird. ›Emotional‹ wird die B. genannt, weil der populäre Text weder den Leser expliziter Belehrung aussetzt noch ihn aktiviert, indem er ihn (wie es Kunst tut) von der dargestellten Welt distanziert. Die Leseraktivität beruht beim populären Text gerade auf seiner Nähe zum Leser, auch wenn der Text – von der Oberfläche aus betrachtet – fern anmutet. So eingeschränkt, weil auf Bestätigung bezogen, der Horizont der zu machenden Erfahrung auch sein mag, ist die Lektüre doch nicht oder zumindest nicht in der Hauptsache auf Emotionsregulierung ausgerichtet. Die B. des populären Textes und damit seine Lektüre und die Lesemotivation sind nicht auf Triebabfuhr, *Mood Management* oder parasoziale Erfahrungen, sondern auf Wirklichkeit, auf Welterfahrung durch →Unterhaltung bezogen. (H.-O.H.)

Brauchbarkeit: Eigenschaft populärer Texte. Die B. beruht auf ihrer →Beziehungsqualität, die den Leser in der dargestellten Welt heimisch werden lässt. B. heißt aber nicht Anwendbarkeit. Das Populäre vermittelt nichts, was direkt im Alltag oder bei besonderen Gelegenheiten umsetzbar, anwendbar wäre. Der populäre Text belehrt nicht, sondern hat →Unterhaltungscharakter. Die B. eines Textes setzt voraus, dass die Erzählung in die gewohnte Welt des Lesers eingefügt werden kann; wenn dies zu reiner Anpassung, zu Indoktrination (von oben) oder (von unten) zur völligen rezepthaften, auf Lebenshilfe bezogenen Lesart führt, verliert der populäre Text seine ihn konstituierende Rezeptions-Offenheit. (H.-O.H.)

Dichotomische Methode: Egal, wie wir die Gestaltung deklarieren, ob zum Beispiel als *high* oder als *low*, wir brauchen die Dichotomie, um klar zu sehen, und das heißt nicht, um Gegensätze zu sehen (das macht die Dialektik), aber um Grenzen zu sehen und zu setzen (das macht die Dichotomie). Das Design braucht nicht die Dialektik, aber die Dichotomie. Ich nenne dies die dichotomische Methode. Das heißt, das Design muss Grenzen setzen, zum Beispiel Grenzen zur Wirtschaft, was das Konzept des Nutzers angeht (Nutzer statt Zielkonsument), oder auch was die Produkte angeht. Denn der Designer (das ist eine der Definitionen des →Schönen in der Gestalterästhetik) hat auch einen thematischen Auftrag, das heißt, er trägt eine Verantwortung für seine Produkte. (G.S.)

Effizienz (der Mittel): Entscheidendes Kriterium für die Qualität eines Kunstwerks. Im Falle des Comics etwa wird die durch die Zeichnung erzwungene Subjektivierung des Motivs ausgeglichen durch eine Objektivierung, die aus der Reduktion der Darstellung resultiert. Je weniger der Zeichner bildlich festhalten muss, um seinen Lesern das Erkennen einer Situation zu ermöglichen, desto geschickter hat er die Aufgabe gemeistert, seine eigene Darstellung des Geschehens durch die Vorstellungskraft des Betrachters ergänzen zu lassen. (A.P.)

Erfahrung, ästhetische: Ein grundlegendes und einflussreiches Konzept der ästhetischen Theorie, dessen genaue Bedeutung und dessen Grenzen jedoch stark umstritten sind. Nach der vorherrschenden Interpretation ist ä. E. charakterisiert durch Vergnügen, Werthaltigkeit, Bedeutung, Form und eine gesteigerte subjektive Empfindung, die sich auf ein Wahrnehmungsobjekt richtet – im Regelfall ein Kunstwerk oder einen Gegenstand oder ein Ereignis in der Natur. (R.S.)

Erfahrungen, ästhetische: Menschen machen ä. E. mit jeder Art von Gegenständen, Tätigkeiten, Situationen – nicht nur mit Kunst und Natur. Sie beruhen auf ›außergewöhnlichen‹, aus dem Strom der Eindrücke herausragenden sinnlichen Wahrnehmungen, die mit Bedeutungen verknüpft und in der emotionalen Gesamtbilanz als angenehm empfunden werden. Im Unterschied zu anderen positiven Empfindungen beziehen sich ästhetische auf mentale Repräsentationen und nicht auf die physische Verfügung über ein Objekt – auf das Bild einer prallen Frucht und nicht auf deren Besitz oder Verzehr. Ä. E. sind Selbstzweck; sie werden gesucht wegen des Gefühls der

Intensivierung, Bereicherung und Reflexion des Lebensgefühls und der Beziehungen zur Umwelt und zu uns selbst. Im →Alltag sind ä. E. nicht scharf von anderen Wahrnehmungen, Tätigkeiten und Empfindungen unterschieden; ihre konkrete Qualität hängt ab von den Gegenständen, Situationen und (Motiven und Voraussetzungen der) beteiligten Personen – beim Sport anders als beim Lesen. (K.M.)

Fans: F. sind Hörer, Leser und Zuschauer, die sich durch vielfältige rezeptive, kommunikative und produktiv-kreative Umgangsweisen mit bestimmten Gegenständen der populären Kultur auseinander setzen und diese dadurch für sich bedeutend machen. So integrieren die Fans populäre Kultur in ihren Alltag und funktionalisieren sie, etwa zur Stimmungsregulierung oder Gemeinschaftsbildung. Zugleich machen sie mit diesen Gegenständen ästhetische Erfahrungen, die nicht mit bestimmten psychischen oder sozialen Funktionen verbunden sind, sondern als intensive Erregung erlebt und beschrieben werden und dem Fan ein besonderes Verständnis eines Stars und seiner Musik, einer Fernsehserie oder auch eines Fußballspiels vermitteln. (M.K.-R.)

Gegenwärtigkeit: In der Pop-Musik streiten und konvergieren zwei Ideale von Gegenwärtigkeit: zum einen eine absolute Zeitgenossenschaft, die die Imperative eines Rimbaud und späterer Modernisten vor allem auf die Alltags-, Massen- und Subkulturen ausdehnt und umfassend und erfolgreich in einen den einzelnen Phänomenen gegenüber erkennbar feindlichen oder zustimmenden Habitus eingegangen sein sollte. Zum anderen eine Rezeptionstechnik gegenüber der ja stets zeitbasierten Musik selbst, ein in ihrer Zeitlichkeit aufgehendes Rezeptionsverhalten, das sich auf die Musik nicht als eine auf ein Ende dramaturgisch oder erzählend zusteuernde bezieht, sondern ihre Ereignisse als eine endlose Reihe von Momenten versteht. In bestimmten Phasen der Pop-Musik-Geschichte gilt der zweite Zugang als Königsweg zum ersten Habitus. (D.D.)

Gestalterästhetik und Gestalterschönheit: Ich unterscheide vier Richtungen, in denen man Schönheit im Industriedesign sehen kann. Eine ist die Gestalterschönheit. Das ist die Schönheit, die der Gestalter vorgibt. Davon grenzen sich die Nutzerschönheit, die Produzentenschönheit und die Medienschönheit ab. Die Schönheit in der Gestalterästhetik ist eine professionelle Schönheit (im Vergleich zur demokratischen Schönheit in der Nutzerästhetik). Die

Schönheit in der Gestalterästhetik hat weiter eine gemeinsame Basis mit der Kunst (Kunst ist hier kein Schimpfwort). Diese Schönheit ist außerdem thematisch, engagiert sich für anstehende Themen. Und schließlich wendet diese Schönheit die →Liebe als einen Parameter in der Gestaltung an. Liebe nach Erich Fromm heißt, auch fürs Design und den Designer, sie realisiert Verantwortung und Respekt gegenüber den Nutzern und gegenüber Produkten. (G.S.)

Graphisches Erzählen: Der Streit, ob Comics Literatur sind, ist so alt wie das Genre. Um ihn zu vermeiden, empfiehlt sich der Begriff g. E. Der Comic ist damit eingeordnet in den ästhetischen Komplex der Erzählungen, die literarischer, filmischer, akustischer oder eben graphischer Natur sein können. Dadurch werden Vergleiche der narrativen Qualität möglich, die sich am Geschick der Präsentation orientieren statt an deren Form. (A.P.)

Grundstimmung (ästhetische): Der Lektüre vorgängige Prägung des Lesers durch das Erscheinungsbild eines Buches oder Textes. Besonders wichtig für den Comic, weil durch das Betrachten einer Seite bereits eine Erwartungshaltung geweckt wird, die die Lektüre vorstrukturiert. Akzentsetzungen im Kontext der gesamten Seite und bewusste Gestaltung der Seitenarchitektur können die üblichen Lesegepflogenheiten außer Kraft setzen oder noch verstärken – je nach Geschicklichkeit des Zeichners. (A.P.)

Highbrow / Lowbrow: Eine Unterscheidung zwischen den Geschmacksebenen *high* und *low* bildet sich in den USA etwa um die Mitte des 19. Jahrhunderts heraus. Zum einen müssen in der vom Gleichheitspathos geprägten Demokratie neue Formen der sozialen Differenzierung gefunden werden; zum anderen wird im Gesellschaftsverständnis der Zeit Kunst zu einem wichtigen Kriterium des zivilisatorischen Fortschritts, so dass die Frage nach der Kultur eines Landes zunehmend zu der nach seiner Hochkultur wird. In den USA werden daher zum ersten Mal Institutionen zur Pflege der Hochkultur geschaffen. Dazu gehören das *Metropolitan Museum of Art* in New York City (1870), das *Museum of Fine Arts* in Boston (1870), die *Metropolitan Opera Company* (1880), das *Boston Symphony Orchestra* (1881) und das *Chicago Symphony Orchestra* (1891). Auf der anderen Seite führt der Gegensatz von *high* (= zivilisatorisch wertvoll) und *low* (= zivilisatorisch minderwertig) dazu, dass die populäre Kultur von einem zivilisationsbildenden Anspruch befreit wird und mit Formen wie dem Vaudeville oder einer zunehmend afro-amerikanisch geprägten populären Musik eine Basis für die spätere weltweite Resonanz der amerikanischen Populärkultur geschaffen wird. Als der amerikanische Kulturkritiker Van Wyck Brooks 1915 die Begriffe *highbrow* und *lowbrow* einführt, geschieht das anfangs in kritischer Absicht: Mit *highbrow* ist eine elitär-epigonale amerikanische Hochkultur nach europäischem Vorbild gemeint und mit *lowbrow* eine Massenkultur, die Brooks als »hoffnungslosen Schund« abtut. Seine Hoffnungen für die Entwicklung einer eigenwertigen amerikanischen Kultur ruhen auf einem dritten Weg zwischen beiden Bereichen. Doch erst die politischen und gegenkulturellen Protestbewegungen der 1960er Jahre haben die Trennung von *high* und *low* tatsächlich auf wirkungsvolle Weise aufgehoben. (W.F.)

Image: Images sind kollektiv erzeugte vieldeutige Bilder, durch die die I.träger – die Medienpersonen – in der Öffentlichkeit wahrgenommen werden und eigene kulturelle Bedeutung erlangen. Kulturelle Leistungen (oder als Summe dieser Leistungen ein Werk) werden von realen Personen erbracht, die singen, tanzen, schauspielern oder Fußball spielen. Die mehrdeutigen I.s lassen sich aber nicht auf die Eigenschaften einer realen Person zurückführen; bei Medienpersonen, die dominant durch ihr I. wahrgenommen werden, verdeckt dies den Blick auf die realen Personen – die für das Publikum auch nicht von Interesse sind.

I.s sind weder durch die Leistungen der Medienperson noch durch Public Relations-Bemühungen oder die Massenmedien erzeugt. Medien haben bei der I.bildung nur vermittelnde Funktion; sie sind der Treibriemen, der die Entstehung öffentlicher Bilder ermöglicht, produzieren diese jedoch nicht selbst und fügen ihnen nichts hinzu. I.s entstehen durch die rezeptive Aufnahme und Umsetzung des Angebots an Bildern und Informationen; so entsteht ein in der Öffentlichkeit geteiltes, mehrdeutiges Bild einer Person.

Das I. einer Medienperson kann von ihrer Funktion und ihren Leistungen unabhängig sein; so kann theoretisch jede Person, die öffentliche Aufmerksamkeit auf sich zieht, durch karitatives Verhalten ein positives I. bekommen – sofern dies durch das Publikum entsprechend wahrgenommen wird. Wird jedoch die kulturelle Leistung einer realen Person als Einheit mit ihrem I. wahrgenommen, dann entstehen rezeptiv erzeugte Konstrukte, die selbst Teil eines ästhetischen Phänomens sind: →Stars. Hinter einem Star stehen eine reale Person, die eine kulturelle Leistung erbringt, und eine Medienperson, die durch ein I. wahrgenommen wird – der Star selbst ist aber weder das eine noch das andere, sondern eine virtuelle Figur und integraler Bestandteil des ästhetischen Phänomens, in dem sich Werk und I. vereinen. (M.K.-R.)

Inszenierungswert: Karl Marx spricht vom Gebrauchswert und vom Tauschwert einer Ware. Gernot Böhme hat für die →ästhetische Ökonomie als Hybrid aus beiden den Inszenierungswert eingeführt. Ein Ware hat Inszenierungswert, wenn ihre ästhetische Gestaltung, die im Sinne der →Warenästhetik ihren Tauschwert fördern soll, auch im Gebrauch eine Rolle erhält. Die Ware wird zum Ausstattungsstück, zu etwas, das eine bestimmte Atmosphäre, einen Lebensstil inszenieren soll. (G.B.)

Intensität: Während im Jazz als Musik momentaner und spontaner Entscheidungen I. immer schon ein wichtiger Begriff war, unter anderem, um normativ von der erwünschten Überwältigung zu sprechen, die entsteht, wenn unvorhersehbare musikalische Entscheidungen und die sozial-ästhetischen Wirkungen beim hörend mit vollziehenden Publikum sich gegenseitig verstärken oder auch nur die Musiker außer sich ganz bei sich waren, hatte die – veröffentlichte – Pop-Musik zunächst eher mit Formen zu tun, die die Alltagserfahrung nicht sprengten. Ihr geheimes anderes Leben war aber die – etwas anders zu fassende – I. von Tanz- und Nachtveranstaltungen, in denen körperliche Verausgabung, Unterbrechung der Sinn- und Erzählungsmodi der Songform und vor allem die durch DJs und lange, repetitiv spielende Musiker herbeigeführte Suspension von teleologischen Dramaturgien entscheidend waren. Im Laufe ihrer Geschichte hat sich die Pop-Musik bis in die späten 90er immer stärker dieser Seite zugewandt – in so unterschiedlichen Formen wie Techno, Progressive Pop oder auch HipHop. (D.D.)

Interkorporalität: Der von Maurice Merleau-Ponty geprägte Begriff hebt die grundlegende leiblich-körperliche Konstituiertheit von Sozialität beziehungsweise Intersubjektivität hervor: So wie ich für andere nur existiere, weil ich einen Körper habe, mit dem ich mich einerseits wahrnehmbar mache und andererseits das körperliche (Ausdrucks-)Verhalten der Anderen wahrnehmen kann, existieren auch diese für mich nur aufgrund ihrer Körperlichkeit. Voraussetzung für die vor-bewusste Verbundenheit von Menschen im stummen Austausch von Körper zu Körper ist ein intuitives wechselseitiges Verstehen auf der Basis eines geteilten praktischen Wissens, das größtenteils implizit bleibt. Dieser verkörperte Spürsinn ist nicht angeboren, sondern wird durch ein dauerhaftes Eintauchen in die soziale Welt erlernt: es ist, so Pierre Bourdieu, ein »sozialer Sinn«. (T.A.)

Liebe als Parameter im Design: Ich deklariere die Liebe als einen notwendigen Parameter für die Gestaltung heute (anstelle von Begriffen wie menschliche Gestaltung). Erich Fromm gibt dazu die Vorlage. Er beschreibt unter anderem Grundelemente der Liebe. Zwei sind auch auf das Design anwendbar: Das ist das Verantwortungsgefühl im Design (bezogen auf die, für die der Designer entwirft). Und das ist der Respekt ebenfalls gegenüber den Nutzern und gegenüber den Produkten. Angewendet auf Philippe Starck gibt es weitere konkrete Antworten für die Liebe im Design. Starck entwirft von Anfang, auch in seiner Vorstellung, nicht für Zielkonsumenten (das widerspricht der Liebe), sondern für Einzelpersonen. Und, eine weitere Antwort für die Liebe bei Starck, er geht respektvoll mit dem Paradigma Innovation um, gestaltet dazu eine Reihe von Historischen Zitaten. (G.S.)

Liebeskunst: Die verschiedenen Methoden, Wissensbestände und Fertigkeiten, die zur Praxis sexueller Aktivität gehören; mit ihrer Hilfe wird versucht, den Vollzug der körperlichen Liebe durch gezielte Überlegung und kreative Gestaltung zu verbessern. Diese Form erotischer Kunst ist zu unterscheiden von der gleichnamigen künstlerischen Darstellung sexuellen Verhaltens oder Begehrens (in Bildender Kunst, Tanz oder Literatur). Doch kann L. den Gebrauch solcher mimetischen Abbildungen in die Praktiken des Liebemachens einbeziehen, und umgekehrt kann mimetische erotische Kunst die Methoden der L. in ihren Medien darstellen. (R.S.)

Musik, Technik, Tauschwert: Im Zuge der Verbürgerlichung (seit etwa 250 Jahren) und Industrialisierung (seit etwa 100 Jahren) des Musikprozesses hat Musik immer auch spezielle Warenformen angenommen. Dieser Prozess ist maßgeblich von technologischen Entwicklungen beeinflusst worden. Erst mit der Erfindung der Lithographie (1796), von maschinellen Einrichtungen zur Papierherstellung (1799) und der Rotationspresse (1863) wurde es möglich, massenhaft Notendrucke herzustellen und zu vertreiben. Im 20. Jahrhundert stellt der Tonträger das wohl bekannteste Medium gegenständlicher Verbreitung von Musik dar. Entlang der Geschichte der verschiedenen Tonträgerformate (von der Phonographenwalze bis MP3) lassen sich die Zusammenhänge und Abhängigkeiten von technologischen Entwicklungen, ästhetischen Veränderungen, sozialem und kulturellem Gebrauch und der kommerziellen Verwertung von Musik im 20. Jahrhundert darstellen und begründen. (S.B.-P.)

Popbild: Bildkategorie zwischen Amateur- und Profibild in den Onlineumgebungen des Web 2.0, in die sich sowohl triviale als auch Darstellungsschemata aus der bildenden Kunst einlagern. (B.R./J.G./A.R.)

Popmusik als kulturelle Praxis: Populäre Musik widerstrebt ihrer Analyse als ›musikalisches Werk‹; vielmehr macht es Sinn, den unterschiedlichen Ebenen der Bedeutungsproduktion nachzugehen, die in Klang vermittelt werden: den ästhetischen, kulturellen und ökonomischen. P. a. k. P. meint die in bestimmten sozialen Räumen praktizierten und konstruierten Muster der Identifikation über Klangvorlieben, Kleidungsstile, Begrüßungsrituale, Accessoires, Tanzformen, kommunikative Netzwerke, multimediale Inszenierungen und Ähnliches. (S.B.-P.)

Populärkultur: Ein Begriff, der sich zunächst im angelsächsischen Raum einbürgerte, um kulturellen Formen jenseits der Hochkultur eine gewisse Eigenwertigkeit zuschreiben zu können und ihnen damit das Stigma zu nehmen, bloße »Trivialliteratur« oder »Massenkultur« zu sein. Der Begriff führte nach und nach zu einer Aufwertung dieser Formen und schließlich zur Institutionalisierung einer eigenständigen wissenschaftlichen und pädagogischen Beschäftigung mit ihnen. Wesentliche Definitionsmerkmale sind dabei die Frage des (finanziellen und sozialen) Zugangs und die der für das Verständnis notwendigen kulturellen Kompetenz. Mit der damit verbundenen Demokratisierung der Zugangsvoraussetzungen muss jedoch kein Verlust an ästhetischer Qualität verbunden sein. Im Gegenteil, es können sich neue Ausdrucks- und Erfahrungsmöglichkeiten eröffnen, die oft die künstlerische Avantgarde inspiriert haben. Insofern fungiert der Begriff P. heute nicht mehr als ein Mittel ästhetischer Abgrenzung und kultureller Ausgrenzung, sondern bezeichnet eine Ausdifferenzierung des kulturellen Feldes. (W.F.)

Positives: Alles Populäre beruht in Produktion, Vermittlung (Kritik) und Rezeption auf der Einsicht: Alles wird gut. Wo diese Einsicht nicht aufzubringen ist, wird das (dann vermeintlich) Populäre von der Seite der Produktion zur Täuschung, in der Rezeption zum Selbstbetrug oder zum Betäubungsmittel. Wenn wir nicht glauben »Alles wird gut«, müssen wir uns der Verbesserung der Welt (also den Lehrtexten) oder ihrer →Utopie (also der Kunst) zuwenden. Aus diesem Bezug zum P. resultiert auch, dass im Populären keine Darstellung des absolut Bösen möglich ist. Der Teufel wird im populären Text daher zumeist als so harmlos hingestellt, dass er betrogen werden kann. Umgekehrt ist der wirkliche Horror, der keine Hoffnung erlaubt, kein populäres Genre. (H.-O.H.)

Schönheit: Allgemeinste Bezeichnung für die Qualität ästhetischer →Erfahrungen. Schön nennen wir, was eine ausgeprägte ästhetische Erfahrung auslöst; das schließt das Hässliche, Traurige, Groteske, Satirische, Erhabene oder Erschreckende ein, wenn dessen Wahrnehmung in der emotionalen Gesamtbilanz als angenehm empfunden wird. Laut David Hume (1711–1776) liegt die Schönheit im Auge des Betrachters; schön sind (anders als die Umgangssprache nahe legt) nicht äußere Objekte, sondern unsere Vorstellungen von ihnen, wenn sie das mit ästhetischen Erfahrungen verbundene Wohlgefallen auslösen. (K.M.)

Schönheit, praktische: Zielt die Kunst, zum Beispiel im Suprematismus, auf die Verwirklichung »reiner Schönheit« (Malewitsch), so begnügt sich der populäre Text mit der praktischen. Die p. Sch. vermittelt nichts Erhabenes, sondern – ganz irdisch – das im Leben Gelingende. Der vielfach beobachtbare Hang des Populären, ein *Happy Ending* zu realisieren, ist keine Beschwichtigungs-Ideologie, die blind für die Missstände der Welt macht oder ist, sondern beruht auf der Einsicht, dass populär nur produziert und rezipiert werden kann, wenn prinzipiell die dargestellte Welt (wie die des Lesers) als gut, als →positiv erfahren werden kann. (H.-O.H.)

Sensationalismus: Ein Begriff zur Bezeichnung neuer Themen und Darstellungsformen im Journalismus und der Literatur, die sich in den USA nach 1830 als Folge verbilligter Druckverfahren herauszubilden beginnen und eine neu entstehende Massenpresse (*Penny Press*) prägen. Als sensationalistisch wird diese neue Form des Journalismus angesehen, weil sie sich in der Berichterstattung nunmehr auf die möglichst effektive Stimulation emotionaler Agitation um ihrer selbst willen konzentriert. Die Außerordentlichkeit eines Ereignisses – beispielsweise eines Verbrechens – rückt in den Mittelpunkt. Im Bereich der Literatur führt das zu einer Massenliteratur (*pamphlet novels*) nach dem Muster der melodramatischen »Geheimnisse der Stadt«-Geschichte, das durch den Erfolg von Eugène Sues *Les Mystères des Paris* (1842–43) etabliert worden war und in den USA insbesondere George Lippards populären Roman *The Quaker City; or, The Monks of Monk Hall: A Romance of Philadelphia Life, Mystery, and Crime* (1845) prägte. Auch Autoren der Hochkultur bedienten sich aus dem sensationalistischen Fundus, vom Schiffbruch und Seemonster (Melville) über Ehebruch und Spiritualismus (Hawthorne) bis hin zu Poes Porträts psychopathischer Mörder. Poe vermag allerdings auch den Unterschied zur Kultur des Sensationalismus zu verdeutlichen: Zwar steht das Verbrechen im Mittelpunkt seiner Werke, doch nicht um seiner selbst willen, sondern als Ausgangspunkt einer Suche nach der Möglichkeit der ästhetischen Transformation des Schauereffekts. (W.F.)

Somästhetik: Ein erst seit kurzem umrissenes Feld, philosophisch begründet, doch interdisziplinär gerichtet auf die kritisch verbessernde Untersuchung des Gebrauchs des eigenen Körpers als Ort sinnlicher Empfindung (*aisthesis*) und expressiver Selbstformung. Es umfasst sowohl Theorie wie Praxis, Kultur- und Naturwissenschaften, und befasst sich mit Leib/Körper in den Dimensionen von Erfahrung, Repräsentation und Performanz. Eingeschlossen ist die kritische Analyse der sozialen Mächte, Werte und Ideale, die Gebrauch, Erfahrung und Bedeutung unserer Körper strukturieren. (R.S.)

Sound: engl. = Klang; ein insbesondere im Kontext populärer Musikformen verwendeter Begriff zur Beschreibung, Bewertung, Produktion und Identifikation ästhetischer Dimensionen dieser Musikpraxis. Dabei taucht S. sowohl als Kategorisierung für Stile oder Stilelemente, als Kennzeichen lokaler Bezüge, Produktionsstätten und Labels, als Verweis auf technische Verfahrensweisen, zur Umschreibung musikalischer Grundstimmungen, als auch als Mittel der qualitativen Bewertung auf. Die Kennzeichnung von bestimmten S.s verweist sowohl auf körperliche Erfahrungen im Umgang mit Klang als auch auf technologische Aspekte der Klangaufnahme, -verarbeitung und -wiedergabe. Körperlichkeit und technologische (Re-)Produzierbarkeit von Klang bilden in den diversen S.-Bezeichnungen keinen Widerspruch. Damit erweist sich S. – bei aller Unschärfe und Diskursivität – als eine praktikable Kategorie medienästhetischer Analysen. (S.B.-P.)

Star: Prominente Personen in den Medien werden als S. bezeichnet, wenn sie medienübergreifend ein eigenes Bedeutungs- und Aufmerksamkeitssystem etablieren. Entstanden im Theater des *fin de siècle*, wurden sie für das Kino und dann auch für andere Medien bestimmend. S.s kennzeichnen die populäre Kultur und stellen ein Merkmal kulturindustrieller Produktion dar. Sie erscheinen durch ihr Medienbild ganz nah, sind jedoch für das Publikum unerreichbar. Nicht nur Schauspieler, sondern auch Musiker, Sportler und andere können als S.s das Publikum in besonderer Weise faszinieren. Sie erzeugen ein →Image, das für eine Epoche prägend sein kann, verkörpern unbewusste kollektive Wünsche und Sehnsüchte, werden deshalb häufig auch für einzelne Publikumsschichten zu Vorbildern und Idolen und reproduzieren stereotype Geschlechterbilder. (K.H.)

Subversion: Unterwanderung eingeführter Abbildungskonventionen durch Transformation populärer Bildmotive. (B.R./J.G./A.R.)

Tag: Eine Markierung, Kennzeichnung oder auch ein Schlagwort. T.s werden Bildern zugeordnet, um sie in Bilddatenbanken via textbasierter Suchfunktion zugänglich zu machen. (B.R./J.G./A.R.)

Unterhaltungscharakter: Eigenschaft populärer Texte, die sie ästhetisch zweideutig lesbar macht. Der populäre Text ist immer sowohl ernst wie unernst. Diese ambivalente Erzählstruktur ist nicht realisierbar durch ein Nacheinander von ernsten und unernsten Passagen, wie es didaktische Vorstellungen für das Popularisieren von Wissen gerne anraten, sondern verlangt ein stetiges Zugleich, ein Oszillieren zwischen den beiden Polen. Der populäre Text ist also mehr; besser: Er ist etwas anderes als ein popularisierter. Der U. eines Textes ist – auch wenn er nur im konkreten Leseprozess realisiert wird – keine dem Text nur zugesprochene Eigenschaft, sondern liegt objektiv im Kommunikationsprozess vor. Während Unterhaltsamkeit die von einem Leser einem Text zugesprochene Eigenschaft meint – sie erlaubt es, dass der Text vom einen Leser als unterhaltsam, vom anderen als Kunst und von einem dritten als Anleitung zum moralischen Handeln gelesen wird –, hat der U. eines Textes seine Objektivität im gesellschaftlichen Diskurs, in dem ein Zusammenhang zwischen der intentionalen Unterhaltungsproduktion, der kritischen, den Text als Unterhaltung vermittelnden Instanz und der beides aufgreifenden Rezeption hergestellt wird. Hierbei erfolgt die Zuordnung auf allen drei Ebenen nicht willkürlich, sondern wird an ästhetisch beobachtbaren Eigenheiten des Textes festmachbar. Der U. ist daher in zweifacher Weise historisch bestimmt. Zum einen durch die Historizität des einzelnen Textes, bei dem er im Laufe seiner Geschichte verloren (oder gewonnen) werden kann. Zum anderen durch die Historizität der Unterhaltung als einer allgemeinen, von bestimmten sozialen, technischen, bildungsgeschichtlichen, kultursoziologischen Faktoren abhängigen gesellschaftlichen Kommunikationsweise. (H.-O.H.)

Utopie: Das griechische Wort *outopía* bezeichnet einen ›Nicht-Ort‹, womit die Vorstellung von einer in der Regel besseren Welt gemeint wird, die eben nur als Idee besteht, aber noch keinen realen Ort gefunden hat. Sie erscheint als ein Versprechen, das letztlich in der Realität nicht eingelöst werden kann, auf das aber hinzuarbeiten ist. Kultur lebt davon, dass sie in der Fiktion, also in ihren Geschichten und Erzählungen, von möglichen Welten erzählt, in denen Ideale und Wunschvorstellungen Realität werden, in denen das Gute immer siegt und das Böse seine verdiente Strafe erhält (Prinzip der poetischen Gerechtigkeit). Die Gesellschaft braucht Utopien, damit sie sich weiter entwickeln kann, sich selbst Ziele setzt und an ihrer Verwirklichung arbeitet, auch wenn sie sie als Endziel nie erreichen kann. (K.H.)

Verkörperlichung/Immersive Ästhetik: In der Geschichte der Ästhetik beginnt mit Edmund Burkes Beschreibung einer Ästhetik des Sublimen eine neue Phase, denn mit ihr wird das Kunstverständnis von der Nachahmung des Schönen abgelöst und die starke, körperbezogene Erfahrung als potenziell »ästhetische →Erfahrung« legitimiert. Dieser Anstoß ist in der kulturgeschichtlichen Entwicklung zunehmend radikalisiert worden bis hin zu jenem Punkt, an dem die unmittelbare somatische Erfahrung zum Ziel ästhetischer Prozesse werden kann, wobei der Immersion in räumliche Installationen gegenwärtig besondere Aufmerksamkeit geschenkt wird. In diesem Zusammenhang können Formen einer immersiven Ästhetik als eine Station in den wiederkehrenden Versuchen der Avantgarde angesehen werden, die Trennung von Kunst und Leben durch eine Verkörperlichung der ästhetischen Erfahrung zu überwinden. (W.F.)

Warenästhetik: Ein von Wolfgang Fritz Haug eingeführter Begriff. Warenästhetik ist die Ästhetisierung der Ware zum Zwecke der Steigerung und Realisierung ihres Tauschwertes. Dabei geht es um das Warendesign, aber auch um Verpackung und die →Inszenierung der Ware im Marktzusammenhang, also durch Werbung, Schaufensterauslagen und Ähnliches. (G.B.)

Autorinnen und Autoren

Thomas Alkemeyer ist Professor für »Sport und Gesellschaft« an der Carl von Ossietzky Universität Oldenburg. Er ist Mitherausgeber der Zeitschriften *Sport und Gesellschaft* und *SportZeiten*. Seine Arbeitsschwerpunkte sind die Soziologie und Philosophie des Sports und des Körpers, soziologische Praxistheorien und die Populärkulturforschung. Publikationen u.a.: *Treue zum Stil* (mit G. Gebauer, B. Boschert, U. Flick, R. Schmidt), 2004; *Aufs Spiel gesetzte Körper* (mit B. Boschert, R. Schmidt, G. Gebauer), 2003; »Semiotische Aspekte der Soziologie: Soziosemiotik«, in: R. Posner u.a. (Hg.): *Semiotik. Ein Handbuch zu den zeichentheoretischen Grundlagen von Natur und Kultur,* Bd. 3, 2003, S. 2757–2846; *Körper, Kult und Politik*, 1996.

Susanne Binas-Preisendörfer, geb. 1964 in Berlin; studierte Musik- und Kulturwissenschaften an der Humboldt-Universität Berlin; war aktive Musikerin im Ostberliner Off-Ground (*expander des fortschritts*), initiierte in den 1990er Jahren verschiedene kulturell-künstlerische Projekte (u.a. *singuhrhoergalerie*); 1995–2001 wissenschaftliche Mitarbeiterin am Forschungszentrum Populäre Musik der Humboldt-Universität, anschließend freischaffend als wissenschaftliche Autorin und Dozentin, leitete 2004 die Berliner Kulturveranstaltungs GmbH im Podewil; seit 2005 Professorin für Musik und Medien am Institut für Musik der Carl von Ossietzky Universität Oldenburg. Schwerpunkte in Forschung und Lehre: Geschichte und Ästhetik mediatisierter Musikformen; Musik und Globalisierung; Jugendkulturen und populäre Musik; Musik und Markt; Kultur- und Kunstpolitik.

Gernot Böhme, geb. 1937. Studium der Mathematik, Physik, Philosophie in Göttingen und Hamburg; Promotion Hamburg 1965; Habilitation München 1972; Wiss. Assistent an den Universitäten Hamburg und Heidelberg

1965–69, Wiss. Mitarbeiter des Max-Planck-Instituts zur Erforschung der Lebensbedingungen der wissenschaftlich-technischen Welt, Starnberg 1970–77; 1977–2002 Professor für Philosophie an der TU Darmstadt; 1997–2001 Sprecher des Graduiertenkollegs *Technisierung und Gesellschaft*. Seit 2005 Direktor des Instituts für Praxis der Philosophie, IPPh. Publikationen u.a. *Das Andere der Vernunft*, 1985 (mit Hartmut Böhme); *Atmosphäre. Essays zur neuen Ästhetik*, 1995; *Aisthetik. Vorlesungen über Ästhetik als allgemeine Wahrnehmungslehre*, 2001.

Diedrich Diederichsen, 1979–83 Redakteur von *Sounds*, 1985–1992 Redakteur von *Spex* (Mithg. 1988–2000); seit 1992 Hochschullehrer mit Gastprofessuren für Kunstgeschichte, Moden/Erscheinungsbilder, angewandte Theaterwissenschaften, Ästhetik, Literatur- und Musikwissenschaften in Offenbach am Main, Pasadena/Kalifornien, München, Weimar, Giessen, Gainesville/Florida und Saint Louis/Missouri. Lehraufträge in Bremen und Wien; seit 1998 Professur an der Merz-Akademie, Stuttgart, seit 2006 Professur an der Akademie der Bildenden Künste, Wien. Publikationen u.a. *Argument Son*, 2007; *Golden Years. Materialien und Positionen zu queerer Subkultur und Avantgarde zwischen 1959 und 1974*, 2006 (Mithg.); *Musikzimmer. Avantgarde und Alltag*, 2005; *Personas en loop*, 2005; *Sexbeat*, 2002; *2000 Schallplatten*, 2000; *Der lange Weg nach Mitte*, 1999; *Loving The Alien. Science Fiction, Diaspora, Multikultur* (Hg.), 1998; *Politische Korrekturen*, 1996; *Freiheit macht arm*, 1993; *Yo! Hermeneutics* (Hg.), 1993.

Winfried Fluck ist Professor für amerikanische Kultur am John F. Kennedy-Institut für Nordamerikastudien, Freie Universität Berlin. Studium an der Freien Universität Berlin, der Harvard University und der University of California, Berkeley. Gastprofessuren an der Universidad Autonoma, Barcelona, und an der Princeton University, U.S.A. Arbeitsgebiete: Amerikanische Kultur- und Literaturgeschichte, Populärkultur, Kulturtheorien. Buchveröffentlichungen: *Ästhetische Theorie und literaturwissenschaftliche Methode. Eine Untersuchung ihres Zusammenhangs am Beispiel der amerikanischen Huck Finn-Kritik*, 1975; *Populäre Kultur*, 1979; *Theorien amerikanischer Literatur*, 1987; *Inszenierte Wirklichkeit. Der amerikanische Realismus 1865–1900*, 1991; *Das kulturelle Imaginäre: Funktionswandel des amerikanischen Romans*, 1997.

Jan Grünwald ist Medienkünstler und Musiker, und sein Forschungsschwerpunkt sind Männlichkeitsbilder, Jugendkulturen und Musikvideos. Er ist wissenschaftlicher Mitarbeiter im Bereich Neue Medien des Instituts für Kunstpädagogik an der Johann Wolfgang Goethe-Universität in Frankfurt am Main und arbeitet zurzeit an seiner Dissertation zum Thema Männerbilder im Musikvideo.

Knut Hickethier, geb. 1945. Professor für Medienwissenschaft an der Universität Hamburg. Veröffentlichungen zur Medientheorie, -geschichte und -analyse, insbesondere im Bereich des Films, Fernsehens und des Radios. Aktuelle Publikationen: *Film- und Fernsehanalyse* (4. erw. Aufl.), 2007; *Komiker, Komödianten, Komödienspieler. Schauspielkunst im Film* (Hg.), 2006; *Filmgenres: Kriminalfilm* (Hg.), 2005; *Einführung in die Medienwissenschaft*, 2003; *Geschichte des deutschen Fernsehens*, 1998; *Geschichte der Fernsehkritik*, 1994.

Hans-Otto Hügel, geb. 1944. Studium der Germanistik, Geschichte und Pädagogik in Mainz und Frankfurt am Main; 2. Staatsexamen 1970; Promotion mit einer Arbeit zur deutschen Detektiverzählung des 19. Jahrhunderts 1977; wiss. Mitarbeiter Uni Trier; 1978–83 Deutsches Literaturarchiv Marbach; seit 1983 Professor für Populäre Kultur am Institut für Medien und Theater der Uni Hildesheim. Neuere Buchveröffentlichungen: *Handbuch Populäre Kultur. Begriffe, Theorien, Diskussionen* (Hg.), 2003; *Lob des Mainstreams. Zu Begriff und Geschichte von Unterhaltung und populärer Kultur*, 2007.

Mohini Krischke-Ramaswamy, geb. 1979. Studierte Kulturwissenschaften an der Universität Hildesheim und promovierte dort 2006 mit einer empirischen Studie zu Fans und Szenegängern. Momentan ist sie in der Marktforschung tätig. Publikation: *Populäre Kultur und Alltagskultur. Funktionelle und ästhetische Rezeptionserfahrungen von Fans und Szenegängern*, 2007.

Kaspar Maase, geb. 1946. Außerplanmäßiger Professor am Ludwig-Uhland-Institut für Empirische Kulturwissenschaft der Universität Tübingen. Studium der Germanistik, Soziologie, Kunstgeschichte und Kulturwissenschaft in München und Berlin (DDR). 1992 Habilitation an der Universität Bremen. Arbeitsschwerpunkte: Amerikanisierung; Populärkultur vom 19. bis zum 21. Jahrhundert; Geschichte des Jugendmedienschutzes; Ästhetisierung des Alltags. Publikationen u.a.: *BRAVO Amerika. Erkundungen zur Jugendkultur in der Bundesrepublik der fünfziger Jahre*, 1992; *Grenzenloses Vergnügen. Der Auf-*

stieg der Massenkultur 1850–1970, 1997; *Schund und Schönheit. Populäre Kultur um 1900* (Mithg.), 2001; *Unterwelten der Kultur. Themen und Theorien der volkskundlichen Kulturwissenschaft* (Mithg.), 2003; *Culture to go – Wie amerikanisch ist Tübingen? Aneignung von US-Kultur in einer globalisierten Welt* (Mithg.), 2005.

Andreas Platthaus ist stellvertretender Feuilletonchef der *Frankfurter Allgemeinen Zeitung* und seit 2007 Ehrenmitglied der Deutschen Organisation nichtkommerzieller Anhänger des lauteren Donaldismus (D.O.N.A.L.D.). Er studierte Betriebswirtschaftslehre, Rhetorik, Philosophie und Geschichte in Aachen, Tübingen und Frankfurt an der Oder. 1998 veröffentlichte er *Im Comic vereint – Eine Geschichte der Bildgeschichte*, 2001 *Von Mann und Maus – Die Welt des Walt Disney* und 2003 *Moebius Zeichenwelt*. Außerdem betreute er für die *F.A.Z.* deren zwanzig Bände umfassende Buchreihe *Klassiker der Comic-Literatur*.

Birgit Richard lehrt seit 1997 als Professorin Neue Medien in Theorie und Praxis an der Johann Wolfgang Goethe-Universität Frankfurt am Main. Forschungs- und Lehrbereich: Bildkulturen (Jugend-Kunst-Gender); Todesbilder; Audiovisuelle Mediengestaltung; Ästhetik aktueller Jugendkulturen (Jugendkulturarchiv u.a. mit Mode von Jugendkulturen an der Universität Frankfurt). Jugendkulturarchiv http://www.rz.uni-frankfurt.de/fb09/kunstpaed/jkastart.html; http://www.birgitrichard.de (Forschungsprojekt zu Games und Jugendkulturarchiv). Publikationen u.a.: *Ich-Armeen. Täuschen – Tarnen – Drill*, 2006; *Coolhunters. Jugendkulturen zwischen Medien und Markt* (Mithg.), 2005; *Schönheit der Uniformität* (Mithg.), 2005; *Todesbilder. Kunst Subkultur Medien*, 1995. Herausgabe der Themen-Bände des *Kunstforum International* zu den Themen: Mode Zeit; Gewalt; Transgene Kunst und Klone; Das Magische; Denken 3000.

Alexander Ruhl ist Dr. des. und wissenschaftlicher Mitarbeiter im Bereich Neue Medien des Instituts für Kunstpädagogik an der Johann Wolfgang Goethe-Universität in Frankfurt am Main. Seine Arbeitsschwerpunkte bilden Methoden qualitativer Sozialforschung sowie Fragen der Bedeutung digitaler Medien hinsichtlich ihrer Unterstützung kooperativer und interdisziplinärer Zusammenarbeit in Forschung und Hochschullehre.

Gudrun Scholz, Kunstwissenschaftlerin. Promotion mit einer Arbeit in Semiotik. Lebt in Berlin. Arbeitet an der FH Hannover Fakultät 3, Abteilung Design und Medien. Lehrgebiet: Designtheorie. Forschungsgebiete: Industriedesign, Kommunikationsdesign (insbesondere labels) und Fotografie. Meine Veröffentlichungen im Industriedesign beschäftigen sich immer wieder mit der Gestaltung und den Gestaltern (Buch über Wilhelm Wagenfeld *Täglich in der Hand* oder Artikel *Der Designer als homogenes Bild ist schon in der Moderne eine Legende*). Ein Buch über gestalterische Techniken ist in Vorbereitung (*Hypermarket. 10 Techniken des Denkens und Gestaltens*). Außerdem liegt ein Märchenbuch über Industriedesign vor (für Kinder und Erwachsene: *teller gabel vase licht*).

Richard Shusterman ist Dorothy F. Schmidt Eminent Scholar in the Humanities und Professor für Philosophie an der Florida Atlantic University in Boca Raton. Zuvor hat er längere Zeit an der Temple University und der New School for Social Research gelehrt. Er war Gastprofessor an der Sorbonne und der École des Hautes Études en Sciences Sociales in Paris, an der Hiroshima University in Japan und Fulbright-Professor an der Freien Universität Berlin 1995/96. Zu seinen Büchern auf deutsch gehören *Kunst Leben*, 1994; *Vor der Interpretation*, 1996; *Philosophie als Lebenspraxis*, 2001, und *Leibliche Erfahrung in Kunst und Lebenstil*, 2005. Seine aktuelle Forschung zur Somästhetik wird vom Transcoop-Programm der Alexander von Humboldt-Stiftung gefördert; neuere Ergebnisse erscheinen unter dem Titel *Body Consciousness* bei Cambridge University Press (2008).

Abbildungsnachweise

S. 136, 137, 154, 155: Platthaus 2003, S. 7–10, 85–89.

S. 140: John Carlin/Paul Karasik/Brian Walker (Hg.), *Masters of American Comics*, New Haven 2005, S. 43.

S. 141: Charles Dierick (Hg.), *La centre belge de la bande dessinée*, Brüssel 2000, S. 94.

S. 142, 143: Philippe Dupuy/Charles Berberian, *Monsieur Jean. Comme s'il en pleuvait*, Genf 2001, S. 1–3.

S. 144: *The Acme Novelty Library*, Nr. 14, Seattle 2000 (unpag.).

S. 146: Philippe Dupuy/Charles Berberian, *Journal d'un album*, Paris 1994, Kap. IV, S. 9; Fabrice Neaud, *Journal (III). Décembre 1993 – août 1995*, Angoulême 1999, S. 241.

S. 147, 148: Lewis Trondheim, »Journal du journal du journal«, in: *Lapin*, Nr. 26, Januar 2001, Paris, S. 33–35.

S. 153: Stéphane Heuet, *A la recherche du temps perdu. Combray*, Paris 1998, S. 70.

S. 170: Helmut Newton, *Work*, Köln 2000, S. 134.

S. 180, 182: Starck 2003, S. 202, 217, 302.

Personenregister

Adorno, Theodor W. 28, 31–33, 38–41, 91, 196, 203
Aicher, Otl 174
Allen, Woody 101
Andreas (Andreas Martens) 142
Antheil, Georges 188
Arad, Ron 169
Arthur, Timothy Shay 63 Fn., 64
Austen, Jane 65
Austin, John 238 Fn.

Bachtin, Michail 268
Ballack, Michael 102
Barclay, E.E. 62 Fn.
Barnum, Phineas Taylor 69 Fn.
Bataille, Georges 33, 36 f., 40, 41
Baudrillard, Jean 32, 34–36, 39, 41, 119
Beckmann, Reinhold 102
Benatzky, Ralph 93
Benjamin, Walter 31, 100 f., 208
Benthien, Claudia 121 f.
Berberian, Charles 142 f., 145–150
Berger, John 122, 128
Berger, Peter 46
Bill, Max 158
Böhme, Gernot 23, 55, 177, 209, 288, 294
Bordo, Susan 122, 123

Bourdieu, Pierre 13 Fn., 35, 39, 233 Fn., 238, 238 Fn., 239, 240 Fn., 245 Fn., 295
Breuer, Marcel 178
Brooks, Van Wyck 293
Bubner, Rüdiger 9 f., 12, 13, 288
Buntline, Ned 62 Fn., 64
Burke, Edmund 300

Cattelan, Maurizio 166
Chanel, Coco 159
Christiansen, Sabine 101
Colani, Luigi 161, 169
Cole, Shaun 124
Como, Perry 195
Coolio 94
Crosby, Bing 195

Da Vinci, Leonardo 99 f.
Deleuze, Gilles 201
Dewey, John 73 Fn., 76
Diamond, Neil 210–224
Diederichsen, Diedrich 205
Dupuy, Philippe 142 f., 145–150
Dyer, Richard 74 f., 75 Fn.

Eco, Umberto 15, 74, 98, 113
Eminem 94
Enzensberger, Hans Magnus 133

Fechner, Gustav Theodor 44
Fluck, Winfried 23, 56
Fontane, Theodor 49
Forrest, Edwin 59
Foucault, Michel 254–256, 257 f.
Freud, Sigmund 37
Frith, Simon 199
Fromm, Erich 177, 181 f., 295

Gassner, Hubertus 171
Geertz, Clifford 244
Gell, Alfred 46
Goffman, Erving 248
Gottschalk, Thomas 102
Gramsci, Antonio 268
Guattari, Félix 201
Gugelot, Hans 160, 161
Gumbrecht, Hans Ulrich 10, 238 Fn.

Hainer, Herbert 102
Hamilton, David 126
Haug, Wolfgang Fritz 32–34, 35, 36, 37, 40, 164, 300
Hawthorne, Nathaniel 64, 298
Hein, Jakob 109 f.
Hergé (Georges Prosper Rémi) 143
Heuet, Stéphane 152 f.
Hiebler, Heinz 204
Hokusai 138
Höller, Carsten 166
Horkheimer, Max 28, 31–33, 38–41
Hübchen, Henry 105
Hügel, Hans-Otto 23, 48 f., 50, 108
Hume, David 15, 17, 80, 297

Idol, Billy 126
Ingraham, Joseph Holt 62 Fn.

Jewett, Helen 62, 67 Fn.
Joyce, James 49

Kandinsky, Wassily 178
Kant, Immanuel 44 f., 52 f., 252,
Klages, Ludwig 33
Kleimann, Bernd 18, 19
Klum, Heidi 112
Kracauer, Siegfried 187
Kruger, Barbara 164

Lessing, Gotthold Ephraim 288
Levine, Lawrence 58–61
Ligeti, György 49
Lindner, Rolf 205
Lippard, George 64–66, 68, 71, 72 f., 74, 76, 297 f.

Maase, Kaspar 33 Fn., 66 Fn., 79, 80, 106
Macready, William Charles 59
Maischberger, Sandra 101
Malewitsch, Kasimir Sewerinowitsch 297
Malinowski, Bronisław 34
Marcuse, Herbert 37 f., 40, 41
Marg, Volkwin 246
Marx, Karl 29, 30, 294
May, Karl 84, 85, 86
McCay, Winsor 34
McLuhan, Marshall 73
Mead, George Herbert 117, 240 Fn.
Melville, Herman 64, 64 Fn., 298
Mendini, Alessandro 158, 178
Menschik, Kat 133 f.
Menu, Jean-Christophe 150
Merleau-Ponty, Maurice 239, 294

Moebius (Jean Giraud) 135 f., 137, 145, 156
Mozart, Wolfgang Amadeus 45, 49
Müller-Seidel, Walther 79
Musard, Napoléon 187, 188, 189
Muthesius, Hermann 171

Neaud, Fabrice 145–150
Newson, Marc 169

Paál, Gabor 51
Palladio, Andrea 54
Picasso, Pablo 169
Platon 158, 252
Poe, Edgar Allan 61 f., 62 Fn., 64, 64 Fn., 66, 66 Fn., 67–72, 74, 76, 298
Proust, Marcel 152

Rams, Dieter 163
Ray, Johnny 195
Regnier, Michel 144
Reynolds, David 61, 63, 63 Fn., 64 Fn., 67, 68 f.
Reynolds, George William MacArthur 64 Fn.
Richardson, Samuel 65
Rimbaud, Arthur 158, 291
Roehricht, Nick 160
Rogers, Mary 62 Fn., 67 Fn.
Rösing, Helmut 199, 206
Rotten, Johnny 126

Sapper, Richard 168
Schiller, Friedrich 38
Schmidt, Arno 81
Schmidt, Robert 232 Fn.
Schmitz, Hermann 55
Schneider, Albrecht 200

Schnell, Ralf 196
Schön, Erich 45 Fn.
Schopenhauer, Arthur 252
Schulze, Gerhard 12 f., 13 Fn., 18, 35, 77, 80, 209
Schumpeter, Joseph 36
Schwarzenegger, Arnold 17
Seel, Martin 18 f., 19 Fn., 50 Fn.
Sfar, Joann 147, 151
Shaftesbury, Anthony Earl of 251
Shakespeare, William 59, 60
Shusterman, Richard 25, 164
Sinatra, Frank 195
Smuda, Manfred 69 Fn.
Snyder, Zack 95
Sokrates 251
Sombart, Werner 30, 36, 37
Sontag, Susan 73, 75 f., 288
Sottsass, Ettore 158, 170, 175
Stam, Mart 178
Starck, Philippe 24, 158 f., 161, 163, 166, 167, 168, 170, 173, 176, 178–182, 295
Sue, Eugène 64 Fn., 297
Sullivan, Louis H. 158

Thompson, George 64
Toffler, Alvin 179
Trondheim, Lewis 145–151
Tschaikowski, Pjotr Iljitsch 55

Van Doesburg, Theo 174 f.
Van Gulik, Robert 256–259
Van Hamme, Jean-Claude 150
Vance, William 150
Vatsyayana 260–262, 264
Veblen, Thorstein 30, 34, 36 f.
Vetemaa, Enn 133

Wagenfeld, Wilhelm 160, 163, 174
Wagner, Richard 51
Wall, Jeff 159, 162
Wanders, Marcel 157
Ware, Chris 143–145
Warhol, Andy 112
Welsch, Wolfgang 13 Fn., 19 Fn., 21, 47, 170 f., 172
Westwood, Vivienne 167
Whitman, Walt 63, 64
Wicke, Peter 16, 198 f., 200, 204, 206
Will, Anne 101
Williams, Raymond 73 Fn.
Winckelmann, Johann Joachim 103
Wittgenstein, Ludwig 21 f.
Wordsworth, William 63 Fn.

Yogeshwar, Ranga 101 f.